CORINNA BÖCK | DANIEL WIECHMANN

ALLES, WAS DU DU IN DER SCHULE NICHT GELERNT HAST, ABER FÜRS LEBEN BRAUCHST

Alles, was du in der SCHULE nicht gelernt hast, aber fürs LEBEN brauchst

CORINNA BÖCK
DANIEL WIECHMANN

YES

Originalausgabe
2. Auflage 2023

Türkenstraße 89, 80799 München
info@yes-publishing.de

Redaktion: Caroline Kazianka
Umschlaggestaltung: Ivan Kurylenko (hortasar covers)
Umschlagabbildungen: eamesBot/Shutterstock.com
Illustrationen im Innenteil: gfxpk_world/Fiverr.com
Layout und Satz: Ortrud Müller, Die Buchmacher
Druck: GGP Media GmbH, Pößneck
Printed in Germany

ISBN Print 978-3-96905-231-0
ISBN E-Book (EPUB, Mobi) 978-3-96905-232-7
ISBN E-Book (PDF) 978-3-96905-233-4

Inhalt

Job und Karriere II 126

Wie du den Bewerbungsprozess meisterst

Organisation und Alltag II 149

Das bisschen Haushalt

Job und Karriere V 267

Kündigung & Co.

Gesundheit II 278

Schlaf, Sucht und Depressionen

Finanzen und Steuern III 288

Altersvorsorge und Vermögensaufbau

School's out! Und was nun?

Warum lernen wir in der Schule eigentlich nicht, glücklich zu sein und ein erfülltes Leben zu führen? Warum lernen wir nicht, neugierig zu bleiben und mutig zu sein? Warum lernen wir nicht, uns mit den Dingen zu beschäftigen, die uns wirklich interessieren und begeistern? Nichts gegen die Schönheit von Parabeln, die ein exponentielles Wachstum abbilden, oder den genialen, wohlausbalancierten Kreislauf der Photosynthese, der Leben ermöglicht, ohne Müll zu produzieren, und somit ein perfektes Vorbild für die Umsetzung von Kreislaufwirtschaft darstellt. Ein grundlegendes naturwissenschaftliches Verständnis hilft jedem von uns, unsere Welt besser zu verstehen und gesellschaftliche Herausforderungen wie beispielsweise den Klimawandel leichter zu begreifen. Nur reicht die Wissensvermittlung in der Schule eben bei Weitem nicht aus, um zu uns selbst und in ein Leben zu finden, das uns wirklich Spaß macht. Und genau dabei wollen wir dich unterstützen.

Womöglich steckst du noch mitten im Abitur oder bist gerade damit fertig geworden und stehst vor wichtigen Entscheidungen, mit denen du die Weichen für dein Leben stellst. Oder aber du hast dich bereits für eine Ausbildung oder ein Studium entschieden. Vielleicht hast du auch schon erste Berufserfahrungen gesammelt und arbeitest auf die nächsten Karriereschritte hin.

Egal, in welcher Situation du dich gerade befindest: Wir sagen herzlich willkommen in deinem Leben und Glückwunsch, dass du es bis hierhin geschafft hast. Rund 7 Quadrillionen Atome, die auf insgesamt 59 Elemente verteilt sind, formen deinen einzigartigen Körper. Dass diese Unzahl an Atomen ausgerechnet zu dir geworden sind, statt noch immer durchs Weltall zu wabern, ist schlichtweg ein Wunder. Abgesehen von der günstigen planetaren Konstellation, die Leben auf der Erde überhaupt erst möglich gemacht hat, ist es seit rund 200.000 Jahren all deinen Vorfahren trotz Kriegen, Pestausbrüchen oder Hungersnöten stets rechtzeitig gelungen, ihren genetischen Code von Generation zu Generation zuverlässig weiterzugeben. (Kein Wunder, dass wir in diesem Buch unbedingt auch über Beziehungen und die Liebe sprechen wollen. Und nun bist ausgerechnet du da. In deiner ganzen Pracht.)

In den zurückliegenden Jahren hast du bereits eine Menge gelernt. Du kannst atmen, essen, singen, tanzen (muss nicht schön aussehen), lachen, lesen, rechnen (mindestens Pi mal Daumen), Gedichte analysieren, Kontinente auf der Landkarte finden (oje, wo liegt noch mal Bosnien?), unser Verdauungssystem beschreiben, rennen (muss nicht schnell sein), hoffentlich auch schwimmen, schwitzen oder furzen. Du kannst rot im Gesicht werden, wenn dir Dinge peinlich sind. Dich übergeben, wenn du zu viel Alkohol getrunken hast. Du kannst Orgasmen haben. Du kannst Witze erzählen oder sie dir einfach nie merken. Du kannst weinen, wenn du traurig bist. Du kannst denken und du kannst träumen. Mit anderen Worten: Du lebst. Die Sache hat nur einen Haken: Das geht nicht ewig so weiter. Wir wollen an dieser Stelle keine Party-Crasher sein, aber zu den wichtigsten Dingen, die man über das Leben wissen sollte, gehört die Erkenntnis, dass es eines Tages endet. Deine Lebenszeit ist begrenzt und daher entsprechend wertvoll.

Der Verweis auf den enormen Wert unserer Lebenszeit löst nicht selten einen fatalen Selbstoptimierungsimpuls und damit Druck aus. Doch keine Sorge, in diesem Buch wollen und werden wir dir nicht erklären, was du alles machen musst, um ein erfolgreiches und glückliches Leben zu führen. Stattdessen wollen wir dir Wissen und Tools an die Hand geben, mit denen du arbeiten *kannst*, um schneller zu dir selbst und in *dein* Leben zu finden, ein Leben, das dich wirklich erfüllt und glücklich macht. Dieses Buch ist kein klassischer Ratgeber, sondern ein Hand- und Arbeitsbuch für dein Leben.

Unser Blick auf die Welt ist mit der Zeit immer komplexer geworden. Wir wissen so viel mehr. Wir können so viel mehr lernen. Wir können so viel mehr erleben und erfahren. Kein Wunder, dass diese neue Komplexität bei vielen ein Gefühl der Überforderung auslöst und mitunter in Angst mündet, nicht mehr durchzublicken. Diese Angst wollen wir dir nehmen. Wir werden dir in diesem Buch zahlreiche Handlungsräume, Denkräume und Emotionsräume aufzeigen, in denen du dich immer wieder neu orientieren kannst. Wir wollen dir das nötige Wissen vermitteln, das dein Verständnis für die Welt, in der du lebst, vertieft. Immer mit dem Ziel, dass du in Zukunft bessere Entscheidungen für dich und dein Leben treffen kannst. Außerdem wollen wir dir helfen, in deinem Alltag, der aus Organisation, Finanzen, Rechten und Pflichten, Haushalt und leider auch aus Bürokratie besteht, den einen oder anderen Umweg zu vermeiden, der dich sonst womöglich Zeit kostet, die dir an anderer, weitaus nützlicher Stelle fehlt.

Und Fettnäpfchen lauern überall im Leben. Wir wissen, wovon wir sprechen. Nachfolgend findest du zur Inspiration eine Liste mit 60 Fehlern, auf die wir zum Beispiel gern verzichtet hätten und von denen wir dennoch eine ganze Menge gemacht haben.

60 Fehler, auf die wir gern verzichtet hätten. Und die du auch nicht unbedingt machen musst:

1. Das Lernen für Prüfungen bis auf den letzten Drücker hinausschieben.
2. Nicht auf Stressfragen im Jobinterview vorbereitet sein.
3. Glauben, dass du schon alles weißt.
4. Angst davor haben, Fehler zu machen.
5. Keine Fehler machen.
6. Nicht an der Börse investieren, wenn du noch jung bist.
7. Keine Haftpflichtversicherung haben.
8. Auf den »richtigen« Zeitpunkt warten, um eine Familie zu gründen.
9. Angst davor haben, Entscheidungen zu treffen.
10. Angst vor Veränderungen haben.
11. Dinge tun, um auf andere »cool« zu wirken.
12. Geizig sein.
13. Keine finanziellen Reserven für Notfälle haben.
14. Sich unter Wert verkaufen und nicht wissen, wie man nach einer Gehaltserhöhung fragt.
15. Kein berufliches Netzwerk aufbauen.
16. Ein Geheimnis weitererzählen und es bereuen.
17. Aufhören, an die Liebe zu glauben.
18. Nicht auf dein Bauchgefühl hören.
19. Zu viel Alkohol trinken.
20. Prokrastinieren – am liebsten mit Netflix-Serien – und wichtige Dinge ewig lange vor sich herschieben.
21. Einem Modetrend folgen, der einem überhaupt nicht steht (und für den du dich später beim Betrachten alter Fotos schämst).
22. Davon ausgehen, dass Pläne genau so funktionieren, wie du es dir vorgestellt hast.
23. Bei Reiseplanungen keinen Zeitpuffer einplanen.
24. Sich für ein Studium entscheiden, das den Eltern gefällt oder mit dem du hoffst, später einen sicheren Job zu bekommen.
25. Dinge nur tun, weil sie von dir erwartet werden.
26. Sich schämen, andere um Hilfe zu bitten (egal, wobei).
27. Etwas nicht tun, weil du es allein tun müsstest (zum Beispiel ins Kino, Restaurant oder zum Wandern gehen).

28. Auf die Lösung von Problemen »warten« oder darauf, dass Menschen sich ändern, ohne selbst etwas zu unternehmen.
29. Sich nicht mit Erste Hilfe auskennen.
30. Beim Kümmern um andere sich selbst vergessen.
31. Glauben, dass (Liebes-)Beziehungen automatisch oder von allein funktionieren.
32. Die Schmerzen oder Probleme anderer kleinreden oder nicht daran glauben.
33. Darauf hoffen, dass Sport oder Bewegung oder »mal Pause machen« eine Therapie ersetzen können.
34. Ein falsches Selbstbild haben und deine Gefühle für falsch halten.
35. Dinge nicht mehr tun, weil du jetzt erwachsen bist (zum Beispiel Spiele spielen).
36. Langeweile nicht ertragen.
37. Immer nur dieselbe Zeitung lesen und alles glauben, was in der Zeitung oder im Internet steht.
38. Nicht konsequent sein (nicht machen, was du sagst oder versprichst).
39. Es allen recht machen wollen (und dabei vergessen, dass man selbst auch zu den »allen« gehören sollte).
40. Selfcare mit Egoismus gleichsetzen.
41. Freiheit nur über die eigenen Bedürfnisse definieren.
42. Unterschätzen, wie schnell die eigene und die Lebenszeit von anderen vergeht.
43. Keine Hobbys haben oder, wenn man doch welche hat, keine neuen Hobbys mehr ausprobieren.
44. Deine Rechte nicht kennen und annehmen, dass du dir keinen Anwalt leisten kannst.
45. Glauben, dass die Welt in zehn Jahren noch genauso sein wird wie heute.
46. Die eigene Kraft unterschätzen und meinen, dass man selbst nichts bewirken kann.
47. Keine Fremdsprachen lernen.
48. Jüngere Menschen für ahnungslos halten und davon ausgehen, dass ältere Menschen ausschließlich im Gestern leben.
49. Von etwas abhängig sein.
50. Funktionieren wollen.
51. Glauben, nicht gut genug zu sein.
52. Nicht aufräumen und nicht wegschmeißen können. Und keine Ordner für wichtige Unterlagen anlegen.

53. Sich zu wenig Zeit fürs Faulsein nehmen.
54. Unterschätzen, wie viel Zeit und Produktivität man durch Pausen gewinnt.
55. Nicht zu Vorsorgeuntersuchungen gehen, weil du glaubst, dass es Vorsorgeuntersuchungen erst für Menschen ab 50 gibt.
56. Nicht den Mut haben zu sagen: »Das weiß ich nicht« oder »Das kann ich nicht«.
57. Aus Angst, das Falsche zu sagen, gar nichts sagen.
58. Einen Kredit für den/die Partner:in aufnehmen. (Nicht machen! Egal, wie sehr du ihn:sie liebst.)
59. Annehmen, dass dein erster oder aktueller Job dein letzter sein wird.
60. Keine Back-ups machen und immer das gleiche Passwort verwenden.

Wenn du die Liste besonders aufmerksam gelesen hast, sind dir womöglich ein paar Unschärfen aufgefallen. Etwa die Sache mit den Fehlern. Wie kann es ein Fehler sein, keine Fehler zu machen? Das Thema Fehlerkultur werden wir später noch ausführlich behandeln. Im Moment nur so viel dazu: Dieses Buch versteht sich als eine Einladung, die *richtigen* Fehler zu machen. Fehler, die sich für dich lohnen, weil du aus ihnen etwas lernen kannst und sie dich voranbringen. *Unnötige* Fehler, die meist aus Nichtwissen und Ahnungslosigkeit entstehen (»Mist, davon habe ich noch nie etwas gehört«), kosten dich dagegen nur Zeit und Energie, ohne hinterher einen Mehrwert für dich zu erzeugen. Wir hoffen, dass wir dir eine Menge dieser Fehler ersparen können. Die Entscheidung darüber wird jedoch immer bei dir liegen.

Wir werden uns in diesem Buch mit ganz unterschiedlichen Themen befassen. Wir werden uns etwa mit Finanzen und Steuern beschäftigen und über Geld reden. Geld allein macht zwar nicht glücklich, aber kein oder zu wenig Geld zu haben, macht nachweislich krank. Das muss nicht sein. Ein weiterer Fokus liegt auf dem Thema Job und Karriere. Du wirst in deinem Leben in der Regel ziemlich viel Zeit mit der Arbeit verbringen, da sollte es idealerweise die richtige sein. Nur wie findest du einen Job, der dich erfüllt und dem du gern nachgehst? Beziehungen und Gefühle fallen wie das Thema Persönlichkeitsentwicklung oder Stärken und Schwächen unter das Stichwort Psychologie, ebenso wie zahlreiche Tools und Techniken, bei denen es zum Beispiel um die Stärkung deines Selbstbewusstseins oder Möglichkeiten der Entscheidungsfindung geht.

Ordnung ist das halbe Leben, heißt es. Tatsächlich kannst du in deinem Leben ebenso viel Ballast anhäufen wie in einer Wohnung. Doch da Unordnung nachweislich Stress verursacht, werden wir dir dabei helfen, in den wichtigsten Dingen Ordnung in dein Leben zu bringen. Welche Versicherungen brauchst du zum Beispiel wirklich? Wir behandeln außerdem für dich relevante Rechtsfragen, etwa zum Thema Mietrecht, damit der Umzug in die erste eigene Wohnung oder WG nicht zum Albtraum wird.

In einem Handbuch fürs Leben darf das Thema Gesundheit natürlich nicht fehlen. Wusstest du, dass zu wenig Schlaf dieselbe Wirkung auf den Körper hat wie Alkohol? Wie funktioniert eigentlich Stressabbau? Kannst du dich tatsächlich schlau essen? (Ja!) Und wie kann es sein, dass Muskeln dir beim Abnehmen helfen, selbst wenn du durch sie schwerer wirst? Die Beziehung zu deinem eigenen Körper ist die wohl wichtigste Beziehung in deinem Leben. Sie wird jedoch wie deine anderen Beziehungen auch nicht von allein gut laufen.

Sehr wichtig ist uns auch das Thema Kommunikation, insbesondere über soziale Medien im Internet. Wie erkennst du zum Beispiel Fake News? Und was steckt hinter Framing und False Balancing und warum sind diese Kommunikationstechniken in der Lage, deine Wahrnehmung und deine Vorstellung von der Welt zu verzerren? Warum machen sich Menschen mit Whataboutism schnell unbeliebt? Und was unterscheidet eine Non-Apology, also eine Nichtentschuldigung, von einer richtigen Entschuldigung? Zum Leben gehört jedoch nicht nur, sich in den Kommunikationsuntiefen des Internets zurechtzufinden, sondern auch in der Gesellschaft allgemein. Welchen Einfluss haben Kultur und Werte auf dein Leben? Wie prägen sie dich? Warum lohnt es sich, sich mit Geschichte zu beschäftigen? Und wie funktioniert eigentlich Zukunft?

Bei all dem steht kaum eines der Themen, das wir behandeln werden, für sich allein. Oft bedingen sie einander und erzeugen wichtige Wechselwirkungen, auf die wir immer wieder hinweisen werden. Deine persönlichen Werte und Überzeugungen wirken sich zum Beispiel konkret auf deine Karriere oder auf deine Beziehungen aus. Selbst deine Finanzen sind davon betroffen. Aber kennst du dich selbst und deine Bedürfnisse überhaupt? Auch dabei, dich selbst besser kennenzulernen, können wir dir helfen, immer mit dem Ziel, deine Selbstwirksamkeit zu erhöhen, also das Gefühl, dein Leben selbst in der Hand zu haben und es zu gestalten.

Nach der Schule startet jede:r von uns zwei Karrieren: seine private und seine berufliche Karriere. Welchen Weg du dabei einschlägst, hängt vor allem von drei Dingen ab.

1. Von deinen persönlichen Zielen.
2. Von deinen Werten und Überzeugungen.
3. Von deinen Fähigkeiten, deinen Stärken und Schwächen.

Diese drei Faktoren bestimmen im Wesentlichen, wie sich deine Persönlichkeit entwickelt und auf welcher Grundlage du Entscheidungen triffst. Und davon stehen nach der Schule eine Menge an: Willst du eine Ausbildung oder ein Studium beginnen? Nur welche oder welches passt zu dir? Wie kannst du deine Ausbildung oder dein Studium finanzieren? Kannst und willst du bei deinen Eltern wohnen bleiben? Falls nicht: Ziehst du in eine eigene Wohnung oder in eine WG? Und wie bezahlst du deine Wohnung oder dein WG-Zimmer? Ab wann musst du eigentlich eine Steuererklärung machen? Wie läuft das mit deiner Krankenversicherung, wenn du nicht mehr über deine Eltern versichert bist? Wann ist der beste Zeitpunkt, eine Familie zu gründen? Wie verhandelst du das Gehalt in deinem Job? Was kannst du gegen deine Aufregung bei Bewerbungsgesprächen tun? Worauf musst du bei Bewerbungen achten? Wann hört das Verknalltsein auf, und wann beginnt die Liebe? Was ist Erfolg? Was sind deine Stärken? Und wie arbeitest du an deinen Schwächen – oder musst du das gar nicht? Wie ernährst du dich gesund, wenn deine Eltern nicht mehr für dich kochen ...

Machen wir uns an die Arbeit, um ein paar Antworten zu finden.

Psychologie I

Wie du dich selbst besser kennenlernst

Wir beginnen unsere Reise durch dein zukünftiges Leben mit den Themen Selbstwirksamkeit, Selbstbewusstsein, Werte, Ziele und Motivation. Warum? Weil es in diesem Buch um *dein* Leben geht. Viele Ratgeber arbeiten damit, dir feste, vorgefertigte Lösungen anzubieten: Mach dies, dann passiert das.

Aber so funktioniert das Leben leider nicht. Jeder von uns bringt eine andere Persönlichkeit mit. Jeder hat unterschiedliche Stärken und Schwächen. Daher gibt es auch nicht *die* Lösung, die für alle passt. Damit du die für dich richtigen Lösungen in deinem Leben finden kannst, wollen wir zunächst dein Bewusstsein für deine Persönlichkeit schärfen.

Du wirst überrascht sein, wie deine Persönlichkeit, deine Werte, dein Selbstbewusstsein und deine Motivation einander beeinflussen und zusammenhängen. Bist du dir deiner Werte und Motivation bewusst geworden, entsteht in dir die Fähigkeit, für dich stimmige Lebensziele zu formulieren. Und diese führen dich schließlich über kurz oder lang in den so wichtigen Zustand der Selbstwirksamkeit. Der hilft dir wiederum dabei, ins Tun zu kommen. Also Dinge tatsächlich anzupacken und umzusetzen.

Deine Persönlichkeit – die Zutaten für ein glückliches Leben

Stell dir vor, wir würden dich jetzt sofort mit folgender Bitte in den Supermarkt schicken: Kauf bitte alle Zutaten für das Ottolenghi-Rezept »Gegrillte Zucchini mit Safranbutter und Joghurtsauce« und koche es anschließend für uns.

Wie würdest du auf diese Bitte reagieren? Nun, wahrscheinlich würdest du sagen, dass du den Auftrag so nicht ausführen kannst, weil du die genauen Zutaten und Mengen fürs Rezept nicht kennst. Okay, Zucchini, Safran, Butter und Joghurt scheinen dazuzugehören, aber sonst? Du würdest uns daher nach einer Liste mit allen Zutaten fragen. Und dann wahrscheinlich noch nach einer Anleitung, wann genau welche Zutat in welcher Menge in den Topf oder die Pfanne gehört, damit das Gericht am Ende auch gelingt.

Sollten diese oder ähnliche Gedanken durch deinen Kopf gegangen sein – herzlichen Glückwunsch, alles richtig gemacht. Wann immer wir mit einer konkreten Aufgabe konfrontiert werden, suchen oder entwickeln wir einen Plan. Wir marschieren nicht einfach drauflos, weil wir genau wissen: Ohne Plan, ohne Zutatenliste und ohne Rezept, funktioniert die Sache nicht.

Stell dir nun bitte vor, das Rezept, das du zubereiten müsstest, wären keine gegrillten Zucchini, sondern dein glückliches Leben. Kennst du zum jetzigen Zeitpunkt alle Zutaten, die du dafür brauchst? Und hast du einen Plan, eine Vorstellung davon, wie du diese Zutaten verarbeiten solltest?

Wie vertraut bist du eigentlich mit deiner Persönlichkeit? Wie gut kennst du dich selbst? Welches sind deine wichtigsten Werte und Überzeugungen? Woran glaubst du? Kennst du deine Stärken? Und bist du dir der Dinge bewusst, die dir keinen Spaß bereiten oder mit denen du dich schwertust? Fragst du dich manchmal, warum das so ist? Ist dir klar, was dir guttut? Weißt du, welche Menschen dir guttun? Welche Themen oder Menschen dich verletzen? Und wovor hast du eigentlich Angst? Was bereitet dir Freude? Darüber solltest du nachdenken, denn in deiner Persönlichkeit, in der Gesamtheit all deiner charakteristischen und individuellen Eigenschaften, stecken alle Zutaten, die du für *dein* glückliches Leben benötigst. Also werfen wir doch gemeinsam einen Blick darauf, was da so alles auf deiner Zutatenliste für dein glückliches Leben steht.

The Big Five: die fünf Persönlichkeitsdimensionen

Deine Persönlichkeit ist nicht statisch. Sie wird sich ein Leben lang entwickeln. Früher gingen Wissenschaftler davon aus, dass die Persönlichkeitsentwicklung bereits in jungen Jahren vollständig abgeschlossen sei. Doch diese These ist längst widerlegt. Zwar finden die größten Veränderungen bis zu einem Alter von 30 Jahren statt, doch selbst mit 50 oder 60 können einschneidende Erlebnisse zu Veränderungen deiner Persönlichkeit führen. Um das Konstrukt Persönlichkeit greifbarer zu machen, haben Wissenschaftler fünf Persönlichkeitsdimensionen entwickelt, die sogenannten Big Five. Diese sind:

- die Extraversion,
- die Offenheit,
- die Verträglichkeit,
- die Gewissenhaftigkeit,
- der Neurotizismus.

Während du dir unter den Begriffen Offenheit, Verträglichkeit und Gewissenhaftigkeit sicher etwas vorstellen kannst, werden die Begriffe Extraversion sowie Neurotizismus womöglich für Fragezeichen sorgen. Gehen wir die einzelnen Persönlichkeitsdimensionen doch einmal durch und klären ab, welche Eigenschaften mit welcher Dimension verbunden sind.

BIG FIVE (1/5): DIE EXTRAVERSION

Wie wichtig ist dir die Aufmerksamkeit anderer Menschen? Wie kontaktfreudig bist du? Bist du eher ein geselliger oder ein verschlossener Typ? Wie aktiv bist du, und unternimmst du Dinge lieber allein oder in der Gruppe? Sitzt du abends lieber auf dem Sofa oder ziehst du gern um die Häuser?

Die Antworten auf all diese Fragen zeigen an, wie stark deine Extraversion ausgeprägt ist. Menschen mit einer sehr ausgeprägten Extraversion sind extrovertiert. Menschen mit einer kaum ausgeprägten Extraversion sind introvertiert. Ist eine Person sehr still und meldet sich selten zu Wort, ist sie eher introvertiert.

Eigenschaften bei sehr ausgeprägter Extraversion:

- gesprächig
- spontan
- gesellig
- energisch
- unternehmungslustig
- interessiert
- risikobereit

Eigenschaften bei wenig ausgeprägter Extraversion:

- ernst
- zurückhaltend
- zufrieden mit sich allein
- in sich ruhend
- nachdenklich
- konzentriert
- konfliktscheu

BIG FIVE (2/5): DIE OFFENHEIT

Welche Rolle spielen Traditionen und feststehende Routinen in deinem Leben? Bist du eher neugierig oder fällt es dir schwer, dich auf Unbekanntes einzulassen? Greifst du bei neuen Produkten im Supermarkt sofort zu, oder wartest du lieber ab?

In der Persönlichkeitsdimension der Offenheit wird die Einstellung einer Person gegenüber Veränderungen abgebildet. Eine hohe Offenheit drückt sich in einer Lust auf neue Impulse, aber auch in einer gewissen Ruhelosigkeit und einer ordentlichen Portion Leichtsinn aus. Ein neuer Film im Kino? Den muss eine offene Person unbedingt sehen. Ein neuer Modetrend? Wird sofort ausprobiert. Eine wenig ausgeprägte Offenheit sorgt dagegen für eine hohe Verlässlichkeit bei einer Person. Jeder weiß, was er an diesem eher vorsichtigen Menschen hat. Und das ändert sich auch nicht so schnell.

Eigenschaften bei sehr ausgeprägter Offenheit:

- kreativ
- unkonventionell
- philosophisch
- fantasievoll
- Grenzgänger
- erfinderisch
- leichtsinnig
- emotional
- begeisternd
- verrückt

Eigenschaften bei wenig ausgeprägter Offenheit:

- traditionell
- konservativ
- skeptisch
- verlässlich
- berechenbar
- vorsichtig

BIG FIVE (3/5): DIE VERTRÄGLICHKEIT

Wie bei der Extraversion spielt bei der Verträglichkeit die Beziehung zu anderen Menschen eine Rolle. Allerdings ist nicht die Aufmerksamkeit der Persönlichkeitstreiber, sondern Macht und Dominanz. Bei einer wenig ausgeprägten Verträglichkeit stellt eine Person ihre Eigeninteressen über die der anderen Menschen. Sie ist eher misstrauisch anderen gegenüber, weil sie fürchtet, übervorteilt zu werden. Eine gut ausgebildete Verträglichkeit drückt sich dagegen im Streben nach Harmonie und in einem ausgeprägten Mitgefühl aus.

Eigenschaften bei sehr ausgeprägter Verträglichkeit:

- Harmonie suchend
- kooperativ
- verständnisvoll
- gutmütig
- umgänglich
- mitfühlend
- empathisch
- nachgiebig

Eigenschaften bei wenig ausgeprägter Verträglichkeit:

- egozentrisch
- durchsetzungsstark
- misstrauisch
- wettbewerbsorientiert
- unnachgiebig
- beharrend
- rau
- feindselig

BIG FIVE (4/5): DIE GEWISSENHAFTIGKEIT

Willst du immer alles perfekt machen? Verfolgst du deine Ziele mit hoher Ausdauer? Oder fällt es dir leicht, auch mal alle Fünfe gerade sein zu lassen? Wie leicht lässt du dich ablenken? Wie stark ist deine Selbstkontrolle? In dieser Persönlichkeitsdimension bilden Perfektionist:innen (hohe Gewissenhaftigkeit) und Lebenskünstler:innen mit Laisser-faire-Einstellung (geringe Gewissenhaftigkeit) die Gegenpole.

Eigenschaften bei sehr ausgeprägter Gewissenhaftigkeit:

- pünktlich
- willensstark
- kontrolliert
- selbstdiszipliniert
- strukturiert
- verantwortungsbewusst
- glaubwürdig
- planend
- zielstrebig

Eigenschaften bei wenig ausgeprägter Gewissenhaftigkeit:

- sorglos
- unbekümmert
- nachlässig
- sprunghaft
- leichtlebig
- nachgiebig

BIG FIVE (5/5): DER NEUROTIZISMUS

Der Neurotizismus sagt aus, wie emotional stabil ein Mensch ist. Eine starke Ausprägung führt zu Sorge und ständiger Anspannung. Oft sind Traurigkeit, Melancholie sowie Magen- oder Kopfschmerzen die Folge. Außerdem können solche Personen Rückschläge nicht so gut verkraften. Ist der Neurotizismus gering ausgeprägt, nimmt sich ein Mensch selbst nicht so wichtig und ist resilienter. Er bezieht Rückschläge nicht automatisch auf sich selbst, kann gut mit Druck umgehen und ist emotional stabiler.

Eigenschaften bei sehr ausgeprägtem Neurotizismus:

- nervös
- unsicher
- melancholisch
- reizbar

- verlegen
- sorgenvoll
- verletzlich
- emotional

Eigenschaften bei wenig ausgeprägtem Neurotizismus:

- stressresistent
- selbstsicher
- ausgeglichen
- belastbar
- zufrieden
- ungezwungen
- entspannt

Wenn du wissen möchtest, wie du bei den Big Five abschneidest, mach einen kostenlosen Onlinetest. Es ist ein erster wichtiger Schritt, um dich selbst besser kennenzulernen. Aber Achtung: Keine Persönlichkeitsdimension ist per se gut oder schlecht. Probleme bereiten immer nur besonders extreme Ausprägungen. Warum das so ist, erfährst du im Kapitel »Psychologie II«.

Kehren wir an dieser Stelle noch einmal kurz in die Küche des Lebens zurück. Wie helfen dir die Erkenntnisse über deine Persönlichkeit hier weiter? Nun, stell dir vor, du möchtest gerne berühmt werden, auf der Bühne und im Rampenlicht stehen. Dafür benötigst du in der Regel eine richtig große Portion Extraversion. Steht die in ausreichender Menge auf deiner Zutatenliste? Bringst du mit, was es dafür braucht, ein Star zu sein? Oder träumst du vielleicht von einer Karriere als Fluglotse oder als Chirurg? In diesem Fall hoffen wir für dich und für alle Passagiere und Patient:innen, dass du über eine besonders gut ausgeprägte Gewissenhaftigkeit verfügst. Falls nicht, lass bitte lieber die Finger davon. Und als eher introvertierte Person ist ein Job als Lehrkraft wohl eher nichts für dich.

Je besser du deine Persönlichkeit kennst, desto größer ist die Wahrscheinlichkeit, in einem Leben zu landen, das dich glücklich macht und das du selbst erfolgreich gestalten kannst. Diese Fähigkeit ist als Selbstwirksamkeit bekannt. Wie du an ihr arbeiten kannst, erfährst du im nächsten Kapitel.

Selbstwirksamkeit? Was ist das eigentlich? Und wie kannst du sie stärken?

Selbstwirksamkeit ist, wie gesagt, so etwas wie der Schlüssel zu einem glücklichen Leben. Die Wissenschaft versteht darunter »die Überzeugung einer Person (...), auch schwierige Situationen und Herausforderungen aus eigener Kraft erfolgreich bewältigen zu können«.[1] Folgendes bewirkt eine hohe Selbstwirksamkeit bei dir:

- Du bist gelassener und ärgerst dich weniger über deine Mitmenschen. (Prima, das spart wichtige Lebensenergie.)
- Du gehst grundsätzlich optimistischer durch dein Leben. (Kann nie schaden.)
- Die Beziehungsarbeit fällt dir leichter. (Love rules!)
- Du übernimmst gern für dich selbst, aber auch für andere Verantwortung. (Und verplemperst dadurch weniger Zeit mit Jammern.)
- Du machst dir angesichts neuer Herausforderungen nicht ins Hemd. (So lernst du neue Dinge und es bleibt spannend in deinem Leben.)
- Du bist ausdauernder, um deine Ziele zu erreichen. (Das Erreichen von Zielen ist verbunden mit Erfolgserlebnissen, eine der wichtigsten Erfahrungen für ein glückliches und zufriedenes Leben.)
- Du kannst besser zwischen realistischen und unrealistischen Zielen unterscheiden. (Das bedeutet weniger Umwege und Sackgassen, in die unrealistische Ziele dich zwangsläufig führen.)
- Du tust dir leichter, dich selbst zu motivieren. (Unrealistische Ziele führen zu ausbleibenden Erfolgserlebnissen. Ausbleibende Erfolgserlebnisse bedeuten Frust. Den braucht kein Mensch. Realistische Ziele dagegen haben Erfolgserlebnisse zur Folge. Erfolgserlebnisse führen zu Motivation und innerer Überzeugung. Wenn du eine Herausforderung einmal gemeistert hast, warum sollte es beim nächsten Mal nicht wieder klappen?)
- Du kannst mit Kritik gut und offen umgehen und aus ihr lernen. (Du verlierst dich nicht so oft in »Ich bin nicht gut genug«- und »Ich kann gar nichts«-Gedanken.)
- Du handelst aus Überzeugung und nicht, um von anderen gelobt oder geliebt zu werden. (Dieser Punkt trägt entscheidend dazu bei, dass du das Leben führst, das du wirklich leben willst, statt den Werten oder Vorstellungen anderer nachzujagen.)

Wie du siehst: Die Vorteile einer gut ausgeprägten Selbstwirksamkeit sprechen für sich. Damit du noch ein wenig besser einschätzen kannst, wie es um deine Selbstwirksamkeit bestellt ist, hier noch die Anzeichen für eine schwach ausgeprägte Selbstwirksamkeit:

- Du vergleichst dich selbst häufig mit anderen Menschen. Und denkst, dass andere viel mehr können und viel mehr haben als du selbst.
- Du neidest anderen Menschen ihren Erfolg.
- Du machst grundsätzlich andere Menschen dafür verantwortlich, dass es dir nicht gut geht.
- Du bist sehr selbstkritisch. Wenn du von anderen gelobt wirst, kannst du dieses Lob gar nicht richtig genießen.
- Du reagierst oft eingeschnappt auf Kritik.
- Deine Laune wechselt schnell.

Das alles klingt nach wenig Spaß, weshalb wir uns lieber damit beschäftigen, wie du deine Selbstwirksamkeit stärken kannst. Wie bereits gesagt, wird Selbstwirksamkeit als Vertrauen in die eigenen Fähigkeiten und Wissen um den Erfolg des eigenen Handelns definiert.

»Du musst nur an dich glauben, dann kannst du alles schaffen« – warum dieser Spruch Bullshit ist

Selbstwirksamkeit hat nichts mit dem beliebten Kalender- und Motivationsspruch »Du musst nur an dich glauben, dann kannst du alles schaffen« gemein. Der ist Bullshit. Glaube allein wird zum Beispiel einen Fisch niemals dazu befähigen, auf einen Baum zu klettern. Und ein selbstwirksamer Fisch weiß das auch und wird jedem mit der Flosse einen Vogel zeigen, der ihm sagt, dass er nur fest genug an sich glauben, dass er diszipliniert und motiviert sein müsse, damit das mit der Kraxelei auf den Baum hinhaut.

Fische klettern einfach nicht auf Bäume. Es sei denn, sie setzen einen ziemlich komplexen, Jahrmillionen Jahre andauernden Prozess in Gang, der sich Evolution nennt und in dessen Folge sie das Meer verlassen, Lungen und Gliedmaßen ausbilden und über ein paar weitere Umwege schließlich zu Affen werden. Und die sitzen dann tatsächlich schon oben in der Baumkrone, bevor jemand den Satz »Du musst nur fest genug an dich glauben, dann kannst du auch auf einen Baum klettern« überhaupt zu Ende gesprochen hat. Nur sind sie dann eben Affen und keine Fische. Was wir damit sagen wollen: Selbstwirksamkeit ist nichts, was sich heraufbeschwören lässt. Es ist kein Zauber, kein Knopf, den du nur drücken musst, und dann funktioniert das schon. Solltest du ein Fisch sein, musst du nicht auf Bäume klettern, und du solltest dir auch von niemandem einreden lassen, dass das ein Problem ist. Mit deiner Selbstwirksamkeit hat das nichts zu tun.

»Du musst nur an dich glauben«: Wir wundern uns immer wieder, dass nicht alle Menschen ausflippen, wenn sie diesen sicher gut gemeinten, aber vollkommen nutzlosen Rat erhalten. Nicht umsonst hat der Begriff der Selbstwirksamkeit den ursprünglich in der Psychologie verwendeten Begriff des Selbstvertrauens weitgehend abgelöst. Die innere Überzeugung, der Glaube an die eigenen Fähigkeiten ist nämlich nicht die Ursache für ein hohes Selbstvertrauen alias eine hohe Selbstwirksamkeit. Die innere Überzeugung, der starke Glaube ist Ausdruck und Resultat des Prozesses, der deine Selbstwirksamkeit gestärkt hat. Und diesen Prozess kannst du selbst anstoßen. Wie? Bitte weiterlesen!

»Du musst nur an dich glauben« – ja, woran denn bitte schön? Was verbirgt sich hinter diesem Ich, an das du glauben sollst? Was befähigt denn dieses Ich, die Herausforderung oder die Aufgabe zu meistern, vor der es steht? Kennst du dich und deine Fähigkeiten gut genug, um diese Fragen zu beantworten und einen Plan aus den Antworten abzuleiten? Bist du dir deiner selbst bewusst?

Mittlerweile dürfte dir klar sein, dass deine Selbstwirksamkeit eng an dein Selbstbewusstsein geknüpft ist. Höchste Zeit also, dass wir uns gemeinsam anschauen, was dieses Selbstbewusstsein ist und welchen Einfluss es auf deine Selbstwirksamkeit hat.

Dein Selbstbewusstsein setzt sich aus allen Informationen zusammen, die du über dich zusammengetragen hast. Es ist dein Wissen über deine Fähigkeiten, deine Werte, deine Gefühle und deine Wünsche. Nun ist uns jedoch bekannt, dass Menschen sich hin und wieder irren können. Keiner von uns liegt immer richtig. Und das ist leider auch beim Sammeln von Wissen über uns selbst der Fall.

Ein gesundes Selbstbewusstsein entsteht immer dann, wenn dein Wissen über dich möglichst korrekt ist. Ist es das nicht, bildest du ein ungesundes Selbstbewusstsein aus. Du überschätzt oder unterschätzt dich. Beide Varianten münden in zermürbenden Gemütszu- und Lebensumständen. Du willst wissen, wie es um dein Selbstbewusstsein bestellt ist? Mach gerne Häkchen hinter die zutreffenden Aussagen auf der folgenden Checkliste. Je mehr, desto besser.

Checkliste Selbstbewusstsein

1. Du weißt, worin du richtig gut bist.
2. Du weißt, worin du nicht so gut bist. (Du kommst damit aber klar. Es zieht dich nicht runter. Und das Beste: Du kannst daran arbeiten.)
3. Du kannst deine Wirkung auf andere Menschen richtig einschätzen.
4. Du bist bereit, (von anderen) zu lernen, ohne dich schlecht zu fühlen.
5. Du kannst Kritik annehmen und verarbeiten.
6. Du lässt deine Gefühle nicht nur zu, sondern kannst sie gegenüber anderen auch ausdrücken.
7. Du weißt, dass negative Situationen und negative Gefühle Momentaufnahmen sind und vorübergehen.
8. Du weißt, warum du so und nicht anders gehandelt hast, und kannst das anderen auch erklären.
9. Du kennst deine Bedürfnisse und lebst sie aus.
10. Du kennst deine Ziele und setzt sie in die Tat um.

Natürlich kannst du dich noch viel intensiver mit deinem Selbstbewusstsein auseinandersetzen. Und zwar indem du anfängst, mit den ersten fünf Punkten unserer Checkliste zu arbeiten. Wie das geht? Erstelle dafür eine Schwächen-Stärken-Liste mit Themen und Eigenschaften, die dir wichtig sind oder spezielle Probleme bereiten. Zum Beispiel so:

	stimmt gar nicht									stimmt vollkommen
	1	2	3	4	5	6	7	8	9	10
Ich bin kommunikativ.										
Ich bin kreativ.										
Ich bin verlässlich.										
Ich bin chaotisch.										
Ich bin spontan.										

	stimmt gar nicht								stimmt vollkommen
	1	2	3	4	5	6	7	8	9	10
Ich gehe planvoll vor.										
Ich bin lösungsorientiert.										
Ich bin diszipliniert.										
Ich bin fröhlich.										
Ich bin freundlich.										
Ich bin hilfsbereit.										
Ich bin ausgeglichen.										
Ich bin ordentlich.										

Geh nun Punkt für Punkt durch und erstelle eine Selbsteinschätzung. Gib diese Liste – natürlich nicht ausgefüllt – auch an deine besten Freund:innen (oder Menschen, denen du vertraust) und fordere sie auf, deine Fähigkeiten einzuschätzen. Bitte sie, ehrlich zu sein und dich nicht zu schonen. Vergleiche die Einschätzung deiner Freund:innen mit deiner eigenen. Am besten geht das mit einem Netz- oder Radar-Chart. Ein Beispiel:

Schwächen-Stärken-Vergleich

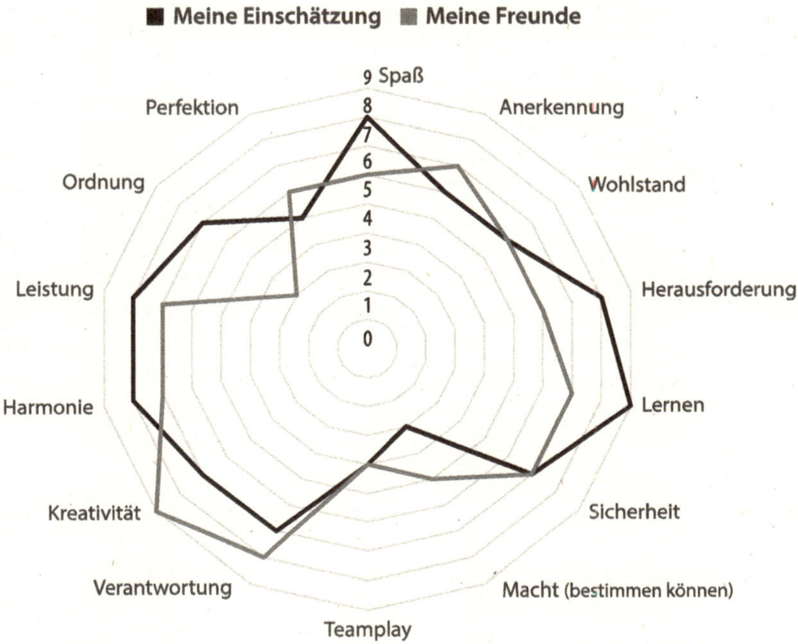

Du wirst mit einer solchen Liste oder einem solchen Chart nicht nur herausfinden, ob du deine Schwächen, Stärken und deine Wirkung auf andere richtig einschätzt, du wirst auch sehen, ob du bereit bist, von anderen zu lernen und Kritik anzunehmen. Denn interessanter als die Übereinstimmung mit deiner eigenen Selbsteinschätzung ist natürlich die Diskrepanz. Wo sehen deine Freunde dich nicht so gut? Wo schätzen sie dich besser ein als du selbst? Die Gespräche über diese unterschiedlichen Wahrnehmungen gehören zu den spannendsten, die du auf dem Weg zu einem gesunden Selbstbewusstsein führen kannst. Probiere es unbedingt aus. Je mehr deine persönliche Einschätzung mit der deiner Vertrauensmenschen übereinstimmt, desto stärker dürfte in dir das Gefühl vorhanden sein, dich in einer inneren Balance zu befinden. Du bist mit dir im Reinen. Dein Selbstbewusstsein ist entsprechend ausgeprägt.

Die Selbstbewusstseinsformel

Selbstbewusstsein =
Wissen über dich selbst +
das Wissen über dich selbst ist richtig.

Die Auseinandersetzung mit deinem Selbstbewusstsein führt uns zum nächsten wichtigen Baustein deiner Persönlichkeit: zu deinen Werten. Warum sind Werte so wichtig? Ganz einfach: Aus deinen Werten entsteht deine Motivation. Ohne Werte, also ohne Dinge, die uns wichtig sind, legen wir nicht los oder tun uns besonders schwer zu beginnen. Nichts ist anstrengender, als ein Leben gegen die eigenen Werte und Überzeugungen zu führen. Um herauszufinden, warum das so ist, müssen wir verstehen, wie Werte entstehen und funktionieren.

Werte, die Basis für deine Motivation

Mit den Werten ist das eine ziemlich merkwürdige Sache. Obwohl sie nicht greifbar sind, können wir uns an ihnen festhalten, und sie bewirken sogar etwas. Die Gelassenheit zum Beispiel. Sie führt dich, solltest du sie in dir ausgebildet haben, durch schwierige Zeiten, selbst wenn alle anderen nicht gelassenen Menschen um dich herum panisch im Dreieck springen. Aber wo beginnt die Gelassenheit eigentlich? Und ab wann geht sie in die wenig wertvolle Gleichgültigkeit über? Darüber lässt sich trefflich streiten – oder auch nicht, denn Werte sind immer persönliche Be**wert**ungen, das erkennst du bereits im Wort selbst.

Werte sind stets Werte für jemanden. Sie sind eine Frage der Perspektive. Das Wohl des Löwen (satt werden) ist das Un-Wohl der Antilope (gefressen werden). Auch wenn wir verzweifelt versuchen, Werte manifest und greifbar zu machen, indem wir Dingen beispielsweise eine Zahl oder einen Preis zuschreiben, spüren wir insgeheim, dass der wahre Wert einer Sache sich nicht mit Geld abbilden lässt.

Nicht umsonst nennt der Soziologe Max Weber den Wert ein »Schmerzenskind« der Ökonomie.[2] Ein frischer Fisch im Fischgeschäft, der 50 Euro kostet, ist den Preis nicht wert, wenn niemand es nötig hat oder das Bedürfnis verspürt, den Fisch zu kaufen. Ein solcher Fisch bekommt erst dann einen Wert für dich, wenn du Hunger und Lust auf Fisch hast oder zum Beispiel Gäste zu dir nach Hause kommen, denen du mit einem leckeren Fischgericht eine Freude machen willst. Halten wir fest: An und für sich gibt es nichts Wertvolles.

Dass Werte dennoch existieren, liegt schlicht in der jeweiligen Situation begründet, in der sich ein Mensch befindet, und in den Bedürfnissen, die sich aus der Situation ableiten lassen. Gehen wir einmal zusammen in dein Badezimmer. Würde dort ein:e Wasserverkäufer:in direkt neben dem Waschbecken stehen und dir eine Flasche Wasser für 10 Euro anbieten, würdest du einfach den Wasserhahn aufdrehen und nicht im Traum daran denken, Geld für das Flaschenwasser auszugeben. Stell dir nun dieselbe Situation in einer Wüste vor, in der du dich verlaufen hast und seit Stunden umherirrst. Du wärst, ohne zu zögern, bereit, 100 oder gar mehr Euro für das Wasser zu zahlen.

Der Wertekreislauf

Dieser dynamische Prozess ist dafür verantwortlich, dass sich ein und derselbe Wert zu verschiedenen Zeiten vollkommen anders für uns anfühlen kann. Der Schriftsteller Johann Wolfgang von Goethe hat einmal gesagt:

»Die Menschheit ist bedingt durch Bedürfnisse. Sind diese nicht befriedigt, so erweist sie sich ungeduldig; sind sie befriedigt, so erscheint sie gleichgültig. Der eigentliche Mensch bewegt sich also zwischen beiden Zuständen.«[3]

Das Bewegen zwischen diesen beiden Zuständen kennen wir als Balance.

Werte sind also eine geistige Größe, aber sie können in uns nur in Abhängigkeit von unseren Bedürfnissen entstehen. Aus diesem Grund ist es mitunter gar nicht so einfach, seinen eigenen Werten auf die Spur zu kommen. Doch wir kennen da einen Trick, und der manifestiert sich in dem Satz: »Der Mensch tut nur, was ihm nützlich ist.«

Das klingt erst mal erschütternd und vollkommen egoistisch, ist es aber nicht. Im Gegenteil. Selbst eine Mutter Teresa handelte nicht uneigennützig. Sie wollte halt in den Himmel kommen. Diese Wertvorstellung war ihr Antrieb, sich für andere einzusetzen. Werte entstehen immer dann, wenn Dinge oder eine Handlung mit einem Nutzen für uns verknüpft sind. Der Nutzen entspringt wiederum aus unseren Bedürfnissen, egal, ob das nun ein biologisches oder ein psychisches Bedürfnis ist. An dieser Stelle ist es höchste Zeit, mal einen genaueren Blick auf das Thema Bedürfnisse zu werfen.

Unsere Bedürfnisse lassen sich wie folgt zusammenfassen: Menschen wollen leben, lieben, lernen und anerkannt werden. Das Bedürfnis zu leben wird durch körperliches und finanzielles Wohlergehen sichergestellt. Liebe speist sich aus sozialen Bindungen, der Gemeinschaft mit anderen. Die Möglichkeit zu lernen sorgt für unser mentales Wohlergehen sowie für Autonomie und Selbstbestimmung und die Entwicklung unserer Fähigkeiten. Die Anerkennung anderer ist wichtig für unser seelisches Gleichgewicht. Verbindendes Element und Triebkraft unserer Bedürfnisse ist die Lust. Sie gilt es zu befriedigen. Durch gutes Essen, Musik und Kultur, eine Reise, einen geschäftlichen oder sportlichen Erfolg oder durch Sex. Werden unsere Bedürfnisse erfüllt, fühlt sich das gut an. Wir sind glücklich.

Wie du deine Werte identifizieren kannst

Es ist erstaunlich, was du alles über dich und deine Werte lernen kannst, wenn du deine Entscheidungen nicht mehr dahingehend untersuchst, dass du etwas für jemand anderen machst, sondern dass du es für dich selbst machst. Wenn es heißt, dass der Mensch nur tut, was ihm nützlich ist, klingt das erst einmal sehr pragmatisch, technisch und kühl. Doch diese Lesart ist unzureichend: Werte können tatsächlich nur im Zusammenhang mit etwas entstehen, woran unser Herz wirklich hängt.

Anbei eine Liste mit 100 Werten, mit der du arbeiten kannst, um herauszufinden, woran dein Herz tatsächlich hängt:

1. Abenteuer
2. Abwechslung
3. Akzeptanz
4. Authentizität
5. Begeisterung
6. Behutsamkeit
7. Beliebtheit
8. Bescheidenheit
9. Bewusstheit
10. Dankbarkeit
11. Disziplin
12. Effizienz
13. Ehrlichkeit
14. Erfolg
15. Ernsthaftigkeit
16. Fairness
17. Fantasie
18. Flexibilität
19. Freiheit
20. Freundschaft
21. Friedfertigkeit
22. Fröhlichkeit
23. Geborgenheit
24. Geduld
25. Gelassenheit
26. Gemeinschaft
27. Genuss
28. Gerechtigkeit
29. Gesundheit
30. Glück
31. Großzügigkeit
32. Harmonie
33. Heimat
34. Herausforderung
35. Herzlichkeit
36. Hilfsbereitschaft
37. Hingabe
38. Hoffnung
39. Humor
40. Innovation
41. Intuition
42. Kommunikation
43. Kompetenz
44. Konstruktivität
45. Kraft
46. Kreativität
47. Kritikfähigkeit
48. Kultur
49. Lachen
50. Leichtigkeit
51. Leidenschaft
52. Leistung
53. Lernbereitschaft
54. Liebe
55. Loyalität
56. Lust
57. Macht
58. Menschlichkeit
59. Mitgefühl
60. Mut
61. Nachhaltigkeit
62. Nähe
63. Natürlichkeit
64. Neugierde
65. Offenheit
66. Optimismus
67. Ordnung
68. Perfektion
69. Rationalität
70. Reichtum
71. Respekt
72. Ruhe
73. Schönheit
74. Selbstbestimmung
75. Sicherheit
76. Sinnhaftigkeit
77. Sinnlichkeit
78. Solidarität
79. Sorgfalt
80. Spaß
81. Spiritualität
82. Sportlichkeit
83. Toleranz
84. Tradition
85. Treue
86. Unabhängigkeit
87. Veränderung
88. Verantwortung
89. Verbindlichkeit
90. Verbundenheit
91. Vertrauen
92. Vitalität
93. Weisheit
94. Weiterentwicklung
95. Wertschätzung
96. Wissen
97. Würde
98. Zugehörigkeit
99. Zuverlässigkeit
100. Zuversicht

Such dir aus dieser Liste zehn Werte heraus, von denen du überzeugt bist, dass sie dir persönlich wirklich wichtig sind. Notiere diese zehn Werte auf einer Liste und schau sie dir jeden Morgen an. Wirf auch am Abend einen Blick darauf. Mach hinter jeden Wert, den du an diesem Tag tatsächlich gelebt hast, einen Strich. Sei dabei ehrlich mit dir selbst.

Sagen wir mal, du hast den Wert Wissen angekreuzt. Frag dich einfach, was du am Tag getan hast, um dein Wissen zu vermehren. Oder wenn dir das Träumen wichtig ist: Gab es am Tag einen Moment, in dem du in deiner Fantasie der Wirklichkeit entflogen bist? Hast du ein Abenteuer erlebt? Hast du Ordnung geschaffen? Warst du zuverlässig? Hast du Sport gemacht? Hast du dich gepflegt und etwas für deine Schönheit getan? Oder hast du dir etwas Schönes gekauft?

Am Ende der Woche nimmst du diejenigen Werte, die mehr als fünf Striche haben, mit in die nächste Woche. Die anderen Werte fliegen raus und du füllst deine Liste mit neuen Werten aus der Liste, die dir gefallen. Nach fünf bis sechs Wochen sollten sich die Werte, die tatsächlich Teil deines Alltags sind, langsam herauskristallisieren. Solltest du Werte auf deiner persönlichen Werteliste vermissen, frag dich bitte, warum das so ist und was du vielleicht dafür tun könntest, um dem fehlenden Wert einen Platz in deinem Leben zu geben. Es kann aber auch einfach sein, dass dir der Wert doch nicht so wichtig ist wie gedacht. Dingen, Menschen und Themen, die uns wirklich am Herzen liegen, widmen wir automatisch Zeit und Aufmerksamkeit. Nicht umsonst werden Werte auch als Motivationstreiber bezeichnet. Wie genau Motivation funktioniert, erfährst du im nächsten Kapitel.

Wie Motivation funktioniert und was du gegen Antriebslosigkeit machen kannst

Motivation ist laut Duden definiert als »Gesamtheit der Beweggründe, Einflüsse, die eine Entscheidung, Handlung o. Ä. beeinflussen, zu einer Handlungsweise anregen«.[4] Mit anderen Worten: Motivation ist der Schlüssel, warum wir den Hintern hochkriegen und unseren inneren Schweinehund überwinden. In der Wissenschaft wird klassisch zwischen zwei Arten von Motivation unterschieden: der intrinsischen und der extrinsischen Motivation.

Intrinsische und extrinsische Motivation

Die intrinsische Motivation kommt aus unserem Inneren. Sie beruht auf unseren Werten, Überzeugungen und persönlichen Interessen. Sind wir intrinsisch motiviert, geschieht dies, weil wir in unserer Handlung oder Entscheidung einen Sinn sehen und/oder weil wir schlicht Spaß an einer Sache haben. Die extrinsische Motivation wird von außen an uns herangetragen. Geld gilt klassischerweise als eine wichtige Form von extrinsischer Motivation. Oder aber das Lob und die Anerkennung Dritter. Auch sozialer Status und Macht sowie das Vermeiden von Bestrafungen sind Faktoren, welche die extrinsische Motivation beeinflussen. Wir sind nun mal soziale Wesen und kommen ohne die Beziehung zu anderen Menschen nicht aus.

Wissenschaftliche Untersuchungen haben gezeigt, dass die intrinsische Motivation länger anhält als die extrinsische. Allerdings heißt das nicht, dass die eine Motivation automatisch besser ist als die andere. Wie so häufig hilft es, das Zusammenwirken von intrinsischer und extrinsischer Motivation zu betrachten: Stell dir vor, du würdest gern in der Pflege arbeiten, weil du unheimlich gerne für andere da bist (intrinsische Motivation). Nun ist der Job als Pflegekraft allerdings so schlecht bezahlt (extrinsische Motivation), dass du deinen Lebensunterhalt damit gerade so bestreiten kannst. Glücklich kannst du so nicht werden. Oder nehmen wir eine Künstlerin. Sie geht vollkommen in ihrer Kunst auf und ist bereits in jungen Jahren sehr erfolgreich, auch finanziell (extrinsische Motivation). Doch der Ruhm hat den Preis, dass die Künstlerin immer mehr zum Objekt anderer wird. Welche Kunst sie machen kann, wird zunehmend von außen beeinflusst, sodass sich das Werk am Ende gar nicht mehr wie das eigene anfühlt. Die Kunst macht keinen Spaß mehr. Die überbordende extrinsische Motivation hat dazu geführt, dass die intrinsische Motivation im Eimer ist. Idealerweise sind intrinsische und extrinsische Motivation immer ausbalanciert.

Intrinsische Motivation ist stark beeinflusst von:

- Interesse
- Lust
- Spaß
- Sinnhaftigkeit
- den eigenen Werten

Merkmale:

- wirkt leistungsfördernd
- funktioniert ohne Belohnung oder Angst vor Strafe
- hält lange an
- kostet in der Regel wenig Überwindung

Extrinsische Motivation ist stark beeinflusst von:

- sozialem Status
- Macht
- Verdienst
- Belohnungen
- Zugehörigkeit

Merkmale:

- ist verbunden mit äußeren Zwängen und Anreizen
- ist verbunden mit Angst vor Ablehnung oder Zurechtweisung
- hält nicht lange vor
- kostet meist Überwindung

Noch mal: Die eine Form der Motivation ist nicht besser als die andere. Es gibt Menschen, denen zum Beispiel Status einfach wichtiger ist als etwa das Thema, an dem sie arbeiten. Ebenso existieren Menschen, die lieber selbst entscheiden, als sich den Entscheidungen anderer unterzuordnen, die also Macht haben wollen.

Wie wir bereits festgestellt haben, wird deine Motivation von deinen Werten beeinflusst und umgekehrt. Ein unordentlicher Mensch ist weniger motiviert aufzuräumen als jemand, dem Ordnung wichtig ist. Ein kulturell interessierter Mensch sitzt zwei Stunden selig in der Oper, während ein sportlicher Mensch viel lieber zwei Stunden joggen geht. Logisch, dass deine persönliche Wertekonstellation auch einen enormen Einfluss auf deine Job- oder Partnerwahl hat.

Doch egal, ob deine Motivation nun intrinsisch oder extrinsisch bedingt ist, sie ist keine treue Seele. Es gibt Tage, an denen du selbst auf Dinge, die du sonst mit großer Leidenschaft tust, keinen Bock hast. Kochen zum Beispiel. Oder ins Theater gehen. Oder zum Sport. Oder sich mit Freund:innen treffen. Sollten sich die Null-Bock-Tage häufen, ist dies meist ein Beleg dafür, dass du eine Pause gebrauchen könntest. Dass dir der Fokus auf bestimmte Aktivitäten fehlt, kann aber auch schlicht daran liegen, dass es dir an den richtigen Zielen mangelt. Das Zusammenwirken von Zielen und Motivation ist gut erforscht. Tatsächlich helfen uns Ziele dabei, uns leichter zu überwinden und loszulegen. Doch warum ist das so?

Welches Leben möchtest du führen? Wie wertebasierte Ziele dir (fast überall) im Leben weiterhelfen können

Das Nachdenken über Ziele, das Bewusstmachen von Zielen ist die vielleicht am meisten unterschätzte Kraft, die ein Mensch besitzt. Warum? Aus Zielen lässt sich ein Sinn für dein Handeln ableiten, der dich motiviert. Ziele helfen dir, einen Plan zu schmieden, indem du dich fragst, was du eigentlich alles brauchst, um deine Ziele zu erreichen. Ziele unterstützen dich dabei loszulegen, etwa indem du anfängst, all die Dinge zu besorgen, die du brauchst, um deine Ziele zu erreichen. Für ein besseres Verständnis werfen wir doch einmal einen Blick auf die 7 Stufen des bewussten Handelns, die in jedem Projekt stecken.

Die 7 Stufen des Handelns

Der sogenannte Nullpunkt ist geprägt von der Ansicht, dass ein Projekt unmöglich ist, dass ein Ziel unerreichbar ist. Solange du in der Unmöglichkeit verharrst, erfolgt auch keine bewusste Handlung. (Außer du wirst gezwungen. Aber diese Möglichkeit lassen wir aus gutem Grund außer Acht. Unter Zwang will schließlich niemand leben.) Wie aber legst du los? Wie erreichst du Ziele? Indem du die Frage »Könnte ich es schaffen?« mit Ja beantwortest.

Jedes Projekt beginnt mit der Überzeugung, dass es funktionieren kann. Der nächste Schritt ist ebenfalls geistiger Natur. Nun musst du überlegen, ob du überhaupt Lust auf das Ziel hast: Möchtest du es schaffen? Bist du neugierig genug herauszufinden, ob es klappt?

Führen auch diese Fragen zu einem Ja, geht es munter weiter, und zwar mit dem Versuch, es zu schaffen. Du machst Pläne, probierst verschiedene Dinge aus, und ehe du dich versiehst, machst du Erfahrungen. Negative und positive. Negative Erfahrungen bremsen dich auf dem Weg zum Ziel. Positive Erfahrungen bestärken dich weiterzumachen. Die Fähigkeit, mit Rückschritten umzugehen, aus den negativen Erfahrungen das Richtige zu lernen und Veränderungen vorzunehmen (»Ich kann es schaffen«), ist entscheidend dafür, ob du tatsächlich in einen Handlungsprozess (»Ich schaffe es«) und schließlich ins Ziel kommst (»Ich habe es geschafft«).

Wie du Ziele sinnvoll und umsetzbar formulieren kannst

Bevor du nun jedoch über deine persönlichen Ziele nachdenkst, solltest du lernen, ein Ziel sinnvoll zu formulieren. Falsch eingesetzt, können Ziele nämlich auch kontraproduktiv sein. Wir sind sicher, dass du bereits mehr als einmal erlebt hast, dass du dir ein Ziel gesetzt hast und hinterher trotzdem nichts voranging und du eben nicht ins Tun gekommen bist. Vorsätze an Neujahr sind der bekannteste Klassiker für falsch angewandte Ziele:

- Ich möchte im kommenden Jahr mehr Sport machen. → Das ist kein Ziel.
- Ich möchte im kommenden Jahr abnehmen. → Auch das ist kein Ziel.
- Ich möchte mich im kommenden Jahr gesünder ernähren. → Nope. Kein Ziel.
- Ich möchte im kommenden Jahr mehr Zeit mit meinen Freund:innen verbringen. → Leider auch kein Ziel.
- Ich möchte im kommenden Jahr mehr Bücher lesen. → Ein löblicher Vorsatz, vor allem wenn es sich um so gute Bücher wie dieses handelt. Von einem Ziel bist du allerdings noch immer meilenweit entfernt.

- Im kommenden Jahr möchte ich mehr Geld verdienen. → Wer will das nicht. Trotzdem ist auch das kein Ziel.

Was ist denn »mehr Geld verdienen« für dich? 100 Euro im Monat? Oder 1000 Euro? Wärst du mit 5000 Euro mehr im Jahr zufrieden? Damit ein Ziel wirklich zum Ziel wird und nicht nur ein Vorsatz oder frommer Wunsch bleibt, muss es die folgenden Kriterien erfüllen:

- Ein Ziel muss konkret sein.
- Ein Ziel muss realistisch sein.

Wie lassen sich nun aus den oben genannten Aussagen echte Ziele ableiten, die konkret und realistisch sind? Zum Beispiel so:

- Im kommenden Jahr trainiere ich mindestens einmal in der Woche eine Stunde.
- Bis zum 31.12. dieses Jahres möchte ich zehn Kilogramm abnehmen.
- Im kommenden Jahr koche ich viermal in der Woche mit frischen Lebensmitteln, insbesondere mit viel Gemüse.
- Im kommenden Jahr gehe ich einmal im Monat mit meinen Freund:innen aus.
- Im kommenden Jahr werde ich pro Monat ein Buch lesen.
- Im kommenden Jahr werde ich mindestens 50.000 Euro im Jahr verdienen.

Wichtig: Das Attribut »realistisch« im Zusammenhang mit Zielen bedeutet nicht, dass die Ziele einfach sein sollen. Im Gegenteil, mit deinen realistischen Zielen sollte immer auch eine kleine Unsicherheit oder Herausforderung verbunden sein. Nur so kannst du dich weiterentwickeln.

Zum besseren Verständnis kommen hier noch die unrealistischen Varianten der oben genannten Ziele:

- Im kommenden Jahr mache ich jeden Tag Sport.
- Ich werde in zwei Wochen zehn Kilogramm abnehmen.
- Ich esse nur noch unverarbeitete Lebensmittel.
- Ich werde jeden Tag mit meinen Freund:innen telefonieren oder sie treffen.
- Im kommenden Jahr werde ich 100 Bücher lesen.
- Im kommenden Jahr werde ich Millionär:in.

Ziele müssen konkret sein. Du musst den Job, der zu erledigen ist, genau kennen. Ein richtiges Ziel ist verbindlich, es verbleibt nicht im Vagen oder im Ungefähren. Je konkreter, desto besser. Das geht zum Beispiel, indem du dein Ziel mit einem Timing versiehst. Einmal in der Woche zum Sport? Leg einen Tag in der Woche fest, der genau dafür reserviert ist, genauso wie für das gemeinsame Ausgehen mit deinen Freund:innen und fürs Bücherlesen. Fürs Abnehmen oder eine gesündere Ernährungsweise wirst du einen etwas ausführlicheren Plan schmieden müssen, weil Diäten generell nichts bringen, sondern du deine Ernährungsgewohnheiten und die Zeit in Bewegung umstellen musst. Und was dein Mehr an Gehalt betrifft: Im Kapitel »Job und Karriere IV« findest du alle nötigen Tipps, mit denen du die Sache angehen kannst.

Sind Ziele unrealistisch, wirst du sehr schnell die Motivation verlieren. Jeden Tag Sport? Ist theoretisch möglich, aber eben verdammt unrealistisch. In zwei Wochen zehn Kilogramm abnehmen? Könnte durchaus klappen. Ist aber ungesund und wenig nachhaltig. Und wir wünschen schon mal viel Spaß mit dem Jo-Jo-Effekt. Nie wieder Salamipizza wegen deiner fortan 100 Prozent gesunden Ernährung? Willst du das wirklich? 100 Bücher im Jahr lesen? Das schaffen vermutlich nicht einmal Bibliothekar:innen. Und wenn es um die Sache mit dem Geld geht. Klar kannst du mit einem glücklichen Händchen an der Börse, als männlicher Fußballprofi oder als erfolgreiche:r Influencer:in schnell zu viel Geld kommen. Nur ist das eben die Ausnahme und nicht die Regel.

Unrealistische Ziele sind kontraproduktiv, weil sie dich leicht in dem Glauben zurücklassen, dass du es nicht draufhast, dass es dir an Willen und an der nötigen Disziplin fehlt. Wo ein Wille ist, ist auch ein Weg. So heißt es doch, oder? Du musst es nur genug wollen, dann kannst du alles erreichen! Tschakka!

Bullshit. Noch mal! Weil es wirklich wichtig ist!

Unrealistische Ziele lassen sich weder mit Willenskraft noch mit Disziplin erreichen. Sie frustrieren und sorgen für schlechte Gefühle. Realistische Ziele münden dagegen in einen Plan und in Erfolgserlebnissen. Wichtig ist dabei nur, dass deine Ziele in Einklang mit deinen Werten stehen. Sollte Geld dich nicht interessieren – etwa weil du schon genug Geld hast oder du einfach nicht materiell veranlagt bist –, dann wird dich ein Ziel wie »mindestens 50.000 Euro im Jahr verdienen« nicht hinter dem Ofen hervorlocken. Du wirst für dieses Ziel keine Motivation finden.

Wie wird ein Verkäufer, der im Vertrieb eines Unternehmens tätig ist, sein Jahr angehen, wenn er sich das Ziel setzt, seinen Umsatz um ein Prozent zu steigern? In der Hängematte liegend. Und aus der muss er sich – sofern er sein Handwerk einigermaßen versteht – auch nicht herausbewegen. Ein Prozent Umsatzsteigerung? Erledigt sich in der Regel von allein. Ganz anders verhält es sich, wenn derselbe Verkäufer seinen Umsatz um mindestens 15 Prozent steigern möchte. Dann muss er sich etwas einfallen lassen und deutlich kreativer werden. Vielleicht kommt ihm die geniale Idee ja beim Dösen in der Hängematte. Umsetzen lässt sie sich allerdings mit hoher Wahrscheinlichkeit dort nicht. Hochgesteckte Ziele besitzen die Macht, uns dazu zu bewegen, uns auf den Weg zu machen. Die Erfahrungen, die wir dabei sammeln, helfen, unser Selbstbewusstsein zu stärken und unsere Werte, unsere Stärken und Schwächen zu hinterfragen. Sie unterstützen uns also dabei, an unserer Selbstwirksamkeit zu arbeiten.

Um deine persönlichen Ziele zu formulieren, kannst du am besten mit der sogenannten SMART-Formel[5] arbeiten. SMART steht für:

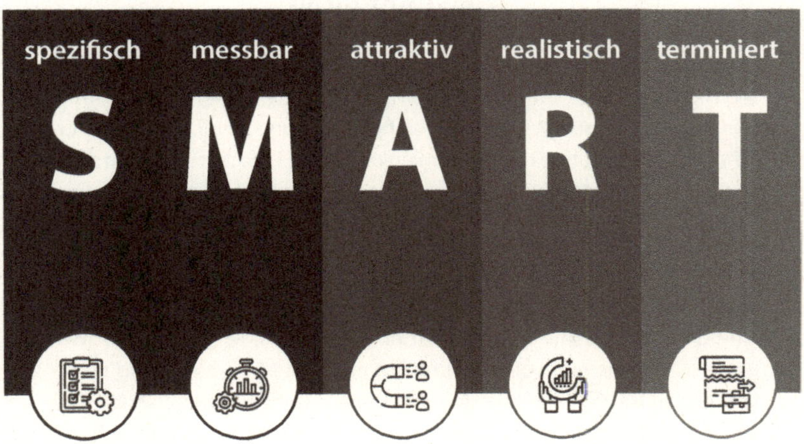

Ein Beispiel:

Ich laufe im nächsten Jahr im September den Marathon in Berlin in unter vier Stunden.

S: Marathon in Berlin
M: in unter vier Stunden

A: Hängt ein bisscen von deiner Sportlichkeit ab. Solltest du ein:e sehr fitte:r Läufer:in sein, sind vier Stunden keine Herausforderung für dich. Startest du mit dem Marathon aber gerade erst, sind vier Stunden ein mehr als attraktives Ziel. Als Hobbyläufer ist ein Marathon grundsätzlich eine große Herausforderung und das Überqueren der Ziellinie ist genug.

R: Sollte jetzt schon August sein und du hast mit dem Training noch nicht begonnen, ist es ein unrealistisches Ziel, binnen eines Monats einen Marathon zu laufen. 15 Wochen Training gelten als Durchschnitt.

T: im nächsten Jahr.

Hast du dein Ziel richtig formuliert, stehen dir nur noch deine alten Gewohnheiten im Weg. Doch auch ihnen kannst du mit dem einen oder anderen Hack beikommen.

Gewohnheiten

Zwischen 30 und 50 Prozent unseres Handelns werden von Gewohnheiten bestimmt. Diese Routinen helfen unserem Gehirn, effizienter durch den Tag zu kommen. Wir handeln einfach aufgrund zuvor abgelegter Erfahrungsmuster, ohne nachzudenken und ohne Entscheidungen treffen zu müssen. Fehlen solche Gewohnheiten, wären wir heillos überfordert.

Problem Nummer 1: Unser Gehirn unterscheidet nicht zwischen guten und schlechten Gewohnheiten. Es steckt auch keine bewusste Motivation hinter unseren einmal einstudierten, routinierten Handlungen. Ob eine Gewohnheit uns objektiv guttut oder nicht, spielt keine Rolle. Wie gesagt, unser Gehirn versucht uns nur einigermaßen vernünftig durch den Tag zu lotsen. Einstudierte Verhaltensweisen sorgen dabei für Entlastung und Stabilität. Unser Gehirn – und wir mit ihm – fühlt sich mit seinen Gewohnheiten wohl. Daher ist es auch so schwer, diese zu durchbrechen.

Problem Nummer 2: Gewohnheiten schränken unsere Wahrnehmung ein. Wir sehen die Welt nicht mehr bewusst und reflektiert, sondern im Licht unserer Gewohnheiten.

Dass wir dennoch die Motivation finden, aus Gewohnheiten auszubrechen, hängt mit sogenannten *teachable moments* zusammen. Diese gehen oft einher mit radikalen Lebenserfahrungen wie Krankheit, Gesellschaftskrisen, Konfrontation mit dem Tod, dem Kennenlernen eines anderen Menschen oder beruflichen bzw. räumlichen Veränderungen von Lebensumständen. Aber auch das bewusste Reflektieren von Handlungen ist eine Möglichkeit, die Macht der Gewohnheit zu beenden. Zwischen 18 und 265 Tage kann die Umstellung allerdings dauern. Die folgenden Hacks helfen dir dabei:

1. Organisiere Verabredungen: Du gehst nun einmal leichter zum Sport, wenn du mit einem Freund oder einer Freundin verabredet bist.
2. Mach es dir leicht: Jeden Morgen eine Runde Yoga machen? Leg dir die Yogaklamotten neben das Bett, damit sie das Erste sind, was du in der Früh siehst.
3. Schritt für Schritt: Nimm dir für die morgendliche Yogasession zehn Minuten oder eine Viertelstunde vor und nicht gleich eine ganze Stunde. Kleine Schritte helfen dir dabei dranzubleiben.
4. Belohne dich: Belohnungen verstärken die positiven Assoziationen mit deiner »neuen« Gewohnheit.
5. Cheat Days gehen in Ordnung: Bestrafe dich nicht oder verzweifle nicht, wenn es mal doch nicht hinhaut und du etwas nicht durchziehst. Finde einen neuen Termin.

Dass sich eine neue Routine in dir gebildet hat, erkennst du daran, dass du schon Tage vor deiner Verabredung oder Tage vor dem festgelegten Termin Lust auf deine neue Aktivität oder Handlung bekommst. Jetzt bist du intrinsisch motiviert.

Job und Karriere I

Dein Start ins Berufsleben

»If you do what you love, you'll never work a day in your life.«

Wenn du das tust, was du liebst, wirst du keinen Tag im Leben arbeiten.

Was der Sänger Marc Anthony hier gesagt hat, ist natürlich sehr geschönt. In jedem Beruf – ob Sänger:in, Buchhalter:in oder Bäcker:in – wirst du irgendwann an einen Punkt kommen, an dem deine Aufgaben auch mal anstrengend oder nervig sind. Das gehört dazu. Doch der Kern der Aussage von Marc Anthony ist so wichtig wie richtig: Finde etwas, das du liebst und das sich für dich unter normalen Umständen nicht wie schwere Arbeit anfühlt. Nur wie stellst du das an? Wie findest du einen Job, der wirklich zu dir, deinen Werten, Vorstellungen und Zielen passt? Machen wir uns auf die Suche.

Experteninterview Job und Karriere

»Der Traumjob ist kein gemachtes Nest«

Mit pointierten Videos auf TikTok, Instagram oder YouTube erleichtert Tobias Jost als Karriereguru Hunderttausenden den Zugang zu Job- und Karrierethemen. Er durchleuchtet Bewerbungsprozesse, gibt wertvolle Tipps zur Karriereplanung und zeigt auf, wie sich Konflikte moderieren lassen. Wir sprachen mit ihm darüber, was jeder über die Themen Job und Karriere wissen sollte.

Tobias, wenn du Lehrer wärst, welche Inhalte hättest du deinen Schülern zu den Themen Job und Karriere vermittelt?
Ich würde mit den Kids, bevor wir über Job und Karriere sprechen, erst mal am Fundament arbeiten. Ich würde ihnen Fragen stellen, mit denen sie selbst mehr über sich erfahren. Wie ist ihre Persönlichkeit gestrickt? Was sind sie für ein Lerntyp? Sind sie eher analytisch oder kreativ? Das sind die ersten Schritte zu den Erkenntnissen, die dann in der logischen Schlussfolgerung zum Beruf führen. Die Erfolgschance, das Thema Beruf vom Ziel her zu denken, also auf einen ganz bestimmten Beruf hinzuarbeiten, ohne Rücksicht auf die Persönlichkeit, ist sehr gering.

Warum landen so viele Menschen im falschen Job?
Weil die meisten mit der falschen Frage aus der Schule entlassen werden: Was willst du werden? Diese Frage kann kaum einer beantworten, wenn zuvor nicht am Fundament gearbeitet wurde. Viele haben leider auch keine Zeit, sich nach der Schule erst mal eine Auszeit zu nehmen. Die kostet Geld, das nicht immer da ist. Also rennen viele drauflos, um irgendeinen Job zu finden, der sie schnell so vereinnahmt, dass keine Zeit für Reflexion bleibt. Diese Menschen leiden dann still vor sich hin und sind in einem Teufelskreis gefangen.

Was können Menschen tun, die unglücklich im Job sind?
Einen Plan schmieden und die Geduld haben, diesen Plan umzusetzen. Wir wachsen aktuell mit der Erfahrung auf, uns im World Wide Web mit einem Klick sofort einen Endorphinkick, ein gutes Gefühl holen zu können. Nach diesem guten Gefühl lechzen wir auch in der echten Welt, bekommen es dort aber nicht. Wir setzen uns daher häufig unrealistische Ziele und sind maximal ungeduldig, weil wir in der Schule nicht die Fähigkeiten erworben haben, Pläne geduldig umzusetzen.

Das Lernen hört bekanntlich nie auf. Was hast du in den vergangenen Wochen neu über dein Thema Job und Karriere gelernt?
Dass der Traumjob kein gemachtes Nest ist. Also die Vorstellung, dass zum Beispiel die Marketingabteilung eines großen Konzerns das einzig Wahre ist. Ich empfinde mittlerweile die Motivation, morgens aufzustehen und an etwas arbeiten zu können, das noch nicht perfekt ist, sondern dem ich mich mit immer neuen kleinen Erfolgen nähere, als unheimlich befriedigend. Es spielt für mich dabei auch keine Rolle mehr, ob das Projekt, an dem ich arbeite, jemals perfekt sein wird. Viel wichtiger ist mir zu sehen,

dass ich es mit meiner Arbeit jeden Tag ein bisschen besser machen kann, dass ich etwas bewegen kann.

Wenn du auf deine eigene Schulzeit zurückblickst: Was hast du daraus als wichtigste Lektion mitgenommen?
Disziplin. Es kam natürlich immer auch auf die Lehrenden an, aber das System Schule an sich hat bei mir für ein grundlegendes Verständnis von Disziplin gesorgt. Ich musste zu einer bestimmten Zeit aufstehen, um pünktlich zu sein. Ich musste zu bestimmten Zeiten lernen, um die Prüfungen zu verstehen. Ich habe gelernt, ein Stück weit zu funktionieren. Das hilft mir noch heute.

Und auf welche Lektion hättest du gerne verzichtet?
Den mangelnden Praxistransfer zum Beispiel. Ich habe mich mit rein theoretischem Wissen meist schwergetan. Ich wollte Dinge machen können und erleben. Was mich auch gestört hat, war die fehlende Individualität. Ich war mit 34 anderen in einer Klasse. Wir wurden alle über einen Kamm geschoren. Es wurde nicht auf die Langsamen, aber auch nicht auf die Schnellen geachtet. Ich hatte fast nie das Gefühl, dass der Unterricht zu dem Leistungsniveau passt, das ich besitze.

Wie findest du den richtigen Beruf für dich?

Es gibt eine Statistik aus dem Jahr 2014, in der dargelegt wird, womit ein Mensch, der ein Durchschnittsalter von 80 Jahren erreicht, seine Lebenszeit verbringt.[6] Die meiste Zeit – nämlich 24 Jahre unseres Lebens – verschlafen wir. Zwölf Jahre lang konsumieren wir Medien. Noch einmal zwölf Jahre unterhalten wir uns mit anderen Menschen. Ganze acht Jahre entfallen auf unsere Arbeit. Das ist mehr Zeit, als wir mit Essen verbringen (fünf Jahre). Die restliche Lebenszeit geht für die folgenden Aktivitäten drauf:

- Mobilität und Reisen (zwei Jahre sechs Monate)
- Sport (ein Jahr sieben Monate)
- Kultur (zwölf Monate)
- Putzen, Aufräumen und Wäsche waschen (etwas mehr als zwei Jahre)
- Auf der Toilette sitzen (sechs wertvolle Lebensmonate)

Falls du dich fragst, ob in dieser Aufzählung nicht auch die endlosen Schuljahre, welche du gerade hinter dich gebracht hast, an der Spitze auftauchen sollten: Nö, deine Nettoschulzeit plus Weiterbildung in späteren Lebensjahren bemisst sich auf gerade mal ein Jahr und zehn Monate. Doch zurück zum Thema Traumjob. Acht Jahre Nettolebenszeit für die Arbeit: Ob du es gut findest oder nicht, du wirst an Arbeitstagen mehr Zeit mit den Kolleg:innen am Arbeitsplatz und mit den dir aufgetragenen Aufgaben verbringen als mit deinem/deiner Partner:in. Umso wichtiger ist es, dass du dich für einen Beruf entscheidest, der dich inhaltlich wirklich interessiert und in den du viel Zeit und Energie hineinstecken möchtest und kannst.

> *»Du kannst nur in etwas wirklich erfolgreich werden, das du liebst. Mach Geld nicht zu deinem Ziel. Verfolge stattdessen die Dinge, die du gerne tust, und dann tue sie so gut, dass die Leute ihre Augen nicht von dir abwenden können.«*
>
> *Maya Angelou*

Was die amerikanische Schriftstellerin Maya Angelou in ihrem Zitat so schön beschreibt, ist der sogenannte Fähigkeiten-Wissen-Netzwerk-Geld-Kreislauf. Wenn du in dem, was du tust, wirklich gut bist, wirst du mit der Zeit so viel Wissen und Expertise anhäufen, dass die Menschen – dein Netzwerk – gar nicht mehr anders können, als von deiner Expertise zu profitieren. Vernünftige Einkünfte sind die logische Konsequenz.

Wir können dir nur raten, bei der Auswahl deines Berufes erst einmal nicht dem Reiz des Geldes, sondern vor allem deinen Fähigkeiten und deiner Expertise zu folgen. Denn: Den einen Traumjob, der für alle passt, gibt es nicht. Die eine hat Spaß an Medizin. Der andere kann kein Blut sehen. Jeden Tag acht Stunden im Büro zu verbringen, ist für den einen ein Graus. Die Nächste freut sich genau darüber und auf den täglichen Austausch mit den Kolleg:innen. Der eine ist gern im Team tätig. Die andere möchte lieber allein und selbstbestimmt arbeiten. Und wenn du zum Beispiel keine Fische magst, fang bitte keinen Job in einem Sealife Center oder in einem Aquarium an. Es ist besser für dich – und die Fische.

Dein Traumjob ist eine sehr persönliche Angelegenheit und hängt, wie im Kapitel »Psychologie I« beschrieben, stark mit deinen Werten und deiner Motivation zusammen. Er muss bei folgenden fünf Kriterien vorteilhaft für dich sein:

- Mentale Gesundheit
- Körperliche Gesundheit
- Thema und Motivation
- Gehalt
- Freizeit

Ein Job kann dich auf sehr viele Arten krank machen, mental und körperlich. Überforderung kann zum Burn-out führen, Unterforderung zum Bore-out, einer von zu viel Langeweile und Monotonie verursachten Erkrankung. Erfordert dein Traumjob Schichtdienst? Bist du bereit dafür? Und hältst du das aus? Dass das Fachgebiet, in dem du arbeiten möchtest, dich wirklich interessieren sollte, haben wir bereits mehrfach angesprochen. Deine Verdienstmöglichkeiten spielen ebenfalls eine Rolle. Reicht das Geld, um deinen Lebensunterhalt zu bestreiten? Im Kapitel »Finanzen und Steuern I» zeigen wir dir, wie du herausfinden kannst, wie viel Geld du zum Leben brauchst. Und dann wäre da noch das Thema Freizeit. Ein Job, der dein ganzes Leben vereinnahmt, macht auf Dauer krank, wobei wir wieder bei Punkt 1 und 2 unserer Liste wären.

Grundsätzlich sollte dir dein zukünftiger Beruf die Perspektive geben, deine persönlichen Fähigkeiten zu nutzen, dich mit dir wichtigen Dingen und Themen auseinanderzusetzen und natürlich auch deinen Lebensunterhalt zu verdienen. Du solltest dir nach dem im Kapitel »Psychologie I« vorgestellten Prinzip bewusst machen, welche Werte und Ziele für dich am wichtigsten sind und welche Stärken du am besten in deinem Job einsetzen kannst. Willst du eher einen sicheren Job haben? Möchtest du mit deinem Job der Gesellschaft etwas zurückgeben? Oder möchtest du deine Kreativität ausleben und wärst dafür bereit, von Engagements und Auftraggeber:innen abhängig zu sein? Oder geht es dir schlicht und einfach darum, viel Geld zu verdienen? (Was übrigens vollkommen in Ordnung ist.) Wir haben dir einen kleinen Fragebogen vorbereitet, der dir dabei hilft, eine erste Idee davon zu bekommen, in welche Richtung dich dein beruflicher Weg führen kann.

Beantworte hierzu einfach die folgenden elf Fragen, gerne auch schriftlich.

- Was wollte ich als Kind werden?
- Was wünsche ich mir für die Zukunft?
- Welche Dinge mache ich besonders gerne?
- Womit kann ich Stunden verbringen, ohne dass mir langweilig wird?

- Wie und womit verbringe ich meine Freizeit?
- Welche Werte sind mir grundsätzlich wichtig?
- In welchen Tätigkeiten bin ich besonders gut?
- Kann ich mir vorstellen, die nächsten Jahre in einem Beruf zu arbeiten, bei dem ich diese Fähigkeiten jeden Tag einsetze?
- Welche Berufe finde ich inhaltlich spannend?
- Bei welchen Themen komme ich in den »Flow«?
- Was muss passieren, damit ich morgens freiwillig eine Stunde früher aufstehe?

Frag auch gerne deine Freund:innen oder deine Familie, was sie an dir schätzen und welche deiner Fähigkeiten für einen Beruf wichtig sein könnten. Das sollte dir eine grobe Idee davon geben, in welchem Fachbereich sich dein Traumjob befindet.

! Wichtig: Die Ratschläge und Empfehlungen sollten mit dir zu tun haben. Es ist leider wissenschaftlich erwiesen, dass viele Menschen einen Beruf nur ergreifen, weil die Eltern diesen mehr oder weniger von ihnen erwarten, es im Volksglauben ein »guter« Job ist oder er viel Geld bringt. Gerade Eltern tun sich mit den Berufswünschen ihrer Kinder manchmal schwer. Kein Wunder, sie sind in anderen Zeiten und mit vollkommen anderen Berufsbildern groß geworden. Mitunter fehlt es dann einfach an der Vorstellungskraft, dass zum Beispiel ein Job als Gameprogrammierer:in heutzutage genauso oder gar sicherer sein kann als der als Bankkaufmann oder Bankkauffrau. Und selbst als Influencer:in lässt sich heute gutes Geld verdienen. Lass dich in diesem Fall von einer hochgezogenen Augenbraue und Aussagen wie »Das ist doch keine richtige Arbeit« oder »Und damit kannst du echt Geld verdienen?« nicht abschrecken.

Berufsbilder haben sich in den letzten Jahrzehnten stark verändert und werden es auch in Zukunft tun. Es gibt mittlerweile sehr vielfältige Jobchancen, Ausbildungswege und Wege in den Beruf, wie es bei den älteren Generationen nicht unbedingt der Fall war. Einmal einen Job gelernt – das ganze Leben darin gearbeitet: Das stimmt so nicht mehr. Weiterbildungen und Umschulungen ebnen neue Karrieremöglichkeiten. Nicht selten starten Menschen selbst nach 15 oder 20 Berufsjahren noch einmal eine neue Karriere, weil ihr bisheriger Beruf sie nicht mehr herausfordert oder sie keinen Sinn mehr darin sehen.

Die Jobanalyse mit dem Radarchart

Eine wunderbare Methode, um sich seinem Traumjob zu nähern, ist wiederum ein Radarchart. Mit diesem Chart kannst du deine eigenen Wertvorstellungen und Bedürfnisse mit den Anforderungen des von dir ins Auge gefassten Jobs abgleichen. Ein Beispiel:

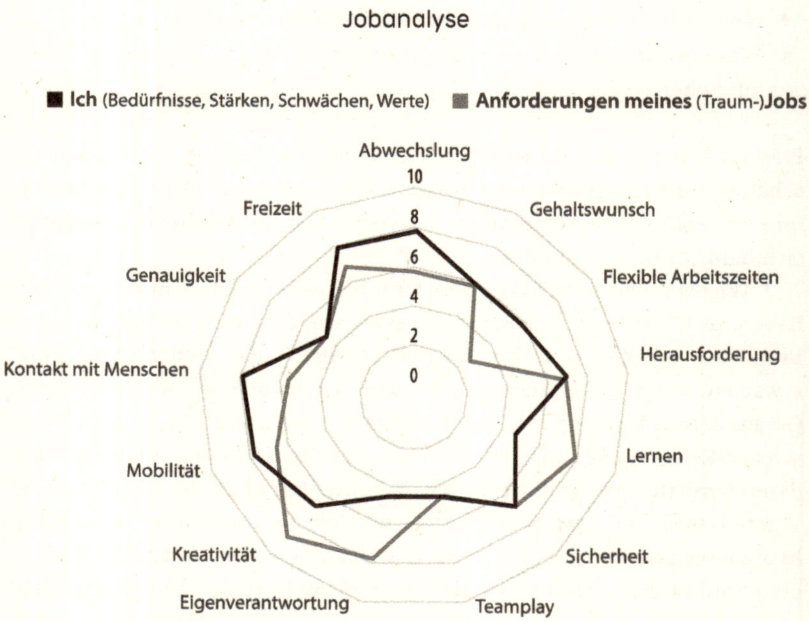

Mithilfe eines solchen Charts, den du binnen Minuten entweder in Excel erstellen oder einfach aufzeichnen kannst, findest du schnell heraus, wie kompatibel deine Stärken und Schwächen sowie deine Bedürfnisse und Werte mit den Anforderungen deines Jobs sind. Du kannst die möglichen Konflikte und die notwendigen Kompromisse erkennen. Im gezeigten Fall stellen sich etwa diese Fragen:

Bist du bereit, deine Bedürfnisse nach Abwechslung, Mobilität sowie flexiblen Arbeitszeiten herunterzuschrauben?

Kannst du dich in den Bereichen Lernen, Eigenverantwortung und Kreativität noch verbessern? Welche Weiterbildungsmaßnahmen könnten dich voranbringen?

Das Praktische an so einer Jobanalyse: Du kannst sie auch wunderbar als Grundlage für dein Bewerbungsgespräch nutzen. Konfrontiere einen potenziellen Arbeitgeber gern mit der Frage, ob er sich beim Thema flexible Arbeitszeiten etwas bewegen könnte. Oder frage, welche Schulungen er dir anbieten könnte, um an deinen Schwächen zu arbeiten.

Um eine solche Jobanalyse überhaupt machen zu können, brauchst du natürlich Informationen. Doch wie kommst du an diese am besten heran? Die Agentur für Arbeit ist eine erste gute Anlaufstelle. Es gibt da das sogenannte BiZ – Berufsinformationszentrum. Dort kannst du vor Ort Onlinetests machen, dich über Berufe informieren oder auch ein persönliches Beratungsgespräch in Anspruch nehmen. Eine weitere Möglichkeit: Such den Kontakt zu Menschen, die in einem Beruf arbeiten, der dich interessiert. Das kann zum Beispiel im Bekanntenkreis deiner Eltern oder deiner Freunde der Fall sein. Über Jobportale wie LinkedIn oder XING kannst du spannende Personen recherchieren und anschreiben. Frage sie, ob sie sich eine halbe Stunde Zeit für ein persönliches Gespräch nehmen könnten, um deine Fragen zu beantworten. Folgende Fragen könnten es sein:

- Warum haben Sie den Beruf ergriffen? Und haben sich Ihre Erwartungen erfüllt?
- Was gefällt Ihnen an Ihrem Job am besten?
- Was mögen Sie nicht so?
- Von welchen Stärken profitieren Sie am meisten in Ihrem Job?
- Welche Ausbildungswege gibt es, um in den Job zu gelangen?
- Welche Erfahrung sollte man mitbringen, und wo sammelt man diese am besten?
- Welche Ratschläge haben Sie für junge Menschen, die sich für Ihren Beruf interessieren?
- Wie wichtig sind die folgenden Punkte in Ihrem Job? Schätzen Sie diese bitte auf einer Skala von 1 bis 10 ein. 1 bedeutet unwichtig. 10 bedeutet sehr wichtig:
  - Kreativität
  - Eigenverantwortung
  - Teamarbeit etc.

Wie du siehst, können dir solche Gespräche bereits als konkrete Datenvorlage für deine Jobanalyse dienen. Wir sind uns bewusst, dass wir dir mit unseren Vorschlägen eine Menge Engagement und Zeit abverlangen. Solltest du diese nicht aufbringen können, ist das ein erstes Zeichen dafür, dass du dein Thema noch nicht gefunden hast oder das Thema Job noch viel zu klassisch denkst. Wir wetten, dass sich aus jeder deiner Leidenschaften ein Beruf machen lässt. Du treibst für dein Leben gern Sport? Mach eine Ausbildung als Trainer:in oder Sportlehrer:in. Du liebst es zu zocken? Werde doch Gamedesigner:in oder Gamejournalist:in. Du gehst am liebsten shoppen? Fang einen Job im Einkauf für ein Kaufhaus, einen Einzelhändler oder einen Onlineshop an. Du trinkst gerne Wein? Verkaufe ihn doch oder werde Sommelier, Sommelière oder gar selbst Winzer oder Winzerin. Du bist oft in der Natur unterwegs? Vielleicht wäre Förster:in, Bergführer:in oder Waldpädagog:in ein Beruf für dich.

Solltest du dich zwischen zwei Branchen nicht entscheiden können, darfst du gerne kreativ sein. Halbtags in der Buchhaltung im Einsatz sein und als Ausgleich danach noch Yogastunden geben? Warum nicht? Wer gern mit und für Menschen arbeitet und dennoch ein Spezialthema hat, das ihn interessiert, könnte überlegen, ob er nicht in dieser speziellen Branche ins Personalwesen geht. Es gibt immer Möglichkeiten, dein berufliches Leben aktiv zu gestalten. Recherche und Wissen sind das A und O. Möchtest du zum Beispiel einen Beruf im medizinischen Bereich ergreifen, reicht die Auswahl von Arzthelfer:in über Notfallsanitäter:in und Krankenpfleger:in bis hin zum/zur Ärzt:in.

Wir sind sicher, dass auch du wie jeder Mensch eine spezielle Expertise in dir trägst. Du kannst sicher etwas besonders gut, machst es ausgesprochen gern und vergisst dabei die Zeit. Wann immer dir eine solche Leidenschaft bewusst wird, halt dich daran fest und versuch, einen Job daraus abzuleiten. Sollte dir das schwerfallen: Nimm gern auch hier Kontakt auf mit Expert:innen. Schreib die Personalabteilungen von Unternehmen an und frag, ob sie eine Idee haben, wo dich Expertise X oder Leidenschaft Y hinführen könnten. Du wirst sehen, dass allein dein Wunsch und deine Fähigkeit, ins Gestalten zu kommen, dich interessant für jedes Unternehmen machen. Menschen, die lernen und sich entwickeln wollen, die sich selbst und anderen die richtigen Fragen stellen, sind in jedem Bereich gern gesehen.

Wenn du dich nicht sofort festlegen möchtest, gibt es viele Arten, einen Einblick in für dich spannende Berufe zu bekommen. Vielleicht hattest du das Glück, schon in der Schule Praktika machen zu können, falls nicht, nutze diese Möglichkeit.

So sammelst du Berufserfahrung

Praktika sind eine wunderbare Möglichkeit, um in Berufe hineinzuschnuppern. Sie dauern zwischen drei und sechs Monaten. Die Vergütung hängt dabei stark von der Branche ab. In der Medienbranche werden Praktika kaum oder mitunter gar nicht vergütet. Unternehmensberatungen, Finanzdienstleister oder die Bau- und Logistikbranche sehen Praktika dagegen als Möglichkeit, Nachwuchs zu ködern, und tun dies über eine monatliche Vergütung, die durchaus über 1000 Euro betragen kann.

Such einfach in einer Branche, die dich interessiert, nach ausgeschriebenen Praktikumsstellen oder bewirb dich initiativ, also aus eigenem Antrieb und Interesse heraus.

Wenn du dir mehr Zeit geben und/oder dich sozial engagieren möchtest, wäre das Freiwillige Soziale oder Ökologische Jahr etwas für dich. Hier unterstützt du in sozialen oder landwirtschaftlichen Einrichtungen das Tagesgeschäft und bekommst so Einblicke in diesen Arbeitsalltag.

Berufserfahrung sammeln

Praktikum: Ein Praktikum ist eine gute Möglichkeit, um Einblicke in einen Beruf zu bekommen und erste praktische Erfahrungen zu machen. Du kannst während deiner Schulzeit, deiner Ausbildung oder deines Studiums ein Praktikum absolvieren. Wirf einen Blick auf die großen Jobbörsen wie Stepstone oder Indeed. Es gibt auch soziale Berufsnetzwerke wie XING und LinkedIn. Leg dir ein Profil an und vernetz dich mit Unternehmen und Menschen, die für dich spannend und interessant sind.

Freiwilliges Soziales Jahr/Freiwilliges Ökologisches Jahr: Auf der Website des Bundesfreiwilligendienstes (www.bundes-freiwilligendienst.de) findest du alle Informationen dazu sowie aktuelle Ausschreibungen, auf die du dich bewerben kannst.

Werkstudentenjob: Viele Unternehmen bieten sogenannte Werkstudentenstellen an. Das ist eine Art Teilzeitarbeit, die von Studierenden ausgeübt wird, um in dem Bereich Erfahrungen zu sammeln, in dem sie studieren – verbunden mit der Möglichkeit, sich etwas dazuzuverdienen. Diese Jobs sind in der Regel zeitlich befristet sowie auf 20 Stunden pro Woche beschränkt und werden meist von Unternehmen angeboten, die auf der Suche nach flexiblen Arbeitskräften sind. Durch die gewonnene Erfahrung, Arbeitszeugnisse und Kontakte erleichtern dir diese Jobs den Übertritt ins Berufsleben.

Teilzeitarbeit: Du kannst auch eine Teilzeitarbeit aufnehmen, um Berufserfahrung zu gewinnen, während du noch in der Schule bist oder ein Studium absolvierst.

Freiwilligenarbeit: Freiwilligenarbeit ist eine weitere Möglichkeit, um Berufserfahrung zu sammeln und dich zu engagieren. Du kannst dich bei einer Non-Profit-Organisation oder einem sozialen Projekt einbringen und wichtige Fähigkeiten und Kenntnisse erwerben.

Selbstständigkeit: Du hast eine Geschäftsidee oder kannst etwas besonders gut? Dann hast du auch die Möglichkeit, dich neben- oder hauptberuflich selbstständig zu machen. Ein Beispiel: Du bist handwerklich begabt und zauberst einzigartige Dinge aus Stoff oder Holz? Über einen eigenen Onlineshop – etwa über Portale wie Etsy oder eBay – kannst du erste Erfahrungen als Unternehmer:in sammeln.

Erster Kontakt: Wenn du vor deiner Bewerbung noch Fragen hast, kannst du ganz einfach bei deinem Wunschunternehmen anrufen. Bereite dich auf das Gespräch vor, schau nach, ob du eine:n direkte:n Ansprechpartner:in findest, schreib dir deine Fragen auf und ran an den Hörer. Komm dir dabei bitte niemals dumm vor.

Sollte es bis jetzt noch nicht klar geworden sein, hier noch mal mit vielen Ausrufezeichen: Es ist wirklich wichtig, dass du einen Beruf findest, mit dem du glücklich und zufrieden bist!!!!! Mit dem du ein – für dich – gutes Leben führen kannst.

Ein Job, der gegen deine persönlichen Werte arbeitet und in dem du deine Stärken nicht ausspielen kannst, führt dazu, dass du keine Erfolge erlebst. Ohne Erfolge wirst du dein Selbstbewusstsein und deine Selbstwirksamkeit nicht stärken können. Im Gegenteil, du wirst gefrustet und unzufrieden. Ein Teufelskreis. Ein Job muss deine Persönlichkeit spiegeln. Eine introvertierte Persönlichkeit benötigt sicher ein anderes Arbeitsumfeld oder sogar einen anderen Job als eine extrovertierte Persönlichkeit.

Allerdings wird es selbst in deinem Traumjob Tage geben, an denen dich der Job nervt, es wird Aufgaben geben, die keinen Spaß machen, aber erledigt werden müssen. Das darf auch so sein. Das muss sogar manchmal so sein, damit die guten Tage mehr Bedeutung bekommen. Und wie wir am Anfang bereits erwähnt haben, ist es wichtig, nicht nur die berufliche Karriere, sondern auch die private Karriere voranzutreiben. Das ist ein Moment, in dem dir deine Leidenschaft Halt, Ablenkung und auch wieder Motivation geben kann. So, nun genug von unserer Seite zum Thema Berufsfindung. Jetzt liegt es an dir!

Studieren oder nicht? Oder erst eine Ausbildung? Die Vor- und Nachteile

Du hast den Abschluss in der Tasche. Ist das nicht der Wahnsinn? Damit hast du einen sehr wichtigen Lebensabschnitt erfolgreich abgeschlossen. Und wie geht es jetzt weiter? Wir hoffen, dass du entweder bereits selbst oder mit unseren Tipps aus dem Kapitel »Job & Karriere I« eine Vorstellung entwickelt hast, in welchem Bereich du arbeiten möchtest, vielleicht sogar in welchem Job. Doch so, wie es bekanntlich viele Wege gibt, die nach Rom führen, gibt es auch viele Wege, bestimmte Berufe zu erlernen. Wir schauen uns nun einmal die verschiedenen Ausbildungsmöglichkeiten inklusive ihrer Vor- und Nachteile an.

Zuerst brauchen wir allerdings die Definition der einzelnen Begriffe, die für dich wichtig sind:

(Berufs-)Ausbildung: In einer Berufsausbildung erwerben die Auszubildenden Fähigkeiten, die für die qualifizierte Ausübung eines Berufes notwendig sind. Durch die Ausbildung im Betrieb sowie Berufsschulunterricht werden berufliche Fertigkeiten, benötigtes Wissen und handwerkliche Fähigkeiten vermittelt. In Deutschland gibt es 350 anerkannte Ausbildungsberufe, die von IT und Telekommunikation über Tourismus und Event, Wirtschaft und Finanzen bis zu Sport und Wellness oder Gestaltung und Medien reichen.

Studium: Ein Studium bezeichnet das wissenschaftliche Lernen sowie die Forschung an Fachhochschulen und Universitäten. Um studieren zu können, wird der höchste Schulabschluss, die Allgemeine oder die Fachhochschulreife, benötigt. Einige Studiengänge sind begrenzt durch den Numerus Clausus (NC), also den Notendurchschnitt im Abitur, oder eine Aufnahmeprüfung.

Duales Studium: Ein duales Studium kombiniert ein Studium an einer Hochschule oder Berufsakademie mit Praxisphasen in einem Unternehmen derselben Branche. Vom regulären Studium unterscheidet es sich durch einen hohen Praxisbezug, die Abwechslung zwischen Praxis- und Lernphasen und durch ein regelmäßiges Einkommen.

Wie du siehst, haben alle Varianten, um einen Beruf zu erlernen, ihre Besonderheiten. Was genau die Eigenschaften sind, die für oder gegen eine bestimmte Richtung sprechen, erläutern wir im Folgenden.

Ausbildung: die Pros und Kontras

PROS

Hoher Praxisanteil: Stundenlanges Lernen und Bücherwälzen ist nicht deins? Du möchtest lieber direkt anpacken? Dann ist die Ausbildung auf jeden Fall die bessere Wahl für dich. Berufsausbildungen vermitteln dir praktische Erfahrungen und lehren dich Fähigkeiten, die für den Arbeitsmarkt von großem Wert sind. Die Berufsschulbank musst du nur ein- oder zweimal pro Woche drücken. Oder in Form von zeitlichen Schulblöcken am Stück. Durch die Verbindung von Praxis und Theorie wird auch oft von der dualen Ausbildung gesprochen. Egal, in welchem Bereich du deine Ausbildung machst, die Berufsschule bringt dir die Theorie bei, die du direkt in die Praxis umsetzen kannst und auf jeden Fall für deinen späteren Beruf brauchst.

Berufserfahrung: Du steigst direkt nach der Schule in das Berufsleben ein. Mit der Ausbildung und der Vollzeitanstellung sammelst du bereits in jungen Jahren wertvolle Berufserfahrung, die für deinen weiteren Weg wichtig ist.

Finanzielle Unabhängigkeit: Du arbeitest ab dem ersten Tag aktiv mit – das bedeutet in einer Ausbildung auch eine Vergütung ab diesem Zeitpunkt. Die Höhe hängt von unterschiedlichen Faktoren wie der Branche, Tarifverträgen und dem Ausbildungsjahr ab. Durchschnittlich haben Auszubildende im Jahr 2021 nach einer Studie des Bundesinstituts für Berufsbildung (BIBB) 987 Euro brutto pro Monat verdient.[7] Dabei wurden aber nur Auszubildende aus Tarifverträgen berücksichtigt. Die Vergütung in Bereichen ohne diese Verträge oder in kleinen Betrieben kann deutlich geringer ausfallen. Allerdings gibt es einen seit 2020 beschlossenen Mindestlohn, der dafür sorgt, dass vor allem Auszubildende im Handwerk besser verdienen.

Regionalität: Du wohnst in einer eher ländlichen Region und möchtest auch weiterhin dort leben? Dann ist eine Ausbildung sehr praktisch – denn Ausbildungsplätze gibt es quasi überall. Zum Studieren müsstest du schon in die nächstgrößere Stadt ziehen oder dorthin pendeln. Wobei es seit der Pandemie ja auch digital funktioniert, da wäre das Fernstudium eine Option für dich.

Weiterbildung oder anschließendes Studium: Berufsausbildungen können eine gute Möglichkeit sein, eine Karriere in einem bestimmten Bereich aufzubauen. Es gibt immer Möglichkeiten, sich weiterzubilden, zum Beispiel einen Betriebswirt oder einen Meister zu machen, um höhere Positionen einzunehmen. Ist ein Studium in der Medizin das Ziel, können eine Berufsausbildung und die zugehörigen Wartesemester eine höhere Wahrscheinlichkeit auf einen Platz bieten, wenn dein Abischnitt nicht reicht.

Übernahme: In vielen Berufen gibt es Karrieremöglichkeiten, und wenn du eine gute Ausbildung absolviert hast, ist die Wahrscheinlichkeit hoch, dass dich der Betrieb übernimmt und dir eine Festanstellung anbietet.

Persönliche Entwicklung: Neben der fachlichen Expertise lernst du auch persönlich viel dazu: Wie gehst du mit Kolleg:innen um? Wie sprichst du mit deinen Vorgesetzten? Du wirst erfahren, wie du in stressigen Situationen reagierst – und diese auch meisterst. Damit einher geht, dass du Schritt für Schritt mehr Verantwortung für deine Arbeit übernimmst.

KONTRAS

Weniger Aufstiegsmöglichkeiten: Ausbildungen zielen oft auf die Ausführung von Aufgaben ab. Irgendwann wirst du vielleicht an den Punkt kommen, nicht mehr nur selbst auszuführen, sondern auch zu planen und Aufgaben zu verteilen. Hier wird es dann schwierig. Wer eine höhere Position anstrebt und gerne Führungsaufgaben übernehmen will, hat mit einem Studium bessere Chancen.

Geringere Flexibilität: Die Ausbildung kann sehr spezifisch sein. Wenn du von Anfang an weißt, dass du nicht dein ganzes Leben denselben Beruf ausüben möchtest, könnte dir das Steine in den Weg legen. Durch das breite Wissensspektrum im Studium hast du bessere Möglichkeiten, in eine andere Position oder sogar Branche zu wechseln.

Eingeschränkte Freiheit: Den Spruch »Lehrjahre sind keine Herrenjahre« hast du bestimmt schon einmal gehört. Vor allem in der Ausbildung kann es vorkommen, dass du wenig Freiraum für eigene Entscheidungen und Kreativität hast und den Anweisungen deiner Vorgesetzten folgen musst. Auch der Übergang von Schule zur (aktuell noch) 40-Stunden-Woche kann dir einiges abverlangen und schränkt dich in deiner Freizeitgestaltung ein. Warst du vorher den halben Tag in der Schule und hattest den halben Tag frei, wird das definitiv eine Umstellung werden.
Oftmals schlechtere Bezahlung: Du bekommst zwar von Anfang an dein eigenes Geld, aber im Verlauf deiner Karriere wirst du ohne Weiterbildungsmaßnahmen nach einer Ausbildung wahrscheinlich schlechter bezahlt als nach einem Studium. Berufsausbildungen können, langfristig betrachtet, finanziell weniger lukrativ sein als Hochschulabschlüsse, das hängt jedoch auch stark von der Branche und dem Beruf ab, den du gewählt hast.
Höhere Arbeitslosenquote: In einigen Berufen gibt es möglicherweise weniger Jobmöglichkeiten oder eine höhere Arbeitslosigkeit, auch wenn die Karriereaussichten in anderen Berufen gut sind.

Studium: die Pros und Kontras

PROS

Vielfalt der Studiengänge: Gamedesign, Space Master, Urbanistik oder doch lieber Gender Studies? Ja, das sind alles Studiengänge, die tatsächlich existieren. Wie du siehst, gibt es quasi keine Grenzen. Du interessierst dich für Kulturen? Dann studiere doch Ethnologie. Papier findest du beeindruckend? Dann ist Papiertechnologie dein Ding. Dein Zimmer sieht wie Little Tokyo aus? Japanologie – here we go. Es bietet sich zu fast jedem Thema, Interesse und Gebiet ein passender Studiengang an. Das gibt dir die Möglichkeit, dich in einem bestimmten Fachgebiet zu spezialisieren und dein Wissen zu vertiefen. Du lernst nicht nur Fakten, sondern auch die Hintergründe und Zusammenhänge verschiedener Themen.
Selbstständigkeit: neues Umfeld, neues Zuhause, neue Inhalte. Ein Präsenzstudium, das womöglich nicht direkt an deinem Wohnort zu absolvieren ist, stellt dich vor einige Herausforderungen. Neben Wohnungssuche und der Klärung finanzieller Belange musst du dir auch meistens deinen Stundenplan selbst zurechtlegen und bist selbst für deine Leistungen ver-

antwortlich. Denn so leid es uns tut, aber hat sich deine Lehrkraft in der Schule noch dafür eingesetzt, dass du irgendwie durchkommst, wird das dein:e Professor:in definitiv nicht mehr tun. Du musst dich um deine Vorlesungen und Seminararbeiten kümmern und lernst, deine Zeit effektiv zu nutzen. Kurz: Du lernst, dich selbst zu organisieren. Ein Studium erfordert viel Selbstständigkeit und Disziplin. Diese Fähigkeiten werden dir auch im Berufsleben von großem Nutzen sein. Je besser dir das gelingt, umso wahrscheinlicher ist es, dass auch dein Selbstbewusstsein gestärkt wird. Du entwickelst mit den Erfolgen, deinen Erfahrungen und dem Wissen die Fähigkeit, eigene Ideen und Meinungen zu formulieren und zu vertreten.

Studierendenleben: Nicht wenige bezeichnen die Zeit während ihres Studiums als die beste Zeit ihres Lebens. Es geht viel Verantwortung damit einher, aber eben auch viel Freiheit. Du suchst dir die Vorlesungen aus und kannst entscheiden, ob du wirklich hingehen möchtest oder dich im Selbststudium vorbereitest. Du planst deinen Tag, wie du willst. Sport am Morgen oder doch lieber ausschlafen? Ein Nebenjob in der Bar oder eher selbst die Nacht durchfeiern? Ein Auslandssemester oder ein Praktikum? Hier hast du wirklich die Qual der Wahl.

Weiterbildung: Mit deinem Abitur hast du eine Basis an Fähigkeiten und Wissen angehäuft. Im Studium hast du die Möglichkeit, dein Wissen in vielen Bereichen zu vertiefen, dich mit Expert:innen auszutauschen und die Wissenschaft rund um das Thema zu begleiten – und mit deiner Arbeit womöglich sogar voranzubringen. Du baust dir eine Expertise auf, die du im Berufsleben einsetzen kannst. Ein großer Vorteil ist auch, dass du die Kurse und Vorlesungen mehr oder weniger kostenlos besuchen kannst. Berufliche Weiterbildungen, Zertifikate etc. sind nämlich oft ein sehr kostspieliges Unterfangen.

Akademischer Abschluss: Du hast dir nach deinem erfolgreich beendeten Studium einen weiteren Hard Skill erarbeitet. Du hast nun den Titel Bachelor (of Arts/of Science) oder sogar den Master in der Hand. Dieser weist deine Fähigkeiten und dein Wissen unzweifelhaft nach.

Berufliches Netzwerk: Ein gutes Netzwerk ist Gold wert. Das beleuchten wir auch später noch einmal genauer. Und sicher ist: Viele der Menschen, die du im Studium kennenlernst, werden in ähnlichen Positionen arbeiten wie du. Sie können dir in deinem späteren Berufsleben den einen oder anderen Tipp, Auftrag oder sogar Job vermitteln.

Vergünstigungen: Dieser Punkt sollte nicht ausschlaggebend für die Entscheidung sein, jedoch hat es viele Vorteile, den Status »Studierender« zu bekommen. Vergünstigte Eintrittspreise in Kulturstätten oder vergünstigte Konditionen bei Versicherungen zum Beispiel.

KONTRAS

Kosten des Studiums: Eine eigene Wohnung, Semestergebühren, Bücher, Lernmaterialien, der Wocheneinkauf und, und, und – die Liste an Kosten, die während des Studiums auf dich zukommen, ist lang. Das kann eine enorme finanzielle Belastung darstellen. Viele Studierende leben sehr sparsam und müssen am Monatsende den Euro oft zweimal umdrehen.

Hoher Zeitaufwand: Hausarbeiten, Gruppenprojekte und Vorlesungen – ein Studium kann mit viel Zeitaufwand verbunden sein. Das kommt natürlich auch auf dich an. Das Minimalprinzip empfehlen wir definitiv nicht, denn dafür nimmst du ja nicht das jahrelange Studieren auf dich. Auch wenn das Studierendenleben eher unbeschwert ist, geht doch viel Zeit für dein Studium drauf. Das hat auch Einfluss auf deine Freizeitgestaltung.

Leistungsdruck: Du willst dein Studium natürlich gut abschließen. Es fließen ja viel Zeit und auch Geld in deine Bildung. Deshalb hast du oder auch dein Umfeld einen hohen Leistungsanspruch an dich. Der Druck, der damit einhergeht, kann sehr groß sein.

Keine Garantie auf einen Job: Obwohl ein Studium deine Karrierechancen verbessern kann, gibt es keine Garantie, dass du nach Abschluss des Studiums auch eine Stelle findest. In manchen Studienfächern gibt es sehr viel Konkurrenz um nur wenige Stellen.

Prüfungen: Um Prüfungen kommst du nicht herum – weder in der Ausbildung noch im Studium. Du hast für deine Prüfungen jeweils drei Versuche. Wenn du beim Drittversuch die Prüfung immer noch nicht bestehst, dann war's das.

Das duale Studium: die Pros und Kontras

PROS

Praktische Erfahrung: Du kannst dich nicht entscheiden, ob ein Studium oder eine Ausbildung besser zu dir passen? Dann ist das duale Studium vielleicht die Lösung für dich. Ein duales Studium bietet die Möglichkeit, die theoretische Basis an der Universität zu legen, praktische Erfahrungen in einem Unternehmen zu sammeln und den Theorie-Praxis-Transfer bereits im Rahmen des Studiums zu erleben. Du sammelst also bereits während des Studiums wertvolle Berufserfahrung und kannst dein Wissen sofort in die Tat umsetzen.

Finanzielle Unterstützung: Viele duale Studienplätze werden von Unternehmen angeboten. Diese übernehmen häufig deine Studiengebühren und bezahlen dir eine Vergütung während der Praxisphasen. Dadurch sinkt die finanzielle Belastung und du musst dir keinen zusätzlichen Nebenjob suchen.

Karrierechancen: Mit dem dualen Studium bekommst du die Möglichkeit, dir bereits während der Studienzeit ein Netzwerk aufzubauen und einen direkten Einblick in die Arbeitswelt zu erhalten. Dies kann bei der Jobsuche nach dem Studium von Vorteil sein, da du möglicherweise bereits Kontakte in der Branche hast und dich bewährt hast.

Flexibilität: Ein duales Studium bietet die Möglichkeit, Theorie- und Praxisphasen abzuwechseln und somit flexibler zu sein als bei einem Vollzeitstudium.

Zeitersparnis: Bei einem dualen Studium liegt der Fokus auf der praktischen Erfahrung. Da du während der Praxisphasen keine Vorlesungen besuchst, sondern aktiv im Betrieb mitarbeitest, eignest du dir die Theorie sowie die Praxis gleichzeitig an. Dies kann dazu beitragen, dass du früher ins Berufsleben einsteigen und eine Karriere starten kannst.

KONTRAS

Weniger Freizeit: Du studierst und arbeitest gleichzeitig. Wenn deine Freund:innen ihre Semesterferien verplanen, weißt du, dass dein Praxisblock auf dich wartet. Die Studienzeit inklusive Berufserfahrung bezahlst du mit weniger Freizeit. Die viele Freizeit im Studierendenleben trifft vor allem auf Vollzeitstudiengänge zu.

Doppelte Belastung: Ein duales Studium folgt einem bestimmten Plan. In der Vorlesungszeit bist du mit der Theorie und dem Lernen beschäftigt. Während der Praxisphasen, die oft in den Semesterferien der anderen Studierenden liegen, kommst du deinen Pflichten im Unternehmen nach. Das kann neben dem Lernstress zu einer weiteren Belastung führen.

Eingeschränkte Auswahl des Studienortes: Nicht jede Universität oder Hochschule bietet das duale Studium an. Deshalb ist die Auswahl an Orten, an denen du dein Studium absolvieren kannst, eingeschränkt.

Wahl des Studienfachs: Nicht für jeden Beruf und jede Branche gibt es die Möglichkeit des dualen Studiums. Deshalb triffst du auch hier auf eine thematische Einschränkung.

Geringere Flexibilität in der Gestaltung des Studiums: Theorie- und Praxisphasen sind zeitlich vorgeschrieben. Dazu gehören Stundenpläne, Vorlesungen und Praktika.

So, nun hast du so einiges über die Vor- und Nachteile der einzelnen Ausbildungsmöglichkeiten gelernt. Nun bitten wir dich, dir Gedanken über die folgenden Punkte zu machen:

Ausbildungsmöglichkeiten: Du weißt, in welchem Bereich du arbeiten möchtest und welche Berufe es darin gibt. Dann ist der nächste Schritt abzuklären, wie du den Beruf erlernen kannst. Funktioniert dies mit Ausbildung ODER Studium? Wenn du nur eine Möglichkeit hast, ist die Entscheidung nicht schwer. Hast du beide Möglichkeiten, kannst du die verschiedenen Ausbildungs- und Studienpläne recherchieren und nach den Inhalten für dich bewerten.

Finanzen: Wie bereits erwähnt, sind die finanziellen Anforderungen ein wichtiger Punkt bei der Entscheidung zwischen Ausbildung und Studium. Ein Studium kann dich finanziell sehr belasten, vor allem wenn du keine staatliche Förderung (BAföG oder Stipendien) bekommst. Es gibt natürlich Finanzierungsmöglichkeiten, allerdings startest du dann verschuldet in dein Berufsleben. Das Abzahlen des Kredits kann und wird sich über mehrere Jahre erstrecken. Das sollte jedoch kein Hindernis darstellen. Welche Möglichkeiten es für die Finanzierung gibt, zeigen wir dir später noch.

Lernstil: Bist du eher Praktiker:in oder Theoretiker:in? Wie möchtest du am liebsten die Fähigkeiten und das Wissen für deinen beruflichen Werdegang erwerben? Lieber gleich anpacken und mit Hand und vielleicht auch Fuß den Beruf erlernen? Dann passen praktisch orientierte Ausbildungen oder Studiengänge perfekt. Du wälzt gern dicke Schmöker und tagelanges Lernen in der Bibliothek bedeutet das Paradies für dich? Du vergleichst wissenschaftliche Studien und ziehst Schlüsse daraus? Dann ab mit dir an die Universität, vielleicht sogar selbst in die Wissenschaft.

Dauer: Ein Studium dauert in der Regel länger als eine Ausbildung. Auch startest du meist ohne relevante Berufserfahrung und musst über die Studienzeit hinaus Zeit in Praktika oder einschlägige Ausbildungen wie Volontariate investieren. Mit einem Studium beginnst du deine Karriere später als in einer Ausbildung. Allerdings kannst du bei Engagement und guter Arbeit schneller erfolgreich sein.

Sicherheit: Manchmal schadet es nicht, einen Plan B in der Tasche zu haben. Möchtest du einen Beruf ergreifen, der mit einer bestimmten Unsicherheit einhergeht, oder etwas einfach ausprobieren, dann gibt es dir wie vielen Menschen vielleicht ein Gefühl von Sicherheit, wenn du eine abgeschlossene Ausbildung hast, auf die du im Notfall zurückgreifen kannst. Ein Beispiel: Du möchtest einen künstlerischen Beruf wählen und zum Beispiel Schauspieler:in oder Musiker:in werden. Der Markt ist hier sehr umkämpft und das gewisse Quäntchen Glück gehört dazu. Wir empfehlen dir trotzdem, auf jeden Fall in diese Richtung zu gehen, wenn es das ist, was du tun möchtest. Solltest du allerdings unsicher sein – was vor allem dann normal ist, wenn deine Eltern oder deine Familie sich einen solchen Werdegang nur sehr schwer vorstellen können –, kann dir eine Ausbildung als erster Schritt ein finanzielles und mentales Polster schaffen.

Deine Entscheidung: Jetzt liegt es an dir zu überlegen, welche Variante die beste für dich ist. Falls du dir immer noch nicht zu 100 Prozent sicher bist, folgt hier ein kleines Experiment, das übrigens bei allen Entscheidungen funktioniert.

DER MÜNZWURF FÜR EINE WIRKLICH GUTE ENTSCHEIDUNG

Ein Münzwurf soll dir dabei helfen, gute Entscheidungen zu treffen? Wie denn das? Ein Münzwurf ist doch immer ein Glücksspiel? Nein, richtig eingesetzt, ist er das nicht. Wenn du dich zwischen zwei Varianten nicht entscheiden kannst, verteil sie einfach auf Kopf oder Zahl. Wirf die Münze. Fang sie verdeckt auf. Bevor du nun auf das Ergebnis Kopf oder Zahl schaust, horch in dich hinein und frag dich, über welches Ergebnis du dich mehr freuen würdest. Was soll die Münze dir anzeigen? Mit diesem Trick findest du zumindest heraus, wohin dein Herz dich zieht. Das heißt leider noch nicht, dass du in dir auch die Kraft entwickelt hast, zu dieser Entscheidung zu stehen oder sie umzusetzen.

Welcher Lerntyp bist du?

Das Wort »Ausbildung« suggeriert, dass ein Mensch eines Tages tatsächlich ausgebildet, also fertig gebildet ist. So wie ein Sportler, der, wenn er austrainiert ist, kein weiteres physisches Potenzial mehr erschließen kann. Im Bereich der Bildung und des Lernens ist diese Einstellung natürlich fehl am Platz.

»Lernen ist ein ewiger Prozess, der uns bis an unser Lebensende begleiten wird. Wir müssen immer wieder lernen, um uns an die sich ständig verändernde Welt anzupassen und um unser volles Potenzial zu entfalten.«

Albert Einstein

Ob Studium oder Ausbildung und sogar in Beziehungsfragen – du wirst um das Lernen nicht herumkommen. Damit du dein volles Potenzial entfalten kannst, lohnt es sich für dich zu wissen, wie du am besten lernst. Auch hier gibt es kein Richtig oder Falsch, sondern verschiedene Lerntypen oder -stile, auf die Menschen unterschiedlich ansprechen. Einige der bekanntesten Lerntypen erläutern wir im Folgenden.

Visueller Lerntyp: sehen und verstehen

Bilder, Mindmaps und Grafiken helfen dir dabei, Informationen zu verarbeiten und sie dir zu merken? Eine fertige Zusammenfassung ist schön und gut, du schreibst dir jedoch immer deine eigenen? Wenn du einen Zusammenhang nicht verstehst, durchsuchst du das Netz nach guten Erklärvideos? Dann bist du wahrscheinlich ein visueller Lerntyp. Es fällt dir am leichtesten, dir Dinge zu merken oder sie zu begreifen, wenn Inhalte visuell aufbereitet sind.

Du bist dir nicht ganz sicher? Dann können folgende Merkmale des visuellen Lerntyps dir weiterhelfen:

- Du nimmst Informationen auf, indem du etwas ansiehst oder liest.
- Du hast möglicherweise Schwierigkeiten, dir etwas zu merken, wenn es dir nur gesagt wird.
- Du machst dir oft Notizen oder Skizzen, um Inhalte besser abzuspeichern.

Wenn du denkst, dass du ein visueller Lerntyp bist, gibt es einige Strategien, die du anwenden kannst, um deine Leistungen zu verbessern:

- Setze visuelle Hilfsmittel wie Diagramme und Bilder ein, um dir etwas zu merken.
- Nutze deine Notizen, Skizzen oder Karteikarten, um Inhalte optimal aufzubereiten.
- Erstelle Mindmaps oder Brainstorming-Diagramme, um die Informationen zu organisieren und zu verstehen.

Auditiver Lerntyp: zuhören, verarbeiten, verinnerlichen

Du liebst Hörbücher und kannst dich an jedes Detail erinnern? Du nimmst aus Unterrichtseinheiten und dem Vortrag des Lehrenden so viel mit, dass das Lernen ein Klacks wird? Dann gehörst du zum auditiven Lerntyp. Du kannst dir Inhalte und Informationen am besten merken, wenn du aufmerksam zuhörst.

Diese Merkmale sind typisch für auditive Lerntypen:

- Du nimmst Informationen auf, indem du etwas anhörst.
- Du kannst dir Dinge, die du gesehen hast, nicht so gut merken.
- Du hast möglicherweise Schwierigkeiten, dir etwas einzuprägen, wenn du es nur liest.

Wenn du denkst, dass du ein auditiver Lerntyp bist, gibt es einige Strategien, die du anwenden kannst, um deine Leistungen zu verbessern:

- Nutze Audiodateien und Podcasts, um dir Informationen anzuhören.
- Wiederhole die Informationen laut, um sie dir besser zu merken.
- Sprich mit anderen über das, was du gelernt hast, um es zu verstehen und zu vertiefen.

Motorischer Lerntyp: Learning by Doing

Lieber anpacken als auswendig lernen ist deine Devise? Ruhig sitzen fällt dir schwer? Dann bist du wahrscheinlich ein motorischer Lerntyp. Diese Menschen lernen am besten, indem sie etwas tun und sich mit ihren Händen und ihrem Körper aktiv beschäftigen. Du solltest dir überlegen, wie du die theoretischen Inhalte am besten mit aktiven Elementen verbinden kannst. Bereits im Unterricht oder in Vorlesungen angewandte Möglichkeiten sind Rollenspiele oder Gruppenarbeiten.

Diese Merkmale sind typisch für motorische Lerntypen:

- Du nimmst Informationen sehr gut auf, wenn du dich aktiv, am besten mit Hand und Fuß, damit beschäftigst.
- Du bist möglicherweise sehr rastlos und hast Schwierigkeiten, still zu sitzen und dich auf etwas zu konzentrieren, das nicht aktiv ist.
- Du neigst dazu, dir das besser zu merken, was du tust, als das, was du hörst oder siehst.
- Teamarbeit macht dir Spaß und liegt dir.

Wenn du denkst, dass du ein motorischer Lerntyp bist, gibt es einige Strategien, dke du anwenden kannst, um deine Leistungen zu verbessern:

- Nutze handlungs- und bewegungsorientierte Lernmethoden wie Rollenspiele, Experimente oder praktische Übungen.
- Suche nach Möglichkeiten, deine Hände und deinen Körper beim Lernen zu beschäftigen, zum Beispiel indem du Dinge baust oder zeichnest.
- Arbeite mit anderen zusammen, um dein Lernen zu vertiefen und zu verstärken.

Kommunikativer Lerntyp: Verstanden? Verstanden!

Du liebst es, in Diskussionen deinen Standpunkt zu vertreten? Du sprichst gerne mit deinen Mitmenschen und nimmst besonders viel aus den Unterhaltungen mit? Dann kannst du dich am ehesten dem kommunikativen Lerntyp zuordnen.

Diese Merkmale sind typisch für kommunikative Lerntypen:

- Du lernst am besten, wenn du dich mit anderen austauschen und diskutieren kannst.
- Du nimmst gerne an Gruppenarbeiten teil und arbeitest gut in Teams.
- Du kannst gut vor Menschen sprechen und es fällt dir leicht, Ideen zu vermitteln.
- Du bist offen für die Perspektiven und Ideen anderer und kannst gut mit Kritik umgehen.

Wenn du denkst, dass du ein kommunikativer Lerntyp bist, sind hier ein paar Tipps, wie du das für dich nutzen kannst:

- Suche nach Möglichkeiten, um in Gruppen zu lernen oder dich mit anderen auszutauschen.
- Bau auf Diskussionen und Frage-Antwort-Sessions, um das Material zu verstehen und zu vertiefen.
- Nutze deine Fähigkeiten im Sprechen und Vermitteln von Ideen, indem du deine Gedanken und Einsichten mit anderen teilst.

Es gibt noch andere Lerntypen wie den digitalen Lerntyp, der am besten durch die Nutzung von Technologie und digitalen Werkzeugen lernt, und den sozialen Lerntyp, der idealerweise in Gruppen lernt. Wichtig: Die meisten Menschen sind nicht einem Lerntyp absolut zuzuordnen.

Du bist dir sicher, welcher Lerntyp du bist? Herzlichen Glückwunsch! Nutze diese Erkenntnis und mach dir so das (lebenslange) Lernen leichter. Wenn du dir jetzt allerdings denkst: »Schön und gut, aber ich finde mich bei mehreren Lerntypen wieder ...«, dann ist das kein Problem. In der Pädagogik gehen die Expert:innen davon aus, dass niemand zu 100 Prozent einem Lerntyp zugehörig ist. Das kann mitunter tagesform- oder sogar themenabhängig sein. Trotzdem hilft es dir zu wissen, zu welcher Art du eher tendierst. So kannst du dein Lernen, dein Umfeld und auch deine Arbeitsmaterialien danach auswählen, um dir Wissen bestmöglich und vor allem effizient aneignen zu können.

Welcher Lerntyp du bist, kannst du im Internet in zahlreichen kostenlosen Onlinetests herausfinden. Probier gern zwei, drei Test aus und vergleiche die Ergebnisse.

Die Lerntypen nach Frederic Vester

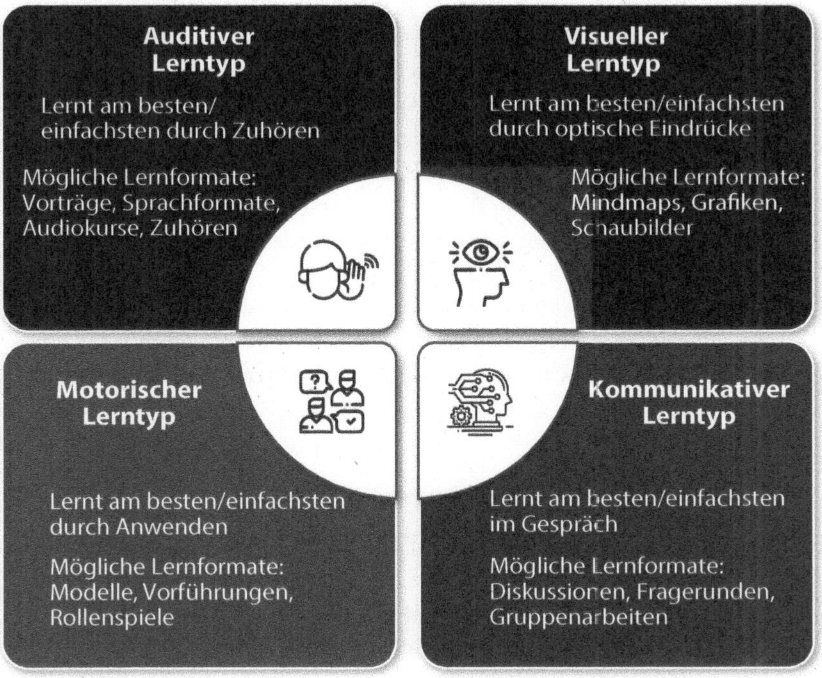

Organisation und Alltag I

Bürokratiebasics

Ordnung muss sein. Wirklich? Wir sind keine großen Fans vom »Müssen«, denn das Einzige, was der Mensch wirklich muss, ist sterben. Beim ganzen Rest gibt es einen Handlungsspielraum, und dieses Buch ist ja eigentlich eine einzige Einladung, diesen Handlungsspielraum zu erkunden und nach eigenem Gusto einzurichten. In deinem Leben solltest schließlich du bestimmen.

Das Problem daran: Du bist nicht allein auf der Welt und daher sind – wann immer du in Kontakt mit anderen Menschen kommst – Kompromisse nötig. Auch in Ordnungsfragen. Und unter uns gesagt, hat man erst mal Ordnung geschaffen, fühlt sie sich ja eigentlich auch ganz großartig an. Wäre da nur nicht der beschwerliche Weg dorthin. Wir hoffen, dir diesen auf den folgenden Seiten etwas erleichtern zu können.

Die Bürokratie ist bekanntlich die kleine Schwester der Ordnung. Sie tritt immer dann in Erscheinung, wenn es um gesellschaftliche Notwendigkeiten geht. Und ja, wer liebt sie nicht, die endlosen Stunden in Warteschleifen und -schlangen, um ein Bankkonto zu eröffnen oder um die Sache mit der Sozialversicherungsnummer zu klären oder um an seinen Personalausweis zu kommen.

In diesem Kapitel widmen wir uns den Bürokratiebasics, um die du einfach nicht herumkommst, und klären erste wichtige Versicherungs- sowie Rechtsfragen, wenn es für dich in deine erste eigene Wohnung oder WG geht.

Die Meldung deines Wohnsitzes beim Einwohnermeldeamt

Wenn du von zu Hause ausziehst, musst du deinen neuen Wohnsitz innerhalb von zwei Wochen (!) beim Einwohnermeldeamt an deinem neuen Wohnort anmelden. Dafür benötigst du:

- einen ausgefüllten Meldeschein (gibt es bei der Meldebehörde),
- einen Personalausweis oder Reisepass,
- die Bestätigung deines Wohnungsgebers mit Anschrift der Wohnung, Name und Anschrift des Wohnungsgebers (falls der Wohnungsgeber nicht der Eigentümer der Wohnung ist, ist auch dieser zu nennen) sowie Einzugsdatum.

Solltest du in eine WG zur Untermiete einziehen, ist der Hauptmietende der Wohnung dein Wohnungsgebender und kann dir die Bestätigung für die Ummeldung ausstellen. Auch in diesem Fall muss dazu noch der Eigentümer der Wohnung in der Bestätigung aufgeführt werden.

Wichtig: Selbst wenn du innerhalb desselben Hauses umziehen solltest, sich deine Adresse also rein theoretisch gar nicht ändert, musst du beim Einwohnermeldeamt vorstellig werden.

Solltest du nicht nur von zu Hause, sondern für dein Studium oder deine Ausbildung sogar in eine andere Stadt ziehen, könnte es sich lohnen, deine Unterkunft als Zweitwohnsitz anzumelden, um die Kosten für die Unterkunft steuerlich geltend zu machen. Dabei kannst nicht nur du Steuern sparen, sondern womöglich auch deine Eltern, falls diese deine Ausbildung finanziell unterstützen.

Deine Sozialversicherungsnummer aka Rentenversicherungsnummer

Sobald du das erste Mal in deinem Leben in Deutschland arbeitest, bekommst du eine Rentenversicherungsnummer beziehungsweise Sozialversicherungsnummer, wie diese Nummer früher genannt wurde. Hast du als Schüler:in in den Ferien oder in der Freizeit gejobbt, müsstest du diese Nummer bereits beantragt und mitsamt deinem Sozialversicherungsausweis zugeteilt bekommen haben. Ausstellende Behörde ist die Deutsche Rentenversicherung.

Unter deiner Sozialversicherungsnummer werden alle Beiträge erfasst, die du in deinem Leben in die folgenden Sozialversicherungen einzahlst:

- Rentenversicherung
- Pflegeversicherung
- Arbeitslosenversicherung
- Krankenversicherung

Was ist, wenn du deinen Sozialversicherungsausweis verloren hast, etwa beim Umzug oder weil du es mit dem Aufbewahren von offiziellen Dokumenten einfach noch nicht so hast? Solltest du eine alte Lohnabrechnung haben, wirst du darauf deine Sozialversicherungsnummer finden. Such einfach nach dem Kürzel »SV-Nummer«. Sie besteht aus zwölf Ziffern und enthält folgende Angaben:

- Ziffer 1 und 2: Bereichsnummer des Rentenversicherungsträgers
- Ziffer 3 bis 8: dein Geburtsdatum
- Ziffer 9: Anfangsbuchstabe deines Geburtsnamens
- Ziffer 10 und 11: Hinweis auf dein Geschlecht
- Ziffer 12: Prüfziffer

Ist dein Sozialversicherungsausweis flöten gegangen, solltest du bei der Deutschen Rentenversicherung einen neuen beantragen. Auch deine Krankenkasse kann dir deine Sozialversicherungs- aka Rentenversicherungsnummer nennen. Denn: ohne Sozialversicherungsnummer keine sozialversicherungspflichtige Beschäftigung. Du benötigst diese Nummer unter anderem:

- für eine Ausbildung,
- für eine Werkstudentenstelle,
- für ein Praktikum,
- für ein Freiwilliges Soziales oder Ökologisches Jahr,
- für einen Minijob.

Und natürlich auch in jedem anderen normalen Job, in dem du nicht freiberuflich oder selbstständig arbeitest. Solltest dich ein Arbeitgeber für einen der oben genannten Jobarten nicht nach deiner Sozialversicherungsnummer fragen, sprich das Thema bitte an. Nicht, dass du am Ende schwarz beschäftigt wirst, dich dein Arbeitgeber also gar nicht bei den Behörden angemeldet hat. Bitte lass dich auf keinen Fall mit der Aussage vertrösten, dass für einen Minijob keine Sozialabgaben und Steuern gezahlt werden und eine Anmeldung daher auch nicht nötig sei. Das ist falsch. Hat dich dein Arbeitgeber ordnungsgemäß angemeldet, bekommst du sogar eine Kopie der Meldebestätigung. Die ist wichtig für dich, um deine Arbeitsjahre gegenüber der Deutschen Rentenversicherung nachzuweisen.

Was ist der Unterschied zwischen einer Steuernummer und einer steuerlichen Identifikationsnummer?

Sobald du nach deiner Geburt in Deutschland deine ersten Atemzüge getätigt hast, wirst du seit 2008 automatisch mit einer sogenannten steuerlichen Identifikationsnummer erfasst. Es könnte ja sein, dass du ein besonders süßes Baby bist und als Babyinfluencer bereits massig Geld machst und demzufolge auch Steuern zahlen musst.

Den Brief mit deiner steuerlichen Identifikationsnummer haben deine Eltern ein paar Wochen nach deiner Geburt bekommen. Nun sind Eltern nicht gleich Eltern. Es gibt ordnungsliebende Leitz-Ordner-Eltern, die sogar ihre Kontoauszüge lückenlos bis ins 16. Lebensjahr zurückverfolgen können. Es gibt Laisser-faire-Hippie-Eltern, die auf die Frage nach einer Steueridentifikationsnummer mit einer hochgezogenen Augenbraue und einem minutenlangen Lachanfall reagieren. Oder es gibt erschöpfte Wir-wollen-doch-nur-alles-richtig-machen-Eltern, die genau wissen, dass sie deine Steueridentifikationsnummer mal erhalten haben, aber wo genau die zu finden ist, ob im Keller, auf dem Dachboden oder im unsortierten Dokumentenwust der letzten 20 Jahre, können sie dir beim besten Willen nicht sagen. Egal, mit welchem Elterntyp du groß geworden bist, sei ihnen nicht böse, und besorge dir deine steuerliche Identifikationsnummer, falls nicht vorhanden, einfach beim Bundeszentralamt für Steuern. Dort kannst du unter Angabe einiger persönlicher Daten online beantragen, dir die Nummer per Post zuzusenden. Wichtig ist dabei: Der Postversand ist nur an deine aktuelle Meldeadresse möglich. Eine telefonische Auskunft oder das Zusenden der Steuer-ID per Mail sind aus Datenschutzgründen nicht erlaubt.

Wichtig: Deine steuerliche Identifikationsnummer ist nicht mit deiner Steuernummer gleichzusetzen. Irgendwann soll die Steuer-ID die Steuernummer ersetzen. Warum? Mit der steuerlichen Identifikationsnummer ist eine eindeutige Zuordnung sämtlicher Steuerthemen zu einer bestimmten Person möglich. Bei der Steuernummer, die vom Finanzamt ausgegeben wird, funktioniert dies so nicht. Aktuell fährt das System jedoch noch zweigleisig, sodass du neben deiner bei Geburt zugeteilten steuerlichen Identifikationsnummer noch eine Steuernummer bekommst. Und zwar vom Finanzamt, sobald du deine erste Steuererklärung abgibst. Selbstständige oder Gewerbetreibende müssen die Steuernummer bereits bei Aufnahme der freiberuflichen oder gewerblichen Tätigkeit beantragen.

Während deine Steuer-ID immer gleich bleibt, egal, ob du heiratest oder umziehst, kann sich deine Steuernummer mit einem Wohnort (und damit verbundenen Finanzamtwechsel) ändern. Idealerweise hast du einfach stets beide Nummern parat.

Steueridentifikationsnummer	Steuernummer
11 zufällige Ziffern ohne Personen- oder Ortsbezug	13 Ziffern mit geregeltem Aufbau, unter anderem Kürzel für das zuständige Finanzamt
ändert sich nie	kann sich ändern (z. B. bei Wohnortwechsel)
wird vom Bundeszentralamt für Steuern automatisch ab Geburt zugeteilt	wird vom Finanzamt spätestens bei der ersten Steuererklärung ausgegeben

Deine Geburtsurkunde

Zu den Dokumenten, die du gut hüten und aufbewahren solltest, gehört auch deine Geburtsurkunde. Deine Eltern haben mit ihr höchstwahrscheinlich Kindergeld oder Elterngeld beantragt und sich um deinen Krankenversicherungsschutz gekümmert. Auch für deinen ersten Kinderreisepass oder aber deinen ersten Personalausweis muss deine Geburtsurkunde vorgelegt werden.

Und falls du bereits in den nächsten Jahren vorhast zu heiraten, will das Standesamt einen beglaubigten Ausdruck aus dem Geburtenregister sehen, und zwar von dem Standesamt, in dem deine Geburtsurkunde ausgestellt wurde. Solltest du demnächst bereits Vater oder Mutter eines Kindes werden, ist deine Geburtsurkunde nötig, um das Sorgerecht für das Kind anzuerkennen.

Hast du deine Geburtsurkunde verbummelt, kannst du dir problemlos eine neue ausstellen lassen. Auch dafür ist das Standesamt deines Geburtsortes zuständig. Mittlerweile bieten viele Standesämter einen Onlineservice für die Ausstellung eines Zweitdokumentes an. Du musst also nicht persönlich auf dem Standesamt erscheinen, wenn du eine Kopie deiner Geburtsurkunde benötigst.

Wie du an ein Bankkonto kommst

Grundsätzlich hat jeder Bürger in Deutschland das Recht auf ein eigenes Bankkonto. Die einzige Voraussetzung: Du musst voll geschäftsfähig und 18 Jahre alt sein. Ein eigenes regelmäßiges Einkommen, das von Banken oft als Voraussetzung für die Eröffnung eines eigenen Kontos genannt wird, ist nicht zwingend. Solltest du noch nicht über ein regelmäßiges Einkommen verfügen, kannst du ein sogenanntes Basiskonto eröffnen. Ein solches Konto bietet alle Funktionalitäten eines normalen Kontos, gewährt jedoch keinen Dispokredit. Sprich: Das Konto kann nicht ins Minus gehen. Du kannst damit keine Schulden machen. Basiskonten werden als sogenannte Guthabenkonten geführt. Sollten sich auf deinem Konto nur 50 Euro befinden und du möchtest dir Sneaker für 60 Euro in einem Onlineshop kaufen, funktioniert das nicht. Du musst erst wieder für ausreichend Bonität, sprich Geld auf dem Konto, sorgen, um dir deinen Wunsch zu erfüllen. Solltest du bereits über ein regelmäßiges Einkommen verfügen, profitierst du womöglich von besseren Konditionen bei der Kontoführung. In diesem Fall benötigst du zusätzlich einen Nachweis für dein Einkommen. Das kann zum Beispiel ein Arbeitsvertrag oder eine Gehaltsabrechnung sein.

Unabhängig davon, ob du ein normales Bankkonto oder ein Basiskonto eröffnen möchtest, sind die Schritte zur Kontoeröffnung immer gleich.

Schritt 1: Voraussetzungen erfüllen
Wie schon gesagt, musst du 18 Jahre alt und voll geschäftsfähig sein, um ein eigenes Konto eröffnen zu dürfen. Kinder unter 7 Jahren sind zum Beispiel geschäftsunfähig. Kinder und Jugendliche zwischen 7 und 18 Jahren gelten als beschränkt geschäftsfähig. Sie können mit Zustimmung ihrer Eltern Verträge abschließen, also zum Beispiel auch vor Erreichen des 18. Lebensjahres ein Konto einrichten.

Schritt 2: Konto beantragen
Du kannst dein Konto bei jeder in Deutschland agierenden Bank eröffnen. Ob es sich dabei um eine Direktbank handelt, welche ausschließlich Onlinebanking anbietet, oder ob du auf eine Filialbank setzt, macht keinen

großen Unterschied. Die meisten deiner Bankgeschäfte inklusive Aktienhandel, Sparpläne und Kredite kannst du mittlerweile ohne Probleme auch online erledigen.

Achte auf die Konditionen, welche deine Bank für die Kontoführung verlangt. Diese können sich erheblich unterscheiden. Es gibt kostenlose Konten ab einem bestimmten monatlichen Gehaltseingang. Manche Institute verlangen eine monatliche Grundgebühr. Bei anderen Konten ist eine bestimmte Zahl an Überweisungen oder Aufträgen im Monat kostenlos. Überschreitest du die Zahl, werden pro Überweisung Gebühren fällig. Die Marktführer unter den Direktbanken bieten dir jedoch in jedem Fall günstige Gesamtpakete ab einem monatlichen Geldeingang von ca. 700 Euro an.

Vergleichsmöglichkeiten hast du über Anbieter wie finanztip.de, focus.de oder check24.de. Wichtig: Nutze niemals nur einen dieser Anbieter, sondern immer zwei, deren Ergebnisse du miteinander vergleichen kannst.

Zu den Punkten, die du in jedem Fall checken solltest, gehören die Zinsen für den sogenannten Dispositionskredit, kurz Dispokredit. Was ist das? Ein mit deinem Konto verknüpfter Dispokredit ermöglicht dir, auch mal ohne Probleme ins Minus zu rutschen, also dein Konto zu überziehen. Sprich: Du kannst schnell und ohne offiziellen Kreditantrag bei deiner Bank mehr Geld ausgeben, als du eigentlich hast. Es gibt auch keine Laufzeit, innerhalb der der Kredit von dir zurückgezahlt werden muss. Diesen Luxus lassen sich die Banken allerdings ordentlich bezahlen. Nicht selten ist die Höhe des Zinssatzes für einen Dispokredit zweistellig, liegt also über zehn Prozent. Die Zinsen werden dabei tagesgenau für die Zeit berechnet, die dein Konto um Betrag X im Minus ist. Die Formel dafür lautet:

Überziehungsbetrag x Dispozins x Tage der Überziehung/Tageszinssatz (also 1/360 des jährlichen Zinssatzes)

Ein Beispiel: Sagen wir, du hast dein Konto um 234 Euro überzogen. Die Höhe des Zinssatzes deines Dispokredites liegt bei 10,5 Prozent. Dein Konto ist insgesamt 21 Tage im Minus. In diesem Fall zahlst du 1,43 Euro Zinsen für deinen Dispokredit.

234 € x 10,5 % x 21 Tage/360 x 100 = 1,43 €

Was erst mal gar nicht so viel klingt, kann sich durch die Höhe der Beträge und die Länge der Laufzeit ordentlich in die Höhe schrauben. Ein Konto, das dauerhaft, also etwa ein ganzes Jahr lang, mit 1000 Euro im Minus ist, kostet dich nämlich schon ganze 105 Euro an Gebühren. Der Dispo gilt daher nicht umsonst als Notnagelkredit. Du solltest ihn auf keinen Fall längerfristig nutzen, da er teurer ist als normale Kredite. Wichtig: Du musst keinen Dispokredit abschließen. Und du kannst selbst über die Höhe bestimmen. Vor der Vergabe prüft die Bank zwar deine Bonität, aber da sich mit Dispokrediten für die Bank leicht Geld verdienen lässt, bekommst du in der Regel einen. Als Faustregel gilt: Ein Dispokredit sollte nicht größer als ein Nettomonatseinkommen sein.

Banken bieten neben einem Konto auch andere Dienstleistungen an, etwa ein Tagesgeldkonto oder ein Depotkonto für den Aktienhandel. Auch hier können sich die angebotenen Zinsen beziehungsweise Gebühren erheblich voneinander unterscheiden.

Konten können ja aber nicht nur im Minus, sondern sogar dick im Plus sein. Sorgen um dein Geld musst du dir keine machen. Bis zu einer Summe von 100.000 Euro sind deine Einlagen, egal, bei welchem Institut, durch den Staat gesichert. Das sogenannte Einlagensicherungsgesetz gilt selbst für in Deutschland ansässige Filialen ausländischer Banken.

Prüfe neben Gebühren außerdem, welche Karten dir deine Bank zur Verfügung stellen will. Zu einem Girokonto gehören meist eine Girocard (früher wurde sie EC-Karte genannt) und idealerweise auch eine Kreditkarte. Warum? Mit der Girocard kannst du zwar im Inland und zum Teil im Ausland bezahlen, jedoch nicht bei Onlineeinkäufen im Internet. Abhebungen im Ausland können mit der Girocard teurer sein als mit der Kreditkarte.

Gut zu wissen: Du musst bei der Kontoeröffnung auch deine Steuernummer angeben. Solltest du diese vom Finanzamt noch nicht bekommen haben, kannst du im Antrag als Nummer in das entsprechende Feld einfach 000000000 eintragen. Sobald du deine Steuernummer dann erhalten hast, kannst und solltest du sie deiner Bank mitteilen.

Checkliste Kontoeröffnung:

- Wie hoch sind die Kontoführungsgebühren?
- Wie hoch sind die Kosten für Überweisungen oder Daueraufträge?
- Wie hoch sind die Zinsen für einen Dispokredit?
- Bekommst du von der Bank Girocard und Kreditkarte? Was kosten sie?
- Bietet die Bank dir ein Tagesgeldkonto? Wenn ja, wie hoch sind die Gebühren und wie hoch die Zinsen, die du erhältst?
- Bietet die Bank dir ein Depotkonto? Wenn ja, wie hoch sind die Gebühren für Käufe und Verkäufe von Aktien oder Fonds oder für Aktiensparpläne?

Hast du eine Bank gefunden und einen Antrag für eine Kontoeröffnung abgeschickt, geht es weiter zur Vertragsunterzeichnung, bei der du deine Identität bestätigen musst.

Schritt 3: Vertragsunterzeichnung (Identitätsnachweis und Meldebescheinigung)

Um ein Konto eröffnen zu können, benötigst du einen Identitätsnachweis, also ein gültiges Ausweisdokument. Das kann ein Personalausweis oder ein Reisepass sein. Außerdem brauchst du eine Meldebescheinigung vom Einwohnermeldeamt. In der Meldebescheinigung ist dein amtlicher Wohnsitz festgehalten. Die Adresse in deinem Personalausweis sollte mit der in deiner Meldebescheinigung übereinstimmen.

Die Identifizierung findet entweder persönlich in einer Bankfiliale, per Postident-Verfahren oder per Videoident-Verfahren statt. Vor allem Direktbanken, die kein eigenes Filialnetz unterhalten, arbeiten mit dem Postident- oder Videoident-Verfahren.

Persönlich: Du bringst einfach alle erforderlichen Vertragsunterlagen sowie deinen Ausweis, deine Meldebescheinigung und gegebenenfalls Einkommensnachweise in die Filiale deiner Bank.

Postident-Verfahren: Du gehst mit allen Vertragsunterlagen sowie Kopien deiner Meldebescheinigung und deines Einkommensnachweises zu einer Postfiliale und zeigst dort deinen Ausweis vor. Die Unterlagen werden dann von der Post an die Bank geschickt.

Videoident-Verfahren: Du legitimierst dich mittels PC, Laptop oder Smartphone gegenüber dem Videoident-Anbieter, den deine Bank dir mitgeteilt hat. Das technische Gerät, das du verwendest, muss dabei über eine Kamera verfügen. Ein Videoident-Mitarbeiter gleicht dann im Videochat deine Ausweisdaten mit dir als Person ab. Anschließend kannst du deine Unterlagen an die Bank schicken.

Schritt 4: Schufa-Prüfung

Von diesem Schritt bekommst du gar nichts mit. Nur so viel: Die Bank überprüft bei der Schufa, ob du in der Vergangenheit bereits Kredite aufgenommen und ob du sie pünktlich bedient hast. Solltest du schon eine Kreditkarte besitzen, erfährt die Bank ebenfalls davon.

Schritt 5: Konto nutzen

Fällt die Schufa-Prüfung positiv aus, schickt dir die Bank deiner Wahl deine EC- und eventuell deine Kreditkarte zu. Die Karten sowie die Geheimzahlen und deine sogenannte TAN-Liste bekommst du separat zugesandt. Mit der TAN-Liste kannst du dein Konto fürs Onlinebanking aktivieren. Heb die Liste gut auf. Falls dein Smartphone einmal verloren oder kaputtgeht, benötigst du die TAN-Liste, um das Onlinebanking wieder einzurichten.

Welche Versicherungen gibt es und welche brauchst du?

Haftpflicht-, Kranken- und Unfallversicherung – das sind nur einige von unzähligen Versicherungen, die du abschließen kannst. Doch was sind Versicherungen eigentlich genau?

Bei einer Versicherung zahlst du einen regelmäßigen Betrag, um dich für bestimmte Folgen, die mit unvorhergesehenen Situationen, Schicksalsschlägen oder Krankheiten verbunden sind, abzusichern. Mittlerweile gibt es für so ziemlich alles eine Versicherung: von der Haftpflicht- über Hochwasserversicherungen bis hin zur Krankenversicherung für dein liebstes Haustier. Da stellt sich die Frage: Welche Versicherungen brauchst du wirklich? Welche sind sinnvoll und welche kannst du dir guten Gewissens sparen?

Wie funktioniert eine Versicherung eigentlich? Das Prinzip hinter den Versicherungen ist das Solidaritätsprinzip. Alle Versicherten zahlen einen monatlichen, quartalsweisen oder jährlichen Beitrag an die Versicherung. Daraus ergibt sich dann ein Topf, mit dem die Schäden der Versicherten beglichen werden. Da es normalerweise weniger Schadensmeldungen als eingezahlte Beiträge sind, geht die Rechnung auf. Und die Versicherung verdient natürlich auch noch etwas dabei.

Wie wird (d)ein Beitrag berechnet? Die Berechnung des Beitrags bzw. der Beiträge deiner individuellen Versicherungen hängt von unterschiedlichen Faktoren ab. Das sind bei den sogenannten Sozialversicherungen vor allem die Personengruppe, der du angehörst (Studierende, Auszubildende, Arbeitnehmende) sowie dein Gehalt bzw. dein Lohn. Bei Zusatzversicherungen kommt es auf dein Alter, Vorerkrankungen, Hobbys (Fallschirmspringen, Tauchen oder Wingsuit-Fliegen zählen zu den Risikohobbys. Hier greifen die Versicherungen richtig zu oder versichern dich tatsächlich nicht) und weitere Faktoren an. Es arbeiten aber auch Mathematiker:innen bei den Krankenversicherungen, die Wahrscheinlichkeiten bestimmter Ereignisse berechnen. Daraus leiten sich ebenfalls Beiträge für Versicherungen ab.

Das deutsche Sozialversicherungssystem – die Pflichtversicherungen

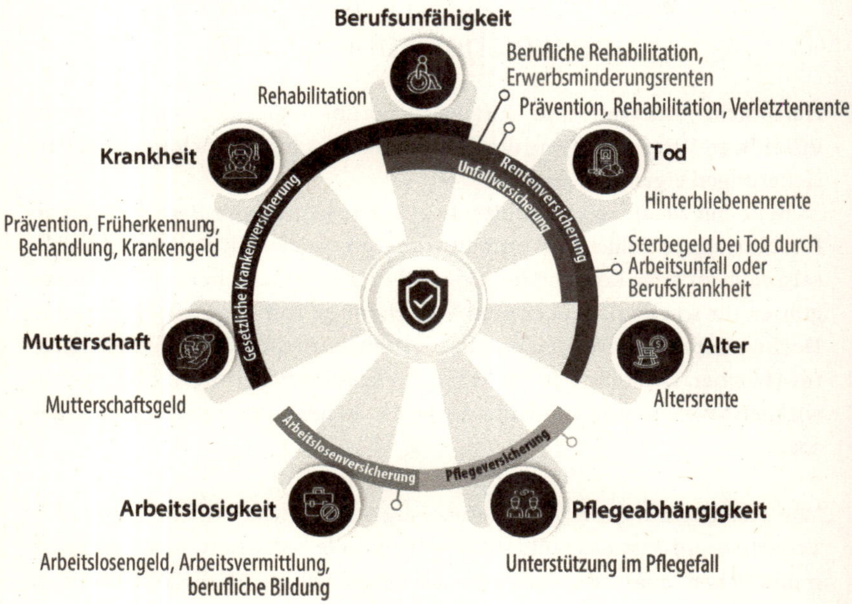

Die gesetzliche Krankenversicherung: Die Krankenversicherung ist die Absicherung gegen die wirtschaftlichen Risiken bei einer Krankheit. Behandlungskosten, Krankenhausaufenthalte und Unfalltransporte sind nur ein paar der Dinge, welche die Krankenkasse den Versicherten voll oder zum Teil erstattet. Sie macht den größten Teil der Sozialversicherungen aus.

Die Arbeitslosenversicherung: Die Arbeitslosenversicherung ist eine finanzielle Unterstützung für Personen, die arbeitslos sind. Diese Unterstützung ist auch bekannt als Arbeitslosengeld, Hartz IV oder mittlerweile als Bürgergeld. Dadurch wird das Grundeinkommen der Betroffenen gesichert.

Die gesetzliche Rentenversicherung: Mit den eingezahlten Beiträgen sorgst du für deine finanzielle Absicherung im Alter vor. Die Rente wird anhand der Höhe deiner Einzahlungen und gearbeiteten Jahre berechnet. Die aktuellen Rentenzahlungen werden durch die Beiträge finanziert.

Die Pflegeversicherung: Solltest du in deinem Leben aufgrund von Krankheit, einem Unfall oder ähnlichen Umständen auf eine Pflege angewiesen sein, tritt die Pflegeversicherung in Kraft. Sie trägt die Kosten für einen ambulanten Pflegedienst oder die stationäre Pflege in einem Pflegeheim. Welche Kosten übernommen werden, hängt von der Pflegestufe ab (1 = geringe Beeinträchtigung der Selbstständigkeit bis zu 5 = starke Beeinträchtigung der Selbstständigkeit).

Die gesetzliche Unfallversicherung: Du arbeitest in einem gefährlichen Beruf? Du hattest einen Unfall auf dem Weg zur Arbeit oder während deiner Tätigkeit? Dann greift die gesetzliche Unfallversicherung. Sie kommt für medizinische oder berufliche Rehabilitation sowie die Auszahlung von Übergangsgeldern und Renten auf.

Nicht bei den Sozialversicherungen dabei, aber für KFZ-Besitzer ein Muss: die private KFZ-Haftpflichtversicherung. Diese bezahlt Schäden, die durch dein Auto bei anderen verursacht wurden. Wenn du dein Auto darüber hinaus versichern willst, brauchst du eine Teil- oder Vollkaskoversicherung.

Sinnvolle Zusatzversicherungen

Neben den für Arbeitnehmer:innen verpflichtenden Versicherungen gibt es noch eine Reihe an sinnvollen Zusatzversicherungen, über die du einmal nachdenken solltest.

Private Haftpflichtversicherung: Einmal nicht hingeschaut, schon hast du die gute Vase in der Wohnung einer Freundin umgeworfen. Und die hat 300 Euro gekostet. Damit du für den Schaden nicht selbst aufkommen musst, gibt es die private Haftpflichtversicherung. Sie übernimmt Schäden, die nicht mutwillig von dir verursacht wurden. Diese Versicherung ist zwar freiwillig, wir empfehlen dir aber dringend, eine abzuschließen. Es gibt sie schon ab 25 Euro Jahresbeitrag – den hast du bei einem Schaden sehr schnell wieder drin.

Auslandsreisekrankenversicherung: Der Urlaub steht vor der Tür und es zieht dich ins Ausland. Wir hoffen, dass du auch an deine Auslandskrankenversicherung gedacht hast. Denn vor allem im Urlaub geht es oft abenteuerlich zu, du probierst neue, spannende Dinge aus und kannst dir so im schlimmsten Fall eine Verletzung zuziehen. Damit du dich für eine ärztliche Behandlung nicht in Unkosten stürzen musst, gibt es die Auslandskrankenversicherung. Meist musst du die Behandlungskosten vorstrecken, bekommst sie aber, nachdem du sie eingereicht hast, zurückgezahlt. Die Versicherung ist ab zehn Euro jährlich zu haben.

Berufsunfähigkeitsversicherung: Diese gehört zu den Versicherungen, die du hoffentlich nie in Anspruch nehmen musst. Sie tritt ein, wenn du aufgrund einer körperlichen oder psychischen Krankheit deinen erlernten Beruf nicht mehr ausüben kannst. Der Betrag hängt von deinem Alter, der Versicherungssumme und natürlich vom individuell ausgeübten Beruf ab. Ein Stuntdouble zahlt höhere Beiträge als etwa ein:e Journalist:in.

Rechtsschutzversicherung: In bestimmten Situationen kann diese Versicherung sehr nützlich sein. Sie bietet je nach Ausrichtung finanzielle Absicherung im Falle von Streitigkeiten im Zusammenhang mit dem Beruf, dem Wohnort, dem Verkehr und bestimmten privaten Angelegenheiten, indem sie die Kosten für einen Anwalt und mögliche Gerichtsverfahren übernimmt. Wenn du jemand bist, der schnell in Streitigkeiten verwickelt wird, oder einen Beruf ausübst, der ein höheres Risiko für einen Rechtsstreit birgt, ist diese Versicherung durchaus sinnvoll.

Hausratversicherung: Deine Wohnung brennt ab – und dein ganzes Hab und Gut ist dahin. Du bist im Urlaub und deine Waschmaschine läuft aus. Ein hoher Wasserschaden entsteht. Dafür kommt die Hausratversicherung auf. Hast du eine Waschmaschine in der Wohnung oder besitzt viele wertvolle Einrichtungsgegenstände, ergibt eine Hausratversicherung Sinn.

Zahnzusatzversicherung: Du hast strahlend weiße Zähne und noch nie einen Zahn reparieren lassen müssen? Dann kannst du das hier getrost überspringen. Wenn du allerdings zu den 71 Prozent der Deutschen gehörst, die Probleme mit ihren Zähnen haben, können wir dir die Zusatzversicherung nur ans Herz legen. Oft bezahlt sie neben Reparaturen auch professionelle Zahnreinigungen zur Vorbeugung. Ab zehn Euro monatlich zu haben. Alternative: ein privates Polster aufbauen für etwaige Behandlungen

Alle weiteren Versicherungen brauchst du im Normalfall nicht. Falls du aber sehr spezielle Interessen hast, haben wir hier einmal ein paar Spezialversicherungen für dich recherchiert.

- Die Oktoberfest-Versicherung: Der Besuch bei der Wiesn steht bevor und du willst auf Nummer sicher gehen? Dann kannst du dich bei der Bayerischen kurzzeitig für eine Pauschale von 5,99 Euro am Tag versichern. Abgedeckt sind beispielsweise Unfälle bei der An- und Abreise sowie dem Besuch, die zu bleibenden Schäden führen, Unfallfolgen unter Alkoholeinfluss sowie Kosten für Ersatzdokumente wie zum Beispiel Ausweis und Bankkarte.

- Hole-in-One-Versicherung: Danach streben alle Golfer: das Hole in One. Das hast du wahrscheinlich schon einmal gehört. Dass mit diesem Erfolg eine Runde aufs Haus bzw. den Golfclub einhergeht, wissen die wenigsten. Mit der Versicherung eines englischen Unternehmens entgehst du der finanziellen Belastung durch deinen (Glücks-)Treffer und kannst die Rechnung danach einreichen.
- Alien-Versicherung: Leben im All – danach wird schon lange gesucht. Fliegende Ufos wurden von einigen Menschen bereits gesichtet. Wenn du dich für den Fall absichern möchtest, dass du von Alien entführt wirst, kannst du in England und den USA eine Versicherung abschließen. Für nur einen Dollar pro Jahr würdest du bei einer Alien-Entführung und der anschließenden Rückkehr zur Erde von der Versicherung zehn Millionen Dollar ausgezahlt bekommen.

Ab wann ist Schluss mit den Familienversicherungen?

KRANKENVERSICHERUNG

Als Kind warst du bei deinen Eltern – sofern sie in der gesetzlichen Krankenversicherung (GKV) waren – beitragsfrei krankenversichert. Diese beitragsfreie Familienversicherung endet mit deiner Volljährigkeit, also sobald du 18 bist. Solltest du nach Erreichen des 18. Lebensjahres jedoch erst mal nicht arbeiten, also nicht erwerbstätig sein, kannst du noch bis zum 23. Lebensjahr beitragsfrei in der Familienversicherung versichert sein. Befindest du dich in der Berufs- oder Schulausbildung (ein Studium gehört zur Schulausbildung), kannst du bis zum 25. Lebensjahr in der Familienversicherung krankenversichert bleiben. Ein Freiwilligendienst wie das Freiwillige Soziale oder Ökologische Jahr kann diese Frist noch einmal um zwölf Monate verlängern. Danach musst du eine eigene Krankenversicherung abschließen.

Komplizierter wird das Ganze, wenn du eine bezahlte Berufsausbildung beginnst oder aber neben dem Studium jobbst. Erhältst du als Auszubildende:r mehr als 325 Euro brutto im Monat, bist du automatisch krankenversicherungspflichtig. Sobald du als Studierende:r über ein regelmäßiges

Einkommen von monatlich mehr als 520 Euro verfügst, musst du eine eigene Krankenversicherung abschließen. Für dich gilt dann als Studierende:r bis zum 30. Lebensjahr ein spezieller studentischer Tarif der gesetzlichen Krankenversicherung. Rechne mit ca. 100 Euro im Monat, die für die Sockelbeträge zu Kranken- und Pflegeversicherung sowie für den variierenden Zusatzbeitrag der Krankenkasse deiner Wahl fällig werden.

Verdienst du weniger als 520 Euro, entscheiden die Stundenzahl, die Arbeitszeiten und die Befristung deiner Tätigkeit über eine Versicherungspflicht.

Musst du Kranken-, Pflege- und Arbeitslosenversicherung bezahlen?

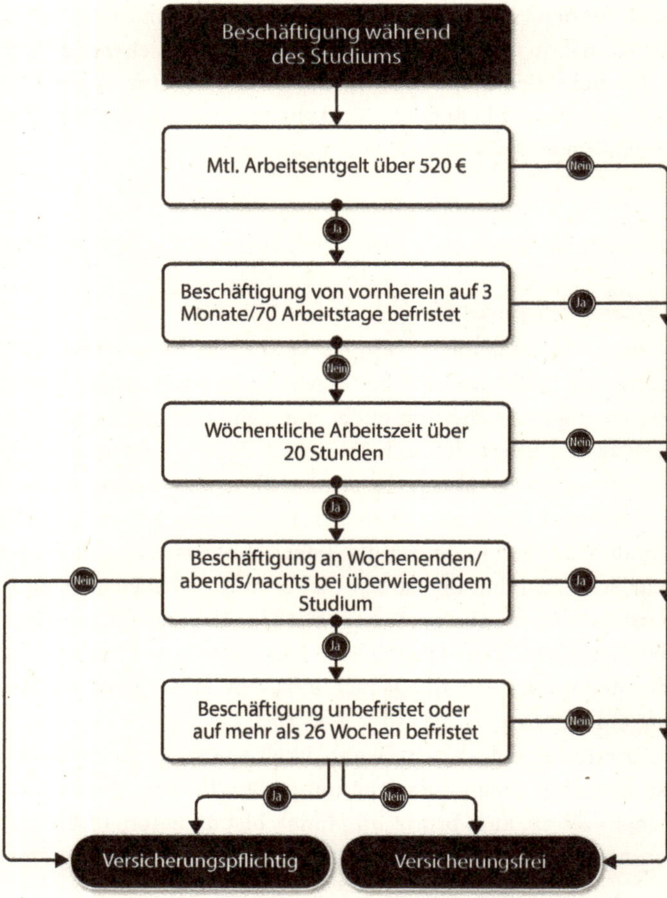

PRIVATE HAFTPFLICHTVERSICHERUNG

Sollten deine Eltern eine Familienhaftpflicht abgeschlossen haben, bleibst du in der Regel während deiner Berufsausbildung und deines Studiums darin mitversichert. Das gilt auch, wenn du in eine WG oder eigene Wohnung ziehen solltest. Eine eigene private Haftpflichtversicherung brauchst du normalerweise erst, wenn du deine sogenannte Erstausbildung beendet hast und anfängst zu arbeiten. Besitzt du eine private Haftpflichtversicherung und wohnst mit deinem/deiner Partner:in zusammen, ist er:sie meist bei dir mitversichert. Kläre das aber am besten noch einmal mit deinem/deiner Ansprechpartner:in bei der Versicherungsgesellschaft ab.

Auf in die eigenen vier Wände – was du über Mietverträge, WGs und Umziehformalitäten wissen solltest

Egal, ob du nun ein Studium oder eine Berufsausbildung beginnst, früher oder später führt dein Weg in die eigenen vier Wände. In der Regel ist der Auszug von zu Hause der Moment, in dem deine private Karriere erstmals so richtig Fahrt aufnimmt. Ob du willst oder nicht, musst du nun mehr und mehr Verantwortung übernehmen. Zum einen für Behördengänge und bürokratische Formalitäten wie deine Versicherungen, über die wir zum Glück schon gesprochen haben, aber du wirst auch persönliche Entscheidungen freier treffen, sobald du dich räumlich der Einflusssphäre deiner Eltern entzogen hast.

Die eigenen vier Wände, das kann eine Wohnung für dich allein oder ein Zimmer in einer WG sein.

Auch hier gibt es kein Richtig oder Falsch. In der eigenen Wohnung ohne Rücksicht auf andere Menschen seinen eigenen Rhythmus leben zu können, ist eine richtig gute Erfahrung, die dir dabei helfen kann, dich selbst besser kennenzulernen. In einer eigenen Wohnung – ohne Partner – triffst du nicht nur alle Entscheidungen selbst, sondern verbringst auch viel Zeit mit dir allein. Dadurch wird ein spannender Prozess in Gang gesetzt, der deine Aufmerksamkeit vollkommen auf dich und deine wahren Bedürfnisse lenkt. Du kannst, darfst und solltest Dinge anders machen, als es bei dir zu Hause der Fall war. Und das alles ohne Streit und Konflikte, denn in der eigenen Wohnung bestimmst du – und das Gesetz über Ordnungswidrigkeiten. In Paragraf 117 des OWiG ist beispielsweise die Sache mit dem unzulässigen Lärm geregelt. Aber so etwas findest du sicher auf die eine oder andere Weise selbst heraus.

In einer WG erlebst du den Prozess des Alleinseins anders. Du hast zwar dein eigenes Zimmer, in dem du für dich sein kannst, doch das Miteinander in Küche und Bad mit dir anfangs vielleicht vollkommen fremden Menschen kann dir einiges an Geduld abverlangen, etwa wenn du gerade für eine Prüfung lernen musst und ein:e Mitbewohner:in in der Küche mit Freund:innen eine Party feiert. Damit wir uns nicht falsch verstehen: WGs können in der richtigen menschlichen Konstellation eine ungeheure Bereicherung sein und dir den Start in die Selbstständigkeit sogar enorm erleichtern. Viele Wege führen bekanntlich nach Rom und in einer WG gilt es häufig, diese unterschiedlichen Wege unter einen Hut zu bekommen. Wir wünschen auf jeden Fall schon mal viel Spaß beim Austüfteln von Putz- und Kühlschrankplänen.

WG oder allein wohnen? Die Vor- und Nachteile

VORTEILE EINER WG

Günstige Möglichkeit zu wohnen: Miete, Nebenkosten und manchmal auch die Lebenshaltungskosten werden in WGs geteilt. Als Studierende:r ist der Geldbeutel ja oft nicht so gut gefüllt – da hat das gemeinschaftliche Leben in WGs schon einen erheblichen Vorteil.

Neue Menschen kennenlernen: Du ziehst für dein Studium oder deine Ausbildung in eine neue Stadt und kennst noch niemanden? Dann ist eine WG eine gute Möglichkeit, erste Freundschaften zu knüpfen und dir ein soziales Umfeld aufzubauen. In einer neuen Stadt ohne Bekanntschaften kann die erste Zeit ansonsten etwas einsam sein. Du triffst in einer WG auch Menschen, denen du wahrscheinlich in deinem Alltag nie begegnet wärst. Vielleicht hast du eine:n Mitbewohner:in, der:die aus einem anderen Land kommt – pack deine Fremdsprachenkenntnisse aus und nutze die Gelegenheit.

Ersatz für die Familie: Es gibt verschiedene WG-Konzepte mit unterschiedlichen Vor- und Nachteilen. Geht es nur ums Finanzielle, triffst du auf sogenannte Zweck-WGs. Hier wird kein großer Wert auf das Zusammenleben und gemeinsame Aktivitäten gelegt. Anders als in den normalen WGs. Da stehen Koch- oder Spieleabende, gemeinsames Feiern, Sport oder

auch einfach ein gemütliches Zusammensitzen in der Küche auf der Tagesordnung. Bei der richtigen Chemie zwischen den Mitbewohnenden kann so eine WG schnell der Ersatz für die Familie werden.
Sharing is Caring: Es ist schon wieder Sonntag und in deinem Kühlschrankfach gibt's nur Licht? Dann ist der Gang zu einem/einer deiner Mitbewohner:innen die Rettung. Mit Lebensmitteln wird oft ausgeholfen – oder du nutzt die Möglichkeit und machst ein gemeinsames Essen daraus.

NACHTEILE EINER WG

Konfliktpotenzial: Putzplan, Müll rausbringen, unterschiedliche Tagesabläufe – in einer WG kann und wird es zu Konflikten kommen, insbesondere wenn es um die Nutzung von gemeinsamen Räumen oder die Einhaltung von Hausregeln geht.
Sauberkeit: Beim WG-Casting wird oft gefragt, wie es denn so mit der Sauberkeit gehalten wird. Da sind natürlich alle sehr reinlich und räumen hinter sich selbst auf. Das entspricht leider oft nicht der Realität. Ein Putzplan kann hier helfen. Jedoch ist das Bedürfnis nach Sauberkeit unterschiedlich ausgeprägt. Damit musst du klarkommen.
Privatsphäre: Zimmertüre zu und du hast deine Ruhe. Möchtest du jedoch kochen oder in die Dusche, geht es wieder ab in die Gemeinschaftsräume. Dass dir hier ein Mitbewohner über den Weg läuft, ist gut möglich. Grundsätzlich hast du also in einer WG deutlich weniger Privatsphäre als in einer eigenen Wohnung.
Veränderung: Je größer die WG, desto mehr Wechsel gibt es. Da es eher unwahrscheinlich ist, dass alle Mitbewohner am selben Punkt in ihrer Ausbildung sind, irgendwann womöglich ein Auslandsaufenthalt ansteht oder jemand mit dem/der Partner:in zusammenzieht, ist ein bestimmter Wechsel an der Tagesordnung. Neue Mitbewohner suchen, Auszug, Einzug, neues Eingewöhnen – das gehört zum WG-Alltag dazu.

Tipps für deine Wohnungssuche

Vor allem in großen Universitätsstädten wie München, Hamburg oder Berlin kann die Wohnungs- oder Zimmersuche zu einer absoluten Herausforderung für dich werden. Hier einige Tipps, wie du deine Chancen auf dem Wohnungsmarkt erhöhen kannst:
Nutze deine privaten Kanäle: Wer jemanden kennt, der jemanden kennt … Nutze dein Netzwerk. Du ziehst in eine neue Stadt und kennst

niemanden? Falsch gedacht! Freunde können dir helfen und dein Anliegen in ihrem Netzwerk verbreiten. Wie so oft, hilft Vitamin B auch hier sehr. Außerdem sagt es ja schon etwas über dich aus, wenn diese bestimmte Person mit dir bekannt ist und sich für dich einsetzt. So kann es sein, dass du an Zimmer oder Wohnungen kommst, die gar nicht offiziell ausgeschrieben sind.

Durchforste die bekannten WG-Plattformen: Die wahrscheinlich bekannteste Möglichkeit, an ein WG-Zimmer zu kommen, ist über die Plattform WG-gesucht. Sie gibt es bereits seit vielen Jahren und sie hat schon unzählige WG-Zimmer vermittelt. Erstelle einen Account und formuliere einen kurzen Text über dich, der ggfs. für einzelne Anzeigen angepasst werden kann. Lies dir die Angebote genau durch, einige bauen gegen Ende einen Hinweis ein, etwa dass du dein Lieblingsgetränk angeben sollst, damit sie wissen, dass du den Text überhaupt gelesen hast.

Schau auf bekannte Immobilienplattformen: Immobilienscout, immowelt, immonet und so viele mehr – Immobilienplattformen gibt es viele. Stöbere durch die Angebote. Einige Inserenten kannst du bestimmt kostenlos anschreiben, allerdings gibt es immer Premium-Mitgliedschaften, bei denen deine Bewerbung hervorgehoben wird. Du kannst hier auch oft deine benötigten Unterlagen hinterlegen und sie werden dann gleich mit der Bewerbung mitgeschickt.

Nutze alternative digitale Möglichkeiten: Auch wenn Facebook vielleicht nicht dein Netzwerk ist, gibt es hier viele Gruppen, in denen WG-Zimmer und Wohnungen angeboten werden. Andere Seiten, wie zum Beispiel eBay Kleinanzeigen, bieten ebenfalls neben den regulären Rubriken WG-Zimmer, Wohnungen und Hausinserate an. Es lohnt sich auf jeden Fall, reinzuschauen und zu recherchieren, da diese Angebote meist direkt von Privatpersonen stammen.

Arbeite mit dem Schwarzen Brett: In deiner Ausbildungsstätte, der Berufs- oder Hochschule gibt es im Normalfall immer eine Art Schwarzes Brett. Hier hast du die Möglichkeit, dein Gesuch ausgedruckt aufzuhängen.

Kontaktiere Hausverwaltungen: Viele Immobilienbesitzer verwalten ihre Objekte nicht selbst. Das macht ihre Hausverwaltung. Die kümmern sich um einige Objekte, ganze Häuser oder sogar Häuserblocks. Es lohnt sich auf jeden Fall, die großen Hausverwaltungen herauszusuchen und einmal dort anzurufen.

Frag bei einer Genossenschaft an: Hast du schon einmal etwas von einer Genossenschaft gehört? Wenn ja, hast du vielleicht Glück und deine

Eltern haben für dich vorausgedacht und dir Anteile gekauft. Wenn nicht, hier eine kurze Erklärung: Eine Wohnungsbaugenossenschaft, über die wir hier sprechen, ist ein Zusammenschluss von Menschen mit dem Ziel, ihre Mitglieder mit preisgünstigem Wohnraum zu versorgen. Dazu kauft jedes Mitglied sich zu einem bestimmten Teil in die Genossenschaft ein. Die Vorteile einer Genossenschaftswohnung sind der relativ geringe Mietpreis und die lebenslange Wohndauer, denn hier gibt es keine Eigenbedarfskündigung. Nachteile sind oft die lange Wartezeit für eine Genossenschaftswohnung, da die Wohnungen begehrt sind. Es lohnt sich jedoch definitiv anzufragen, wer nicht fragt, der kann auch nicht gewinnen.

Inseriere in der lokalen Zeitung: Ja, es ist oldschool, aber es funktioniert. In jeder regionalen Zeitschrift gibt es einen kleinen oder größeren Anzeigenteil. Meist kannst du deine Anzeige online buchen. Der Preis hängt natürlich von der Größe der Zeitung ab, sollte aber etwa zwischen 30 und 60 Euro liegen. Wie baust du eine Anzeige auf? Du hast nur wenige Zeilen, um dein Gesuch an den Mann oder die Frau zu bringen. Deshalb ist es wichtig, dich auf die wesentlichen Punkte zu beschränken. In welchem Ort oder Stadtteil soll es sein? Suchst du eine 2- oder 3-Zimmer-Wohnung? Ist ein Balkon zwingend notwendig oder sogar ein Garten? Oder brauchst du nur ein WG-Zimmer? Möchtest du deine Handynummer angeben oder lieber eine Mailadresse, die du hierfür erstellst? Dann heißt es abwarten. Meist dauert es eine Woche, bis deine Anzeige erscheint. Anrufe bzw. Mails kannst du erfahrungsgemäß in den beiden darauffolgenden Wochen erwarten.

Lokale Angebote: In München gibt es zum Beispiel den Newsletter »Budenschleuder« – hier kann sich jeder Wohnungssuchende oder Wohnungsgebende melden und hinzufügen lassen. Es handelt sich um einen privaten Verteiler und du musst eine Mail an den Verantwortlichen schreiben, um aufgenommen zu werden. Recherchiere, ob es in der Stadt, in der du suchst, ähnliche Angebote gibt.

Wohnpartnerschaften: Viele ältere Menschen wohnen in viel zu großen Wohnungen und vermieten zuweilen Zimmer zu sehr günstigen Preisen an junge Menschen. Im Gegenzug ist ein bisschen Hilfe im Alltag gefragt. Wenn dieses Konzept für dich spannend klingt, kannst du auf Portalen wie Mitwohnen.org oder Wohnen für Hilfe Inserate finden.

Du wirst bei der Wohnungssuche einen Einkommensnachweis vorlegen müssen. Hier kann es hilfreich sein, dass deine Eltern für dich bürgen. Vermieter mögen es, wenn sie noch jemand anderen in der Hinterhand haben, der ihnen im Notfall die Miete wie versprochen zahlt. Du solltest bei den Angaben zu deinem Gehalt und deiner Bonität bei der Wahrheit bleiben. Falschangaben können ein Kündigungsgrund sein.

Was dein:e Vermieter:in wissen muss – und was nicht

Nun gibt es wie immer auf der Welt unterschiedliche Vermietende. Die meisten sind in Ordnung, aber manche ... Es kann vorkommen, dass Vermieter:innen ihre Machtposition ausnutzen. Auf bestimmte Fragen musst du in deiner Selbstauskunft oder im Gespräch mit dem:der Vermieter:in aber gar nicht antworten oder du darfst sogar schwindeln.

Fragen, ob du in einer Beziehung lebst	Das geht den:die Vermieter:in gar nichts an. Es sei denn, du ziehst mit Partner oder Partnerin zusammen. Alle Personen, mit denen du in die Wohnung einziehen möchtest, müssen dem:der Vermieter:in angezeigt werden.
Haustiere?	Bei kleinen Haustieren wie Hamster oder Meerschweinchen hat dein:e Vermieter:in nichts zu melden. Anders sieht die Sache dagegen bei Haustieren aus, die Lärm verursachen können wie Hunde oder Katzen. Sie bedürfen, wenn es der Mietvertrag vorsieht, der Genehmigung durch den:die Vermieter:in. Grundsätzlich darf der:die Vermieter:in die Haustierhaltung allerdings nicht untersagen.
Kinderwunsch?	Auf diese Frage müssen Frauen nicht (wahrheitsgemäß) antworten. Du darfst also bei deiner Antwort taktieren.
Mitgliedschaft im Mieterschutzbund?	Die Antwort auf diese Frage darf dein Geheimnis bleiben.
Musikinstrumente?	Die Frage nach Musikinstrumenten ist ebenfalls tabu. Du darfst, wenn du die gesetzlichen Ruhezeiten nicht verletzt und in normaler Lautstärke spielst, mit deinem Herzensinstrument üben. Die Frage ist allerdings, ob es sinnvoll ist, in eine Wohnung zu ziehen, in der ein Musikinstrument als Ärgernis angesehen wird.

Mitglied in der Kirche, einer religiösen Vereinigung oder einer Partei?	Auch darüber musst du nicht reden.
Raucher:in?	Auch wenn du auf diese Frage nicht wahrheitsgemäß antworten musst, kann sie Gegenstand deines Mietvertrages sein, und zwar in Form einer Individualvereinbarung. In den Gemeinschaftsräumen eines Hauses, wie dem Treppenhaus, der Waschküche oder dem Keller, kann das Rauchen ganz normal untersagt werden.

Was ist zu beachten beim Mietvertrag?

Hast du schließlich eine Zusage für eine Wohnung bekommen und deinen Mietvertrag in den Händen, solltest du auf die folgenden Dinge achten:

Mietkaution	Die Höhe der Mietkaution darf nicht mehr als drei Monatskaltmieten betragen.
Der befristete Mietvertrag	Ein befristeter Mietvertrag bindet dich für die vereinbarte Mietzeit an die Wohnung. Eine ordentliche Kündigung ist nicht möglich. Allerdings musst du auch nicht mit einer Kündigung wegen Eigenbedarfs rechnen. Willst du dennoch vor Ablauf des Mietverhältnisses aus der Wohnung raus, kann die Suche nach einem/einer Untermieter:in die Lösung für dich sein. In der Regel sind befristete Mietverträge nur für private Vermieter:innen möglich.
Der unbefristete Mietvertrag	Bei einem unbefristeten Mietvertrag beträgt die Kündigungsfrist für dich in der Regel drei Monate. Wohnst du bereits länger als fünf Jahre in einer Wohnung, kann die Mietdauer die Kündigungsfrist für den Vermieter verlängern. Im Falle einer Kündigung hättest du also länger als nur drei Monate Zeit, dir eine neue Wohnung zu suchen.

Staffelmietvertrag	Es kann sein, dass dir dein:e Vermieter:in einen Staffelmietvertrag vorlegt. Staffelmiete heißt nichts anderes, als dass im Vertrag bereits die Mieterhöhungen für die kommenden Jahre stehen. Wichtig: Es müssen für jede Staffel die genauen Eurobeträge der Miete angegeben werden. Einfach zu sagen, dass die Miete jedes Jahr um 2,5 Prozent steigt, reicht nicht aus. Achte insbesondere bei Staffelmietverträgen auf die Kündigungsklausel. Staffelmietverträge ermöglichen einen Kündigungsausschluss für einen bestimmten Zeitraum. Entkräften lässt sich eine solche Klausel beispielsweise mit einer Nachmieterklausel. In dieser sollte festgehalten sein, dass du den Vertrag mit Frist XY kündigen kannst, wenn du zwei oder drei willige und solvente Nachmieter:innen präsentierst. Wichtig: Wird die Wohnung modernisiert, darf der Vermieter bei einem Staffelmietvertrag die Kosten dafür nicht auf deine Miete umlegen. Für dich gelten die festgelegten Staffelmieten.
Indexmietvertrag	Bei einem Indexmietvertrag orientiert sich die Miete am sogenannten Verbraucherpreisindex VPI, der offiziell vom Statistischen Bundesamt ermittelt wird. Steigen die Preise, kann die Nettokaltmiete mit einem Indexmietvertrag alle zwölf Monate entsprechend erhöht werden. Das geschieht nicht automatisch. Dein:e Vermieter:in muss dich entsprechend informieren, sodass du die Angaben zur Mieterhöhung prüfen kannst. Bisher waren Indexmietverträge vor allem im gewerblichen Bereich üblich. Der vermehrte Einsatz bei privaten Vermietungen hat dazu geführt, dass die Politik hier nachbessern will und zum Beispiel überlegt, die sonst übliche Kappungsgrenze, die Mietwucher verhindert, auch für Indexmieten einzuführen. Bevor es so weit ist, solltest du es möglichst vermeiden, einen Indexmietvertrag zu unterschreiben. Vorteil eines Indexmietvertrags für Mieter:innen: Sollte es zu einer Deflation, also zu sinkenden Verbraucherpreisen, kommen, muss deine Miete ebenfalls sinken. Vorausgesetzt, du meldest dich bei deinem/deiner Vermieter:in.
Wer steht im Mietvertrag?	Alle Personen, die in der Mietsache dauerhaft leben werden. Partner mit einer eigenen Wohnung müssen nicht im Mietvertrag stehen.

Wohnfläche?	Achte darauf, dass die Wohnfläche im Vertrag richtig angegeben ist. Dies ist wichtig, um zum Beispiel festzustellen, wie hoch die vereinbarte Miete wirklich ist. Liegt sie zehn Prozent über der ortsüblichen Miete, kannst du die Miete theoretisch auch nach Vertragsunterzeichnung beanstanden.

Das Gute an Verträgen ist: Sobald Regelungen in ihnen stehen, die gegen geltendes Recht verstoßen, kannst du diese Regelungen anfechten. Dies ist auch bei Mietverträgen der Fall. So musst du als Mieter:in längst nicht alle Nebenkosten tragen. Kosten für die Instandhaltung der Mietsache oder die Verwaltung zählen zum Beispiel nicht dazu. Du bist auch nicht automatisch gezwungen, die Wohnung bei einem Auszug zu renovieren oder gar in den Zustand zu versetzen, in dem sie vorher war. Viele dieser Klauseln haben keine Gültigkeit. Fenster streichen oder Parkett neu versiegeln? Das hätten Vermieter:innen gern. Diese Schönheitsreparaturen liegen jedoch nicht in deiner Verantwortung.

Wichtig: Achte bei der Wohnungsübergabe auf ein ordnungsgemäßes Übernahmeprotokoll. Darin muss der Zustand für Wände, Decken, Türen, Fenster, Böden, Heizkörper, die sanitären Einrichtungen und eventuell Jalousien festgehalten sein. Sollte es einen Mangel geben, sollte er im Protokoll aufgeführt werden. Dabei sollten im Protokoll alle Räume, die zur Mietsache gehören, aufgelistet sein – auch dein Keller und der Balkon. Das Protokoll sollte am Ende von dir sowie der anderen Partei unterzeichnet werden. Falls du nicht das Original bekommst, fertige eine Kopie an.

Das Übernahmeprotokoll ist für dich auch eine gute Gelegenheit, die Zählerstände für Strom, Wasser und eventuell Gas zu erfassen. Womit wir auch schon bei den verbliebenen Formalitäten angelangt wären, um die du dich vor deinem Einzug noch kümmern solltest.

Nach der Schlüsselübergabe – um welche Formalitäten du dich jetzt kümmern musst

Du hast eine Wohnung gefunden, den Mietvertrag unterschrieben und die Schlüssel von deinem/deiner Vermieter:in bekommen. Bevor du es dir in deiner neuen Bleibe so richtig gemütlich machen kannst, musst du dich allerdings noch um einige Formalitäten kümmern:

- Zählerstände in deiner neuen Wohnung erfassen (Strom, Gas, Wasser).

- Wohnsitz ummelden.
- Bank, Versicherungen und alle anderen Behörden über die neue Adresse informieren.
- Lieferadressen in deinen Lieblingsonlineshops ändern.
- Nachsendeauftrag bei der Post stellen, damit Briefe, die an deinen alten Wohnsitz adressiert sind, dich auch nach dem Umzug erreichen. (Tipp: Kümmere dich bei jeder Sendung, die so bei dir ankommt, darum, dem Absender deine neue Adresse mitzuteilen.)
- Anbieter für Gas, Wasser, Strom oder Fernwärme aussuchen und einen Vertrag abschließen.
- DSL-Anschluss – falls benötigt – beantragen.
- Rundfunkgebühr anmelden.

Zur Untermiete in die WG – darauf solltest du achten

Statt in die eigene Wohnung geht es für viele junge Menschen erst mal in eine Wohngemeinschaft. Ob du nun in eine bereits bestehende WG ziehst oder eine eigene gründest – in jedem Fall sorgt eine Wohngemeinschaft in Sachen Mietvertrag für einige Variablen. Es gibt drei Varianten, wie du das Mietverhältnis in einer WG organisieren kannst.

- *Variante 1:* Der oder die Vermieter:in schließt einen Vertrag mit einer Person ab. Diese ist fortan Hauptmieter:in und darf mit den anderen WG-Bewohner:innen Untermietverträge abschließen.
- *Variante 2:* Alle in der WG sind als Hauptmieter:innen in einem Vertrag eingetragen.
- *Variante 3:* Alle in der WG werden als Hauptmieter:innen geführt. Jede Person hat jedoch einen individuellen Vertrag mit dem/der Vermietenden abgeschlossen.

Variante 1: ein:e Hauptmieter:in – ein Vertrag – mehrere Untermieter:innen

Als Hauptmieter:in hast du die Verantwortung gegenüber der vermietenden Person oder Gesellschaft. Zahlt jemand nicht, bist du dafür verantwortlich. Richtet jemand Schäden in der Wohnung an, bist du dafür verantwortlich. Willst du aus der Wohnung ausziehen, musst du die Fristen beachten, die in den Verträgen mit deinen Untermieter:innen vereinbart sind. Diese Vertragsvariante hat aber auch Vorteile für dich: Du darfst dir deine Untermieter:innen aussuchen und sogar die Untermietverträge selbst gestalten. Du könntest also theoretisch – falls die Wohnung es preislich hergibt – deine Untermietenden etwas stärker zur Kasse bitten und einen Puffer für Schäden etc. anlegen.

Variante 2: mehrere Hauptmietende – ein Vertrag
Diese Vertragsvariante ist die gängigste. Sie ist die sicherste für den/die Vermietende:n, da bei einer solchen Vertragskonstellation alle Mieter:innen gesamtschuldnerisch haften, wie es so schön im Juristendeutsch heißt. Übersetzung: Zahlt eine:r deine:r WG-Bewohner:innen nicht, müssen du und die anderen für den Mietausfall geradestehen. Richtet eine Person einen Schaden an, können alle für die Wiedergutmachung herangezogen werden. Es kann in dieser Konstellation auch keiner einfach so vom anderen gekündigt werden. Willst du allerdings ausziehen und die anderen wollen bleiben, bist du auf das Wohlwollen des Vermieters oder der Vermieterin angewiesen. In der Praxis zeigt sich, dass die Präsentation mehrerer geeigneter Nachmieter:innen in der Regel ausreicht, um diese Klippe zu umschiffen.

Variante 3: mehrere Hauptmietende – mehrere Verträge
Die vertraglich vielleicht ordentlichste Variante, denn Individualverträge bedeuten, dass keiner in vollem Umfang für den anderen haftet. Die gemeinsame Haftung beschränkt sich auf die gemeinsam genutzten Räume, also in der Regel Küche und Bad. Es gibt außerdem individuelle Nebenkostenabrechnungen, sodass du dir mit den anderen finanziell nicht ins Gehege kommst. Willst du deinen Vertrag kündigen, kannst du das unter Einhalten der Fristen ganz ohne Nachmietersorgen tun. Nicht ganz so angenehm ist allerdings die Tatsache, dass der oder die Vermieter:in bei einem Auszug selbst über den oder die nächste:n Mitbewohner:in entscheidet.

Für alle drei Varianten gilt: Der/die Vermietende muss die WG-Gründung und die Möglichkeit der Untervermietung ausdrücklich genehmigen. Du kannst also nicht einfach eine 3- oder 4-Zimmer-Wohnung anmieten und die nicht benötigten Zimmer auf eigene Faust untervermieten. Der/die Vermietende kann aber das Untervermieten auch nicht einfach untersagen, wenn es triftige Gründe dafür gibt. Stell dir vor, du bist mit Partner oder Partnerin in eine Wohnung gezogen und ihr trennt euch. Nach dem Auszug deines Partners oder deiner Partnerin kannst du dir die Wohnung allein jedoch nicht mehr leisten. In diesem Fall hast du ein berechtigtes Interesse, ein Zimmer unterzuvermieten.

Einschreiben mit Rückschein

Noch ein abschließender Tipp bei der ganzen Bürokratie: Wenn du ein wichtiges Dokument, wie zum Beispiel die Unterlagen für einen Mietvertrag, eine Kontoeröffnung, Kündigungen oder Arbeitsverträge, per Post schicken musst, nutze die Variante »per Einschreiben mit Rückschein verschicken«. Du bekommst einen Beleg, mit dem du den Versand nachweisen kannst. Das Einschreiben wird persönlich übergeben und der Erhalt dokumentiert. Als Beweis bekommst du den Rückschein geschickt.

Finanzen und Steuern I

Was kostet die Welt?

Erinnerst du dich noch, wie reich du dich gefühlt hast, als du dein erstes richtiges Taschengeld bekommen hast? Wie du überlegt hast, was du am besten damit kaufen kannst? 100 Euro, die du gespart hattest, fühlten sich damals wie eine Million an.

Mittlerweile dürftest du gelernt haben, dass 100 Euro gar nicht so viel Geld sind und das Leben ganz schön teuer sein kann. Es ist wichtig, dass du möglichst schnell eine Beziehung zu Geld entwickelst, damit du nicht über deine Verhältnisse lebst. In diesem Kapitel geben wir dir eine Vorstellung davon, wie hoch die Lebenshaltungskosten in Deutschland sind und wie viel du durchschnittlich in deiner Ausbildung oder im Studium zum Leben brauchst. Darüber hinaus schauen wir uns Möglichkeiten an, wie du deine berufliche Ausbildung finanzieren kannst. Lass uns loslegen, Zeit ist Geld! ;)

Experteninterview Finanzen und Steuern

»Geld war meist erst dann ein Thema, wenn es zu wenig davon gab«

Franziska Händschel ist Content Lead der Bildungsinitiative Finanztip Schule der Finanztip Stiftung, die Finanzthemen für Schüler:innen verständlich und informativ aufbereitet und in die Schulen bringt. Wir sprachen mit ihr über die Scheu, über Geld zu reden, über Schulden und das Sparen, über verschiedene Typen im Umgang mit Geld und wie sich junge Menschen dem Thema Finanzen nähern können.

Franziska, es heißt oft, über Geld spreche man nicht. Was hältst du davon?

Ich frage mich: Stimmt das so noch? In meinem Bekanntenkreis wird tatsächlich viel über Geld geredet. Und ich habe den Eindruck, dass vor allem jüngere Leute Offenheit gegenüber dem Thema entwickeln. Das ist auch durch Studien belegt. Wirklich redefreudig sind wir trotzdem noch nicht, wenn es ums Geld geht.

Warum?
Fragen wir uns einmal selbst: Wie verhalten wir uns, wenn uns das Geld für den Kinobesuch fehlt? Sagen wir das oder erfinden wir eine Ausrede? Wie gehen wir damit um, wenn jemand davon erzählt, wie er sein Geld erfolgreich angelegt hat? Finden wir diese Person überheblich oder freuen wir uns mit ihr? Kein oder wenig Geld zu haben, ist oft noch mit Scham verbunden. Viel Geld verbinden wir oft mit Überheblichkeit. Auch Neid kommt schnell ins Spiel.

Wieso ist es wichtig, sich schon in jungen Jahren mit dem Thema Geld auseinanderzusetzen?
Wir haben schon von klein auf mit Geld zu tun. Wir spielen Kaufmannsladen, bezahlen unser Eis von unserem Taschengeld, leihen uns von Mitschüler:innen Geld fürs Pausenbrot. Warum also erst im Erwachsenenalter damit beschäftigen? Wichtig ist es, dass wir Kindern dann, wenn sie mit Geld zu tun haben, einen reflektierten Umgang damit vermitteln.

Wann und warum hast du angefangen, dich mit dem Thema Finanzen zu beschäftigen?
Durch Zufall. Ich habe ursprünglich Deutsch und Englisch auf Lehramt studiert, mich aber nach dem ersten Staatsexamen gegen den Beruf entschieden. Stattdessen bin ich in einer Finanzredaktion gelandet. Und da habe ich schnell gemerkt: Ich habe keine Ahnung von Geld. Dabei betrifft es mich. Das war der Ansporn, Gelddinge verstehen zu wollen – für mich, aber auch, um mein Wissen mit anderen teilen zu können.

Was hast du in der Schule über Finanzen gelernt? Und was hättest du gern gelernt?
Ich hatte in der Schule das Fach »Wirtschaft und Recht« und erinnere mich, dass wir über das Bruttoinlandsprodukt gesprochen haben. Mehr ist bei mir aber, offen gestanden, nicht hängen geblieben. Das mag daran liegen, dass ich nicht besonders gut aufgepasst habe, aber auch daran, dass mir die Relevanz für mich und meinen Alltag gefehlt hat. Gern gelernt hätte ich das, was ich von zu Hause nicht mitbekommen habe. Wie ich mein Geld

anlege zum Beispiel. Bei uns war Geld vor allem dann ein Thema, wenn es mal wieder zu wenig davon gab. Gelegenheiten zum Sparen hatte ich kaum. Das zeigt, warum die Schule bei der Finanzbildung so wichtig ist: Sie kann uns andere Sichtweisen aufzeigen als die, die wir von zu Hause kennen. Das schafft Chancengerechtigkeit.

Bei unserer Recherche bekamen wir auf die Frage, was Menschen gerne in der Schule gelernt hätten, oft die Antwort: wie die Steuererklärung funktioniert. Wann hast du deine erste Steuererklärung gemacht?
Meine erste Steuererklärung habe ich für das Jahr gemacht, in dem ich mein Studium beendet hatte und in meinen ersten Vollzeitjob gestartet bin. Die hat sich für mich auch direkt gelohnt. Tatsächlich habe ich diese Steuererklärung damals aber nur gemacht, weil mir eine Freundin dazu geraten hat.

Welche Tipps hast du für unsere Leser:innen?
Mein wichtigster Tipp: einfach mal machen. Wir lernen (oft durch Beobachtung unserer Eltern) die Steuererklärung fürchten. Dabei ist sie längst keine Wissenschaft mehr. Vieles geht digital, es gibt Steuersoftware, dank Belegabruf lassen sich große Teile der Steuererklärung automatisch vorbefüllen. Und nicht zuletzt gibt es ein großes Informationsangebot im Internet. Vielleicht als kleine Motivation: Ich mache meine Steuererklärung über Elster, brauche in einem normalen Jahr dafür 15 bis 30 Minuten und bekomme meist einen dreistelligen Betrag heraus. Das ist ein guter Stundenlohn.

Zurück zur Schule. Da gibt es Hausaufgaben. Welche »Hausaufgaben« sollten junge Menschen in Finanzsachen gemacht haben oder angehen?
Ob Hausaufgaben so dazugehören sollten, darüber lässt sich durchaus streiten. Aber ja, es gibt Dinge, die sollten junge Menschen gemacht haben oder eigentlich jeder. Sich die eigenen Einnahmen und Ausgaben genauer anzusehen, gehört zum Beispiel dazu. So finden sich oft Einsparmöglichkeiten. Außerdem sollte jeder seine Verträge regelmäßig prüfen. Beispiel Girokonto: Wenn wir jung sind, zahlen wir meist nichts für unser Konto. Das ändert sich dann mit dem ersten Job oder ab einem bestimmten Alter. Da kann ein Kontowechsel sinnvoll sein. Auch Versicherungen sollte jeder von Zeit zu Zeit mit dem eigenen Bedarf abgleichen. Die Altersvorsorge ist natürlich auch ein Thema.

Sind Schulden eigentlich per se schlecht?
Der Begriff Schulden ist furchtbar, weil ihm immer etwas Negatives anhaftet. Niemand würde von sich aus sagen: »Ich habe Schulden.« Was wir durchaus sagen, ist: »Ich habe mein Studium mit BAföG finanziert.« Oder: »Ich habe eine Immobilienfinanzierung abgeschlossen.« Dabei sind auch das Schulden. So negativ, wie der Begriff immer klingt: Schulden sind nicht per se schlecht. BAföG, das auch Menschen ohne vermögende Familie ein Studium erlaubt, oder eine Immobilienfinanzierung, die den Schritt ins Eigenheim ermöglicht, sind zwei gute Beispiele dafür.

Wie viel Geld du zum Leben brauchst

Wenn es um das Thema Geld geht, haben wir uns alle irgendwann schon einmal die Frage gestellt: »Wie viel Geld brauche ich eigentlich zum Leben?« Viele unserer Entscheidungen hängen (leider) davon ab, ob wir uns das überhaupt leisten können.

Vielleicht hast du schon während der Schulzeit bei einem Nebenjob dein erstes eigenes Geld verdient. Und du weißt, dass das manchmal ganz schön anstrengend sein kann. Doch wie viel musst du arbeiten, um davon gut leben zu können? Oder dir Träume wie eine Weltreise oder einen Selbstversorgerbauernhof leisten zu können?

Wir schauen uns im nächsten Schritt die Themen an, die dich in deinem finanziellen Lebenslauf als Nächstes beschäftigen werden. Dazu gehört die Finanzierung deiner Ausbildung, die Möglichkeiten, dir während des Studiums etwas dazuzuverdienen, und wie du dir mit einem Kredit deine Wunschausbildung oder dein Wunschstudium finanzieren kannst.

Was kostet das Studierendenleben?

Du hast die Zusage des Studiums oder für deine Ausbildung in den Händen – nun kann es losgehen mit dem neuen Lebensabschnitt: allein oder in einer WG wohnen, eine neue Stadt erkunden, Neues lernen und natürlich das Student:innenleben genießen. Das alles ist toll und aufregend, aber leider auch mit vielen Kosten verbunden. Eine Sozialerhebung des Deutschen Studentenwerks hat herausgefunden, dass Studierende in Deutschland 819 Euro im Monat zum Leben brauchen.[8]

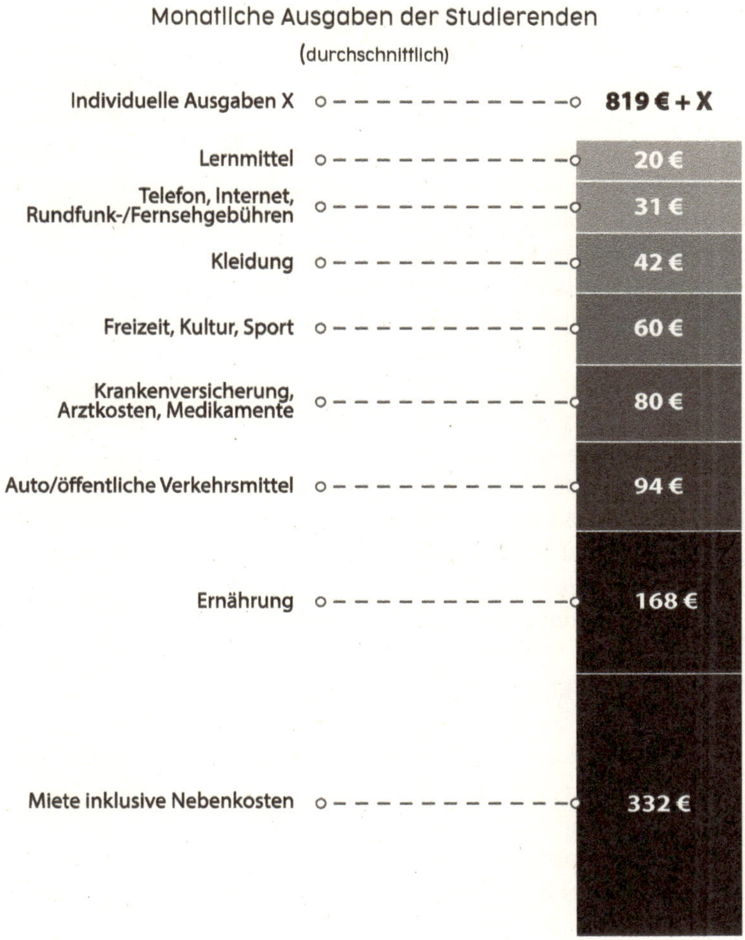

Weitere Punkte, die nicht in der Statistik erhoben wurden:

- Wenn du älter als 25 bist oder eine Nebentätigkeit ausübst, welche dir mehr einbringt als 520 Euro im Monat, musst du dich selbst krankenversichern.
- Wenn du an einer privaten Institution studierst, zahlst du monatliche oder halbjährliche Gebühren. Wie hoch diese sind, kannst du auf der Website der Hochschule nachlesen.

Was kostet eine (eigene) Wohnung?

Du hast keine Lust auf eine WG und möchtest in deine eigene Wohnung ziehen? Oder du wagst direkt den Schritt und ziehst mit deinem/deiner Partner:in zusammen? Dann haben wir im Folgenden einmal alle Kosten aufgelistet, die mit einer Wohnung auf dich zukommen könnten. Natürlich kommt es dabei wie so oft sehr auf deinen Wohnort und deine individuellen Vorstellungen an. Pauschal lässt sich vor allem der größte Bereich, die Kaltmiete, schwer bestimmen. Der Durchschnitt im Jahr 2021 in Deutschland liegt laut Statista bei etwa 779 Euro im Monat.[9] Da sind allerdings von 1-Zimmer-Wohnungen bis zu ganzen Häusern alle Mietsachen berücksichtigt.

Die sogenannte Kaltmiete ist der Betrag für eine Wohnung ohne die Kosten für Heizung, Warmwasser und Strom. Sie wird in der Regel in einem Mietvertrag festgelegt und ist somit der Grundmietpreis für die Wohnung. Die Kosten für Heizung, Warmwasser und Strom werden dann separat berechnet und als Nebenkosten bezeichnet. Die Gesamtmiete setzt sich also aus der Kaltmiete und den Nebenkosten zusammen und ergibt die sogenannte Warmmiete.

Bei einer Wohnung erwarten dich folgende Kosten:

EINMALIGE KOSTEN

- Bei Mietwohnungen: Kaution (in der Regel drei Nettomonatsmieten)
- Haushaltsgeräte
- Möbel, Accessoires
- Haushaltsgegenstände
- Ggf. Ablöse für Einrichtung (Küche)
- Ggf. Renovierungsarbeiten und Reparaturen
- Ggf. Umzugskosten (Transporter, Umzugsunternehmen)

REGELMÄSSIGE KOSTEN

- Miete und Nebenkosten
- Strom
- Internet/Telefon
- Versicherungen
- Lebenshaltungskosten
- Haushalt (z. B. Klopapier, Putzmittel)

Wie du deine Ausbildung/dein Studium finanzieren kannst

Die Ausbildung zum Physiotherapeuten kostet monatlich 600 Euro? Die Semestergebühren und die Kosten für eine eigene Bleibe sprengen dein Budget? Und deine Eltern können dich finanziell nicht unterstützen? Das bedeutet nicht, dass du deinen Wunschberuf nicht ergreifen kannst. Es gibt viele Möglichkeiten, dein Studium oder deine Ausbildung zu finanzieren. Die bekanntesten sind das BAföG und der Studienkredit. Diese schauen wir uns jetzt einmal genauer an.

Was ist BAföG?

Schon oft gehört, doch was steckt genau dahinter? BAföG ist eine Abkürzung und steht für das Bundesausbildungsförderungsgesetz. Es ist die Hilfe des deutschen Staates für deinen Start in die berufliche Zukunft, unabhängig von deiner sozialen Situation. Bei der Berechnung kommt es immer auf viele individuelle Lebensumstände an. Das BAföG selbst ist quasi eine Wissenschaft für sich – wir möchten dir hier einen ersten Einblick geben und die grundlegenden Informationen teilen. Doch nicht jede:r bekommt BAföG. Ob du eine Chance auf die Förderung hast, kannst du mit folgenden Fragen klären:

- *Ist die gewählte Ausbildung förderungsfähig?*
  Diese Information findest du meistens auf der Website der Institution, an der du deine Ausbildung oder dein Studium absolvieren möchtest.
- *Erfüllt die Antragstellerin oder der Antragsteller die persönlichen Förderungsvoraussetzungen?*
  Die persönlichen Förderungsvoraussetzungen hängen von deiner Staatsangehörigkeit bzw. deinem aufenthaltsrechtlichen Status ab, deinem Alter, der Eignung für die gewünschte Ausbildung und deinem privaten Einkommen und Vermögen.
- *Ist der Ausbildungsbedarf nicht durch eigenes Einkommen und Vermögen sowie durch das Einkommen von Ehegatten, eingetragenen Lebenspartnern oder Eltern gedeckt?*
  Das ist tatsächlich nicht so leicht im Voraus zu beantworten. Auch dein errechneter BAföG-Bedarf und das Vermögen deiner Eltern spielen eine Rolle bei der Vergabe und Berechnung der Förderung. Allerdings sind das nicht die einzigen Faktoren. Insgesamt gibt es zehn wichtige Berei-

che, die für eine Förderung überprüft werden müssen (die Höhe deines BafoG-Bedarfs, die Höhe deines eigenen Einkommens und Vermögens, die Art des Einkommens, dein Familienstand, Unterhaltspflicht gegenüber anderen Personen (Kinder, Geschwister), deren Einkommen ...). Wir empfehlen dir, sobald deine Ausbildung förderungsfähig ist und deine Eltern »normalvermögend« sind, dir auf jeden Fall die Mühe zu machen und BAföG zu beantragen. Anders als bei Stipendien gibt es keine Begrenzung an geförderten Personen.

FAKTEN ZUM BAFÖG

Antrag stellen: Um BAföG zu erhalten, musst du einen Antrag stellen. Dieser kann ziemlich kompliziert und aufwendig sein, da du sowohl deine eigenen als auch die Vermögensverhältnisse deiner Eltern aufzeigen musst. Den Antrag kannst du online über https://www.bafoeg-digital.de/ams/BAFOEG einreichen.

Fristen einhalten: Es gibt keine allgemeine Frist für die Beantragung von BAföG. Allerdings wird auch rückwirkend nicht für komplette Semester, sondern für die Zeit ab der Antragsstellung bezahlt. Wenn du also im März anfängst zu studieren, den Antrag allerdings erst im Mai einreichst, verlierst du zwei Monate Förderung. Solltest du Nachweise oder andere Dokumente nachreichen müssen, sind diese Fristen unbedingt auf den Tag genau einzuhalten. Ansonsten kann dein Antrag deshalb abgelehnt werden.

Altersgrenze beachten: Schüler:innen, Auszubildende und Studierende können nur gefördert werden, wenn sie ihr Studium oder ihre schulische Ausbildung vor Vollendung des 45. Lebensjahres beginnen. Allerdings gibt es auch hier Ausnahmefälle.

BAföG = halb Kredit – halb Unterstützung. Oder ganz geschenkt: Studierenden-BAföG wird in der Regel zur Hälfte als Zuschuss (= Geschenk) und zur Hälfte als zinsloses Darlehen gewährt. Von der Darlehenssumme muss man insgesamt maximal 10.010 Euro zurückzahlen. Schüler:innen und Auszubildende müssen das Darlehen nicht zurückzahlen.

Zahlen bitte: Der maximale monatliche Förderungsbetrag liegt seit dem Wintersemester 2022/23 bei bis zu 934 Euro im Monat. Bei Schüler:innen und Auszubildenden ist er etwas niedriger. Dieser Betrag verringert sich, wenn du selbst, deine Eltern oder dein:e Lebenspartner:in ein Einkommen haben, das die festgelegten Freibeträge überschreitet.

AKTUELLE BEDARFSSÄTZE – STAND 2022

Der Bedarfssatz beschreibt die vom Gesetzgeber festgelegten Beträge, die Schüler:innen, Auszubildende und Studierende im Regelfall für ihren Lebensunterhalt benötigen.

Ausbildungsstätte	Wohnt bei Eltern	Mit KV- und PV-Zuschlag*	Wohnt nicht bei Eltern	Mit KV- und PV-Zuschlag*
Weiterführende allgemeinbildende Schulen und Berufsfachschulen ab Klasse 10 sowie Fach- und Fachoberschulen, wenn der Besuch keine abgeschlossene Berufsausbildung voraussetzt	Keine Förderung	Keine Förderung	632 €	754 €
Berufsfachschul- und Fachschulklassen, die in einem zumindest zweijährigen Bildungsgang einen berufsqualifizierenden Abschluss vermitteln, wenn der Besuch keine abgeschlossene Berufsausbildung voraussetzt	262 €	384 €	632 €	754 €
Abendhaupt- und Abendrealschulen, Berufsaufbauschulen, Fachoberschulklassen, deren Besuch eine abgeschlossene Berufsausbildung voraussetzt	474 €	596 €	736 €	858 €
Fachschulklassen, deren Besuch eine abgeschlossene Berufsausbildung voraussetzt, Abendgymnasien, Kollegs	480 €	602 €	781 €	903 €
Höhere Fachschulen, Akademien, Hochschulen	511 €	633 €	812 €	934 €

* Damit sind im BAföG enthaltene Zuschläge zur Krankenversicherung und Pflegeversicherung gemeint.

FREIBETRÄGE IM BAFÖG – STAND REFORM 2022

Wer?	Freibetrag (gesamt/monatlich)
Du	15.000 Euro Vermögen (gesamt), ab 30 Jahre 45.000 Euro. Der Rest ist zur Finanzierung der Ausbildung einzusetzen.
Du	6240 Euro brutto jährlich (520 Euro monatlich – Minijob)
Eltern, verheiratet bzw. in eingetragener Lebenspartnerschaft	2415 Euro
Elternteil, alleinstehend	1605 Euro
Stiefelternteil	805 Euro
Kinder und sonstige Unterhaltsberechtigte, die nicht in einer förderungsfähigen Ausbildung stehen	730 Euro
Ehegatte/eingetragene:r Lebenspartner:in	1605 Euro
Kinder und sonstige Unterhaltsberechtigte des:der Ehegatt:in/eingetragene:n Lebenspartner:in, die nicht in einer förderungsfähigen Ausbildung stehen	730 Euro

Der BAföG-Antrag

Wenn du einen Antrag auf BAföG stellst, solltest du folgende Fehler unbedingt vermeiden:

- Abgabe unvollständiger Steuerbescheide oder Unterlagen der Eltern.
- Abgabe am letzten Tag der Frist (lange Bearbeitungsdauer, Verzögerung in der Auszahlung).
- Achte auf relevante Unterschriften (du, deine Eltern) auf allen wichtigen Formularen.
- Abgegebene Kontoauszüge dürfen bei Antragsabgabe nicht mehr als 14 Tage alt sein.

Wenn dein Antrag abgelehnt wird, kannst du Widerspruch einlegen. Das muss innerhalb von 30 Tagen geschehen. Aber selbst wenn du aus irgendwelchen Gründen erst später einschreiten möchtest, gibt es die Möglichkeit eines Überprüfungsantrags. Inhaltlich ist es in etwa dasselbe, rechtlich gibt es jedoch Unterschiede. Das Schlimmste, was bei einer erneuten Überprüfung passieren kann, ist, dass es bei einer Ablehnung des Antrags bleibt.

Was ist ein Bildungskredit, was ein Studienkredit und wie funktionieren sie?

Der Wunschberuf steht fest, der Weg dahin auch. Nun mangelt es nur noch am nötigen Kleingeld. Selbst wenn du keinen Anspruch auf BAföG hast und dir die finanziellen Mittel fehlen, gibt es einige Möglichkeiten, die Ausbildungszeit zu überbrücken: Kredite. Es gibt in Deutschland zwei bekannte Kreditformen für die Finanzierung von Bildungsmaßnahmen, die wir uns jetzt etwas genauer ansehen:

Der Studienkredit: Ein Studienkredit ist ein Darlehen, das von der Regierung oder einer anderen Institution wie einer Bank an Studierende vergeben wird. Mit dem Geld wird die Finanzierung des Studiums gewährleistet. Studienkredite werden in der Regel zu festen Zinsen angeboten und müssen später zurückgezahlt werden, meist nachdem das Studium abgeschlossen wurde und der Studierende eine feste Einkommensquelle hat.

Der Bildungskredit: Ein Bildungskredit ist ein ähnliches Konzept, bei dem die Regierung oder eine andere Institution Darlehen an Menschen vergibt, die sich fort- oder weiterbilden möchten. Dazu gehören reguläre Ausbildungen, aber auch berufliche Weiterbildungen, die nicht vom Arbeitgeber oder staatlichen Stellen übernommen werden. Bildungskredite müssen ebenfalls zurückgezahlt werden und sind in der Regel an feste Zinsen gebunden.

Der Hauptunterschied zwischen Studien- und Bildungskrediten besteht darin, dass Studienkredite speziell für Studierende angeboten werden, während Bildungskredite für alle Personen verfügbar sind, die sich fort- oder weiterbilden möchten, egal, ob sie studieren oder nicht. Auch der Zweck der Kredite kann unterschiedlich sein: Während Studienkredite in der Regel zur Finanzierung von Studiengebühren und Lebenshaltungskosten während des Studiums verwendet werden, können Bildungskredite für eine Vielzahl von Bildungszwecken eingesetzt werden, zum Beispiel zur

Finanzierung von Weiterbildungskursen oder zur Finanzierung von Fortbildungen für den Beruf.

Ein Ausbildungskredit soll dir dabei helfen, dein Studium (Semesterbeiträge, Lernutensilien, Laptop etc.) sowie alltägliche Kosten (Wohnung, Lebensmittel usw.) zu finanzieren. In der Regel bekommst du nach erfolgreichem Abschluss einen monatlichen Betrag auf dein Konto überwiesen, mit dem du dann wirtschaften kannst. Die Höhe des Betrags bestimmst du bei Abschluss des Kredits. Von dem ausbezahlten Betrag werden etwaige Zinsen bereits abgebucht, bevor das Geld auf deinem Konto landet.

Da nach dem Studium erst einmal ein Beruf bzw. eine Anstellung gefunden werden muss, gibt es oft im Anschluss eine sogenannte Karenzphase. Du erhältst keine weiteren Beträge, musst die Zinsen für den Kredit tilgen, hast aber noch etwas Zeit, um Geld anzusparen, bevor du den Kredit zurückzahlen musst. Auch das ist genauso möglich, wie du das Geld bekommen hast: mit kleineren monatlichen Beträgen, um dich am Anfang deiner Berufslaufbahn finanziell zu entlasten. Die Höhe der Beträge kannst du selbst bestimmen – oder auch den kompletten Kredit auf einmal zurückzahlen.

Studienkredite und Bildungskredite gibt es bei vielen Banken und Kreditinstitutionen, viele Studierende landen aber bei der Kreditanstalt für Wiederaufbau, der sogenannten KfW. Sie ist eine deutsche Förderbank und eine der führenden Förderbanken der Welt. Filialen der Bank findest du keine, den Vertrag schließt du mithilfe deiner normalen Bank ab. Das Fördergeschäft wird fast vollständig über die internationalen Kapitalmärkte finanziert.

BEISPIEL: EIN STUDIENKREDIT BEI DER KFW

Bedingungen eines Studienkredits bei der KfW:

- Flexible monatliche Auszahlung bis 650 Euro
- Unabhängig vom Einkommen
- Keine Sicherheiten notwendig
- Flexible Rückzahlung

Rechenbeispiel der KfW:

Kreditbetrag:	18.000 Euro
Auszahlungsphase:	3 Jahre
Karenzphase:	1 Jahr und 6 Monate

Tilgungsphase:	6 Jahre
Zinsaufschub:	nein
Sollzins:	4,08 % p. a.
Effektivzins:	4,16 % p. a.
Zinskosten:	4496 Euro
Gesamtkosten:	22.496 Euro

Da der Kredit je nach Höhe der monatlichen Auszahlung, dem errechneten Zins und auch der Rückzahlungsphase festgelegt wird, kann dir erst dein:e Bankberater:in nähere Auskünfte darüber geben. Ein persönliches Gespräch empfehlen wir auf jeden Fall.

Welche Nebenjobs lohnen sich besonders?

Neben dem Studium zu arbeiten, kann sich in doppelter Hinsicht für dich auszahlen. Zum einen musst du dank deines zusätzlichen Verdienstes am Monatsende nicht jeden Euro zweimal umdrehen, zum anderen kannst du bereits wertvolle Berufserfahrung sammeln und in Unternehmen und Jobs hineinschnuppern, die dich interessieren.

1. **Studentische Hilfskraft/HiWi:** Dort arbeiten, wo du studierst? Das geht als studentische Hilfskraft oder Hilfswissenschaftler:in (HiWi – nach dem Bachelor). Du arbeitest für eine universitäre Einrichtung wie die Bibliothek oder direkt für eine:n Professor:in. Neben dem Geld, das du dabei verdienst, sind vor allem die Kontakte zu anderen Studierenden, Professor:innen und Mitarbeitenden an der Hochschule spannend. Sie können für deine zukünftige Karriere von Nutzen sein.
2. **Tutor:in:** Als Tutor:in kannst du Schüler:innen oder Studierenden Nachhilfe geben und dafür eine vergleichsweise hohe Stundenvergütung erhalten. Der Stundenlohn hängt dabei von deinem Fachgebiet und deiner Erfahrung ab, aber du kannst durchaus mehr als 20 Euro pro Stunde verdienen.
3. **Freelancer:in:** Als Freelancer:in kannst du deine Fähigkeiten und Kenntnisse in verschiedenen Bereichen anbieten und eigene Projekte durchführen. Zu den beliebten Branchen gehören beispielsweise Texte, Grafikdesign, Webentwicklung oder Marketing. Auch hier ist der Stundenlohn abhängig von deinem Fachgebiet und deiner Erfahrung, aber du kannst durchaus mehr als 25 Euro pro Stunde verlangen.

4. **Event & Service:** Du liebst große Veranstaltungen? Dann ist dieser Job etwas für dich. Du übernimmst Aufgaben aller Art – Ticketkontrolle, Bedienen, Aufräumen und, und, und. Es ist eine spannende Tätigkeit und du kommst zu vielen Events, die du so wahrscheinlich nicht als Gast besuchen kannst.
5. **Gastronomie:** Café, Restaurant oder Bar – die Gastronomie sucht immer nach fleißiger Unterstützung. Und die Auswahl ist riesig. Du willst in einem netten kleinen Café arbeiten und nutzt dafür vorlesungsfreie Nachmittage? Super! Du bist lieber an der Bar und machst die Nacht zum Tag – dann ab in die Nachtgastronomie mit dir. Der besondere Vorteil an Gastrojobs ist das Trinkgeld.
6. **Werkstudierende:** Viele Unternehmen bieten Anstellungen für sogenannte Werkstudenten an. Dabei bist du für einen begrenzten Zeitraum (1 Semester + x) bei der Firma angestellt und übernimmst Aufgaben, die thematisch zu deinem Studium passen. Die Anstellung ist auf maximal 20 Stunden pro Woche in der Vorlesungszeit begrenzt. Während der Semesterferien kannst du auch mehr arbeiten, wenn du im Laufe eines Jahres nicht über 26 Wochen beschäftigt bist.

Was ist ein Stipendium und wie bekommst du eines?

Ein Stipendium ist eine Art von finanzieller Unterstützung, die an Personen vergeben wird, die sich in einer Bildungseinrichtung wie einer Universität oder Hochschule befinden. In den Genuss kommen in der Regel Personen, die sich durch herausragende Leistungen oder besondere Fähigkeiten auszeichnen und Unterstützung benötigen, um ihr Studium oder ihre Fortbildung zu finanzieren. Stipendien werden von verschiedenen Institutionen und Organisationen angeboten, etwa von der Regierung, von Universitäten, von privaten Stiftungen oder von Unternehmen. Im Gegensatz zu Krediten müssen Stipendien normalerweise nicht zurückgezahlt werden und stellen somit eine Art »schuldenfreie« Finanzierung dar.

Einige bekannte Organisationen, die Stipendien anbieten, sind folgende:

Deutsche Stiftung für Internationale Entwicklung (DSE): Diese Stiftung bietet Stipendien für Studierende und Berufstätige, die sich für ein Studium im Bereich der Entwicklungszusammenarbeit interessieren.

Deutscher Akademischer Austauschdienst (DAAD): Der DAAD ist eine der größten Förderorganisationen für den internationalen Austausch von Studierenden und Wissenschaftlern. Er vergibt zahlreiche Stipendien an Studierende, die im In- und Ausland studieren möchten.

Studienstiftung des Deutschen Volkes: Die Studienstiftung des Deutschen Volkes ist eine der bekanntesten und renommiertesten Stipendienorganisationen in Deutschland. Sie bietet Stipendien für begabte und leistungsstarke Studierende aller Fachrichtungen.

Stipendienprogramm »Perspektive Wissenschaft«: Dieses Programm wird von der Deutschen Forschungsgemeinschaft (DFG) und der Universität Bonn aufgelegt und richtet sich an Studierende, die sich für ein Promotionsstudium interessieren.

Es gibt jedoch nicht nur die großen Organisationen – viele Universitäten und Hochschulen haben eigene kleinere Budgets, die sie für Stipendien nutzen können. Erkundige dich hierfür am besten direkt bei den Verantwortlichen.

Die Voraussetzungen für ein Stipendium sind oft mit deinen Leistungen und Aktivitäten verbunden. Bei einigen Stipendien benötigst du einen bestimmten Durchschnitt. Bei anderen zählt vor allem dein soziales Engagement.

Psychologie II

Wie aus Schwächen Stärken werden

Das Grübeln über deine vermeintlichen Schwächen, über Dinge, die du nicht oder nicht gut genug kannst, kann schnell zu einem Hamsterrad werden. Wir möchten dir in diesem Kapitel eine Möglichkeit aufzeigen, aus dem Denken in Kategorien wie Stärken und Schwächen auszubrechen und eine positive Fehlerkultur zu entwickeln. Du wirst sehen, wenn du begriffen hast, wie Stärken und Schwächen eigentlich zueinander stehen, wirst du dich selbst und andere Menschen in Zukunft sehr viel nachsichtiger betrachten und im wahrsten Sinne des Wortes anders »bewerten«.

Was du über Stärken und Schwächen wissen musst

Jeder von uns kann bestimmte Dinge besser als andere. Jeder von uns hat Stärken und Schwächen. Dabei werden Stärken meist als ein Asset angesehen, als etwas, mit dem du punkten kannst. Für deine Stärken wirst du bewundert. Schwächen versuchen wir dagegen zu verstecken, denn Schwächen gelten als schlecht. Oft schämen wir uns für unsere Schwächen. Und mitunter wenden wir sogar unheimlich viel Energie auf, um unsere Schwächen auszumerzen. Aber ist diese Energie wirklich sinnführend eingesetzt?

Wir möchten dir im Folgenden nicht nur den Umgang mit deinen persönlichen Stärken und Schwächen erleichtern, sondern dir auch dabei helfen, die Stärken und Schwächen anderer Menschen leichter zu lesen, besser zu verstehen und aus dem Schwarz-Weiß-Denken über Stärken (gut!) und Schwächen (doof!) auszubrechen.

Das Wertequadrat von Nicolai Hartmann und Paul Helwig

Das Hilfsmittel, das uns bei unserer Neubewertung unterstützen wird, ist das sogenannte Wertequadrat. Es geht auf den Philosophen Nicolai Hartmann und den Psychologen Paul Helwig zurück.[10] Den beiden ist es gelungen, mit dem Wertequadrat die komplexen Beziehungen von Werten ganz einfach verständlich zu machen. Wir haben das Thema Werte bereits behandelt und Werte als einen individuellen Maßstab definiert.

Doch Werte stehen selten für sich allein. Sie interagieren und beeinflussen einander. Geraten sie dabei aus der Balance, entstehen Konflikte. Dies geschieht vor allem bei Werten, die miteinander rivalisieren, wie zum Beispiel die Harmonie und die Feindseligkeit. Doch selbst positive Werte wie der Perfektionismus und die Gelassenheit können in Spannung zueinander stehen. Oder nehmen wir den Mut und die Vorsicht.

Wo beginnt der Mut? Wo hört die Vorsicht auf? Wann wird der Mut zur Tollkühnheit? Und wann wird Vorsicht zur Feigheit? Die Antwort auf diese Fragen gibt uns das Wertequadrat, das uns aufzeigt, wie Werte einander beeinflussen und aufeinander wirken. Das Wertequadrat besteht immer aus einem Wert, einem Gegenwert und den Übertreibungen der beiden Werte. Ein Beispiel:

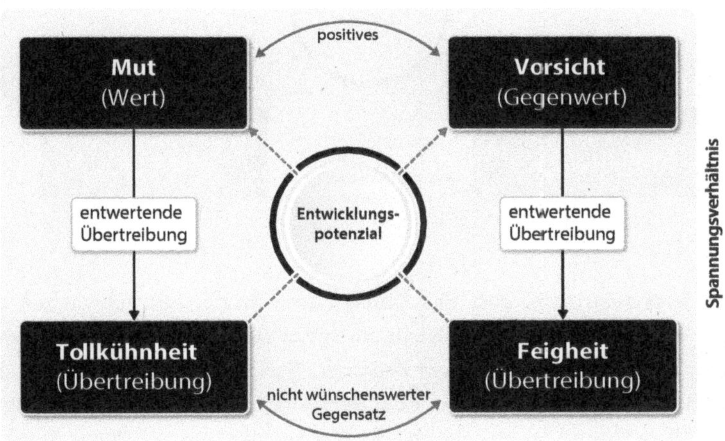

Wie wir in diesem Wertequadrat wunderbar sehen können, kann aus einem Zuviel an Mut schnell Tollkühnheit erwachsen. Ein Zuviel an Vorsicht macht uns dagegen feige. Erst wenn es uns gelingt, Mut und Vorsicht in Balance zu bringen, können diese beiden Werte in einem positiven Spannungsverhältnis zueinander stehen. Mit anderen Worten: Mut ohne Vorsicht führt in die Tollkühnheit, ins Draufgängertum. Vorsicht ohne Mut erzeugt dagegen angstüberladene Feigheit.

Was folgt daraus? Die meisten von uns würden Mut sicher als eine absolute Stärke ansehen, die Vorsicht dagegen eher als eine Schwäche. Doch dieses Denken, das Werte isoliert betrachtet, ist im wahrsten Sinne des Wortes viel zu eindimensional. Der Mut kann seine ganze positive Wirkung nur entfalten, wenn er von der Vorsicht gezügelt wird. Ein Glück, dass es die Vorsicht, diese vermeintliche Schwäche, überhaupt gibt.

Betrachten wir ein weiteres Beispiel in unserem Wertequadrat. Ist Sparsamkeit für dich eine Stärke oder eine Schwäche? Und wie schaut es mit der Großzügigkeit aus?

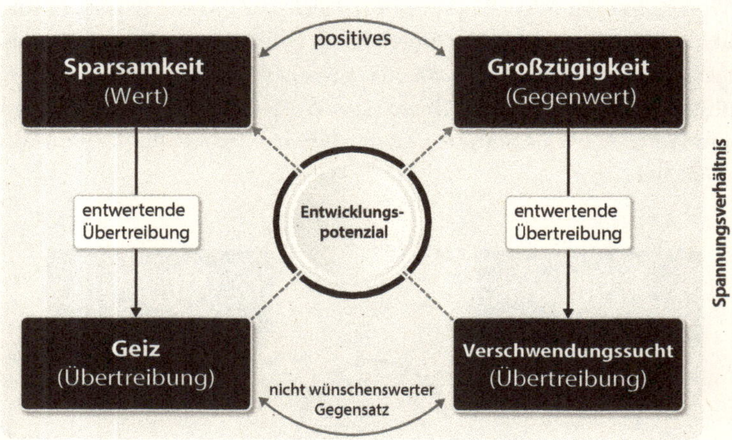

Auch hier zeigt sich, dass das Denken in Stärken und Schwächen dich nicht wirklich weiterbringt. Nicht in Bezug auf dich selbst, vor allem jedoch nicht in Bezug auf andere Personen. Stell dir vor, du steckst in einer Beziehung, in der dein Partner oder deine Partnerin das Geld gern zusammenhält, während du es lieber großzügig ausgibst. In der Regel sind Konflikte vorprogrammiert. Denn oftmals erkennen Menschen den positiven Wert im Verhalten des anderen nicht. Stattdessen heißt es: »Hör auf, so verschwenderisch zu sein.« Oder: »Dein Geiz ist doch krank.« Genau dieses Kommunikations- und Handlungsmuster gilt es durch Wertschätzung zu durchbrechen. So könnte es zum Beispiel heißen: »Ich schätze deine Großzügigkeit, habe aber Angst, dass wir dadurch zu wenig Geld haben.« »Ich finde es gut, dass du unser Geld so zusammenhältst, ich möchte aber, dass wir uns ab und an auch etwas gönnen.«

Die besondere Qualität des Wertequadrats ist, dass in ihm immer die Möglichkeit einer positiven Bewertung steckt und dass es den Fokus nicht nur auf einen einzigen Wert legt, sondern auf ein positives Miteinander von Gegenwerten. Warum das wichtig ist? Stell dir bitte ein Auto vor, das nur über ein Gaspedal verfügt. Würdest du gerne darin fahren? Sicher nicht. Und was ist mit einem Auto, das nur eine Bremse hat? Auch in diesem wirst du keinen Fahrspaß erleben. Ein Auto ohne Gaspedal ist genauso wertlos wie ein Auto ohne Bremse.

Wir können dir nur empfehlen, deinen Blick auf Stärken und Schwächen, auf Werte generell zu erweitern. Das wird dich nicht nur privat, sondern auch beruflich voranbringen. In Unternehmen stoßen beispielsweise immer wieder strukturiert arbeitende Mitarbeiter und kreative Freigeister aufeinander. Die Konfliktlinien zwischen ihnen verlaufen meist klar: Die Strukturierten sehen in den Kreativen nichts weiter als Chaoten. (Wie kann man denn bitte an diesem mit allem möglichen Zeug überladenen Schreibtisch einen einzigen klaren Gedanken fassen?) Die Freigeister halten die strukturierten Mitarbeitenden mit den ordentlichen und aufgeräumten Schreibtischen dagegen für Pedanten und Kontrollfreaks. (Ständig müssen die sich an ihren Regeln festhalten. Dabei sind sie in einem derart engen Gedankenkorridor gefangen, dass sie das Unternehmen kein bisschen voranbringen.) Erst wenn es dem Team gelingt, die Werte der jeweils anderen Gruppe zu sehen und anzuerkennen, ist ein harmonisches Zusammenarbeiten wieder möglich.

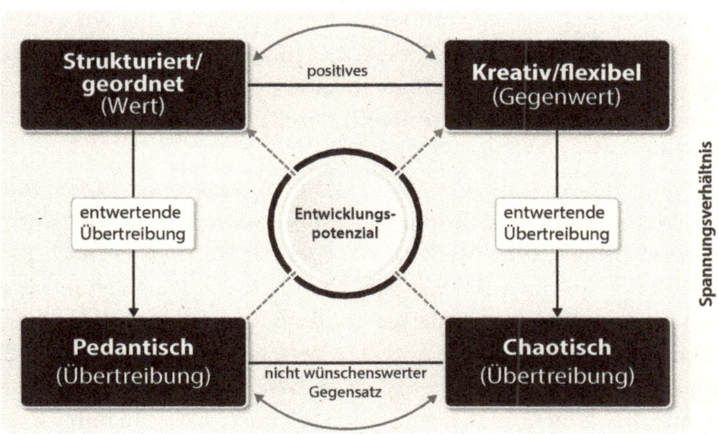

Damit das gelingt, zeigt das Wertequadrat Entwicklungspotenziale auf. Um Werte in Balance zu bringen, muss sich beispielsweise ein auf Sicherheit bedachter, ängstlicher Mensch ein Stück Richtung Freiheit bewegen. Ein freiheitsliebender Mensch muss dagegen lernen, Bindungen einzugehen und Verantwortung zu übernehmen.

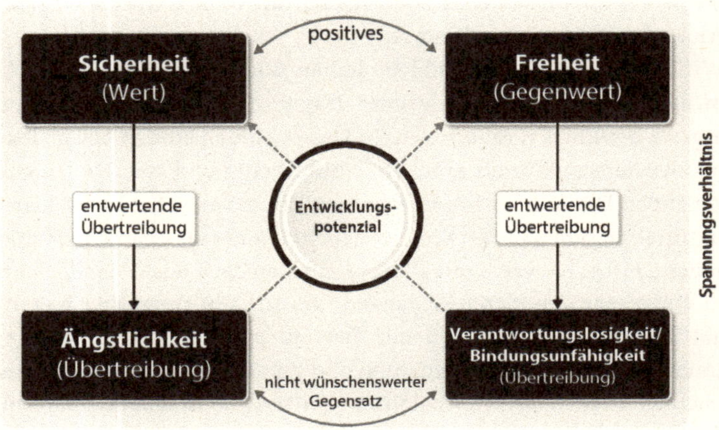

Um das Prinzip des Wertequadrats zu verinnerlichen, empfehlen wir dir, selbst Wertequadrate zu erstellen. Nimm dir wichtige Werte, Stärken oder Schwächen und such nach den entsprechenden Gegenwerten und den Übertreibungen. Google ist mit vielen Beispielen auch hier ein wertvoller Helfer. Arbeite erneut mit Selbsteinschätzungen (SE) und dem Feedback deiner Freunde (Fremdeinschätzung aka FE). Vergib für jeden Wert eine Note von 1 bis 10 und vergleiche deine Einschätzung mit der deiner Freunde (siehe Grafik nächste Seite).

Immer dann, wenn die Übertreibung stärker ausgeprägt zu sein scheint als der Wert, solltest du dich näher damit beschäftigen und nach Entwicklungspotenzialen suchen. Mach dir klar oder frag zum Beispiel nach, in welcher Situation du chaotisch bist oder chaotisch auf deine Freunde wirkst. Woran machen sie deinen Pedantismus fest? In welchen Situationen oder bei welchen Themen bist du kreativ? Es kann zum Beispiel sein, dass du in bestimmten Situationen keine Probleme hast, mutig zu sein, in anderen dagegen schon. Die Auseinandersetzung mit deinen Werten hilft dir dabei, dich und deine Persönlichkeit besser kennenzulernen.

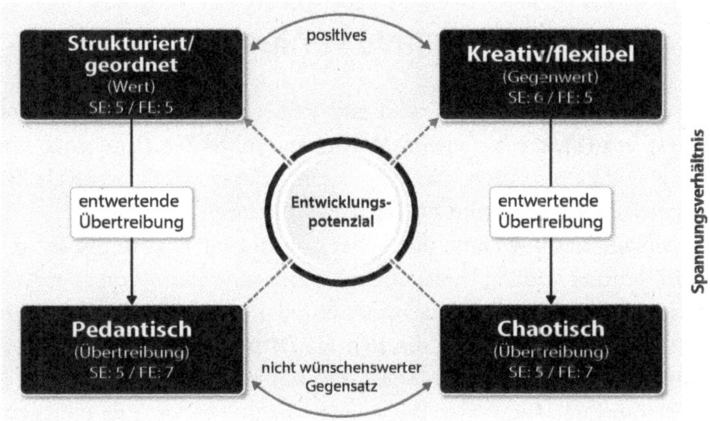

Wertekonflikte, also Werte, die bei dir noch nicht in Balance sind, identifizierst du am leichtesten durch andere Menschen. Geh in Gedanken einfach die Menschen oder Situationen durch, die dich besonders aufregen, in denen dir der Kragen platzt. Regst du dich über Menschen auf, die sich leichter Hand über Regeln hinwegsetzen, könntest du ein Problem mit Sturheit haben und solltest dir eine gewisse Flexibilität antrainieren, also bewusst Situationen in deinem Leben schaffen, in denen du auch mal deine eigenen Regeln brichst. Das kann ein Glas Wein zum Mittagessen sein, das du sonst niemals trinken würdest, oder du machst im Sommer einfach zwei Stunden früher im Büro Schluss, um ins Schwimmbad zu gehen. Die Zeit kannst du die nächsten Tage wieder reinholen.

Die Arbeit mit dem Wertequadrat stärkt dein Selbstbewusstsein, führt dich zu innerlichen Konflikten und zeigt gleichzeitig Lösungswege auf. Je mehr dir das Zusammenspiel von Werten bewusst wird, desto eher wirst du aufhören, bei dir und anderen abwertend in Stärken und Schwächen zu denken. Das führt zu mehr Gelassenheit und Balance in deinem Leben. Außerdem werden sich deine Mitmenschen in deiner Gegenwart wohler fühlen, da sie nicht mehr ständig das Gefühl haben, von dir negativ bewertet zu werden.

Wie meisterst du Rückschläge? Eine positive Fehlerkultur

Neben dem Grübeln über Stärken und insbesondere über Schwächen ist die Angst vor Fehlern bei vielen Menschen ein großes Hindernis, um ihr Potenzial voll zu entfalten. Das Interessante daran ist, dass wir als Kinder die Angst vor dem Scheitern noch gar nicht kennen.

Sie vertieft sich im Laufe des Lebens, und zwar in dem Maße, in dem wir der Meinung anderer Menschen über uns einen immer größeren Wert zuweisen. Wenn wir als Kinder hinfallen oder die geometrisch geformten Bauklötzchen nicht gleich in die richtige Öffnung der Spielebox stecken, probieren wir es immer wieder aus, bis es schließlich doch klappt.

Als Heranwachsende oder Erwachsene beginnen wir uns dagegen immer stärker Gedanken darüber zu machen, was richtig und was falsch ist und wie andere Menschen unsere Handlungen sehen oder – was noch schlimmer ist – beurteilen könnten. Wir warten das Urteil der anderen also gar nicht ab oder fragen danach, sondern belasten uns bereits mit dem negativen Gedanken, dass jemand anderes schlecht über uns denken könnte. Psyche ist mitunter schon eine wilde Sache.

Gut zu wissen: Die Angst vor Fehlern ist im Grunde die Angst vor der Meinung und Zurückweisung anderer Menschen.

Aber was ist eigentlich ein Fehler?

Der Duden definiert einen Fehler unter anderem als »etwas, was falsch ist, vom Richtigen abweicht«, als »irrtümliche Entscheidung, Maßnahme; Fehlgriff« sowie als »schlechte Eigenschaft, Mangel«. Aber wer bestimmt denn, was richtig oder falsch, was Recht oder Unrecht ist? Eine Richterin wäre nicht schlecht, oder? Höchste Zeit, dir die Geschichte der besten Richterin zu erzählen, die wir kennen:

In einem Dorf haben zwei Nachbarn miteinander Streit. Um ihn zu lösen, geht der erste Nachbar zur Dorfrichterin und trägt seine Sicht der Dinge vor. Die Richterin hört geduldig zu und sagt schließlich: »Du hast recht.« Fröhlich zieht der Mann von dannen.

Wenig später steht der andere Nachbar vor der Richterin und bittet darum, ihr seine Sicht der Dinge erklären zu dürfen. Nachdem er geendet hat, sagt die Richterin zu ihm: »Du hast recht.« Fröhlich zieht der Mann von dannen.

Der Mann der Richterin, der die Gespräche mitbekommen hat, wundert sich und sagt zu seiner Frau: »Du kannst doch nicht beiden Männern recht geben.« Die Richterin überlegt kurz und sagt zu ihrem Mann: »Da hast du auch wieder recht.«

Kurze Fabel, kurzer Sinn: Fehler, Recht und Unrecht sind in den meisten Fällen eine Frage der Perspektive. Wir wollen dir das nebelhafte Wesen von richtig oder falsch jedoch nicht nur mit einer kleinen Fabel näherbringen, sondern mit einer konkreten Methode, mit der du eine positive Fehlerkultur entwickeln kannst. Diese orientiert sich nicht an den Kategorien richtig oder falsch, sondern führt dich in einen Prozess, der in ständige Verbesserungen mündet. Diese Methode nennt sich Kaizen.[11] Dabei handelt es sich um eine Philosophie, die der japanische Autohersteller Toyota erdacht hat mit dem Ziel, sich ständig weiterzuentwickeln und nicht stillzustehen. Wie funktioniert Kaizen?

Der Kaizen-Prozess besteht aus vier Phasen:

Der Kaizen-Prozess beginnt mit einem Ziel, das mit einem Plan erreicht werden soll. Mit deiner Zielsetzung triffst du automatisch eine Entscheidung. Um den Plan/deine Entscheidung in die Tat umzusetzen, musst du handeln. In der dritten Stufe des Zyklus erfolgt eine Prüfung deines Plans. Wurde das Ziel erreicht? Was hat nicht funktioniert wie gewollt? Diese Erkenntnisse lösen wiederum eine neue Handlung aus. Du musst entweder deinen Plan ändern und deine Handlung anpassen. Oder aber dein Ziel justieren. In jedem Fall beginnt der Zyklus von vorn.

Der Erfolg der Kaizen-Methodik liegt darin begründet, dass sie aus dem sonst eher verbreiteten linearen Fehlerdenken ausbricht. Führt eine Entscheidung nicht zum gewünschten Ziel, wird nicht gleich der gesamte Prozess infrage gestellt. Beim Kaizen geht es darum, Schritt für Schritt zurückzulegen. Das *kai*, der Wandel, die Verbesserung, ist notwendig, um im *zen*, also im Gleichgewicht, zu bleiben. Beides bedingt einander. Während in unserer westlichen Kultur Veränderung oft als zerstörerisch angesehen wird, ist die Veränderung im Kaizen eine Notwendigkeit, um die Balance zu halten. Wenn dein Plan nicht kompletter Humbug und dein Ziel nicht komplett unrealistisch ist, wirst du zumindest ein kleines Stück vorangekommen sein. Du hast also nichts falsch gemacht, sondern bist eben noch nicht am Ziel angelangt und besserst nach. Doch selbst wenn du dein Ziel erreicht hast, deine Entscheidung und dein Plan also gemeinhin als richtig angesehen werden, darfst du das Ziel hinterher adaptieren und schauen, ob du vielleicht noch mehr erreichen kannst.

Du wirst in deinem Berufsleben, etwa bei Weiterbildungen oder bei der Arbeit mit Trainer:innen, früher oder später über die folgenden Sätze stolpern: »Liebe den Prozess und nicht das Ziel« oder aber »Der Weg ist das Ziel«.

Diese Sätze fassen im Grunde genommen die Kaizen-Methode zusammen. Es geht im Leben nicht in erster Linie um richtig oder falsch, sondern darum, sich überhaupt auf den Weg zu machen und Veränderungen herbeizuführen, sie zu verstehen und zuzulassen. Es kann vorkommen, dass Menschen, deren Selbstakzeptanz noch nicht besonders ausgeprägt ist, sich damit schwertun. Sie möchten lieber so bleiben, wie sie sind. Ganz nach dem Motto: »Ich bin gut so, wie ich bin.« Das Problem: Die Kaizen-Methode stellt das überhaupt nicht infrage. Dinge verbessern zu können, ist eine Chance und kein Urteil über deine Fähigkeiten. Du warst kein dummes Kind, als du im Alter von neun Monaten noch nicht richtig laufen konntest und nach jedem zweiten Schritt wieder auf die Nase gefallen hast. Ebenso wenig warst du ein Crack, als du es als Baby zum ersten Mal geschafft hast, den Kartoffelbrei mit einem Löffel selbst in deinen Mund zu schaufeln. Wir sind uns sicher, dass du ein paar Monate später mit deinem ersten Messer wieder ganz schön zu kämpfen hattest.

Du bist gut so, wie du bist. – Allerdings schließt das nicht die Möglichkeit aus zu lernen. Es besser zu machen, kann im Kaizen-Prozess übrigens auch bedeuten, dass du eine Überforderung erkennst und dir zugestehst, in Zukunft weniger intensiv an einem Projekt zu arbeiten. Die Entscheidung liegt ganz bei dir.

Wie triffst du gute Entscheidungen?

Jeden Tag treffen wir 20.000 Entscheidungen. Die meisten davon unbewusst, ohne groß nachdenken zu müssen. Unsere Gewohnheiten, also angelernte Automatismen, helfen uns dabei. Nicht immer tun uns diese Entscheidungen gut, da, wie du bereits in Kapitel »Psychologie I« erfahren hast, unser Gehirn nicht zwischen guten und schlechten Gewohnheiten unterscheidet.

Andere Entscheidungen, wie die Job- oder Partnerwahl, treffen wir dagegen bewusster. Sie kosten uns Zeit und Energie, vor allem weil wir eben oft fürchten, bei einer so bedeutsamen Entscheidung »falschzuliegen«. Mitunter können wir uns auch gar nicht mehr entscheiden. Schuld daran ist die mittlerweile weitverbreitete FOMO (Fear of missing out), die Angst, etwas Besseres zu verpassen, wenn wir uns festlegen. Das Problem daran: Leben ist nur bedingt planbar. Entscheidungen funktionieren nicht nach dem Ursache-Wirkungs-Prinzip. Nur weil du jeden Tag Sport treibst, bleibst du nicht automatisch gesund. Nur weil du bis über beide Ohren verliebt bist und viel Zeit und Energie in deine Beziehung investierst, heißt das nicht, dass das Liebesglück ewig hält. Nur weil du in deinem Beruf von Anfang an Erfolge feierst, ist nicht sicher, dass deine Karriere stets nach oben führen wird. Je mehr du bereit bist, dich auf den zuvor beschriebenen Kaizen-Prozess – auf die Veränderungen deiner Persönlichkeit und auf die Veränderungen deiner Umwelt – einzulassen, desto souveräner und sicherer wirst du in deinen Entscheidungen.

Vergiss nie, du triffst eine Entscheidung immer nur aus dem Wissen und der Erfahrung heraus, die du in diesem Moment hattest. Wenn sie dich nicht zum gewünschten Ziel führt, war die Entscheidung deshalb nicht falsch. Du hast in diesem Moment nur noch nicht über das Wissen verfügt, mit dem du die Entscheidung hättest anpassen können. Gräme dich also nicht darüber, dass eine Entscheidung nicht so funktioniert hat wie gewünscht, sondern freue dich, dass dein neues Wissen dich befähigt hat, eine andere, hoffentlich bessere Entscheidung zu treffen.

Hier noch ein paar Tools, Techniken und Grundsätze, welche dir Entscheidungen leichter machen:

1. *Erstelle eine Pro-und-Kontra-Liste*
   Ein Klassiker, der dir meist sehr schnell hilft herauszufinden, wo du eigentlich hinmöchtest. Schon beim Ausfüllen einer Pro-und-Kontra-Liste merkst du, welche der beiden Seiten sich schneller füllt. Die Geschwindigkeit, mit der du Argumente findest, ist meist aussagekräftiger als die Anzahl der Argumente am Ende.

2. *Worst Case/Best Case*
   Überlege dir, welche Konsequenzen deine Entscheidung im schlechtesten Fall haben kann. Und welche im besten Fall. Das Bewusstmachen deiner Möglichkeiten hilft dir dabei. Was ist das Schlimmste, was dir passieren kann?

3. *Die 10-10-10-Methode*
   Mit dieser Methode stellst du deine Entscheidung in eine besondere Perspektive. Die meisten unserer Entscheidungen treffen wir mit einem sehr kurz gedachten Zeithorizont. Mit der 10-10-10-Methode wird dieser Zeithorizont erweitert:

   Wie wirkt sich die Entscheidung auf mein Leben in zehn Tagen aus?
   Wie wirkt sich die Entscheidung auf mein Leben in zehn Monaten aus?
   Wie wirkt sich die Entscheidung auf mein Leben in zehn Jahren aus?

   Mit dieser Methode kannst du die Tragweite von Entscheidungen besser einordnen. Nehmen wir zum Beispiel eine Kündigung. Solltest du in deinem Job unglücklich sein, kannst du dich mit der 10-10-10-Methode aus der Angst vor dem Augenblick befreien. Bei einer Kündigung wirst du kurzfristig ohne Job dastehen. In zehn Monaten wirst du jedoch genügend Zeit gehabt haben, dich beruflich neu zu orientieren und Bewerbungen zu schreiben. Die Wahrscheinlichkeit, dass du einen neuen Job bekommst, ist hoch. Und in zehn Jahren? Wirst du wahrscheinlich gar nicht mehr an deinen alten Job zurückdenken.

Ihre ganze Kraft entfaltet die 10-10-10-Methode erst dann, wenn du dich gleichzeitig fragst, was passiert, wenn du die Entscheidung nicht oder anders triffst. Bleibst du in deinem frustrierenden Job, hast du zwar kurzfristig keine Geldsorgen, aber bleibst unglücklich. Wahrscheinlich wird das auch in zehn Monaten noch der Fall sein. Und in zehn Jahren? Wie willst du bis dahin in ein erfülltes Berufsleben gefunden haben?

4. *Hör auf dein Bauchgefühl*
   Forscher sind sich mittlerweile sicher, dass wir Menschen nicht nur ein Gehirn haben, sondern zusätzlich über ein zweites verfügen, das sogenannte Bauchhirn. Es manifestiert sich im enterischen Nervensystem und beeinflusst darüber Gefühle, Wohlbefinden, Stress und tatsächlich auch unsere Entscheidungen, da Darm und Großhirn ziemlich umfangreich miteinander kommunizieren – und zwar in beide Richtungen. Das weithin bekannte Bauchgefühl, etwa die Schmetterlinge im Bauch, wenn wir uns verlieben, ist also kein Hirngespinst, sondern eine Tatsache. Motivations- und Entscheidungskonflikte entstehen vor allem dann, wenn unser Kopf (die Ratio) und unser Bauch (das Gefühl) nicht gleich denken. Wenn extrinsische und intrinsische Motivation nicht im Einklang zueinander stehen. Lerne, auf dein Bauchgefühl zu hören. Es ist eines der wichtigsten Warnsignale deines Körpers.

5. *Wechsle die Perspektive*
   Frag dich, was du einem Freund oder einer Freundin in der gleichen Situation raten würdest. Dieser Perspektivenwechsel hilft dir, klarer zu sehen. Wenn wir Freund:innen einen Rat geben, tun wir das auf Grundlage unserer Werte und Überzeugungen, ohne die persönlichen Konsequenzen der Entscheidung mitzudenken.

6. *Schlaf eine Nacht drüber*
   Bewusst Entscheidungen zu treffen, kostet Energie. Je mehr Entscheidungen du treffen musst, desto schwerer fällt es dir, dich zu einer Entscheidung durchzuringen. Außerdem haben Studien gezeigt, dass deine Entscheidungen im Laufe des Tages schlechter werden. Wichtige Entscheidungen triffst du daher besser vormittags, wenn du ausgeschlafen bist und noch einmal eine Nacht darüber geschlafen hast.

7. *Wirf eine Münze*

Job und Karriere II

Wie du den Bewerbungsprozess meisterst

Die gute Nachricht vorweg: Solltest du dein Studium oder deine Ausbildung nicht komplett versemmelt haben, stehen dir auf dem Arbeitsmarkt sehr viele Türen offen. Der viel zitierte Fachkräftemangel führt dazu, dass sich Unternehmen sehr um die besten Köpfe bemühen. Im folgenden Kapitel erfährst du alles Wissenswerte rund um den Bewerbungsprozess. Welche Informationen sollten deine Bewerbungsunterlagen enthalten? Wie meisterst du Schätz- oder Logikfragen im Bewerbungsgespräch? Und worauf solltest du achten, wenn dir dein erster Arbeitsvertrag vorgelegt wird? Wir können dir nur raten: Geh selbstbewusst und ohne Angst in die Gespräche. Mach dir immer bewusst, dass im Deutschen die Worte Arbeitnehmender und Arbeitgebender eigentlich falsch verwendet werden. Im Grunde genommen bist nämlich du der Arbeitgebende, schließlich stellst du einem Unternehmen deine Fähigkeiten und deine Zeit zur Verfügung.

Wie schreibst du erfolgreich Bewerbungen?

Du bist auf einen Ausbildungsplatz oder die perfekte Stelle für den Berufseinstieg nach dem Studium aufmerksam geworden? Mach deine Bewerbungsunterlagen fertig und schicke sie an das Unternehmen deiner Wahl.

Dazu gehört vor allem, dass du dich, deine Stärken und deine Fähigkeiten kennst. Denn damit bewirbst du dich ja für den Job. Die Kenntnisse, die von einem Unternehmen verlangt werden, sind unterteilt in sogenannte Hard und Soft Skills. Übersetzt bedeutet das die harten und weichen Fähigkeiten. Doch was ist damit genau gemeint?

Wie identifizierst du deine Hard Skills?

Kommen wir als Erstes zu den Hard Skills: Die harten Fähigkeiten können erlernt werden und du besitzt schon eine ganze Menge davon. Lesen,

Schreiben, Rechnen – das sind alles Hard Skills. Sie sind greif- und messbar. Die Basis-Hard-Skills lernst du in der Schule und sie werden dann im Laufe deines Lebens durch spezifische Fähigkeiten in Studium oder Ausbildung erweitert. Hard Skills werden oft durch Zeugnisse oder Zertifikate belegt. Diese werden in Bewerbungen häufig als Anhang mitgeschickt. Hier ein paar Beispiele für Hard Skills:

Schulabschluss: Hauptschulabschluss, Mittlere Reife oder Abitur? Dein Abschluss ist wahrscheinlich der erste Hard Skill, den du durch ein Zeugnis nachweisen kannst.

Akademischer Abschluss: Bachelor, Master oder Doktor? Diese Abschlüsse kannst du durch einen akademischen Weg erlangen. Bachelor und Master werden dir wieder durch ein Zeugnis bestätigt. Den Doktor kannst du sogar im Titel führen.

Fremdsprachenkenntnisse: Kleines und großes Latinum, ein Collegejahr in den USA oder der Besuch einer Sprachenschule – das sind alles Möglichkeiten, den Hard Skill einer weiteren Sprache nachzuweisen. Neben der Angabe des Besuchs oder des Aufenthalts in einem Land gibt es die Möglichkeit, die Sprachkenntnis durch zertifizierte Tests zu bestätigen. Zu den bekanntesten zählen das Cambridge Certificate oder TOEFL-Zertifikat.

Softwarekenntnisse: Du hast bestimmt während deiner Schulzeit schon mit einigen Programmen gearbeitet. Es gibt jedoch unzählig viele weitere. Hier eine kleine Auswahl: Microsoft Office, Adobe Creative Cloud mit Photoshop, InDesign und Premiere, SAP, Wordpress, Salesforce, Outlook und verschiedene Social-Media-Plattformen.

Welche Fähigkeiten gehören zu deinen Soft Skills?

Im Gegensatz zu den Hard Skills beschreiben die Soft Skills Fähigkeiten, die nicht mess- oder zertifizierbar oder teilweise sogar nicht erlernbar sind. Sogenannte Metafähigkeiten. Es geht hier um deine persönlichen Werte, sozialen Kompetenzen, Charaktereigenschaften und besonderen Fähigkeiten. Ebendas, worauf es ankommt, wenn Menschen miteinander kommunizieren und zusammenarbeiten.

Die Soft Skills haben in den letzten Jahren zunehmend an Bedeutung gewonnen. Denn sie werden überall benötigt, wo viel kommuniziert wird. Es gibt ja den schönen Spruch »Der Ton macht die Musik« – und genau das gilt auch für die generelle Kommunikation. Es kommt nicht nur darauf an, dass etwas getan oder gesagt wird, sondern vor allem darauf, wie.

Wir wagen zu behaupten, dass viele Probleme und Fehler daraus entstehen, dass Menschen unterschiedliche Arten haben, miteinander zu kommunizieren, und dabei oft nicht dasselbe verstehen. (Auf diesen Punkt gehen wir im Kapitel »Kommunikation I« noch mal genauer ein.)

Dass Kommunikation immer wichtiger wird, erkennen wir an vielen Dingen. Wir haben aber vor allem an den Krisen der letzten Jahre, die uns das Leben schwer gemacht haben, gemerkt, wie wichtig gute, authentische und vor allem nachvollziehbare Kommunikation ist. Da ist es auch nicht verwunderlich, dass laut einer Studie der Personalvermittlung Robert Half aus dem Jahr 2020[12] folgende Soft Skills bei Mitarbeitenden in Unternehmen am gefragtesten sind:

- 🎨 Kreatives Denken
- 🏃 Agilität
- 👥 Kommunikation
- 💼 Führungskompetenz
- 📈 Strategisches Denken

Dass die Pandemie einen großen Einfluss darauf hatte, welche Soft Skills geschätzt sind, ist unübersehbar. Die Digitalisierung hat mit der Pandemie nun auch in Unternehmen Einzug gehalten, die sich zuvor teilweise dagegen gesträubt haben. Homeoffice? Laptops? War kein Thema. Durch die vielen neuen Aufgaben, die mit *remote work* einhergehen, ist es nicht verwunderlich, dass es einen Anstieg am Bedarf an digitalen Skills gibt. Dabei sind nicht Kenntnisse in Programmiersprachen gemeint, sondern die Fähigkeit, digital mit anderen zusammenzuarbeiten, verständlich zu kommunizieren und sich selbst notwendiges Wissen anzueignen. Darüber hinaus wurden seit Corona als weitere wichtige Soft Skills identifiziert:

- ⛑ Resilienz
- ☺ Anpassungsfähigkeit
- 🕮 Lernbereitschaft
- ☺ Emotionale Intelligenz

Unter Resilienz verstehen wir die Fähigkeit, schwierige Lebenssituationen ohne eine bleibende Beeinträchtigung zu überstehen. Wie ebendie Jahre der Pandemie. Da spielen auch die Anpassungsfähigkeit und die Lernbereitschaft eine wichtige Rolle. Keine Frage.

Nun sind wir beim Stichwort emotionale Intelligenz. Lag noch vor wenigen Jahren der Fokus auf dem sogenannten IQ – dem Intelligenzquotienten –, gab es dann einen großen Sprung hin zur emotionalen Intelligenz. Der Begriff erschien zum ersten Mal im Jahr 1990 und stammt von den Wissenschaftlern John D. Mayer (University of New Hampshire) und Peter Salovey (Yale University).[13] Emotionale Intelligenz beschreibt die Fähigkeit, eigene und fremde Emotionen wahrzunehmen, zu verstehen, sie beeinflussen zu können und sich passend dazu zu verhalten. Dazu zählen ebenfalls die Fähigkeit zur Empathie und das Verhalten in zwischenmenschlichen Beziehungen.

Je nachdem, wie stark deine emotionale Intelligenz ausgeprägt ist, wird davon auch deine soziale Kompetenz beeinflusst. Eine hohe soziale Kompetenz ist nicht allgemein definiert. Sie hängt auch immer von der Situation und dem kulturellen Umfeld ab. Als sozial kompetent gelten Menschen, wenn sie interpersonelle Kompetenzen und Soft Skills in ihrem Umfeld, bei ihren Tätigkeiten, in Beziehungen oder einer bestimmten Situation einsetzen können. Im Grunde genommen sind es Menschen, die ein Feingefühl für andere Menschen besitzen.

Doch zurück zu dir. Neben den oben genannten findest du im Folgenden weitere Soft Skills, die für dich und deine Bewerbung relevant sein können:

Soziale Kompetenzen			
... im Umgang mit dir selbst	... im Umgang mit anderen	... in der Zusammenarbeit	... in der Menschenführung
Selbstbewusstsein	Menschenkenntnis	Teamfähigkeit	Verantwortung
Selbstwertgefühl	Einfühlungsvermögen	Kommunikationsfähigkeit	Vorbildfunktion
Selbsteinschätzung	Empathie	Konfliktfähigkeit	Motivationsfähigkeit
Selbstreflexion	Respekt & Toleranz	Kooperationsbereitschaft	Überzeugungskraft
Selbstdisziplin	Wertschätzung	Lernbereitschaft	Durchsetzungsfähigkeit
Eigenverantwortung	Zivilcourage	Motivationsfähigkeit	Gerechtigkeit und Fairness

Soziale Kompetenzen			
… im Umgang mit dir selbst	… im Umgang mit anderen	… in der Zusammenarbeit	… in der Menschenführung
Selbstvertrauen	Hilfsbereitschaft		
Selbstwirksamkeit	Altruismus		
Emotionale Intelligenz	Kommunikationsfähigkeit		
Emotionale Reife	Kompromissbereitschaft		
	Kritikfähigkeit		
	Interkulturelle Kompetenz		

Kreuze in der Tabelle an, welche Fähigkeiten du hast. Überlege, wieso du dich so einschätzt und woran du deine Bewertung festmachst. Wenn du sicher bist, dass du richtigliegst, kannst du diese Kompetenzen in deine Bewerbung aufnehmen. Vermeide es aber, dich zu überschätzen oder zu positiv darzustellen.

Grundsätzlich sind Soft Skills etwas, das eher schwer zu erlernen ist. Jedoch gibt es auch hier wie für so vieles Seminare, die sich damit auseinandersetzen. Dabei ist aber unbedingt ein großes Commitment der Teilnehmenden nötig, da es sich um grundlegende Dinge handelt und viel Reflexion, Arbeit, ausdauernde Übung und persönliche Verhaltensänderung erforderlich sind.

Auch folgende Fähigkeiten zählen zu den Soft Skills, allerdings empfehlen wir dir nicht, diese extra zu erwähnen. Denn sie sind in vielen Fällen die Grundvoraussetzung für eine Zusammenarbeit oder sogar vertraglich festgehalten.

- Zuverlässigkeit
- Pünktlichkeit
- Diskretion
- Loyalität
- Leistungsbereitschaft
- Professionelles Auftreten

So, weiter im Bewerbungsprozess. Die meisten Unternehmen haben ihren kompletten Bewerbungsprozess mittlerweile online abgebildet. Das bedeutet, du brauchst alle deine Unterlagen nur in digitaler Form. Doch was gehört alles in eine klassische Bewerbung?

1. Anschreiben
2. Lebenslauf
3. Anhang

Es gibt viele Unternehmen, die kein Anschreiben mehr verlangen. Für sie sind lediglich der Lebenslauf und deine Erfahrungen ausschlaggebend. Wie das bei dem Unternehmen ist, bei dem du dich bewerben möchtest, findest du entweder in der Ausschreibung selbst oder in der Oberfläche des Onlineportals, wo der Upload der Bewerbung stattfindet.

Wie formulierst du ein Anschreiben, das im Gedächtnis bleibt?

Das Anschreiben ist deine Möglichkeit, dich dem Unternehmen vorzustellen, aufzuzeigen, wieso genau du mit deinen Erfahrungen und Fähigkeiten auf die ausgeschriebene Position passt und wieso du für das Unternehmen arbeiten möchtest.

Es gibt Menschen, die das Anschreiben für überholt und veraltet halten, jedoch bietet es Platz, um Persönlichkeit zu zeigen, deine Motivation zu erläutern oder Lücken im Lebenslauf zu erklären. Das hilft vor allem, wenn du im Lebenslauf noch nicht sehr viele Stationen aufzeigen kannst. Was am Ende der schulischen Laufbahn natürlich ganz selbstverständlich ist.

Das Anschreiben sollte so aufgebaut sein, wie auf der nachfolgenden Seite zu sehen:

Adresse Arbeitgeber: Hast du eine:n Ansprechpartner:in in der Ausschreibung? Dann adressiere deine Bewerbung am besten direkt an ihn:sie. Zunächst nennst du den Unternehmensnamen, dann deine:n Ansprechpartner:in und die komplette Adresse des Unternehmens, auch wenn die Bewerbung nur digital zugestellt wird.

Ort, Datum: Dazu müssen wir nicht viel sagen. Das schaffst du ;)

Betreffzeile: Worum geht es? Du bewirbst dich auf eine ausgeschriebene Stelle? Dann könnte die Betreffzeile lauten: Bewerbung um die Stelle als XYZ/Bewerbung Position XYZ. Schickst du eine Initiativbewerbung,

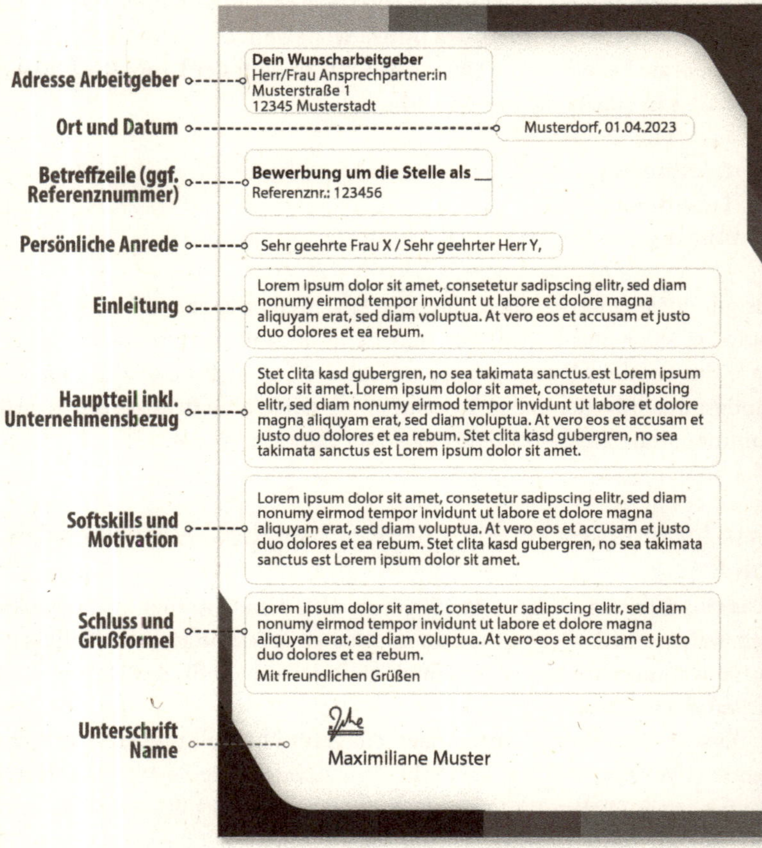

schreibst du genau das in die Betreffzeile inklusive dem Bereich, in dem du arbeiten möchtest.

Persönliche Anrede: Hast du eine:n direkte:n Ansprechpartner:in? Dann sprich ihn:sie auch hier direkt an. Sehr geehrte Frau X / Sehr geehrter Herr Y sind die üblichen förmlichen Anreden. Es ist immer besser, eine:n Ansprechpartner:in zu haben. Bekommst du keinen genannt, kannst du dein Anschreiben allgemein mit »Sehr geehrte Damen und Herren« beginnen, wenn es förmlich sein soll. Eine persönlichere Anrede wäre »Liebes Team von XYZ« ohne direkten Ansprechpartner und »Liebe/Lieber XYZ«, wenn du per Du mit deiner Ansprechperson bist beziehungsweise die Unternehmenskultur und -kommunikation auf einen solchen Umgang miteinander schließen lässt.

Einleitung: Hallo, hier bin ich! Jetzt ist deine Kreativität gefragt. Natürlich kannst du mit »Hiermit bewerbe ich mich auf die Stelle XYZ« beginnen. Aber stell dir einmal vor, du liest jeden Tag 30 Bewerbungen und bei 80 Prozent geht es so los. Und mit der Bewerbung ist ja eigentlich schon klar, dass du dich bewirbst und Interesse an der Stelle hast. Lass Floskeln und vorformulierte Standardeinleitungssätze also besser links liegen.

Versuche, deine Motivation in Worte zu fassen, und lass schon hier deine Persönlichkeit einfließen: Wieso bewirbst du dich genau auf diese Stelle? Gibt es ein anregendes Zitat, welches auf die Tätigkeiten passt? Gibt es eine Person, die dich inspiriert hat, in diesem Bereich zu arbeiten? Hast du eine Anekdote, die du als Einleitung nutzen kannst? Auf welche Aufgaben freust du dich besonders? Kennst du das Unternehmen schon länger? Wenn ja, woher? Was hat dich motiviert, deine Bewerbung zu schreiben?

Hauptteil: Das kann ich und darum möchte ich bei euch arbeiten! Hier gibt es viel Platz, um zu erklären, wieso genau du perfekt für die ausgeschriebene Stelle geeignet bist. Lies dir die Ausschreibung aufmerksam durch und notiere dir die benötigten Fähigkeiten. Diese Schlüsselbegriffe nimmst du in genau der Formulierung auf und erläuterst anhand deiner Erfahrungen, Schwerpunktfächer, Hobbys oder Projekte, wieso du hier Stärken hast. Erkläre dem Unternehmen, welchen Nutzen du für das Unternehmen hast und welche Ziele du vielleicht schon mitbringst: »Ich freue mich, mit meiner Expertise dazu beitragen zu können, die Reichweite Ihres Social-Media-Auftritts signifikant zu erhöhen.«

Hier ein kleiner Hinweis: Es gibt mittlerweile vor allem in großen Unternehmen das sogenannte Applicant-Tracking-System. Dieses System ist eine künstliche Intelligenz, welche die Bewerbungen auf die gesuchten Schlüsselbegriffe, Stellenprofile und weitere Kriterien wie Sprachkenntnisse oder Weiterbildungen scannt und ein Rating vergibt. Bewerber, die ein bestimmtes Rating nicht erreichen, werden dann gleich aussortiert und bekommen automatisch eine Absage. Achte also genau auf die Schlüsselbegriffe der Ausschreibung und verwende diese, damit du nicht herausfällst.

Ein weiterer wichtiger Punkt: Erkläre de:r Empfänger:in deiner Bewerbung, wieso du dich auf die Stelle bewirbst und wieso du genau bei diesem Unternehmen arbeiten möchtest. Ist es eine positive Erfahrung als Kunde, das Alleinstellungsmerkmal in der Branche oder dein Interesse am Tätigkeitsfeld an sich – zeige, dass du dich bereits mit der Firma auseinandergesetzt hast und aufrichtiges Interesse mitbringst. Erläutere darüber hinaus, welchen Mehrwert du für das Unternehmen bieten kannst.

Das bedeutet zwar, dass dich jede Bewerbung in etwa eine Stunde Anpassungsarbeit kosten wird. Das ist in der heißen Bewerbungsphase vielleicht etwas nervig, wenn du aber überlegst, dass du im besten Fall mehrere Jahre bei dieser Firma arbeiten wirst, ist es definitiv gut investierte Zeit.

Motivation & Soft Skills: Das zeichnet mich aus! Zu den Schlüsselbegriffen zählen Hard und Soft Skills. Darüber hast du ja bereits am Anfang des Kapitels gelesen. Diese lässt du anhand der Ausschreibung an den passenden Stellen in dein Anschreiben einfließen. Wichtig ist dabei, dass du nicht nur deine Fähigkeiten nennst, sondern anhand von Beispielen, Erfahrungen oder Projekten zeigst, dass du sie auch wirklich besitzt.

Schluss: So viel zu mir – als Nächstes gerne persönlich! So, nun weiß das Unternehmen alles über dich, was es wissen muss. Sollst du eine Gehaltsforderung und den nächstmöglichen Eintrittstermin angeben, ist auch hier der Platz dazu. Wenn eine Gehaltsvorstellung gefordert ist, musst du eine mitschicken. Die Bitte, über das Gehalt persönlich sprechen zu wollen, rettet dich nicht. Nenne eine Summe, mit der du dich wohlfühlst. Wie du deinen Marktwert ermitteln kannst, verraten wir dir in Kapitel »Job und Karriere IV«. Schlag auf deine Wohlfühlsumme ruhig noch fünf oder zehn Prozent drauf.

Jetzt musst du nur noch das Schreiben selbstbewusst abschließen. Hierzu eignet sich eine optimistische Verabschiedung. Du freust dich schon auf das Gespräch und darauf, deine:n Ansprechpartner:in persönlich kennenzulernen und von dir zu überzeugen. Dann noch freundliche Grüße dazu – fertig.

Auch wenn du die Bewerbung digital abschickst, ist es sinnvoll, sie zu unterschreiben. Du kannst deine Unterschrift digitalisieren und ganz einfach als Bilddatei einfügen.

Worauf kommt es beim Lebenslauf an?

Der erste Teil ist geschafft, auch wenn du diesen vielleicht nicht für jede Bewerbung benötigst. Viele Unternehmen bieten eine Kurzbewerbung an – über LinkedIn und Xing klappt das teilweise mit einem Klick –, bei der nur dein Lebenslauf eingereicht wird. Damit du da ebenfalls punkten kannst, hier die wichtigsten Inhalte:

Der Lebenslauf, der auch als Curriculum Vitae (CV) bezeichnet wird, ist eine Zusammenfassung dessen, was du in deinem Leben bisher alles gemacht hast. Oft ist die Rede von einem tabellarischen Lebenslauf. Das bedeutet, dass in übersichtlicher, zeitlich nachvollziehbarer Weise alle deine bisherigen schulischen und beruflichen Stationen aufgezeigt und kurz erläutert werden. Er enthält einzelne Gliederungspunkte, die eine kompakte Übersicht über die eigene Laufbahn geben und durch Überschriften geordnet werden. So kann sich die Personalabteilung einen Überblick über deinen Werdegang verschaffen. Wie so ein Lebenslauf gestaltet sein kann, siehst du auf der nachfolgenden Seite:

Überschrift: Lebenslauf oder Curriculum Vitae

Persönliches: Name, Adresse und Kontaktdaten (Mail, Telefonnummer). Ein Foto ist nicht notwendig.

Kurzvita/Profil: Nutze diesen Teil für deine persönliche Kurzbeschreibung (ein bis zwei Sätze).

Beruflicher Werdegang: Auflistung deiner beruflichen Stationen. Dabei wird nicht chronologisch vorgegangen, die aktuellste Erfahrung steht oben.

Ausbildung: Platz für deine schulische Ausbildung und den zugehörigen Abschluss. Hier ist es gut, wenn du die Note angibst.

Stärken: Nenne deine Stärken, also deine Soft Skills, die dich besonders machen. Du hast sie bereits im Anschreiben erwähnt. Eine Wiederholung schadet nicht. Und wenn du nur deinen Lebenslauf schickst, umso wichtiger ist es, diese hervorzuheben.

Besondere Kenntnisse: Es folgen deine Hard Skills. Programme, Sprachen und Fähigkeiten, für die es eine Zertifizierung gibt.

Interessen und Hobbys: Mit deinen Hobbys zeigst du, womit du dich in deiner Freizeit beschäftigst. Auch daraus kann der:die Personaler:in Schlüsse über deine Persönlichkeit ziehen. Übst du einen Mannschaftssport aus, spricht das für deine Teamfähigkeit. Gibst du Fallschirmspringen als Hobby an, könnte das tatsächlich gegen eine Einstellung sprechen, da es eine hohe Verletzungsgefahr mit sich bringt. Überleg dir also gut, welche Interessen du präsentierst.

In deinem Lebenslauf musst du nicht alle Infos angeben, die wir hier aufgezählt haben. Notwendig sind persönliche Daten, berufliche Erfahrung, Ausbildung/Studium (höchster Abschluss), besondere Kenntnisse (die für die ausgeschriebene Stelle relevant sind oder dich von anderen Bewerbern abheben) sowie Ort, Datum und Unterschrift.

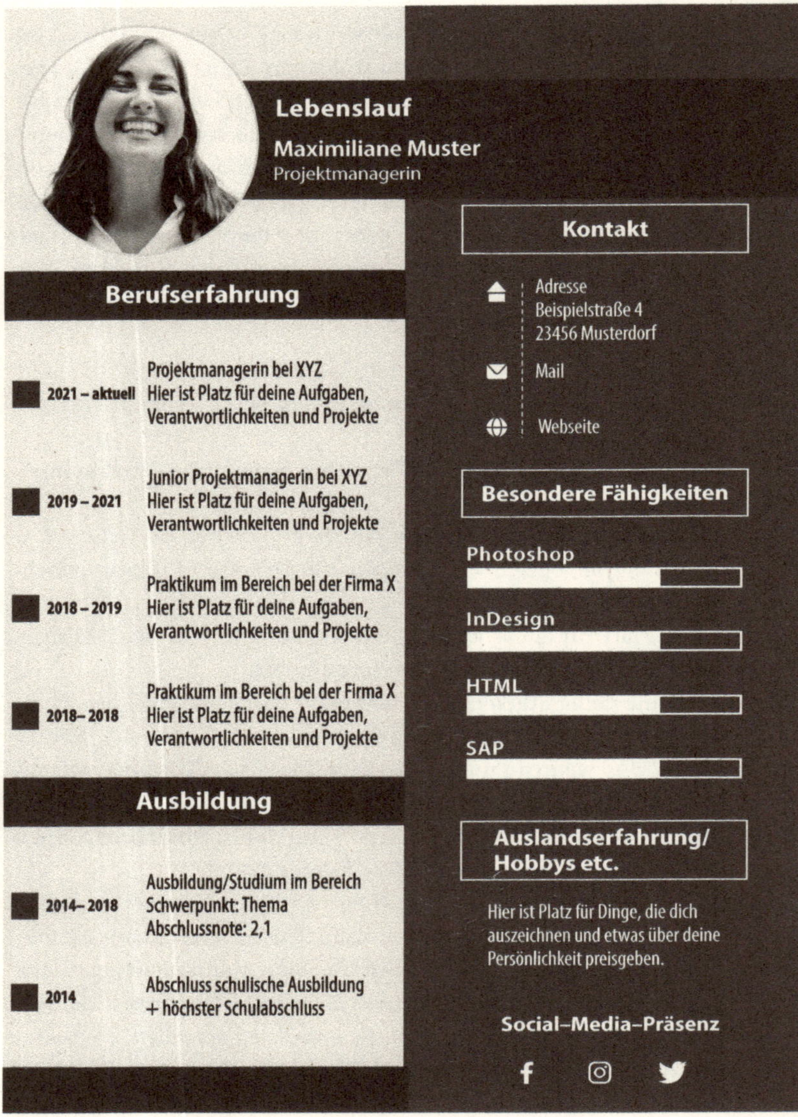
Lebenslauf

Maximiliane Muster

Projektmanagerin

Berufserfahrung

2021 – aktuell: Projektmanagerin bei XYZ
Hier ist Platz für deine Aufgaben, Verantwortlichkeiten und Projekte

2019 – 2021: Junior Projektmanagerin bei XYZ
Hier ist Platz für deine Aufgaben, Verantwortlichkeiten und Projekte

2018 – 2019: Praktikum im Bereich bei der Firma X
Hier ist Platz für deine Aufgaben, Verantwortlichkeiten und Projekte

2018– 2018: Praktikum im Bereich bei der Firma X
Hier ist Platz für deine Aufgaben, Verantwortlichkeiten und Projekte

Ausbildung

2014– 2018: Ausbildung/Studium im Bereich
Schwerpunkt: Thema
Abschlussnote: 2,1

2014: Abschluss schulische Ausbildung
+ höchster Schulabschluss

Kontakt

Adresse
Beispielstraße 4
23456 Musterdorf

Mail

Webseite

Besondere Fähigkeiten

Photoshop

InDesign

HTML

SAP

Auslandserfahrung/ Hobbys etc.

Hier ist Platz für Dinge, die dich auszeichnen und etwas über deine Persönlichkeit preisgeben.

Social–Media–Präsenz

Welche Dokumente gehören in einen Anhang?

Der Hauptteil deiner Bewerbung ist fertig. Gratulation! Der Großteil ist geschafft. Nun kommt noch der Anhang. Mit ihm hast du die Möglichkeit, deine Hard Skills durch Abschlusszeugnisse, Praktikumszeugnisse, Arbeitszeugnisse oder Zertifikate zu belegen.

Tipp: Frag bei jedem Praktikum oder Nebenjob nach einem Arbeitszeugnis. Selbst wenn du nur ein paar Wochen vor Ort warst. Ein Arbeitszeugnis bestätigt offiziell, welche Hard und Soft Skills du vorweisen kannst.

Wenn du alle deine Dokumente schon digital vorliegen hast – perfekt. Ansonsten musst du sie mit einem Scanner oder der Scan-Funktion deines Smartphones digitalisieren.

Und noch ein Tipp: Damit du bei deinen Bewerbungen den Überblick behältst, empfehlen wir dir, einen eigenen Ordner dafür auf deinem Laptop anzulegen. Dort kannst du alle wichtigen Dokumente für den Anhang, Bewerbungsbilder sowie abgeschickte Bewerbungen speichern. Am besten führst du neben dem Ordner noch eine Übersicht, auf welche Jobs du dich beworben hast, von wem du eine Rückmeldung bekommen hast, wo vielleicht eine Absage.

Zehn Dinge, die du bei deiner Bewerbung nicht tun solltest

1. Halte dich an eine formale Gestaltung: Comic Sans ist keine Schriftart, die du in einem Anschreiben verwenden solltest. Nutze klare Schriften wie zum Beispiel Arial, Helvetica, Georgia, Cambria oder Calibri. Als Schriftgröße ist 12 die Norm.
2. »Sehr geehrte Damen und Herren« – informiere dich besser über eine:n persönliche:n Ansprechpartner:in und richte das Anschreiben an diese Person.
3. »Hiermit bewerbe ich mich …« – das ist den Empfänger:innen bestimmt klar ;)
4. Lügen: Es kann verlockend sein, seinen Lebenslauf aufzuhübschen. Aber irgendwann wird die Lüge herauskommen. Stehe zu Lücken im Lebenslauf. Niemand ist perfekt. Tipp: Kommuniziere Lücken als Pausen, in denen du Kraft gesammelt oder dich weitergebildet hast, um dich auf die neue Herausforderung einzustellen.
5. Rechtschreibung vernachlässigen. Ja, ein Rechtschreibfehler kann schon einmal passieren. Sollte er aber nicht in einer Bewerbung. Laut Studien achten viele Personaler:innen akribisch darauf und sortieren Bewerbungen bei zu vielen Fehlern direkt aus. Lass deine Bewerbung daher lieber noch von einer geeigneten anderen Person gegenlesen.

6. Passive Formulierungen: Dir wurde zwar etwas beigebracht, jedoch hast du auch dazugelernt. Nutze aktive Formulierungen, um über deinen Werdegang zu berichten.
7. Sei kreativ – aber halte dich an die Vorgaben: Du hast stundenlang an deinem Design für den Lebenslauf gefeilt und nun musst du alles in ein Formular packen? Ja, bitte! Damit hilfst du den Personaler:innen bei der Vorauswahl. Und eine formal nicht richtig abgegebene Bewerbung kann von Unternehmen einfach nicht berücksichtigt werden.
8. »Ich möchte mich einer beruflichen Herausforderung stellen.« Jeder neue Job ist eine Herausforderung, das weißt du und auch der:die Personaler:in.
9. Aufzählung von Fähigkeiten ohne Beweis: Du bist teamfähig, kommunikativ und belastbar? Das ist schön. Erkläre in deiner Bewerbung, wo und wie du diese Fähigkeiten eingesetzt hast, anstatt sie nur aufzuzählen.
10. »Ich würde mich über eine Einladung zum Vorstellungsgespräch freuen« – vermeide den Konjunktiv im gesamten Bewerbungsschreiben. Das schwächt alle Aussagen ab. Besser: »Ich freue mich auf eine Einladung zum Vorstellungsgespräch/ein persönliches Kennenlernen.«

Du hast deine Bewerbung geschrieben – wie geht es weiter?

Bevor du deine Bewerbung abschickst, lass noch mal deine Eltern oder Freund:innen Korrektur lesen. Vielleicht fällt ihnen etwas auf, das du nicht gesehen hast. Irgendwann liest du nämlich nicht mehr jedes Wort, da dein Gehirn den Text gespeichert hat. Du hast ihn ja schließlich auch geschrieben. Und so siehst du den einen oder anderen Fehler nicht mehr. Nachdem du das Feedback und die Korrekturen eingearbeitet hast, kannst du deine Bewerbung versenden. Wenn du deine Bewerbung per Mail verschickst, brauchst du natürlich noch einen Text in der Mail. Halte dich dabei kurz – alles Wichtige hast du ja bereits in deine Bewerbung gepackt. Ein nettes Hallo und der Hinweis, dass du dich auf die ausgeschriebene Stelle als XYZ bewirbst und deine Bewerbungsunterlagen im Anhang sind, reichen völlig aus. Ein fröhliches »Ich freue mich auf eine zeitnahe Rückmeldung« rundet das Ganze ab.

Je nach Größe des Unternehmens, bei dem du dich bewirbst, variiert auch die Dauer der Bearbeitungszeit. In großen Firmen können da gut und gerne bis zu vier Wochen vergehen. Bei Onlineportalen erhältst du nach dem Versenden der Bewerbung eine Eingangsbestätigung. Oft kannst du sogar den Status deiner Bewerbung im Portal prüfen. Schickst du deine Bewerbung per Mail direkt an das Unternehmen, bekommst du vielleicht gleich eine Eingangsbestätigung, ansonsten normalerweise zeitnah eine persönliche Bestätigung von einem/einer Mitarbeiter:in.

Möchtest du nach zwei Wochen den Stand deiner Bewerbung nachfragen, kannst du das gerne tun. Das zeigt dein Interesse an der Stelle. Spätestens nach vier Wochen ohne Rückmeldung ist es sinnvoll, einmal im Unternehmen anzurufen, da es Firmen gibt, die nicht einmal Absagemails an Bewerber versenden. Deshalb empfiehlt es sich, in diesen Fällen selbst die Initiative zu ergreifen.

Manche Unternehmen führen vor den persönlichen Gesprächen sogenannte Assessment-Center durch. Dabei handelt es sich um ein Verfahren, das vor allem bei der Personalfindung eingesetzt wird. Durch verschiedene Fragestellungen werden innerhalb kurzer Zeit aus einem Kreis von Kandidat:innen diejenigen identifiziert, die am besten zur Position passen. Es gibt Assessment-Center, die persönlich durchgeführt werden, mittlerweile übernimmt diese Aufgabe inklusive der Einschätzung der Teilnehmer:innen jedoch oft ein Computer.

Da du mit Sicherheit sowohl mit deiner Bewerbung als auch im Assessment-Center überzeugt hast, geht es nun weiter mit dem nächsten Schritt, dem Bewerbungsgespräch.

Wie meisterst du Bewerbungsgespräche?

Nach der erfolgreichen Bewerbung folgt die nächste Herausforderung: das Bewerbungsgespräch. Es ist ganz normal, dass du davor nervös bist.

Das Bewerbungsgespräch ist das erste Kennenlernen von dir als potenziellem/potenzieller zukünftige:r Mitarbeiter:in und dem Unternehmen. Das Gespräch findet meistens mit dem:der zukünftige:n Chef:in sowie jemandem aus der Personalabteilung statt. In dem Zusammenhang ist wichtig zu betonen, dass es auch für dich als Bewerber:in ein Kennenlernen ist, bei dem du mehr über das Unternehmen, die Atmosphäre, deinen Arbeitsplatz und deinen Aufgabenbereich erfahren kannst.

Du solltest dich auf jeden Fall auf das Vorstellungsgespräch vorbereiten. Das hilft dir dabei, die Nervosität zu verringern und für dich wichtige Fragen zu stellen und Antworten darauf zu bekommen. Laut einigen Studien fällen Personaler:innen in den ersten 90 Sekunden ein Urteil über die Bewerber:innen – und behalten dies in 70 Prozent der Fälle auch nach dem Gespräch bei.[14]

Fünf Tipps gegen Nervosität

Du bist gut vorbereitet, siehst super aus und trotzdem merkst du, dass die Nervosität zum Problem werden könnte. Dann haben wir hier einige Tipps, die dir helfen können, sie zu bewältigen:

Durchatmen: Atme tief ein und aus und konzentriere dich auf deine Atmung. Wenn du nervös bist, atmest du flacher. Dann kommt weniger Sauerstoff in deinen Körper und die Muskeln spannen sich an. Eine tiefe Atmung sorgt für mehr Sauerstoff in deinem System, was dir dabei helfen kann, dich zu beruhigen.

Nervosität ist normal: Eine neue Situation, ein Auftritt vor vielen Menschen oder eben ein Vorstellungsgespräch – es gibt viele Situationen, in denen wir vor Herausforderungen gestellt werden. Nervosität ist eine völlig verständliche Reaktion auf stressige Situationen. Deshalb mach dir bewusst, dass jeder einmal in diese Lage kommt und die Aufregung völlig normal ist.

Bewegung: Wenn du die Möglichkeit dazu hast, beweg dich etwas. Lauf den Flur hoch und runter, schüttele dich ein bisschen. Das kann helfen, deine Muskeln zu entspannen.

Worst-Case-Szenario: Denk doch einmal darüber nach, wieso du gerade so nervös bist. Was ist das Schlimmste, das passieren kann? Was macht dir Angst? Bei einem Vorstellungsgespräch ist es vielleicht eine Absage für den Job. Doch das gehört im Bewerbungsprozess mit dazu.

Sprich darüber: Du weißt, dass du anfällig für Nervosität bist? Dann kann es auf jeden Fall hilfreich sein, mit deiner Familie oder Freund:innen darüber zu sprechen. Sind es nur vereinzelte Situationen, in denen du dir deine Nervosität auch erklären kannst, ist es grundsätzlich kein Problem. Sollte dich ein nervöses Verhalten in deinem Alltag einschränken, such am besten einen Ärzt:in oder professionelle:n Berater:in auf.

Nervosität kann übrigens auch etwas Positives sein. Viele Künstler:innen kennen das sogenannte Lampenfieber. Wenn du gut vorbereitet bist, kannst du die Merkmale für mehr Aufmerksamkeit und einen tollen Auftritt nutzen. Hier gilt allerdings wie immer: Es ist wichtig zu beachten, dass jeder anders auf Nervosität reagiert und dass es keine universellen Lösungen gibt. Probiere einfach verschiedene Techniken aus, damit umzugehen, und finde heraus, was für dich am besten funktioniert.

Wie bereitest du dich auf das Gespräch vor?

Sammle allgemeine Informationen über das Unternehmen: Wie groß ist es? Wie hoch ist der Umsatz? Ist es national oder international tätig? Welche Produkte werden hergestellt? Diese und weitere Informationen findest du wahrscheinlich auf der Website des Unternehmens. Die Inhalte stammen natürlich direkt vom Unternehmen, also klar, dass alles positiv und schick dargestellt wird. Such deshalb ruhig auch in Suchmaschinen nach der Firma und schau nach, welche zusätzlichen Informationen (Zeitungsartikel, Kundenrezensionen) du so bekommen kannst.

Die Anreise: Ist das Unternehmen im Nachbarort oder hast du eine weite Anreise vor dir? Das solltest du im Voraus auf jeden Fall abklären. Eine weitere Anreise bedarf etwas mehr Planung als eine kurze – ist ja klar. Fährst du mit dem Auto oder der Bahn? Hast du einen zeitlichen Puffer eingeplant? Du fährst mit dem Zug von München nach Hamburg und bezahlst etwa 200 Euro für Hin- und Rückfahrt? Dann frag im Voraus bei der Firma nach, ob es eine Rückerstattung für diese Kosten gibt.

Dein Outfit: Kleider machen Leute – und für das Vorstellungsgespräch gilt das Credo: Dress for the job you want, not the job you have. Dabei muss das Outfit natürlich dem Beruf entsprechen. Für einen Job im Lager bist du mit einem schwarzen Anzug mit Sicherheit overdressed, während für den Start in eine Karriere bei der Bank die legere Jeans vielleicht schon das Aus bedeuten kann. Das Wichtigste ist auf jeden Fall, dass du dich in deiner Kleidung wohlfühlst. Wie es um die Kleiderordnung im Unternehmen deiner Wahl bestellt ist, kannst du ganz einfach herausfinden. Schau auf der Homepage des Unternehmens nach, mit welchen Bildern es sich präsentiert. Was tragen die Menschen dort? Noch authentischer wird dein Einblick, wenn du dir die Bilder deiner (vielleicht) zukünftigen Kolleg:innen auf Netzwerkportalen wie Xing oder LinkedIn anschaust.

Allgemeine Fragen im Vorstellungsgespräch: Jedes Vorstellungsgespräch kann anders verlaufen – das hängt sehr stark von deinem/deiner Gesprächspartner:in ab. Allerdings gibt es die sogenannten Standardfragen, auf die du dich ganz leicht vorbereiten kannst:

- Deine Stärken?
- Deine Schwächen?
- Wieso hast du dich auf die Stelle/bei diesem Unternehmen beworben?
- Wo siehst du dich in fünf Jahren?
- Erzähl, was du bisher gemacht hast. (Diese Aufforderung gibt dir die Möglichkeit, bestimmte Stationen in deinem Leben in den Vordergrund zu rücken. Dein Lebenslauf ist ja bekannt, nun kommt es darauf an, welche Teile dir besonders wichtig sind.)
- Welche Tätigkeiten verbindest du mit der ausgeschriebenen Position?

Hinweis: Vor allem die Frage nach den eigenen Schwächen ist immer etwas schwierig. Es gibt keinen Menschen ohne Schwächen, doch welche kannst du bedenkenlos nennen? Früher haben Expert:innen geraten, eine Stärke in eine vermeintliche Schwäche umzuformulieren. Ein Beispiel hierfür ist, zu perfektionistisch oder ein Workaholic zu sein. Sich als perfekt – also ohne nennenswerte Schwächen – zu präsentieren oder mit witzigen Antworten (»Schokolade«) aus der Frage retten zu wollen, funktioniert nicht und hinterlässt keinen guten Eindruck.

Unsere Empfehlung: Sei einfach ehrlich, die Personaler kennen auswendig gelernte Standardantworten. Das kommt nicht wirklich gut an, da sie dich als Person kennenlernen möchten. Geh auf deine Schwächen ein, aber nenne keine für den Beruf relevanten Schwächen. Das zeigt, dass du dich bereits mit dir als Person auseinandergesetzt hast und dir bewusst bist, welche Stärken und Schwächen du besitzt. Nenn eine Schwäche, zeig aber gleichzeitig, wie du daran arbeiten willst oder es bereits tust. Vielleicht kannst du ja einen Fortschritt präsentieren oder eine Situation schildern, in der du dich deiner Schwäche gestellt hast. Hier ein paar Beispiele für dich:

- Wenig/Keine Berufserfahrung/Quereinsteiger:in
- Nicht Nein sagen können
- Ungern telefonieren
- Mangelnde Sprachkenntnisse in einer international tätigen Firma
- Fehlende Kenntnisse bei Softwareprogrammen, Social-Media-Kanälen oder Systemen
- Eine Lücke im Lebenslauf

Bei diesen Beispielen kannst du mit Weiterbildungsmaßnahmen oder der freiwilligen Übernahme von unliebsamen Aufgaben fürs Trainieren zeigen, dass du an der Schwäche arbeitest. Bei einer Lücke im Lebenslauf kannst du vor allem nach der Schule darauf zurückgreifen, dass du erst einmal Zeit haben wolltest, um zu überlegen, was du wirklich machen möchtest – anschließend gehst du auf deine Bewerbung und das stattfindende Gespräch ein. Auch die Begründung, dass du in der Zeit einfach Kraft getankt hast, bevor du eine neue Herausforderung angegangen bist, erklärt eine Lücke im Lebenslauf gut.

Deine Fragen: Bei der Recherche zum Unternehmen sind Fragen aufgekommen, die dich interessieren? Wunderbar! Schreib sie gleich auf, damit du sie im Gespräch stellen kannst. Fragen im Vorstellungsgespräch zeigen deinem Gegenüber, dass du dich mit dem Unternehmen und der Position beschäftigt hast. Falls es dir schwerfällt, dir Fragen zu überlegen, haben wir hier ein paar beliebte Themen vorbereitet:

- Fragen zum Alltag im Büro / in der Werkstatt / in der Praxis
- Entwicklung des Unternehmens
- Definition von Erfolg in der angestrebten Position
- Wieso arbeiten deine Gesprächspartner:innen gerne in der Firma?
- Aufbau des Teams
- Ist es eine Nachbesetzung einer Stelle oder eine neue Position?
- Deine Weiterbildungsmöglichkeiten?
- Deine Aufstiegsmöglichkeiten?

Wie läuft ein Vorstellungsgespräch ab?

Pünktlichkeit: Deine Anfahrt ist gut geplant und deshalb läuft nichts schief. Du kommst rechtzeitig bei der Firma an. Am besten solltest du etwa zehn Minuten vor dem Termin da sein. Denn auch wer viel zu früh zu einem Termin erscheint, ist nicht pünktlich.

Der erste Eindruck: Wie bereits erwähnt, fällen viele Personaler:innen ein erstes, aber bleibendes Urteil in den ersten 90 Sekunden. Da kannst du noch nicht viel über dich erzählen. Es kommt vor allem auf deine Körperhaltung, Gestik und Mimik an. Tritt selbstbewusst auf – du hast dich ja gut vorbereitet und brauchst nicht nervös zu sein. Vor allem wenn es eines deiner ersten Gespräche ist, ist eine bestimmte Angst bzw. Nervosität verständlich. Doch sei dir bewusst, dass eine abweisende Körperhaltung, wenige Nachfragen und grundsätzlich wenig Kommunikation dazu führen können, dass die Personaler:innen ein falsches Bild von dir bekommen. Vielleicht hilft es dir, es als Kennenlerngespräch für beide Seiten zu verstehen. Das Unternehmen bietet dir nicht nur eine Möglichkeit zu arbeiten –

sie brauchen auch Mitarbeiter, um Produkte produzieren und verkaufen zu können. Es ist also keine Großzügigkeit des Unternehmens, dich für eine Position in Betracht zu ziehen. Du bist hier, weil du auf dem Papier mit deinen Fähigkeiten, deiner Ausbildung und deinem Engagement überzeugt hast. Nutze das als Motivation für den ersten Eindruck.

Ankommen: Bewirbst du dich bei einem größeren Unternehmen, musst du dich meist am Empfang melden. Die Mitarbeiter:innen geben deinem/ deiner Gesprächspartner:in im Anschluss Bescheid, dass du da bist. Es ist möglich, dass du hier deinen Ausweis vorzeigen musst, um einen Besucherausweis zu bekommen. Danach wirst du entweder mit einer Wegbeschreibung losgeschickt, oder es kommt jemand und holt dich ab. In kleineren Unternehmen kannst du eventuell in einem Besprechungsraum auf den Termin warten.

Begrüßung: Wenn deine Ansprechpartner:innen kommen, stellst du dich am besten noch einmal persönlich vor und bedankst dich für die Einladung. Im Anschluss folgt wahrscheinlich etwas Small Talk, bevor es zum Vorstellungsgespräch übergeht. Die Gesprächsführung liegt beim Unternehmen.

Gespräch: Du bist gut vorbereitet, kennst die Stellenausschreibung und nutzt den Termin, um das Unternehmen kennenzulernen und dir zu überlegen, ob du hier arbeiten möchtest. Etwas Aufregung ist trotzdem völlig normal. Versuche, dich nicht zu verstellen. Bei Einstellungen, vor allem am Beginn der Berufslaufbahn, kommt es mehr auf deine Persönlichkeit als auf deine Kenntnisse an. Du musst ins Team passen. Lernen kannst du die benötigten Fähigkeiten in vielen Fällen beim Onboarding, also wenn du eingestellt und eingearbeitet wirst. Der erste Schritt im Gespräch ist normalerweise eine kurze Vorstellungsrunde. Wenn ihr nur zu zweit seid, ist das schnell erledigt. Oft sind aber noch weitere Personen dabei. Das können neben deinen zukünftigen Kolleg:innen Vorgesetzte, Personaler:innen oder Expert:innen aus Fachbereichen sein.

Danach geht es an deinen Lebenslauf. Hier hast du wahrscheinlich die Möglichkeit, frei zu erzählen, was du bisher gemacht hast. Dabei kannst du deine persönlichen Schwerpunkte setzen: Welches Praktikum hat dich am meisten geprägt? In welchem Hobby hast du die größten Erfolge feiern können? Wo konntest du durch dein soziales Engagement am meisten über dich selbst lernen? Such dir Tätigkeiten oder Charakteristika aus, die dich besonders machen. Du möchtest ja einen positiven Eindruck hinterlassen, aber auch im Gedächtnis bleiben.

Darauf werden Fragen zur Stelle folgen. Du hast dich in deiner Vorbereitung mit den Basisinformationen zur Firma sowie Standardfragen auseinandergesetzt. Auf alle weiteren Fragen antwortest du so, wie es sich für dich richtig anfühlt. Du kannst auch gerne etwas Zeit zum Nachdenken einfordern.

Neben firmen- und fachspezifischen Fragen können auch Schätz-, Logik- oder Fragen zum Allgemeinwissen gestellt werden. Das sind die sogenannten Brainteaser. Hiermit wird getestet, ob du zugleich logisch, gründlich und kreativ an eine Aufgabe herangehen kannst. Hierzu benötigst du oft mathematische oder physikalische Fähigkeiten. Es kommt aber auch vor, dass schnelle Auffassungsgabe und Kreativität in der Lösungsfindung abgefragt werden. Branchen, in denen häufig solche Fragen zum Einsatz kommen, sind die Finanzbranche, Unternehmensberatungen und die Kreativbranche. Es können ebenso Trickfragen auf dich warten. Da ist es hilfreich, sich die Frage genau anzusehen – denn meistens steckt in ihr schon die Lösung. Oft bekommst du etwas Zeit, dich mit den Fragen auseinanderzusetzen.

Es kann allerdings auch sein, dass du mit einer sogenannten Case Study konfrontiert wirst. Das sind oftmals Aufgaben, die dich so auch im Arbeitsalltag erwarten werden. Im Controlling musst du mit Zahlen jonglieren, Informationen aus einer Excel-Tabelle lesen und diese interpretieren. Im Marketing kann es die Idee zu einer Produktkampagne sein, eine Einschätzung zu einem Artikel oder Post oder eine Zielgruppenbestimmung. Bei digitalen Gesprächen bekommst du diese Aufgaben mit einem vorgegebenen Bearbeitungszeitraum zugeschickt. In persönlichen Gesprächen erhältst du bei einer längeren Case Study Zeit, die Aufgabe direkt zu bearbeiten. Besprochen wird sie dann gemeinsam im Anschluss. Bei einfacheren Fragen ist es auch normal, dass die Antwort direkt im Gespräch erfolgt.

Wenn alle Fragen deine:r Gesprächspartner:innen gestellt und beantwortet sind, hast du die Möglichkeit, deine Fragen zu platzieren. Da du dich ja in der Vorbereitung bereits damit auseinandergesetzt hast, kannst du nun alle Fakten, die dir zur Stelle noch fehlen, sammeln und deinem Gegenüber zeigen, dass du dich über das Unternehmen informiert hast. Auch wenn das eigentlich immer so sein sollte, ist das nicht der Normalfall. Jetzt hast du auch die Möglichkeit, Vertragliches zu klären – doch stell die Frage nach dem Gehalt nicht gleich als Erstes. Dinge, die du ansprechen solltest, sind:

- Wie viele Stunden pro Woche arbeitest du?

- Wie viele Tage Urlaub hast du?
- Gibt es die Möglichkeit für Homeoffice? Wenn ja, wie oft/wie viel?
- Wie viel Gehalt ist für die Stelle angesetzt?
- Welche zusätzlichen Möglichkeiten gibt es? Jobticket? Weihnachtsgeld? Urlaubsgeld? Betriebliche Gesundheitsförderung?
- Welche Aufstiegsmöglichkeiten/Weiterbildungsmöglichkeiten existieren?
- Wann wäre der Arbeitsbeginn?
- Ist es ein befristeter oder unbefristeter Vertrag?
- Wie lange dauert die Probezeit?

Verabschiedung: Wenn alle deine Fragen zum Unternehmen und Vertrag beantwortet sind, geht es an das Beenden des Gesprächs. Hier empfehlen wir dir, dich noch über den weiteren Prozess zu informieren, also:

- Wann kannst du mit einer Rückmeldung auf das Bewerbungsgespräch rechnen?
- Folgen noch weitere Runden?
- Solltest du noch Rückfragen haben, an wen kannst du dich wenden?

Es ist höflich, sich beim Gegenüber für die Zeit und die Infos zu bedanken. Verabschiede dich – und nun heißt es Geduld haben, bis eine Rückmeldung kommt. Sollte sich das Unternehmen nicht in der vorgegebenen Zeit melden, frag ruhig höflich nach.

Nicht immer wartet nach einem Bewerbungsgespräch eine positive Nachricht auf dich. Wie gehst du mit einer Absage um? Nun, eine Absage tut erst einmal weh. Du fühlst dich abgelehnt und zurückgewiesen. Womöglich erhältst du nur eine Standardabsage, aus der du keine Rückschlüsse ziehen kannst, woran genau es lag, dass es mit dem Job nicht geklappt hat. Erinnerst du dich an den Kaizen-Prozess, den wir dir im vorherigen Kapitel vorgestellt haben? Jetzt wäre ein guter Zeitpunkt, ihn anzuwenden.

Eine Absage bedeutet nichts anderes, als dass die Umsetzung deines Plans (deine Bewerbung) dich nicht zu deinem Ziel (dem Job) geführt hat. Du solltest daher alle Informationen sammeln, die dir bei der Analyse helfen, woran es lag. Melde dich nach der Absage beim Unternehmen und bitte um ein ehrliches Feedback mit den Fragen:

- Welche Fähigkeiten oder Erfahrungen hätten Sie sich von mir zusätzlich gewünscht?
- Wo sollte und kann ich mich in Ihren Augen noch verbessern?

Am besten lassen sich diese Fragen in einem persönlichen Gespräch klären. Es gibt so viele Möglichkeiten, warum es manchmal mit einer Bewerbung nicht geklappt hat. Die Erfahrung, die Gehaltsvorstellungen, bestimmte Skills, Missverständnisse im Bewerbungsgespräch ... Finde heraus, was bei dir zur Absage geführt hat. Nur so kannst du deinen Plan anpassen und es beim nächsten Mal besser machen – zum Beispiel indem du noch eine Weiterbildung absolvierst, um fehlende Skills zu ergänzen.

Ganz wichtig: Auch du darfst nach einem Bewerbungsgespräch absagen. Das Bewerbungsgespräch ist keine Prüfung, sondern ein gegenseitiges Kennenlernen. Solltest du das Gefühl haben, dass sich das Unternehmen gar nicht richtig um dich bemüht oder dir keine vernünftige Perspektive aufzeichnet, sag lieber ab. Wenn dein Bauchgefühl nicht stimmt, kannst du auch um einen Probearbeitstag bitten, um das Team kennenzulernen, in dem du später arbeiten sollst.

Dein Arbeitsvertrag – worauf du achten solltest

Theoretisch kann ein unbefristeter Arbeitsvertrag laut Gesetz sogar per Handschlag abgeschlossen werden. Das ist allerdings unüblich und du solltest dich auf keinen Fall darauf einlassen. Befristete Arbeitsverhältnisse bedürfen automatisch der Schriftform.

Hier eine Checkliste mit Punkten, die in deinem Arbeitsvertrag festgehalten sein müssen:

- Name und Anschrift der Vertragsparteien
- Beginn und Dauer des Arbeitsverhältnisses
- Bei befristeten Arbeitsverhältnissen: das Ende des Arbeitsverhältnisses
- Der Arbeitsort. Falls der Arbeitnehmende nicht nur an einem bestimmten Arbeitsort tätig sein soll, muss der Vertrag einen Hinweis darauf enthalten, dass der Arbeitnehmende an verschiedenen Orten beschäftigt werden soll.
- Eine Beschreibung der vom Arbeitnehmenden zu leistenden Tätigkeit
- Die Zusammensetzung und die Höhe des Arbeitsentgelts einschließlich der Zuschläge, der Zulagen, der Prämien und Sonderzahlungen sowie anderer Bestandteile des Arbeitsentgelts
- Die Fälligkeit des Arbeitsentgelts (Wann wird dein Lohn bezahlt?)
- Die vereinbarte Arbeitszeit

- Die Anzahl der Urlaubstage pro Jahr
- Die Fristen für die Kündigung des Arbeitsverhältnisses
- Ein in allgemeiner Form gehaltener Hinweis auf Tarifverträge, Betriebs- oder Dienstvereinbarungen, die auf das Arbeitsverhältnis anzuwenden sind

Zusätzlich können auch die folgenden Punkte geregelt und schriftlich vereinbart sein:

- Länge der Probezeit
- Erhöhung der Bezüge zum Beispiel nach der Probezeit
- Überstundenregelungen und Vergütung der Überstunden
- Das Recht auf Homeoffice
- Nebenleistungen wie Prämien, Nutzung des Firmenwagens etc.
- Feste Regelungen für Nebentätigkeiten
- Zahlung und Höhe des Urlaubsgelds
- Zahlung von Weihnachtsgeld oder 13. Monatsgehalt
- Geheimhaltungspflichten

Gut zu wissen:
Das Weihnachtsgeld ist eine freiwillige Leistung, über die dein Arbeitgebender jedes Jahr neu frei bestimmen kann. Ob und wie viel er zahlt, liegt vollkommen in seinem Ermessen. Bei einer Kündigung vor einem bestimmten Termin im Jahr entfällt dein Anspruch auf Weihnachtsgeld.

Das 13. Gehalt ist ebenfalls eine freiwillige Leistung. Im Fall einer Kündigung muss es dir jedoch anteilig ausgezahlt werden.

Auch das Urlaubsgeld ist eine freiwillige Leistung. Allerdings gilt hier die Regelung, die in deinem Arbeitsvertrag festgehalten ist.

Bei einer Fünf-Tage-Woche hast du Anspruch auf mindestens 20 Urlaubstage im Jahr.

Organisation und Alltag II

Das bisschen Haushalt

Willkommen in einem Teil des Erwachsenendaseins, der dich dein ganzes Leben begleiten wird: der Alltag. Dazu gehört vor allem die Hausarbeit, die einen großen Bestandteil der sogenannten Care-Arbeit ausmacht. Vielleicht hast du diesen Begriff schon einmal gehört. Doch was ist Care-Arbeit genau? Im Grunde beschreibt dieser Begriff alle (noch) unbezahlten Tätigkeiten, die ein Mensch neben der finanziell vergüteten Arbeit in seinem Leben erledigen muss: Dazu gehören Haushaltstätigkeiten wie Putzen und Einkaufen, aber auch die Sorgearbeit, wenn es um Familie und Freunde geht, etwa die Erziehung, Bildung und Betreuung der verschiedenen Familienmitglieder, das Großziehen von Kindern, die Pflege bei Krankheit oder die Unterstützung für Menschen, die einem nahestehen und Hilfe benötigen. All das ist Care-Arbeit, ohne die unser Zusammenleben nicht funktionieren würde.

Statistisch gesehen, leisten Frauen weltweit die überwiegende Mehrheit der Care-Arbeit. In Deutschland sind es zum Beispiel im Durchschnitt rund 25 Stunden pro Woche. Laut einer Studie des Deutschen Instituts für Wirtschaftsforschung (DIW) übernehmen Frauen in Deutschland rund doppelt so viel unbezahlte Care-Arbeit wie Männer.[15]

Das lassen wir erst einmal so unkommentiert stehen und kommen zurück zum eigentlichen Thema: deinem eigenen Haushalt. Mit allem, was dazugehört: den Räumen, in denen du lebst, Möbeln, Schränken, Kisten, aber auch Staub, dreckigem Geschirr und vielleicht auch einer neuen Lebensform, die in deinem Frischkäse, den du ganz hinten im Kühlschrank vergessen hast, heranwächst.

Du wirst schnell merken: Der Haushalt macht sich leider so gar nicht von allein. Im Gegenteil. Wenn du dich nicht darum kümmerst oder in der WG keine echte Aufgabenverteilung stattfindet, sammeln sich sehr schnell schmutzige Geschirr- und Wäscheberge, unaufgeräumte Ecken und nicht gewollte tierische Bewohner an. Wie sich diese unheilvolle Entwicklung vermeiden lässt? Natürlich mit unseren hilfreichen Informationen rund um die Themen Aufräumen, Kochen, Putzen und den Haushalt im Allgemeinen.

Wie gelingt es aufzuräumen?

Spätestens wenn du bei deinen Eltern ausziehst, findest du heraus, welcher Ordnungstyp du bist. Bist du eher eine minimalistische Person, die mit wenig auskommt und entsprechend wenig aufzuräumen hat, oder bist du chaotisch-kreativ und hortest und sammelst gerne Dinge im Glauben, sie noch einmal zu benötigen? Wie bei allen anderen Themen gilt auch beim Aufräumen: Ordnung ist ein individuelles Konzept. Die Ordnung des einen ist für die andere zu steril und mit zu wenig Lebensfreude behaftet. Doch egal, welcher Ordnungstyp du bist: Aufräumen lohnt sich. Das Leben in einem aufgeräumten Umfeld sorgt laut Studien für ein niedrigeres Stresslevel und beugt sogar Herz-Kreislauf-Erkrankungen vor. Wir stellen dir drei Aufräummethoden vor, die praktikabel sind und wirklich gut funktionieren.

Die Marie-Kondo-Methode

Den Namen von Marie Kondo hast du vielleicht schon einmal gehört. Die Japanerin und ihre KonMarie-Methode[16] wurden durch die Netflix-Serie *Aufräumen mit Marie Kondo* weltberühmt. Ihre Methode eignet sich vor allem für Menschen, die Ordnung in ein bestimmtes Thema bringen wollen, also zum Beispiel einen Kleider- oder Bücherschrank oder aber die Schuhsammlung aufräumen möchten. Die KonMarie-Methode besteht aus drei Schritten:

1. Alles, was aufgeräumt werden muss, kommt auf einen Haufen. Zum Beispiel all deine Klamotten.
2. Was du behältst, wird aufgrund der folgenden Frage entschieden: Macht es mich glücklich, wenn ich diesen Gegenstand in die Hand nehme?
3. Gegenstände, die du behalten möchtest, bekommen einen festen Platz zugewiesen und werden nach Gebrauch dort wieder verstaut. Gegenstände, die dich nicht mehr glücklich machen, werden entsorgt, verschenkt oder verkauft.

Der größte Vorteil der KonMarie-Methode ist gleichzeitig ihr größter Nachteil. Du räumst alles auf einmal auf. Das kostet Zeit und fühlt sich – vor allem, wenn du vor dem angehäuften Berg an Klamotten, Unterlagen, Küchenutensilien oder Kosmetik stehst – wie eine kaum zu bewältigende Aufgabe an. Und diese geht sogar noch weiter als gedacht, denn sobald du den Berg sortiert hast, wartet eine neue Herausforderung auf dich: das Finden von Stauraum für jeden Gegenstand. An der Stelle sinkt die Motivation gern in den Keller. Doch Durchhalten lohnt sich. Die KonMarie-Methode ist durch ihren radikalen Ansatz – alles zum Thema Passende kommt auf einen Haufen – nämlich sehr effektiv und gründlich.

Die 15-Minuten-Methode

Die 15-Minuten-Methode[17] eignet sich für alle, die mit einer gewissen Unordnung leben können und sich mit dem Thema Aufräumen nicht lang aufhalten wollen. Die 15-Minuten-Methode kennt nur einen Grundsatz:

Du schaffst jeden Tag 15 Minuten lang in einem anderen Zimmer Ordnung.

Mehr nicht. Das ist die Methode. Das Geniale daran: 15 Minuten Zeit hat jede:r von uns. Es geht auch nicht darum, in einem 15-Minuten-Zyklus komplett Ordnung zu schaffen, sondern eben so weit zu kommen wie möglich. Klingelt der Timer, den du dir unbedingt stellen solltest, kannst du alles fallen und liegen lassen und es dir auf dem Sofa gemütlich machen. Die 15-Minuten-Methode arbeitet mit dem Langzeiteffekt. Je länger du durchhältst, desto größer wird die Ordnung in jedem Zimmer. Wichtig ist auch hier: Frag dich beim Aufräumen, von welchen Gegenständen du dich trennen kannst. Finde einen Platz für jeden Gegenstand. Unordnung entsteht meist aus einem Zuviel an Dingen und einem Zuwenig an Platz. Beides gilt es in eine Balance zu bringen.

Was die 15-Minuten-Methode ebenfalls besonders macht: Sie arbeitet mit dem Prinzip »Motivation entsteht aus Handlung«, das wir dir bereits erklärt haben. Du wirst sehen, dass dir mit der Zeit die 15 Minuten Aufräumen nicht nur immer leichter fallen, sondern auch zu wenig sind und du freiwillig überziehst. Einfach weil du siehst, dass du vorankommst und die zwei, drei Kleinigkeiten, die dir in einem Zimmer aufgefallen sind, eben auch noch erledigen kannst. Wichtig ist nur: Solltest du überziehen, hör dennoch auf, sobald du keine Lust mehr hast. Es geht nicht darum, fertig zu werden mit dem Aufräumen.

Die Alles-muss-raus-Methode

Wie zuvor schon beschrieben, entsteht Unordnung meist aus einem Zuviel an Dingen und einem Zuwenig an Platz. Um dieses Ungleichgewicht wieder in eine Balance zu bringen, musst du dich von Dingen trennen – oder in eine größere Wohnung ziehen. Sich von Gegenständen zu trennen, fällt den meisten von uns schwer. Der Reflex, Dinge zu behalten, wird durch die folgenden Überlegungen gestärkt:

- Das war teuer, das kann ich nicht wegschmeißen.
- Daran hängen so viele Erinnerungen.
- Das kann ich vielleicht noch mal gebrauchen.

Aus diesem Teufelskreis gilt es auszubrechen. Zum Beispiel indem du Sachen nicht wegwirfst, sondern verschenkst oder verkaufst. So haben sie woanders noch einmal Sinn.

Ein persönliches Beispiel: Beim Kauf einer neuen Küche stand die Frage im Raum, wohin mit der über 15 Jahre alten IKEA-Küche. Die Entsorgung wäre kein Problem gewesen, hätte jedoch noch mal ein paar Hundert Euro gekostet. Allerdings war die alte Küche auch noch nicht vollkommen hinüber und Herd und Ofen haben gut funktioniert. Aber kann jemand anderes wirklich mit einer so alten Küche noch etwas anfangen? Vielleicht ja, also wurde die Küche annonciert. Hätte sie niemand genommen, wäre die Entsorgung Plan B geworden. Letzten Endes war es tatsächlich überhaupt kein Problem, sie für symbolische 200 Euro loszuwerden. Sie wurde vom Interessenten zusammen mit seinen Freunden sogar abgebaut. Am schönsten war es zu sehen, dass der junge Mann, für den sie bestimmt war, sich ehrlich gefreut hat. Im Kapitel »Wo wirst du Dinge los, die du nicht mehr brauchst« findest du Vorschläge, damit du Dinge nicht einfach wegschmeißen musst.

Persönliche Erinnerungen sind eine wichtige Sache. Doch wenn Gegenstände keinen anderen Nutzen mehr für uns haben, wenn nur noch die Erinnerung an ihnen haftet und sie dennoch Platz einnehmen, der für Neues fehlt, oder für Unordnung sorgen, ist eine Trennung unvermeidlich. So ganz musst du das vielleicht gar nicht: Leg doch einfach ein Fotobuch an, in dem du Bilder von dir wichtigen Gegenständen archivierst. So kannst du die Erinnerung behalten, ohne dass die alten Gegenstände wertvollen Platz wegnehmen.

Der »Das kann ich bestimmt noch mal brauchen«-Affekt ist ebenfalls sehr mächtig. Sobald ein Gegenstand auch nur den Hauch eines Nutzens für uns hat, fällt es uns schwer, ihn wegzugeben. Ein Paar Schlittschuhe, das seit Jahren im Keller oder in einem Schrank herumliegt? Könntest du ja noch mal benutzen! Diese Vorstellung wirst du nur durchbrechen, wenn du gegenteilige Erfahrungen machst. Du musst Sachen entsorgen und in den kommenden Monaten feststellen, dass sie dir gar nicht fehlen. Sonst beherrscht dich der »Das kann ich bestimmt noch mal brauchen«-Affekt ein Leben lang. Am leichtesten fällt dir die Trennung von alten Dingen, wenn sie ritualisiert wird. Genau da setzt die Alles-muss-raus-Methode an. Und so funktioniert sie:

Trenn dich eine Woche lang an jedem Tag von einem Gegenstand.

Am besten entscheidest du dich am Abend für den Gegenstand, legst ihn vor die Tür und entsorgst ihn am nächsten Tag. Dabei ist es egal, wie groß oder klein er ist. Nimm einfach etwas, was für Unordnung sorgt und für das du keinen festen Platz hast.

Du wirst sehen, dass es dir nach den sieben Tagen nicht mehr so schwerfällt zu überlegen, welche Gegenstände du nicht mehr benötigst. Auch hier sorgt das Loslegen, das Handeln dafür, dass deine Motivation zum Aufräumen stetig größer wird. Wichtig ist nur, dass du das Alles-muss-raus-Prinzip regelmäßig wiederholst. Eine Woche im Monat könnte ein guter Rhythmus sein.

Wenn du Gegenstände nicht einfach entsorgen oder wegschmeißen möchtest, funktioniert die Alles-muss-raus-Methode auch mit einer Kiste, die du vor die Tür oder im Flur aufstellst und mit einem »Zu verschenken«-Schildchen versiehst. Der Nachteil: Du musst dich am Ende der sieben Tage darum kümmern, den übrig gebliebenen Gegenständen ein zweites Leben zu geben. Wie das funktionieren kann, erfährst du im nächsten Kapitel.

Wo wirst du Dinge los, die du nicht mehr brauchst?

Du hast aufgeräumt und dabei wahrscheinlich einige Dinge gefunden, die du nicht mehr brauchst. Im Folgenden stellen wir dir ein paar Möglichkeiten vor, um diese Dinge loszuwerden – und ihnen im besten Fall einen weiteren Zweck zu geben.

Verkaufen: Möbel, Bücher oder Klamotten, die noch gut in Schuss sind? Die kannst du verkaufen. Dafür gibt es mittlerweile sehr viele Möglichkeiten. Auf eBay Kleinanzeigen kannst du zum Beispiel kostenlos inserieren und Dinge an Menschen in deiner Umgebung abgeben. Auf Vinted gibt es vor allem einen Markt für Secondhandkleidung und -accessoires. Möchtest du lieber analog vorgehen, dann schau doch einmal, wann der nächste Flohmarkt in deiner Umgebung stattfindet, und verkaufe deine Sachen dort.

Wohin mit dem Kram?

	Möbel	Kleidung	Bücher & Co.	Spielzeug	Technik	Deko & Haushalt	Fürs Tier
Vinted	✗	✓	✓	✓	✓	✓	✓
rebuy	✗	✗	✓	✗	✓	✗	✗
momox	✗	✓	✓	✗	✓	✗	✗
ebay Kleinanzeigen	✓	✓	✓	✓	✓	✓	✓
Sellpy	✗	✓	✓	✓	✓	✓	✓

Verschenken: Du möchtest mit deinen aussortierten Dingen jemandem eine Freude bereiten oder dir ist das Verkaufen zu anstrengend? Dann kannst du die Dinge an Freund:innen, Familienmitglieder oder Nachbar:innen verschenken, die sie vielleicht brauchen können. Es gibt auch sogenannte »Free your Stuff«-Seiten, vor allem auf Facebook. Hier kannst du Dinge posten, die zu verschenken sind. Auch auf eBay Kleinanzeigen gibt es eine solche Rubrik. Ein empfehlenswertes Portal ist nebenan.de, über das du gezielt Menschen aus deiner Nachbarschaft erreichen kannst. Der Vorteil: Gerade kleinere Dinge können ohne großen Aufwand schnell bei dir abgeholt werden.

Spenden: Es werden regelmäßig Kleider- und Sachspenden von sozialen Einrichtungen gesucht. Das reicht von Spenden für Krisenregionen bis

Versorgung von Bedürftigen und Obdachlosen direkt in deinem Ort. Wasch intakte Kleidung, pack sie ein und bring sie einfach bei einer Organisation deiner Wahl vorbei. Bei anderen Gegenständen solltest du nachfragen, ob sie benötigt werden.
Recyceln: Wenn die Dinge schon sehr alt sind oder nicht mehr verwendet werden können, kannst du sie zum Recyceln freigeben. Dazu bringst du sie ganz einfach zu Wertstoffhöfen oder anderen Institutionen. Diese sichten die Dinge und wertvolle Rohstoffe werden weiterverwendet.
Tauschen: Hast du schon einmal etwas von einer Kleidertauschparty gehört? Da bringt jede:r eine bestimmte Anzahl an Kleidungsstücken mit und kann sich im Gegenzug dieselbe Anzahl an getauschten Stücken mitnehmen. Eine sehr nachhaltige Variante, den eigenen Kleiderschrank zu entrümpeln und mit neuen Stücken zu versehen.

Wie funktioniert ein Haushalt?

Damit du stolz auf einen gut funktionierenden Haushalt blicken kannst und das Putzen und Ordnungmachen nicht immer erst beginnt, wenn Mama und Papa sich zu Besuch angekündigt haben, ist es wichtig, dass du einige Utensilien und Hilfsmittel besitzt, die dir eine gute Basis für dein Alltagleben geben. Wenn du nun aber für alles allein verantwortlich bist, ist es auch entscheidend, dass du bei Themen wie Wäschewaschen, Putzen, Einkaufen, Heizen oder Lüften nicht ins Straucheln kommst. In diesem Kapitel beleuchten wir einige Punkte und geben dir Informationen an die Hand, damit du für alle Situationen gewappnet bist.

Was brauchst du unbedingt zu Hause?

Anbei zwei Listen mit Dingen, die in deiner Küche – dem vielleicht wichtigsten Raum in deiner Wohnung – und in deinem Haushalt allgemein nicht fehlen dürfen. Du kannst dich daran für den Anfang orientieren und deine Ausstattung nach und nach anhand deiner individuellen Bedürfnisse erweitern.

Dinge, die in deiner Küche nicht fehlen dürfen:

- Ein scharfes Messer
- Knoblauchpresse
- Eieruhr
- Eine große Schüssel
- Wasserkocher
- Kochlöffel

- Ein großer Topf
- Ein kleiner Topf
- Eine große Pfanne
- Eine kleine Pfanne
- Geschirrtücher
- Ausreichend Besteck
- Flache Teller
- Tiefe Teller
- Kaffeemaschine
- Schneidebrett
- Kleine Schüsseln
- Messbecher
- Topflappen
- Gläser
- Tassen
- Zitronenpresse
- Zahnstocher
- Küchenrolle
- Tupperboxen
- Kaffee
- Nudeln und Pesto
- Salz und Pfeffer
- Essig und Öl
- Mehl
- Gemüsebrühepulver

Dinge, die in deinem Haushalt nicht fehlen dürfen:

- Zwei Sets Bettwäsche und Spannbettlaken
- Zwei Duschhandtücher, zwei kleine Handtücher
- WC-Bürste
- Neutralreiniger
- Bügeleisen und Bügelbrett
- Essigreiniger
- Waschmittel
- Staubsauger
- Wäscheständer
- Wischeimer
- Wischlappen

Was kann dein Backofen alles?

Der Backofen bildet mit dem Herd das Zentrum deiner Küche. Und er bietet dir viele Möglichkeiten, ganz schnell und ohne viel Aufwand leckeres Essen zu zaubern, aufzuwärmen oder aufzubacken. Vielleicht ist dir schon aufgefallen, dass es auf den Einstellrädchen des Ofens eine ganze Menge lustige Zeichen gibt – doch weißt du auch, wofür die stehen?

Was bedeuten diese Backofensymbole?

Ober-/Unterhitze

Kannst du so gut wie immer verwenden, z. B. für Braten oder Kuchen. Letzterer bleibt besonders saftig.

Oberhitze

Damit kannst du Aufläufe und Gratins überbacken.

Unterhitze

Eignet sich für Blechkuchen, Obstkuchen oder zum Einkochen.

Umluft

Wenn du auf mehreren Blechen gleichzeitig backen möchtest, beispielsweise Pizza oder Burger Buns.

Heißluft

Funktioniert ähnlich wie die Umluft, wirkt aber effizienter als Umluft.

Auftauen

Mit dieser Funktion kannst du eingefrorenes Fleisch langsam auftauen.

Grill

Für Röstaromen oder eine krosse Bratenkruste. Zum Grillen von flachem Fleisch und Gemüse.

Umluftgrill

Für Braten und Geflügel. Macht eine schöne Kruste, innen bleibt das Fleisch saftig.

Pizza-Modus

Sorgt bei der Pizza oder Flammkuchen für einen krossen Boden mit saftigem Belag.

Zum Thema Sauberkeit

Wie oft solltest du putzen oder deine Bettwäsche wechseln? Reicht eine neue Zahnbürste alle sechs Monate und muss es jeden Tag eine neue Unterhose sein? Ob Putzfee oder nicht – hier verraten wir dir, wie oft du bestimmte Dinge in deinem Haushalt wechseln, reinigen oder entkalken solltest:

- Duschhandtücher: nach drei- bis vierfacher Benutzung
- Handtücher: mindestens einmal pro Woche, mehr in Infektionszeiten
- Geschirrtücher: mindestens einmal pro Woche. Hinweis: immer zum Trocknen aufhängen und nicht für die Hände benutzen
- Spülschwamm: wöchentlich
- Bettwäsche: alle zwei Wochen, bei starkem Schwitzen öfter
- Zahnbürste: alle drei Monate und nach einem Infekt
- Klobürste: spätestens nach sechs Monaten
- Unterwäsche: täglich
- Socken: täglich
- Rasierklingen: bei täglicher Nutzung etwa alle zwei Wochen
- BHs: nach drei- bis sechsmal Tragen
- Schlafanzug: alle zwei bis vier Tage
- Matratze: alle acht Jahre
- Wasserkocher: regelmäßig entkalken, das spart Zeit und Energie
- Kaffeemaschine: regelmäßig entkalken, so bleibt der Geschmack gut und sie hält länger
- Wasserhahn: regelmäßig entkalken für dauerhaften Druck und vollen Strahl
- Duschkopf: entkalken, wenn die Düsen verstopft sind

Und hier folgen ein paar Anregungen dazu, was du wie oft tun solltest, um deinen Haushalt ordentlich zu halten:

Täglich oder nach Benutzung:

- Aufräumen
- Lüften
- Betten aufschütteln
- Benutzte Flächen abwischen (Arbeitsfläche, Tisch etc.)
- Duschwand abziehen

Mindestens wöchentlich:

- Küche gründlich putzen
- Bad und Toilette säubern
- Müll entsorgen und Mülleimer reinigen
- Staub wischen
- Staubsaugen
- Pflanzen versorgen
- Türklinken abwischen

Monatlich:

- Lampen entstauben
- Spinnweben beseitigen
- Kühlschrank auswischen

Alle drei bis sechs Monate:

- Dunstabzugshaube reinigen
- Fenster putzen

- Schubladen und Schränke ausmisten und auswischen
- Backofen reinigen

Einmal im Jahr:

- Vorhänge waschen
- Kühlschrank und Gefriertruhe abtauen

Wenn du nicht gerade begeistert bist, immer Ordnung zu halten und gründlich zu putzen, dann kann die folgende Übersicht deine Motivation vielleicht stärken.

Keime lieben es feucht und warm

Küche	Keime pro cm²
Abfluss in der Spüle	10.000.000
Spüllappen, -bürste, -schwamm	100.000
Fußboden	10.000
Arbeitsplatte	1000

Bad und WC	Keime pro cm²
Waschbecken	1000
Fußboden	100
Toilettensitz	100

Die Kunst des Waschens

Gerade erst von zu Hause ausgezogen und schon türmt sich die dreckige Wäsche? Dann wird's Zeit, dich mit dem großen Mysterium der Waschmaschine auseinanderzusetzen. Braucht es die vielen Programme auf der Anzeige überhaupt? Wie viel Waschmittel benötigst du? Und müssen es wirklich 60 Grad sein?

Zuerst solltest du einmal auf die kleinen eingenähten Fähnchen in deinen Klamotten schauen. Da findest du Waschanweisungen in Form von Symbolen. Damit du auch weißt, was diese bedeuten, folgt nun das kleine Einmaleins der Waschsymbole.

Was bedeuten die Waschsymbole bei Kleidungsstücken?

nicht waschen	**waschen** Steht eine Zahl im Symbol, ist das die empfohlene Waschtemperatur.	**schonend schleudern**	**nicht schleudern**
nicht bleichen	**bleichen erlaubt**	**nicht chemisch trockenreinigen**	**chemische Reinigung erlaubt**
nicht im Trockner trocknen	**schonend trocknen**	**normal trocknen**	**heiß trocknen**
nicht bügeln	**bis 110 °C bügeln**	**bis 150 °C bügeln**	**bis 200 °C bügeln**

Das kleine ABC des Wasches				
Was?	Wie?	Welches Waschmittel	Trockner?	Tipp
Buntwäsche T-Shirts, Socken, Unterwäsche, Sportsachen	Programm »Pflegeleicht«, 40–60 Grad, 800 Schleudern	Waschmittel für Buntes	Socken, Unterwäsche, Shirts	
Jeans und Hosen	Programm »Pflegeleicht«, 30 Grad, 800–1200 Schleudern	Vollwaschmittel	Alles aus Baumwolle	
Weiße Wäsche	Programm »Pflegeleicht«, 40 Grad, 800 Schleudern	Weiß- oder Vollwaschmittel	Alles aus Baumwolle	
Wolle Strickpullis, Schals	Programm »Wolle«, 30 Grad	Wollwaschmittel	nein	Wollkleidung liegend trocknen
Feines Blusen, Hemden	Programm »Feines/Seide«, 30 Grad, 600–800 Schleudern	Feinwaschmittel	nein	
Bettwäsche/ Baumwolldecken/ Geschirrtücher/ Putzlappen	Programm »Hygiene«, 60 Grad, 1200–1400 Schleudern	Vollwaschmittel	ja	
Handwäsche	Programm »Handwäsche« oder von Hand waschen	Feinwaschmittel	nein	Je nachdem, was es ist, zum Trocknen aufhängen oder auslegen

Wie du deinen Stromverbrauch in den Griff bekommst

Wie viel Strom braucht dein Smartphone eigentlich zum Laden? Was ist der Verbrauch einer Ladung Wäsche? Und kennst du den Stromverbrauch deiner Wohnung oder deiner WG? Gerade wenn das Geld knapp ist oder du einfach nur Strom sparen möchtest, ist es wichtig zu wissen, wie die Verbräuche sind und wo du am besten ansetzen kannst.

Hinweis: Wir gehen in der Tabelle von einem durchschnittlichen Preis in Deutschland im Jahr 2022 von 37,14 Cent/kWh aus. Leistung (Watt) x Zeit (Stunden) = Stromverbrauch in Wattstunden (Wh), dieser geteilt durch 1000, ist der Verbrauch in kWh (Kilowattstunden).

Was	Verbrauch	Kosten
Volle Aufladung Smartphone	etwa 3 Watt	ca. 2 Cent
Smartphone laden im Jahr	3–4 Kilowattstunden	zwischen 1,10 und 1,40 Euro
Kühlschrank am Tag (beste Energieeffizienzklasse)	zwischen 80 und 180 Watt	zwischen 53 Cent und 1,20 Euro
Kühlschrank im Jahr (beste Energieeffizienzklasse)	zwischen 90 und 125 Kilowattstunden	33 bis 46 Euro
Waschmaschine bei einem 3-Personen-Haushalt pro Jahr	220 Kilowattstunden	82 Euro
TV pro Jahr	190 Kilowattstunden	70 Euro
Herd bei regelmäßigem Gebrauch im Jahr	445 Kilowattstunden	165 Euro

Zur besseren Übersicht haben wir eine Grafik für dich, die den Stromverbrauch in unterschiedlichen Bereichen des Haushalts zeigt.

Womit du zu Hause den meisten Strom verbrauchst

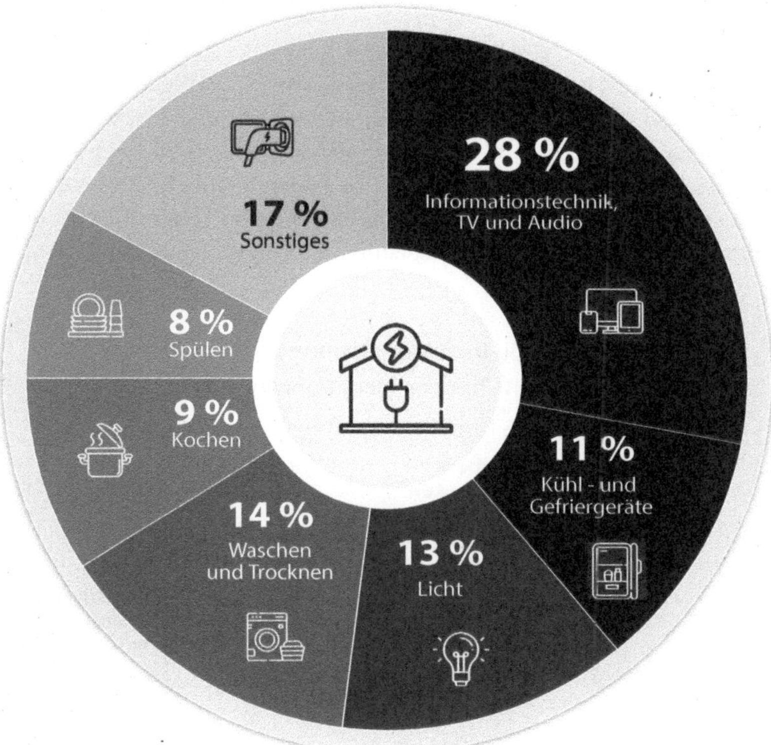

Das Haushaltsbuch

Vor allem am Anfang deiner Selbstständigkeit kann es eine Herausforderung sein, mit deinem monatlich zur Verfügung stehenden Budget auszukommen. Da hilft es, einen Überblick über deine Einnahmen und Ausgaben zu haben. Auch wenn es etwas oldschool wirkt, ist ein Haushaltsbuch dafür ein wunderbares Hilfsmittel. Du trägst dort alle Einnahmen und Ausgaben (mit Verwendungszweck) ein und rechnest jeden Monat die jeweiligen Summen aus. So siehst du genau, wo dein Geld bleibt und wo du vielleicht noch etwas verändern musst oder einsparen kannst. Du bekommst ein Gefühl dafür, was dein Alltag kostet, und kannst deine finanziellen Mittel in der Zukunft besser planen. Das Haushaltsbuch kommt dir doch etwas zu altmodisch vor? Dann mach dich auf die Suche nach entsprechenden Apps oder anderen digitalen Lösungen, die den gleichen Zweck verfolgen.

Wo du in deiner Wohnung nicht bohren solltest

In 99 von 100 Fällen klappt beim Bohren in der Wohnung alles wie geplant. Aus eigener Erfahrung – ja, wir haben den 100. Fall tatsächlich erlebt – möchten wir dir jedoch empfehlen, dir die folgende Infografik genau anzuschauen. Sie verrät dir, wo du überall in deiner Wand bohren kannst, ohne Strom- oder Wasserleistungen zu zerstören und ohne dich zu gefährden.

Wo du in deiner Wohnung oder in deinem Zimmer nicht bohren solltest

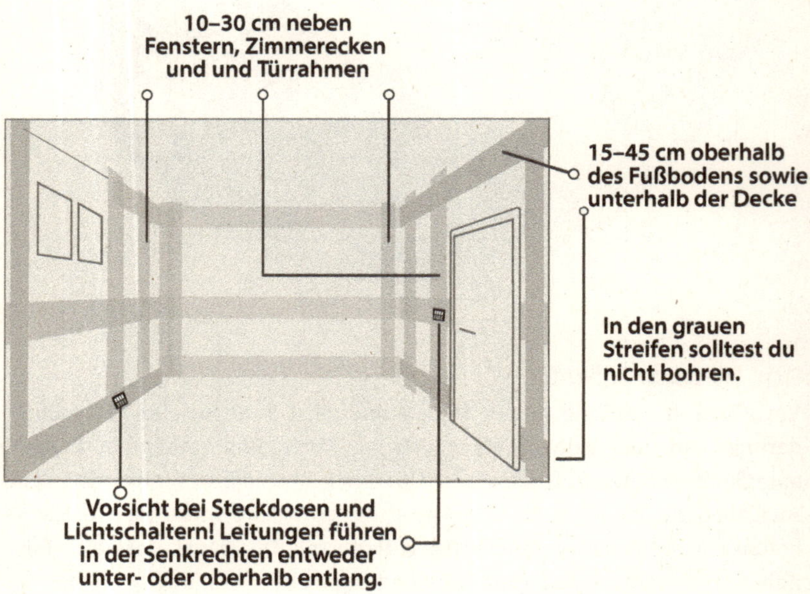

Wie du mit deinem Kühlschrank umgehen solltest

Natürlich kannst du nach dem Einkaufen einfach alles in den Kühlschrank stopfen, sodass es aus dem Blick und verstaut ist. Aber wundere dich nicht, wenn sich manches dann nicht so gut hält wie erwartet. Auch im Kühlschrank lohnt es sich, Ordnung zu halten. Die Grafik zeigt dir, wo du welche Lebensmittel lagern solltest und was nicht dorthin gehört.

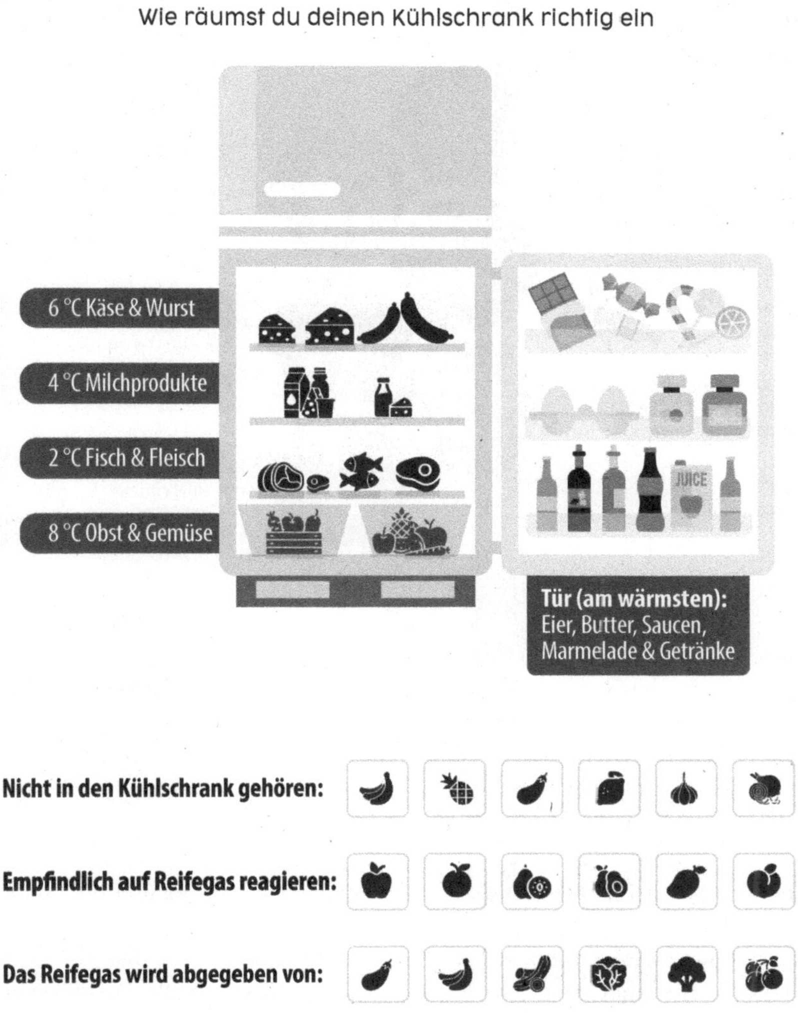

Zu einer ordentlichen Haushaltsführung gehört auch, den Kühlschrank regelmäßig gut zu säubern, damit sich keine Keime oder Bakterien bilden, die die Haltbarkeit der Lebensmittel verkürzen. Außerdem schaut ein schmutziger Kühlschrank auch nicht gerade einladend und appetitlich aus. Hier kommen ein paar Tipps, was du beachten solltest:

6 Tipps für einen hygienischen Kühlschrank

Noch ein Tipp: Hinten im Kühlschrank befindet sich ein Loch für den Ablauf des Kondenswassers. Sammelt sich regelmäßig Wasser unten im Kühlschrank, ist dieses Loch verstopft. In diesem Fall bewirkt ein Wattestäbchen Wunder.

Essensplanung

Ja, wir mögen Pläne. Denn sie machen das Leben leichter und du weißt, was zum Beispiel in der nächsten Woche auf dich zukommt. Das gilt auch für deine Essensplanung. Wenn du dir überlegst, was du in den nächsten Tagen kochen möchtest, kannst du eine Einkaufsliste mit allen Lebensmitteln schreiben, die du dazu brauchst. So sparst du Zeit, weil du nur einmal und nicht jeden Tag einkaufen musst, und hast die Dinge vorrätig, die du zum Kochen benötigst. Außerdem kannst du manche Lebensmittel gleich in größeren Mengen für mehrere Mahlzeiten besorgen, sodass du sogar noch Geld sparen kannst. Ein weiterer Vorteil ist, dass du beim Einkaufen mit einer Liste nicht so schnell in Versuchung gerätst, nach dem Lustprinzip vorzugehen und dann Dinge mit nach Hause zu bringen, die du vielleicht gar nicht verwendest und schließlich wegwerfen musst.

So lüftest du richtig

Auch wenn es für viele vielleicht banal klingt – die häufigste Ursache für Schimmel in der Wohnung ist das falsche oder nicht ausreichende Lüften. Deshalb hier kurz und knapp die wichtigsten Regeln fürs richtige Lüften:

Deine Wohnung solltest du zwei- bis dreimal täglich lüften. Kurzes Stoßlüften ist besser als dauerhaft gekippte Fenster. Hast du Kondenswasser an deinen Fenstern, ist das meist ein Zeichen, dass zu wenig gelüftet wird oder die Räume zu kalt sind.

Schlafzimmer: Viele Menschen schlafen gerne mit offenem Fenster – dann musst du nichts beachten. Ist das Fenster nachts zu, empfiehlt es sich, nach dem Aufstehen direkt stoßzulüften. Lass dabei das Bett noch ungemacht, dann kann auch hier die Feuchtigkeit entweichen.

Bad: Nach dem Duschen staut sich der Dampf im Badezimmer, da heißt es Fenster auf. Am besten stoßlüften, damit die Feuchtigkeit keinen Schimmel verursacht.

Küche: In der Küche tritt durch das Kochen vermehrt Feuchtigkeit auf. Nutze hier den Dunstabzug und lüfte den Raum, nachdem du fertig gekocht hast.

Sinnvolle Raumtemperaturen

Für die verschiedenen Räume deiner Wohnung empfehlen Expert:innen unterschiedliche Temperaturen. Diese Vorgaben findest du in der folgenden Grafik zusammengefasst.

Noch ein Hinweis zum Thermostat: Die einzelnen Stufen sorgen für die angezeigte Wärme – es wird allerdings nicht schneller warm, wenn du sofort auf 5 aufdrehst.

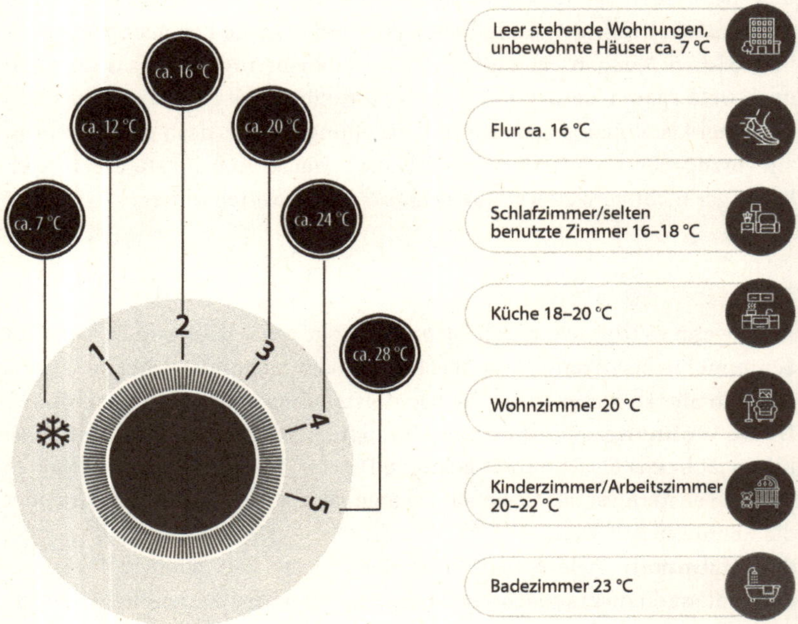
ca. 7 °C
ca. 12 °C
ca. 16 °C
ca. 20 °C
ca. 24 °C
ca. 28 °C
1
2
3
4
5
Leer stehende Wohnungen, unbewohnte Häuser ca. 7 °C
Flur ca. 16 °C
Schlafzimmer/selten benutzte Zimmer 16–18 °C
Küche 18–20 °C
Wohnzimmer 20 °C
Kinderzimmer/Arbeitszimmer 20–22 °C
Badezimmer 23 °C

Job und Karriere III

Zeitmanagement und Netzwerkpflege

Weißt du eigentlich, welcher Chronotyp du bist und wann du tagsüber die höchste Leistung bringst? Kennst du die Stunden, in denen du am besten Entscheidungen treffen solltest? Und hast du schon von verschiedenen Zeitmanagementmethoden gehört, die dir dabei helfen, deine Zeit zu ordnen und deine Arbeit effizienter zu erledigen? Der richtige Umgang mit deiner Zeit wird maßgeblich dazu beitragen, wie glücklich und erfolgreich du im Leben sein wirst, denn beim Ordnen von Zeit geht es nicht darum, deinen Terminkalender möglichst vollzustopfen, sondern auch Pausenphasen zu schaffen, die du brauchst, um dich zu erholen und leistungsfähig zu bleiben. Damit dies gelingt, benötigst du vor allem die Fähigkeit, Aufgaben zu priorisieren.

Neben einem guten Zeitmanagement ist für deine Karriere auch ein berufliches Netzwerk hilfreich. Wir erklären dir in diesem Kapitel, wie du dich mit anderen Menschen vernetzen kannst. Zum einen, um sie im Falle eines Falles um Hilfe bitten zu können, aber ebenso, um immer wieder von den Themen oder Projekten, an denen andere arbeiten, inspiriert zu werden.

Zeitmanagement – wie organisierst du dich im Job (und im Leben)?

Zeit ist die wichtigste und wertvollste Ressource deines Lebens. Vor allem in jungen Jahren ist es jedoch schwierig, ein wirkliches Gefühl für das Thema Lebenszeit zu entwickeln. Das hormonell bedingte Gefühl der Unsterblichkeit ist ein Privileg der Jugend und ein Mechanismus der Natur, der geschaffen wurde, um Veränderungen zu ermöglichen. Das Gefühl der Unverwundbarkeit und die Überhöhung der eigenen Person (Die Welt gehört mir!) sorgen dafür, dass Heranwachsende Risiken und Wagnisse eingehen, welche ältere Generationen scheuen. Außerdem haben Heranwachsende gefühlt viel mehr Zeit. Schließlich haben sie das ganze Leben noch vor sich. Das Gefühl, sehr viel Zeit zu haben, speist sich jedoch auch aus einem anderen Zeitempfinden bei jungen Menschen. Forscher haben herausgefunden, dass wir die Zeit anders wahrnehmen, je mehr Unterschiedliches und Neues wir erleben.[18] Genau das ist bei jungen Menschen sehr viel häufiger der Fall. Ein Jahr, in dem du den Job wechselst, dich auf eine neue Beziehung einlässt, eine weitere Sportart erlernst, in einem unbekannten Land Urlaub machst, wird sich für dich am Ende sehr lang anfühlen. Ein Jahr, das dagegen von Routinen und Gewohnheiten geprägt ist, rast gefühlt einfach so dahin. Dein Zeitempfinden ist daher immer ein ganz guter Gradmesser dafür, ob du in deinem Leben noch genügend Zeit für Neues hast oder nicht.

Das Gefühl eines jungen Menschen, sehr viel Zeit zu haben, verführt dazu, in den Tag hineinzuleben und Zeit zu »verschwenden«. Das ist phasenweise in Ordnung, kann sich mit der Zeit allerdings als kontraproduktiv erweisen, etwa wenn wichtige Entscheidungen, zum Beispiel über die Ausbildung, den Beruf oder die Ernsthaftigkeit einer Beziehung, immer wieder hinausgeschoben werden mit der Begründung, ja noch genug Zeit zu haben.

An dieser Stelle würden wir dich gern mit einem zentralen Motivationsprinzip des Unternehmers und Coaches Gary Vaynerchuck bekannt machen. Es ist so simpel wie überwältigend und lautet:

Du wirst sterben.

Jeder von uns hat eine bestimmte Lebenszeit mit auf den Weg bekommen. Wie viel? Das weiß keiner. Aber irgendwo im Universum läuft eine Uhr, die deine Lebenszeit misst. Doch diese Uhr läuft nicht etwa vorwärts. Diese Uhr läuft rückwärts. Dein Leben ist ein Countdown. Und jede Minute, die vergeht, bringt dich dem unvermeidlichen Ende näher. Solltest du in diesem Augenblick ein sehr unangenehmes Gefühl in der Magengegend verspüren, bist du so weit. Die Botschaft, dass du sterben wirst, ist in deinem Bewusstsein angekommen und sie fühlt sich nicht gut an. Keine Angst, das soll und wird nicht so bleiben. Je öfter du diese Übung wiederholst, je öfter du auf deine Lebensuhr schaust, desto leichter wirst du zu dem finden, was das Beste ist, was du in dieser Situation tun kannst: gute Entscheidungen zu treffen, womit und mit wem du deine Zeit verbringen möchtest.

Die Wertschätzung, die du deiner eigenen Lebenszeit entgegenbringst, ist das eine. Wie du deine wertvolle Zeit organisierst, das andere. Und dabei können dir die folgenden Zeitmanagementtools helfen.

Eat the Frog

Solltest du ein Fan der französischen Küche sein und in Froschschenkeln einen kulinarischen Hochgenuss sehen, kommt dir der Name dieses Tools wohl eher komisch vor. Da allerdings davon auszugehen ist, dass auch du zu den Menschen gehörst, die sich mit dem Verzehr eines Froschschenkels eher schwertun, ahnst du vielleicht schon, worum es bei dieser Methode geht: Erledige jeden Tag die dir unangenehmsten Dinge zuerst, dann hast du sie hinter dir.

Pomodoro-Technik

Die Pomodoro-Technik[19] ist ein Organisationstool, das dir sehr gut dabei hilft loszulegen. Vor allem bei größeren Aufgaben ist die Technik sinnvoll. Grundlage ist, dass du die zu bewältigende Aufgabe in möglichst viele kleine Teilaufgaben aufspaltest. Wenn du zum Beispiel einen Blogtext schreiben musst, könnten die Teilaufgaben folgendermaßen lauten:

- Eine gute Überschrift finden.
- Den Text in einer kurzen Mottozeile zusammenfassen.
- Alle wichtigen Fakten, die im Text vorkommen sollen, in einer Liste notieren.
- Einen starken ersten Satz finden.
- Abschnitt 1 schreiben.
- Abschnitt 2 schreiben.
- Abschnitt 3 schreiben.
- Verlinkungen anlegen.

Sobald du die Teilaufgaben definiert hast, kannst du loslegen, und zwar im Pomodoro-Intervall. Dabei arbeitest du 25 Minuten ohne Störung und versuchst, so viele kleine Aufgaben wie möglich zu erledigen. Nach 25 Minuten machst du eine Pause von 5 Minuten. In dieser Zeit kannst du etwas trinken, eine Kleinigkeit essen, dich bewegen oder deine Social-Media-Kanäle checken. Nach der Pause geht es wieder mit 25 Minuten konzentriertem Arbeiten weiter, bis die nächste 5-Minuten-Pause ansteht. Nach insgesamt vier Pomodoro-Intervallen darfst du eine längere Pause von bis zu 30 Minuten machen.

Pomodoro-Technik

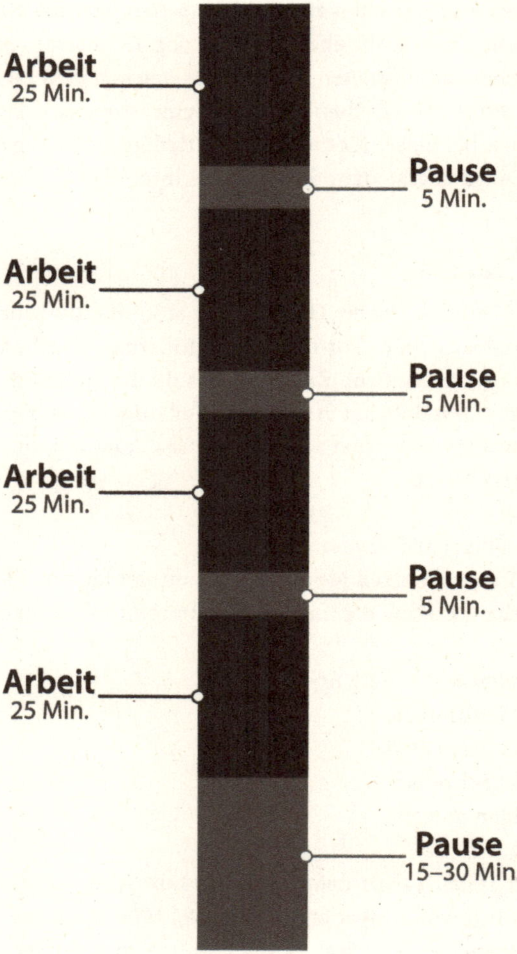

Wichtig: Hake während des Arbeitens jede Teilaufgabe ab, die du erledigt hast. So dokumentierst du deinen Fortschritt und bleibst motiviert.

Aufgaben mit der ABCD-Methode priorisieren

Im Job wird es immer mal wieder vorkommen, dass du vor einem Berg an Aufgaben stehst, die du weder allein noch alle auf einmal erledigen kannst. In diesem Fall hilft es, die Aufgaben richtig zu priorisieren. Doch wie funktioniert das? Geh alle anstehenden Aufgaben durch und entscheide, wie wichtig und wie dringend jede einzelne ist, und sortiere sie anschließend in die Kategorien A, B, C und D.

A – Aufgaben, die sowohl wichtig als auch dringend sind.
B – Aufgaben, die dringend, aber unwichtig sind.
C – Aufgaben, die wichtig, aber nicht dringend sind.
D – Aufgaben, die weder wichtig noch dringend sind.

A –Aufgaben solltest du unverzüglich angehen und erledigen. Sie haben die höchste Priorität.
B –Aufgaben solltest du zeitnah terminieren.
C –Aufgaben solltest du nicht persönlich erledigen, sondern versuchen, sie zu delegieren, damit dir mehr Zeit für die A- und B-Aufgaben bleibt.
D –Aufgaben solltest du streichen. Aufgaben, die weder wichtig noch dringend sind, kosten dich nicht nur unnötig Zeit und Energie, sie bringen dich und das Unternehmen nicht weiter.

Das Schöne an der ABCD-Methode ist, dass der Berg an Arbeit durch die Kategorien C und D gleich mal ein ganzes Stück kleiner werden kann.

Die Timebox

Das sogenannte Timeboxing gehört zu den bekanntesten Organisationsmethoden von Zeit. Im Grunde ist eine Timebox nichts weiter als ein reserviertes Zeitfenster, in dem du eine bestimmte Aufgabe erledigen willst. Wichtig: Definiere die Aufgabe zuvor. Timeboxen können hart oder weich sein. Weich bedeutet, dass du die Aufgabe nicht in der zuvor festgelegten Timebox erledigen musst, sondern auch über die Zeit

hinaus arbeiten kannst. Hart bedeutet: Sobald die Zeit abgelaufen ist, muss das Thema beendet sein. Es wird nicht überzogen. Mit harten Timeboxen zu arbeiten, macht zum Beispiel in Statusmeetings Sinn. Geht es dagegen um ein Brainstorming, könnte eine harte Timebox die Dynamik des kreativen Prozesses unnötig ausbremsen. Wie lang eine Timebox ist, darfst du dir selbst überlegen. So wie du in einem Kleiderschrank größere und kleinere Fächer und Schubladen hast, um Dinge einzuräumen, kannst du eben auch große und kleine Timeboxen in deinen Zeitschrank einräumen.

Der Timeblock

Das Timeblocking ist ein ganz ähnliches Prinzip wie das Timeboxing. Allerdings geht es dabei eher um die Gesamtstruktur deiner Arbeitswoche. Wie du vielleicht weißt, durchläuft unser Biorhythmus, über den Tag verteilt, verschiedene Hochs und Tiefs. Das kannst du in der folgenden Grafik erkennen.

Produktivität:
Deine durchschnittliche Leistungskurve am Tag

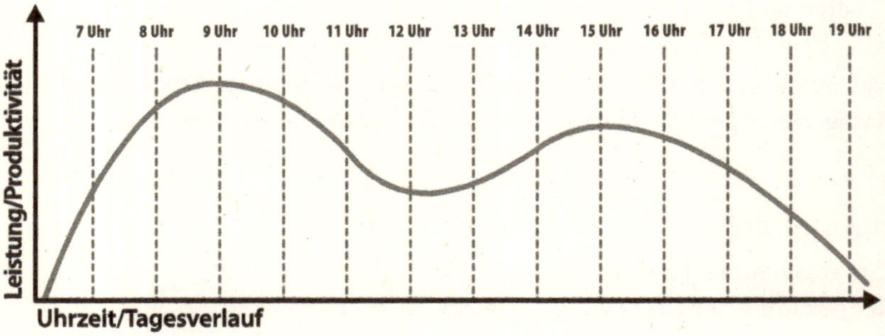

Wie genau deine Hochs und Tiefs verteilt sind, hängt von deinem Chronotypen ab. Die verschiedenen Chronotypen werden allgemein in Lerchen (Frühaufstehende) und Eulen (Spätaufstehende) unterteilt. Verschiedene körperliche Faktoren wie dein Blutdruck, der Beginn der Kortisol- oder Melatoninausschüttung oder deine Körpertemperatur wirken sich dabei auf deine Leistungsfähigkeit aus. Und zwar wie folgt:

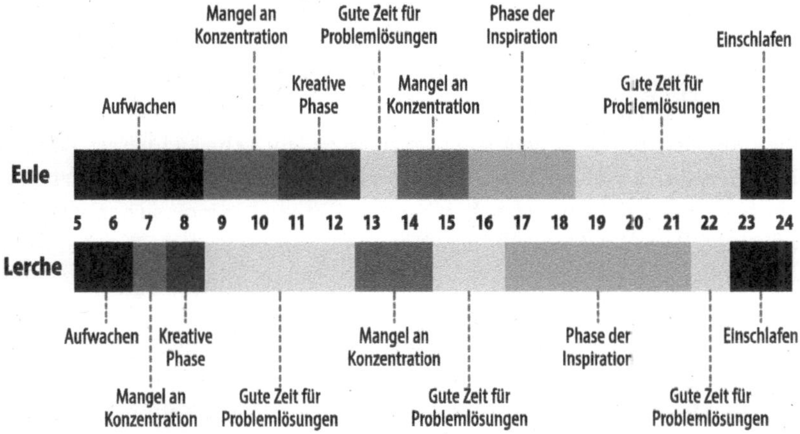

Aus diesem Grund ist es für dich sinnvoll, ausgesuchte Zeitfenster zu blocken, in denen du bestimmte Tätigkeiten erledigst. Für das Beantworten von E-Mails oder Routineaufgaben ist deine kreative Phase viel zu wertvoll. Plane entsprechend.

Timeblocking

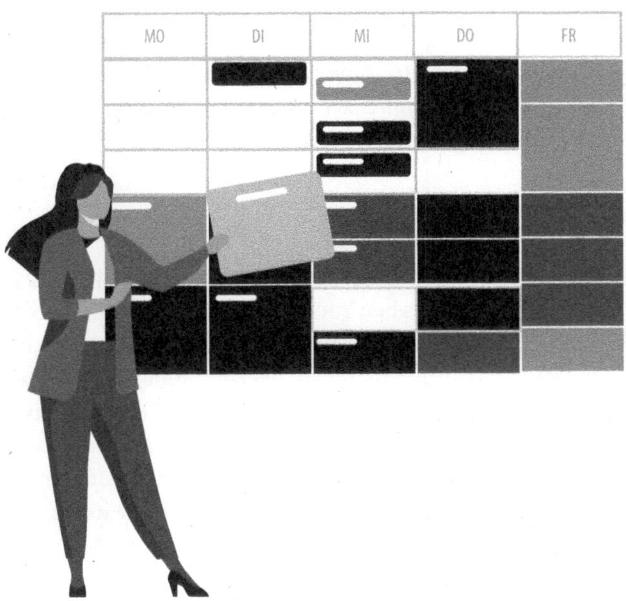

Sich durch ein Tagestief zu schleppen, in dem du sowieso nichts oder nur wenig zustande bringst, ergibt wenig Sinn. Leider sind immer noch viele Arbeitgebende sehr starr organisiert, was den Umgang mit Arbeitszeiten angeht. Du wirst das in deiner Schulzeit vielleicht ebenfalls erlebt haben, dass Lerchen mit dem Schulbeginn um acht Uhr sehr viel besser klargekommen sind als Eulen. Welcher Chronotyp du bist, kannst du mit einem Onlinetest aus dem Internet bestimmen. Wir sind jedoch sicher, dass du aufgrund deiner Schlafgewohnheiten weißt, ob du eher zu den Lerchen oder Eulen gehörst.

Wichtig: Die Chronobiologie ist keine exakte Wissenschaft. Du musst nicht die Uhr nach dem vorgestellten Schema stellen. Nicht jeder deiner Tage wird sich gleich anfühlen oder nach einem ähnlichen Muster verlaufen. Es wird auch Tage geben, die sich wie ein einziger Kreativrausch anfühlen, während du an anderen schon mal unter einer achtstündigen Konzentrationsschwäche leiden kannst. Das passiert.

Machst du am Abend Sport, wirst du sicher das Gefühl kennen, danach gleichzeitig entspannt, aber auch aufgedreht zu sein und noch lange nicht ins Bett gehen zu können. Mit unseren Aktivitäten können wir unseren Biorhythmus also ein Stück weit beeinflussen. Wichtig ist, ein Gefühl für deinen Rhythmus zu entwickeln und vor allem deine kreativen und produktiven Hochphasen konkret einzusetzen, statt sie beispielsweise in einem langweiligen Meeting abzusitzen. Natürlich funktioniert das nicht immer, weil manches nicht in deiner Hand liegt. Du solltest aber versuchen, deinen Rhythmus möglichst optimal zu nutzen, und verzeih dir, wenn du nicht jeden Tag gleich produktiv bist.

Das Pareto-Prinzip (die 80-20-Regel)

Das Pareto-Prinzip[20] funktioniert entgegengesetzt zur Eat-the-Frog-Methode. Statt unangenehme Aufgaben zuerst anzugehen, kümmerst du dich zu Beginn des Tages um alles, was dir besonders leichtfällt und du schnell erledigen kannst. Das Pareto-Prinzip fußt auf der Annahme, dass du etwa 20 Prozent deiner Zeit brauchst, um 80 Prozent der nötigen Ergebnisse zu erzielen. Während in die restlichen 20 Prozent Ergebnisse 80 Prozent der Zeit fließen.

Das Pareto-Prinzip setzt also den (Zeit-)Aufwand mit dem erzielten Nutzen ins Verhältnis. Diese Methode hilft dir sehr gut dabei, Zeitfresser zu identifizieren. Außerdem hast du die Möglichkeit zu hinterfragen, ob die letzten 20 Prozent an Ergebnissen wirklich 80 Prozent deiner Zeit wert sind. Muss das Projekt tatsächlich perfekt sein? Oder ist es sinnvoller, die Zeit woanders einzusetzen, um wieder schnell auf 80 Prozent der Ergebnisse im nächsten Projekt zu kommen?

Das Pareto-Prinzip (die 80-20-Regel)

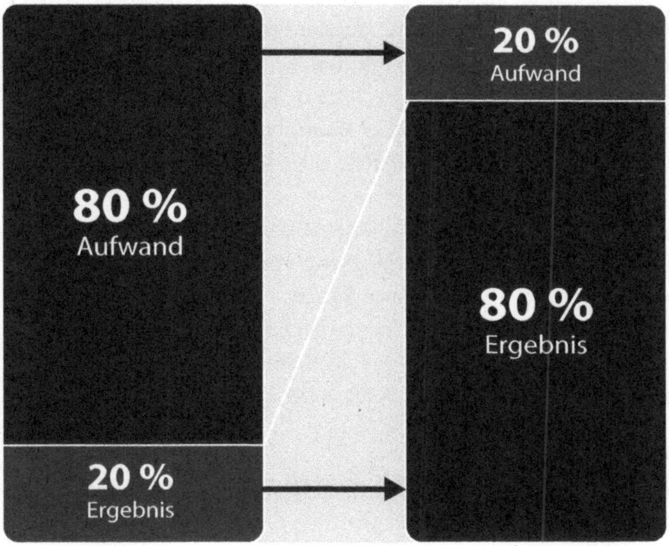

Pausen

Plane bei allem, was du tust, einen Puffer ein. Aktive Pausen verschaffen dir mehr Zeit und führen zu besseren Ergebnissen, als wenn du acht, neun oder zehn Stunden am Tag durcharbeitest. Klar kommt das hin und wieder vor. Als Deadlinejunkies wissen wir, wovon wir sprechen. Es sollte jedoch nicht zur Regel werden. Das Timeblocking ist eine gute Methode, um dir in jeder Woche ganz konkret Zeit zu reservieren, beispielsweise für Sport, Erholung oder einfach so für dich.

Eines deiner hilfreichsten Zeitmanagementtools ist daher das Neinsagen. Das vielleicht Wichtigste, was du über Zeit lernen kannst, ist die Tatsache, dass du über deine Zeit frei bestimmen darfst. Du verfügst über alle Zeit der Welt. Egal, in welcher Situation du dich befindest: Die Welt wird sich ohne dich weiterdrehen. Sie wird ohne dich funktionieren. Und es wird für jedes Problem Lösungen ohne dich geben. Das bedeutet nicht, dass du nicht wichtig wärst. Es heißt jedoch, dass du in jeder Situation deines Lebens die Möglichkeit hast, dir die Zeit zu nehmen, die du brauchst. Die einzige Verabredung, die sich in deinem Leben nicht verschieben lassen wird, ist – wie wir zu Beginn dieses Kapitels bereits betont haben – die mit dem Tod. Über alle anderen Aufgaben oder Deadlines darfst und solltest du selbst bestimmen.

Jede der vorgestellten Zeitmanagementmethoden hat ihre Stärken und Vorteile. Allein selig machend ist keine von ihnen. Probier gern aus, mit welcher Methode du gut arbeiten kannst. Wechsle die Methoden durch, um neue Reizpunkte für dich selbst zu setzen. Wir Menschen sind Gewohnheitstiere. Immer nach dem gleichen Schema vorzugehen, langweilt uns mit der Zeit und macht keinen Spaß mehr.

Wie baust du dir ein berufliches Netzwerk auf?

Kennst du das Hilfeparadox? Was schätzt du, wie viele Menschen bereit sind, anderen zu helfen, wenn sie darum gebeten werden? Eine überwältigende Mehrheit. Zwischen 70 bis 90 Prozent wären hilfsbereit, je nachdem, wie groß der Gefallen ist. Werden dieselben Menschen gefragt, wie oft sie selbst andere um Hilfe bitten, ändert sich das Bild. Die wenigsten machen das. »Andere um Hilfe bitten? Das fällt mir schwer«, heißt es dann. Geht es dir auch so? Falls ja, gewöhn dir das lieber schnell ab.

Wenn es im Moment ein gesellschaftlich einengendes Gefühl gibt, dann ist es das Gefühl der Überforderung. Nachrichten prasseln über soziale Medien im Dauertakt auf uns ein. Die Informationen sind im Gegensatz zu früher nicht mehr räumlich beschränkt, sondern globalen Ursprungs. Die Digitalisierung hat unsere Welt nicht nur im Bereich der Kommunikation radikal verändert. Energiewirtschaft, Mobilität, Handel, produzierendes Gewerbe, Tourismus ... es gibt keine Branche, die heute noch so funktioniert wie vor 10 oder 20 Jahren. Unsere Welt ist durch die digitale Revolution so komplex geworden, dass ein Einzelner nicht mehr durchblicken kann.

Ein Beispiel: Die letzte gedruckte Auflage der Brockhaus Enzyklopädie umfasst ca. 24.500 Seiten. Wer die Enzyklopädie aus dem Jahr 2006 vollständig lesen will und schätzungsweise 50 Seiten am Tag schafft, benötigt dafür insgesamt 490 Tage, also etwas mehr als ein Jahr und vier Monate. Das ist viel, aber machbar.

Das Internet dagegen, alle Informationen, die darin enthalten sind, wird kein Mensch je vollständig lesen, geschweige denn verarbeiten können. Es ist daher an der Zeit, sich einzugestehen: Ich blicke nicht mehr durch.

Was im ersten Moment danach klingt, aufzugeben und sich den Umständen zu ergeben, ist in Wirklichkeit der Schlüssel zur Lösung des von der Digitalisierung verursachten Überforderungsproblems. Mit dem Verlust des Überblicks über das große Ganze geht eine andere interessante Entwicklung einher: Immer mehr Menschen und Unternehmen werden zu absoluten Spezialisten in ihrem Fachgebiet.

Während die Digitalisierung also für mehr und mehr Komplexität und Spezialisierung in unserem Leben sorgt, gibt sie jedem von uns gleichzeitig alle nötigen Tools an die Hand, um sich in Sekundenschnelle weltweit mit Expert:innen zu vernetzen, die einem an genau der Stelle weiterhelfen können, an der wir selbst nicht weiterwissen. Die Digitalisierung zwingt uns zum WIR. (Noch vor einigen Jahren wurde dieses digitale Phänomen übrigens mit dem Begriff der Schwarmintelligenz umschrieben.) Würde die Digitalisierung das nicht tun, wäre sie ein System, das über kurz oder lang implodieren würde.

Wollen Menschen und Unternehmen die Digitalisierung beherrschen und in Zukunft relevant bleiben, müssen sie lernen, sich ihre Wissenslücken einzugestehen und zu kooperieren. Die Zeit der Einzelkämpfer ist ein für allemal vorbei. Unsere Zukunft wird stattdessen von Netzwerken geprägt sein. Erfolg wird künftig von der Fähigkeit abhängen, immer wieder neue Netzwerke zu bilden, Expert:innen aufzuspüren und sie um Hilfe zu bitten. Es ist daher höchste Zeit, dass wir das Bitten um Hilfe nicht mehr als peinlich oder Schwäche ansehen, sondern als eine Notwendigkeit, die uns alle voranbringt.

Deine digitale Visitenkarte

Wie gesagt, die Digitalisierung gibt uns alle Möglichkeiten, uns mit anderen Expert:innen zu vernetzen. Im Job sind es Portale wie XING oder LinkedIn, die den schnellen Aufbau eines Netzwerkes ermöglichen. Reserviere dir mindestens eine Stunde im Monat für deine Netzwerkarbeit und den Aufbau deiner digitalen Visitenkarte. Um die folgenden Fragen und To-dos solltest du dich dabei kümmern:

- Beinhaltet dein Profil alle wichtigen Angaben über dich (Stärken, besondere Fähigkeiten, Projekte)? Enthält es eine Vision, ein Motto, etwas, das Leser:innen überrascht oder gar begeistert?
- Sind in deinem Profil Fallbeispiele angeführt, also besondere Projekte, die du als Referenz vorstellen möchtest? Case Studies, die zeigen, wie du in einem Projekt vorgegangen bist und welche Ergebnisse du erzielt hast, sind die beste Werbung für dich.
- Mit welchen Expert:innen möchtest du dich vernetzen? Welche Personen, Unternehmen und Projekte findest du spannend?
- Kommentiere regelmäßig Beiträge dieser Expert:innen, die dich interessieren.
- Räume Themen, über die du etwas lernen möchtest, Platz auf deinem Profil ein. Frag dein Netzwerk regelmäßig nach Anregungen zu deinen Themen (Artikel zum Lesen, andere Expert:innen). Menschen lieben es normalerweise, hilfsbereit zu sein.

Du musst diese Punkte nicht alle auf einmal abarbeiten. Dein Netzwerk darf Monat für Monat wachsen. Wichtig ist nicht der Informationsumfang, sondern die regelmäßige Präsenz und der regelmäßige Austausch mit anderen.

Gut zu wissen: 2022 war der Arbeitsmarkt in Deutschland so angespannt, dass fast jede:r zweite Angestellte in Deutschland mindestens einmal im Monat von Headhuntern kontaktiert wurde.[21] Je klarer du dein Profil in den Onlinebörsen schärfst, desto wahrscheinlicher werden Jobangebote, die zu dir passen.

Gesundheit I

Bewegung und Ernährung

Die schlechte Nachricht vorweg: Solltest du jenseits der 25 sein, hat dein Körper bereits damit begonnen zu altern. Unglaublich, aber wahr: Ohne regelmäßiges Training verlierst du fortan Muskelmasse, deine Knochen werden abgebaut, deine Haut sieht nicht mehr ganz so frisch aus, das Atemvolumen der Lungenbläschen schwindet, wodurch weniger Sauerstoff in dein Blut kommt. Darunter leidet wiederum deine Ausdauer. Auch die Hormone peitschen nicht mehr nur fröhlich durch deinen Körper, sondern machen es sich hin und wieder gemütlich. Bei Männern sinkt der Testosteronspiegel, bei Frauen die Fruchtbarkeit. Ach ja, und hören tust du auch nicht mehr so gut. Es beginnt mit den hohen Tönen. Deine Augenlinse büßt schon seit Jahren an Elastizität ein, wodurch dir das scharfe Sehen zunehmend schwerer fällt.

Die gute Nachricht: Solltest du einigermaßen gut in Schuss sein, hast du noch ungefähr zehn Jahre, in denen du von deiner Jugend zehren kannst. Ab 35 werden die Zipperlein spürbarer. Die noch bessere Nachricht: Du kannst den Alterungsprozessen aktiv entgegenwirken. Deine wichtigsten Hebel dabei sind Bewegung und eine gesunde Ernährung. Alles Wissenswerte dazu, inklusive der größten Fitness- und Ernährungsmythen, findest du auf den folgenden Seiten.

Use it or loose it – warum dein Körper Bewegung braucht

Unser Körper ist ein Wunder. Auch deiner. Allerdings ist er ein fauler Hund. Dein Körper wird dir immer nur so viel Leistung zur Verfügung stellen, wie du ihm abverlangst. Muskeln, die nicht gebraucht werden? Werden abgebaut. Knochen, die nicht bewegt werden? Werden abgebaut. Astronauten, die aus dem Weltall zurückkehren, benötigen aufgrund des Muskelschwundes in der Schwerelosigkeit zwei Wochen, bis sie wieder normal gehen können. Bis die Knochenmasse das Niveau vor dem Aufenthalt in der Schwerelosigkeit erreicht, vergehen Jahre. Pro Monat im All verliert ein Astronaut zwei Prozent seiner Knochenmasse.[22]

Was für deine Muskeln und für deine Knochen gilt, trifft genauso auch auf dein Gehirn zu. Ohne Herausforderungen, ohne Probleme, mit denen es sich herumschlagen darf, büßt es an Leistungsfähigkeit ein und wird anfälliger für psychische Erkrankungen. Dass unser Körper so reagiert, ist nicht seine Schuld. Er ist darauf programmiert einzusparen, was nicht gebraucht wird. Muskeln zum Beispiel verbrauchen unheimlich viel Energie. Selbst im Ruhezustand. Werden sie nicht benutzt, versucht dein Körper, diese Energie einzusparen. In einer sechswöchigen Trainingspause verlierst du zum Beispiel rund 40 Prozent der Muskulatur, die du zuvor aufgebaut hast.[23]

Use it or loose it – dieser Satz fasst die gesamte Problematik eines bewegungsarmen Lebensstils zusammen. Höchste Zeit für ein paar gute Nachrichten: Sobald du dich konsequent in Bewegung setzt, wird sich dein Körper – innerhalb seines genetischen Limits – an die Leistung anpassen, die du ihm zumutest. Dein Körper ist in der Lage, selbst bis ins hohe Alter Muskeln auszubauen, Knochen zu stärken oder Sehnen wieder geschmeidiger zu machen.

Die Vorteile eines aktiven Lebensstils

Dass Bewegung gut für dich ist, weißt du sicher. Doch zur Bestärkung hier ein Überblick dessen, was ausreichend Bewegung in deinem Körper bewirken kann:

- Senkung des Krebsrisikos zum Beispiel bei Darm- oder Brustkrebs
- Stärkung deiner Psyche und eine bessere Stimmung
- Verbesserter Schlaf
- Bessere Selbstwahrnehmung
- Erhöhte Muskelkraft und Knochendichte
- Senkung des Sturzrisikos
- Aktiver Stoffwechsel
- Stärkung des Immunsystems
- Stabiles Körpergewicht

Aber was heißt eigentlich »ausreichend Bewegung«? Und wie viel Bewegung ist genug?

- 2,5 Stunden pro Woche moderate Bewegung oder
- 1,5 Stunden intensive Bewegung sind gemeint.[24]

Diese Intervalle sind jedoch nicht das Minimum an Bewegung, sondern das Extra zu deiner normalen Bewegung im Alltag. Im Alltag sind die 10.000 Schritte am Tag tatsächlich eine gute Richtlinie dafür, ob du dich ausreichend bewegt hast. Und ja, Schritte im Büro in die Teeküche zählen dabei mit. Selbst banale Dinge wie Treppensteigen statt Liftfahren haben eine positive Auswirkung. Auch hier gilt das Prinzip: Viele kleine Schritte führen zu einer großen Veränderung.

In deinen wöchentlichen Bewegungsintervallen solltest du zudem die folgenden Einheiten unterbringen:

- 10 Minuten anaerobe Bewegung (Du musst richtig aus der Puste sein!) und
- 2 x in der Woche Krafttraining.

Vor allem der letzte Part, das Krafttraining, ist der Gesundheitshebel, den die meisten Menschen vollkommen unterschätzen. Muskeln stärken dein Immunsystem. Sie verbessern deine Gehirnleistung und bringen deinen Stoffwechsel auf Trab. Sie stärken dein Herz-Kreislauf-System und helfen dir dabei, die Stunden am Schreibtisch im Büro ohne Rückenbeschwerden zu überleben. Sie arbeiten gegen den Jo-Jo-Effekt, falls du abnehmen möchtest. Sie sorgen dafür, dass du bei Stürzen weniger stark verletzt wirst. Brauchst du noch mehr Argumente?

Krafttraining heißt weder, dass du Muskelberge wie ein Bodybuilder aufbauen musst, um von den vielen positiven Effekten zu profitieren, noch, dass du ins Fitnessstudio gehen und dich an komplizierten Maschinen abrackern musst.

Ein effektives und intensives Krafttraining ist mit klassischen Körpergewichtsübungen ohne Probleme möglich. Das können Kniebeugen (Squats), Liegestütze (Push-ups) oder Hampelmänner (Jumping Jacks) sein. Glaubst du nicht? Dann mach bitte jetzt auf der Stelle 50 Kniebeugen ohne Pause. Die letzten werden dir garantiert wehtun.

Du musst dir dabei nicht einmal selbst ein Übungsprogramm zusammenstellen. Auf Youtube findest du unzählige kostenlose Fitnesskanäle mit wirklich fundierten Workouts für Anfänger oder Fortgeschrittene in jedem erdenklichen Zeitintervall. Das können schweißtreibende zehn Minuten, 20 Minuten, 45 Minuten oder gar 1,5 Stunden sein. Wichtig ist dabei nur: Überfordere dich nicht.

Unsere Youtube-Kanal-Empfehlungen

1. HASFIT – schöne Workouts mit Schwerpunkt auf Kraft- und Muskelaufbau. Ideal für Anfänger, da immer vereinfachte Varianten gezeigt werden
2. FITNESSBLENDER: vor allem im HIIT-Bereich sehr gut aufgestellt
3. MADYMORISON: tolles Yogaangebot
4. GROWINGANNANAS: Schweißtreibende Workouts mit und ohne Hilfsmittel

Solltest du zum Beispiel Probleme mit Übergewicht haben, mach keine Sprünge. Sie wären Gift für deine Gelenke. Kannst du bei einer Dehnung deine Zehenspitzen nicht berühren, geh eben nur so weit, wie du kannst. Die meisten gesundheitlichen Probleme beim eigenständigen Training entstehen, wenn Untrainierte zu viel auf einmal wollen. Du darfst zwar Schmerzen haben (nicht umsonst heißt es: Pain is weakness leaving the body – Schmerz ist Schwäche, die den Körper verlässt), aber wenn du ehrlich kaputt bist, darfst du aufhören oder Pause machen.

Dein Krafttraining sollte alle sechs Muskelgruppen beinhalten: Beine, Arme, Bauch, Rücken, Brust und Schulter. Jede Muskelgruppe trainierst du mit drei bis sechs Sätzen. In jedem Satz gehst du so weit, bis du keine saubere Wiederholung mehr schaffst. Zwischen den Sätzen machst du eine kleine Pause von bis zu drei Minuten. Das Ganze machst du zweimal in der Woche. Mehr ist für einen kontinuierlichen Muskelaufbau nicht nötig. Wichtig: Es dauert, bis das Training anschlägt. Was aber kein Problem sein sollte, da du deinen Körper ja ohnehin dein Leben lang bewegen und kräftigen solltest. Use it or loose it.

Kannst du mit Liegestützen und Kniebeugen partout nichts anfangen, versuch es mit Power Yoga. Auch diese Bewegungen können deinen Körper kräftigen. Wenn wir sagen, dass Bewegung der Schlüssel zu einem gesunden Leben ist, dann meinen wir das auch so. Selbst lange Spaziergänge oder Wanderungen haben das Potenzial, dich zu kräftigen. Du musst wirklich keinen Leistungssport machen, um fit zu werden. Du kannst tanzen gehen, schwimmen. Oder gemütlich Rad fahren. Hauptsache, du bewegst dich.

Lange Phasen ohne Bewegung führen dazu, dass dein Körper nicht nur Kraft, sondern auch Energie verliert. Die Folge ist eine bleierne Müdigkeit und eine um das Zehnfache erhöhte Anziehungskraft des heimischen Sofas. Wir sind nicht schlapp, weil wir uns ausgepowert haben, sondern weil unser Körper generell keine Kraft mehr hat. Spätestens wenn du eine solche längere Phase der Müdigkeit erlebst und dir nach deinem Arbeitstag keine Energie mehr für Aktivitäten bleibt, solltest du versuchen, in Bewegung zu kommen. Und wenn es nur jeden Tag zehn Minuten sind. Leg los!

18 Fitness- und Gesundheitsfakten

1. Fitness beruht auf drei Dingen: Bewegung, Ernährung, Entspannung. Vergiss bitte die Phasen der Entspannung nicht. In Wochen, in denen du keine Zeit für Sport hast, kann es sinnvoll sein, ein Workout auszulassen und stattdessen auszugehen, am Abend einfach Musik zu hören oder etwas zu tun, das dich entspannt. Training ist für den Körper auch eine Form von Stress. Ist dein Stresslevel bereits sehr hoch, profitierst du von der Entspannung mehr als von einem Training.
2. Muskeln sind schwerer als Fett. Wenn du beginnst, dich zu kräftigen, wirst du dich früher oder später vielleicht wundern, dass du gar nicht abnimmst, sondern sogar zunimmst. Das ist normal, da Muskelzellen schwerer als Fettzellen sind. Dein Gewicht hat daher nur eine begrenzte Aussagekraft über deine Fitness.
3. Wie fit du bist, erkennst du an der Zahl der Wiederholungen, die du bei einer Übung schaffst. An den Gewichten, die du bewegen kannst. An der Zeit, die du für eine Strecke brauchst. An der Range of Motion, also der Bewegungsamplitude bei einer Übung (z. B. Kniebeuge bis in die Hocke statt nur der 90-Grad-Winkel bis zum Knie).
4. Je weiter die Bewegungsamplitude, desto höher sind die Erträge für deine Muskeln. Leg den Oberkörper beim Liegestütz auf den Boden ab, bevor du dich wieder hochdrückt. Geh bei der Kniebeuge so weit in die Hocke wie möglich.
5. Mit Sport allein baust du kein Fett ab und nimmst auch nicht ab. Dafür musst du ein Kaloriendefizit erzeugen, also weniger Kalorien aufnehmen, als du verbrauchst. Willst du aber gleichzeitig Muskeln aufbauen – was du tun solltest –, darf das Kaloriendefizit nicht allzu groß sein. 10 bis 15 Prozent reichen vollkommen aus. Um deinen Kalorienbedarf zu ermitteln, solltest du deinen Grundumsatz und deinen Leistungsumsatz kennen (siehe Infobox). Vergiss außerdem nicht, dich proteinreich zu ernähren, damit dein Körper alle Bausteine für den Muskelaufbau hat.

Energieverbrauch

Grundumsatz und Leistungsumsatz

Dein Kalorienbedarf setzt sich aus dem Grundumsatz und dem Leistungsumsatz zusammen. Der Grundumsatz ist die Energie, die dein Körper in jedem Fall braucht. Zum Beispiel um die Körpertemperatur aufrechtzuerhalten, um zu atmen, um Blut durch deinen Körper zu pumpen und, und, und. Dein Leistungsumsatz ergibt sich wiederum daraus, wie du deinen Tag verbringst. Menschen, die körperlich schwer arbeiten, verbrauchen mehr Energie als Menschen, die den ganzen Tag im Büro an einem Rechner sitzen.

Deinen Grundumsatz, also die Energie, die dein Körper allein für das Aufrechterhalten seiner Lebensfunktion benötigt, kannst du mit der sogenannten Harris-Benedict-Formel berechnen:

Die Grundumsatzformel für Frauen:

Grundumsatz in Kilokalorien = 655 + (9,5 x Körpergewicht in kg) + (1,9 x Körpergröße in cm) – (4,7 x Alter in Jahren)

Die Grundumsatzformel für Männer:

Grundumsatz in Kilokalorien = 66 + (13,8 x Körpergewicht in kg) + (5,0 x Körpergröße in cm) – (6,8 x Alter in Jahren)

Der Leistungsumsatz wird oft auch PAL (physical activity level) genannt. Du kannst ihn mithilfe verschiedener Faktoren berechnen, die sich an den unterschiedlichen Aktivitätsleveln deines Tages orientieren.

Aktivitätslevel und ihre Faktoren

Aktivitätslevel	Faktor
Nur sitzen oder liegen/schlafen	0,95
Sitzen, kaum körperliche Aktivität (leichte Tätigkeit, z. B. im Büro sitzen, Alltagsbeschäftigungen)	1,4–1,5
Sitzen, gehen und stehen (leichte bis mittlere Tätigkeit, z. B. Schüler oder Studenten)	1,6–1,7

Hauptsächlich stehen und gehen (mittlere Tätigkeit, z. B. Erzieher, Verkäufer, Handwerker)	1,8–1,9
Körperlich anstrengende Tätigkeit (schwere Tätigkeit, z. B. Bauarbeiter oder Sport und Fitness)	2,0–2,4

Um deinen Leistungsumsatz – PAL – zu berechnen, ermittelst du die Stundenzahl, die du mit jeder dieser Tätigkeiten beschäftigst bist, und multiplizierst sie mit dem entsprechenden Faktor. Anschließend addierst du alle Werte und dividierst das Ergebnis durch 24. Das ist dein PAL.

Ein Beispiel:
(8 Stunden schlafen x 0,95) 7,6 + (8 Stunden Uni x 1,7) 13,6 + (2 Stunden unterwegs sein x 1,8) 3,6 + (2 Stunden aufräumen, einkaufen inklusive kochen x 1,5) 3 + (1 Stunde Sport x 2) 2 + (3 Stunden Medienzeit x 1,5) 4,5 = 34,3 : 24 = 1,43

Nun musst du nur noch den Grundumsatz mit deinem PAL multiplizieren und du erhältst deinen durchschnittlichen Kalorienbedarf pro Tag. Ein Beispiel: Ich, Daniel, bin 175 cm groß, wiege 75 Kilogramm und bin 48 Jahre alt. Das ergibt bei mir einen Grundumsatz von 1650 Kilokalorien. Nehmen wir den oben ermittelten PAL als Referenz, ergibt sich daraus der folgende tägliche Kalorienbedarf:

1650 kcal (Grundumsatz) x 1,43 = 2360 kcal Kalorienbedarf für den Tag.

Diese Formel ist eine Richtlinie. An Tagen, an denen du dich viel bewegst, ist dein Leistungsumsatz höher. Ein erhöhter Leistungsumsatz sorgt auch für einen individuell höheren Grundumsatz.

6. Trinkst du zu wenig, ist dein Fettstoffwechsel gehemmt. Normalerweise kümmert sich deine Leber um den Fettstoffwechsel. Deine Nieren sind dafür zuständig, Gifte aus dem Körper zu transportieren. Können sie das nicht mehr in ausreichendem Umfang tun, da du zu wenig trinkst, hilft die Leber lieber beim Gift- statt beim Fettabbau. Wie viel du trinken solltest, kannst du mit der folgenden Formel berechnen: 0,038 l x Körpergewicht in kg = tgl. Wasserbedarf in Liter.

7. Du musst keinen Muskelkater haben, um fitter zu werden. Im Gegenteil: Muskelkater zeigt dir an, dass du Muskeln überlastet hast. Doch keine Sorge, du kannst und solltest dich auch mit Muskelkater bewegen:

Die Muskelkaterampel

Leichter Muskelkater: Du kannst normal weitertrainieren, solltest dich aber sehr gut aufwärmen. Durch das Training wird der Muskelkater sogar schneller verschwinden.

Mittlerer Muskelkater: Du darfst immer noch trainieren, allerdings mit verringerter Last und Intensität.

Schwerer Muskelkater: Mach kein Training mehr, sondern ersetze das Training durch Bewegungen mit leichter Intensität.

8. Um fit zu werden, gibt es keine Abkürzungen. Wer dir ein Sixpack in vier Wochen verspricht, lügt dich an.
9. Bei Cardio-Training gibt es keinen Nachbrenneffekt. Intensives Krafttraining und HIIT-Einheiten, also High Intensity Interval Training, haben einen Nachbrenneffekt. So verbrauchst du nicht nur Energie während des Trainings, sondern durch den angekurbelten Stoffwechsel auch noch in den Stunden danach.
10. Microworkouts sind effektiv. Das können fünf Liegestütze oder zehn Hampelmänner sein, zehn Dehnungen deines Oberkörpers nach links und rechts im Sitzen. Je mehr dieser kleinen Microworkouts du, über den Tag verteilt, ausübst, desto besser.
11. Fitness ist nicht kompliziert. Verschwende keine Zeit mit Trainingsplänen oder damit, darüber zu diskutieren, ob du nun lieber in der Früh oder am Abend, mit leerem oder vollem Magen oder wie und wann auch immer trainieren sollst. Mach einfach. Fühlst du dich hinterher wohl

mit dem, was du getan hast, mach es wieder. Falls nicht: Probier das nächste Mal etwas anderes aus.

12. Tage, an denen nichts geht und du deutlich unter dem Leistungsniveau bleibst, das du eigentlich schon erreicht hattest, sind normal. Gib einfach immer dein Bestes, wie viel auch immer das an diesem Tag sein mag.
13. Leistungsplateaus sind normal. Es wird Phasen geben, in denen sich dein Körper für längere Zeit nicht weiterentwickelt und du keinen Fortschritt spürst. Ein Stück weit musst du Plateaus akzeptieren. Willst du selbst aktiv werden, kannst du versuchen, deinen Körper mit neuen Trainingsreizen aus der Reserve zu locken. Das kann eine andere Sportart sein oder eine andere Trainingszeit (z. B. in der Früh statt abends).
14. Joggen macht deine Knie nicht kaputt. Joggen mit zu hoher Intensität und mit zu wenig Muskulatur, die dein Knie schützt, sorgt für die Schmerzen. Reduzierst du die Intensität und machst regelmäßig Krafttraining, werden deine Knie mit der Zeit immer stärker, sodass du die Intensität beim Laufen wieder erhöhen kannst.
15. Trainiere, sooft du kannst, barfuß. Du aktivierst so deutlich mehr Muskeln als beim gleichen Training mit Schuhen. Dazu zählen natürlich die Fuß-, die Waden- und die Rumpfmuskulatur.
16. Vergleiche dich nicht mit anderen. Du musst nicht 100 Liegestütze am Stück absolvieren, um fit zu sein. Solltest du keinen einzigen Stütz schaffen, ist das schlecht. Klappen 10 oder 20, ist das schon viel. Dein Leistungsniveau entscheidet. Ebenso wie die Zeit, die du investieren kannst. Eltern, die sich um Job und Kinder kümmern, haben nicht dasselbe Zeitkontingent fürs Training wie ein Single.
17. Schlafe ausreichend. Schlaf ist eine Wohltat. Unser Immunsystem wird im Schlaf auf Vordermann gebracht, unsere Zellen werden repariert und das Gehirn verarbeitet die Eindrücke des Tages. Vor allem unser Hormonsystem ist im Schlaf hochaktiv. So wird zum Beispiel das Wachstumshormon Somatropin, welches den Muskelaufbau steuert, im Schlaf gebildet. Auch Leptin, das Hormon, das deinem Gehirn signalisiert, dass du satt bist, entsteht im Schlaf. Schläfst du zu wenig, baust du trotz intensiven Trainings langsamer Muskeln auf und du hast tagsüber mehr Hunger.
18. Alkohol verhindert oder verzögert Stoffwechselvorgänge für den Muskelaufbau. Da Alkohol dem Körper Wasser entzieht, verschlechtert sich zudem die Versorgung der Muskeln mit Nähr- und Mineralstoffen.

Die Grundlagen gesunder Ernährung

Kaum ein anderes Thema bietet dir so viele Informationsmöglichkeiten wie das Thema Ernährung. Gleichzeitig sorgt die Informationsfülle auch für jede Menge Diskussionsstoff. Ernährung, so scheint es, ist eine Art Glaubensfrage geworden. Ist nun das Frühstück wirklich die wichtigste Mahlzeit? Sind drei Mahlzeiten am Tag besser oder fünf? Nimmst du tatsächlich mehr zu, wenn du spät zu Abend noch Kohlenhydrate isst? Soll deine Ernährung fettarm oder fettreich sein? Was bringt dir Intervallfasten? Sind Lightprodukte schädlich oder nicht? Ist Superfood echt super? Kaffee ja oder nein, und wenn ja, wie viel?

Neben all diesen Fragen rund um die richtige Ernährung gibt es auch noch unzählige Ernährungsstile. Die einen schwören auf Paleo (viel Fleisch auf dem Teller), die anderen auf Low Carb (wenig Kohlenhydrate), die Nächsten glauben, dass Rohkost ihnen guttut. Du kannst dich auch auf Basis des Glyx-Index, des glykämischen Index, ernähren. Oder aber du lässt deinen Stoffwechseltyp für rund 100 Euro ermitteln und stimmst deine Ernährung darauf ab, ob du nun ektomorph, mesomorph oder endomorph bist.

Aber musst du wirklich jeden Tag Kalorien zählen? Oder auf das Verhältnis von Kohlenhydraten, Fetten und Proteinen achten? Geht es nicht auch ein bisschen einfacher?

Doch!

Lass dich auf keinen Fall kirre machen. Gesunde Ernährung ist eigentlich nicht kompliziert. Wie bei den meisten Dingen geht es auch beim Essen nicht so sehr um richtig oder falsch, sondern um Balance. Hier die wichtigsten Richtlinien, die dir helfen, in Sachen gesunder Ernährung durchzublicken.

19 Tipps für eine gesunde Ernährung

1. Vermeide industriell verarbeitete Lebensmittel. Je mehr natürliche Produkte du zu dir nimmst, desto wahrscheinlicher ist es, dass du dich gesund ernährst. Warum? Industriell verarbeitete Lebensmittel, zum Beispiel Fertiggerichte, Müslimischungen, Wurst, enthalten versteckten Zucker, industriell verarbeitete Transfette oder Geschmacksverstärker. Diese Inhaltsstoffe erhöhen die Kalorienzahl in deinem Essen unnötig.

Zudem bringen sie den Energiestoffwechsel deines Gehirns durcheinander. Geschmacksverstärker blocken etwa bestimmte Botenstoffe in deinem Körper, die eigentlich signalisieren sollen, dass du satt bist. Erreichen diese dein Gehirn nicht mehr, kannst du gar nicht anders, als weiterzuessen. Statistiken haben gezeigt, dass Menschen täglich zwischen 500 oder 600 Kalorien mehr zu sich nehmen, wenn sie sich von industriell verarbeiteten Lebensmitteln ernähren.

2. Hab keine Angst vor Fett. Fett ist neben Kohlenhydraten und Proteinen der dritte Hauptnährstoff. Dein Körper braucht Fett, um sämtliche laufenden Prozesse im Körper aufrechtzuerhalten und zu steuern. Besonders gesund sind Fette mit ungesättigten Fettsäuren, wie man sie in Olivenöl oder Leinöl findet, aber auch in Fisch wie Seelachs. Etwa 30 Prozent deines täglichen Kalorienbedarfs können aus Fetten stammen. Natürlich ist Fett sehr energieintensiv. In einem Esslöffel Olivenöl stecken 121 Kalorien. Ein großzügig gemixtes Salatdressing kann daher locker 10 Prozent deines täglichen Kalorienbedarfs abdecken.
3. Proteine machen dich länger satt. Das hängt unter anderem mit den Hormonen zusammen, die bei der Aufspaltung der Proteine im Magen produziert werden und deinen Appetit bremsen. Idealerweise sind Proteine daher Teil einer jeden Mahlzeit.
4. Proteine kommen nicht nur aus Fleisch oder Eiern. Du kannst Proteine auch in Form von Nüssen, Kürbiskernen, Lupinen, Soja oder Leinsamen zu dir nehmen.
5. Faste. Wann hat dein Magen zum letzten Mal nach einer langen Essenspause richtig gegrummelt? Das bekannte Magenknurren ist kein Anzeichen von Hunger, sondern hat seinen Ursprung in den Aufräumarbeiten, die der Magen durchführt, wenn er denn mal leer ist. Durch unsere stark verkürzten Essenspausen setzen wir diesen Reinigungsprozess kaum noch in Gang. Längere Essenspausen sind ein Segen für deinen Körper. Stockt nämlich die Nährstoffzufuhr, beginnt nicht nur die Fettverbrennung, dein Körper startet auch die sogenannte Autophagie, bei der nach kaputten oder geschädigten Zellen gefahndet wird, die anschließend zur Energiegewinnung verdaut werden. Auch beim Fasten gilt: Es muss keine ganze Woche sein, um zu wirken. Selbst ein einzelner Fastentag bringt dir etwas. Das Intervallfasten, bei dem du zum Beispiel dein Frühstück auslässt und 16 Stunden lang nichts isst und dann in einem 8-Stunden-Fenster zwei normale Mahlzeiten zu dir nimmst, hilft deinem Körper, immer mal wieder aufzuräumen.

6. Kohlenhydrate machen nicht mehr dick als Fette oder Proteine. Wie die Fette wurden vor einigen Jahren auch die Kohlenhydrate als Dickmacher verteufelt. Das Problem: Kohlenhydrate bestehen aus Einfachzuckern (Sacchariden), die in mal mehr, mal weniger komplexen Verbindungen aufgebaut sein können (Disaccharide und Polysaccharide). Während du die einfachen Verbindungen, wie sie in Fruchtzucker oder Haushaltszucker vorkommen, sehr schnell verdaust, benötigt dein Körper für die Polysaccharide, zum Beispiel aus Vollkornprodukten, länger. Dadurch bist du längere Zeit satt. Außerdem verringert sich die Gefahr von Heißhungerattacken. Dennoch: Am Ende des Tages entscheidet immer die Kalorienbilanz, ob du zu viel gegessen hast. Du kannst also gern zur Schokolade greifen oder eine Süßigkeit naschen, wenn deine Kalorienbilanz stimmt. Auch eine Salamipizza (Zucker in der Salami + Kohlenhydrate im Teig) macht dich nicht dick, wenn deine Kalorienbilanz insgesamt in Ordnung ist.
7. Ballaststoffe machen satt. Eine ballaststoffreiche Ernährung hilft deiner Darmflora und macht dich länger satt. Ballaststoffe kommen vor allem in Gemüse und Obst, Hülsenfrüchten, Vollkornprodukten und Nüssen vor. Gönn dir davon was.
8. Trink vor jeder Mahlzeit ein oder zwei Glas Wasser. Das hemmt deinen Appetit und sorgt dafür, dass du schneller satt bist. Außerdem hilft es dir dabei, ausreichend Flüssigkeit zu dir zu nehmen.
9. Iss ruhig viele kleine Mahlzeiten, wenn du dich danach fühlst. Beim Thema Anzahl der Mahlzeiten stehen sich zwei Ernährungslager gegenüber. Die einen schwören auf drei große Mahlzeiten, die anderen auf mehrere über den Tag verteilte. Fakt ist: Viele kleine Mahlzeiten sorgen dafür, dass dein Blutzuckerspiegel auf einem stabileren Niveau bleibt und nicht ständig schwankt. Du hast insgesamt weniger Appetit und vor allem senkst du die Gefahr von Heißhungerattacken.
10. Mach alle acht Wochen eine Kaffeepause. Kaffee ist prima und gehört vermutlich auch bei dir zu den Grundnahrungsmitteln. Das Problem: Die Gewöhnung an Koffein führt oft dazu, dass du immer mehr Kaffee trinkst, weil sich der Kick nicht mehr einstellen will. Das wiederum kann sich auf deine Schlafqualität auswirken. Leg einfach hin und wieder Kaffeepausen von mindestens einer Woche ein. Die Kopfschmerzen, die du durch den Koffeinentzug erleben wirst, verdeutlichen dir, warum die Kaffeepause so sinnvoll ist.

11. Du nimmst nicht stärker zu, wenn du spät am Abend etwas isst. Letztlich entscheidet nicht die Uhrzeit, wann du etwas isst, sondern wie viel du isst. Wenn du deine Kalorienbilanz im Blick hast, kannst du essen, wann du willst. Eine besonders späte Mahlzeit lässt dich allerdings nicht so gut schlafen ...
12. Trink deine Kalorien nicht. Vermeide Fruchtsäfte und Softdrinks, da sie sehr viel Zucker aufweisen. Zwar enthält Bier weniger Kalorien als Apfelsaft, dennoch nimmst du mit einem Bier schon fast zehn Prozent deines täglichen Kalorienbedarfs zu dir.
13. Dein Körper benötigt nicht jeden Tag Fleisch. 300 bis 600 Gramm pro Woche sind vollkommen ausreichend. Weißes Fleisch (z. B. Geflügel) ist gesünder als rotes Fleisch (etwa Rind).
14. Geschmack ist etwas, das sich entwickelt. Auch deiner. Wenn Gemüse oder Salat dir nicht schmecken, kann es daran liegen, dass dein Gaumen noch nach dem Kick sucht, der von Geschmacksverstärkern und den Unmengen an Fett und Zucker in industriell verarbeiteten Lebensmitteln hervorgerufen wird. Das legt sich. Normale Gewürze – bitte keine Fertigmischungen aus der Tüte! – sind deine beste Waffe, um den Geschmack von Gemüse aufzupeppen.
15. Alkohol ist nie gesund. Ja, du entspannst beim Genuss und fühlst dich dank der Entspannung kurzfristig wohl. Dennoch bleibt Alkohol ein sehr kalorienreiches Zellgift, das deinen Körper in Alarmbereitschaft versetzt. Alkohol kann dein Gehirn, deine Leber, dein Herz, deine Psyche und deine Libido schädigen. Auch sorgt er dafür, dass du schlechter schläfst. Leg auch beim Alkohol regelmäßig Pausen von zwei, drei Wochen ein. Solltest du merken, dass dir der Verzicht schwerfällt, hast du vielleicht ein Problem, um das du dich kümmern solltest.
16. Du benötigst keine Nahrungsergänzungsmittel, um dich gesund zu ernähren.
17. Verzichte nicht. Wenn du einen Speiseplan hast, auf dem kein Platz für dein Lieblingsessen ist (Pizza!), ändere deinen Speiseplan. Achte vor allem auf deinen Kalorienbedarf und nicht so sehr darauf, was du isst. Cheat Days sind absolut in Ordnung, wenn du den Überschuss an anderen Tagen wieder reinholst.
18. Gesunde Ernährung kann ohne Kalorienzählen funktionieren. Du kannst eine intuitive Ernährung erlernen, wenn du dich aktiv mit deinen Hungersignalen auseinandersetzt, mit dem Essen aufhörst, wenn

du satt bist, und ein Gefühl dafür entwickelst, wie du dich nach dem Essen fühlst, also welche Lebensmittel dir besonders guttun.

19. Hunger kann durch einen Mangel an Mikronährstoffen hervorgerufen werden. Wenn dies der Fall ist und du haust dir doch wieder nur eine Pizza rein, kommt der Hunger sehr schnell wieder zurück.

Hunger ist nicht gleich Hunger

Wusstest du, dass es neben dem gerade genannten aufgrund von Mikronährstoffmangel hervorgerufenen Hunger insgesamt noch sieben weitere Arten von Hunger gibt?

1. Den normalen natürlichen Hunger. Dein Körper braucht Energie. Typische Merkmale sind eine besondere Gereiztheit und mangelnde Konzentrationsfähigkeit.
2. Sozialer Hunger. »Möchtest du noch ein Stück Torte?«, fragt Oma immer beim Besuch. Und du sagst Ja, schließlich willst du sie nicht verärgern.
3. Appetit: Du hast einen ganz bestimmten Geruch im Kopf oder musst an ein spezielles Lebensmittel denken. Am besten gibst du ihm nach.
4. Praktischer Hunger. Du isst, weil du später keine Zeit hast oder weißt, dass du lange nicht mehr an Essen kommen wirst.
5. Hunger aus Gewohnheit. Du isst, weil du es immer so machst. Obwohl du zum Beispiel satt bist oder keine Lust darauf hast, trinkst du nach dem Essen noch einen Espresso und naschst etwas Süßes dazu.
6. Emotionaler Hunger. Mit dieser Art des Hungers versuchst du, schöne Erinnerungen wieder hervorzurufen, negative Emotionen zu übertünchen oder dich zu belohnen. Dieses Verhalten wird auch als Coping bezeichnet.
7. Verbotshunger. Ob Zuckerchallenge oder No-Carb-Woche: Wann immer du ein bestimmtes Lebensmittel oder einen Nährstoff von deinem Speiseplan streichst, bekommst du über kurz oder lang eine immer größer werdende Lust darauf. Deine Gedanken kreisen und kreisen um dieses Lebensmittel.

Hinterfrag deinen Hunger. Wenn er nicht natürlicher oder praktischer Natur ist, überleg, ob du die positive Emotion oder die Entspannung, die du suchst, nicht auch anders als durch Essen erzeugen kannst.

Die Ernährungspyramide

Wasser als Hauptgetränk und unverarbeitete Lebensmittel – am besten so unterschiedlich und bunt wie möglich – in der Menge, die du benötigst, sind der Schlüssel für eine gesunde Ernährung. Mit anderen Worten: Du wirst ums Kochenlernen nicht herumkommen. Um dir das Kalorienzählen zu ersparen, möchten wir dich mit der Ernährungspyramide vertraut machen, die dir, kombiniert mit den richtigen Portionsgrößen, eine gute Hilfestellung für deinen Speiseplan gibt.

So könnte dein Tag aussehen
(mit Portionsgrößen)

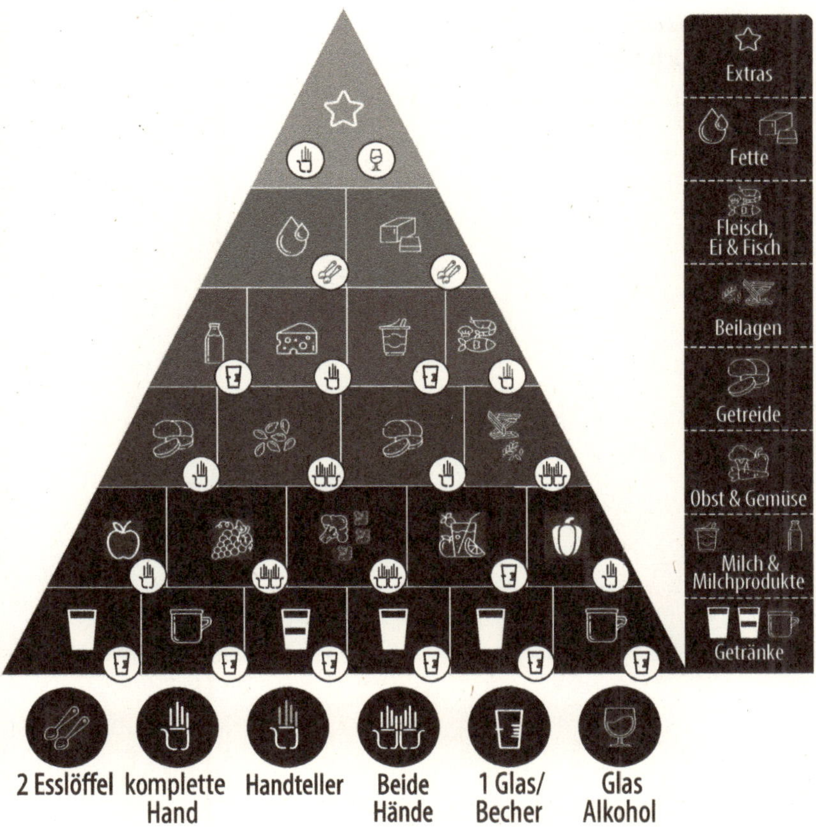

Auf einen täglichen Speiseplan gehören ungefähr:

- 6 Gläser Wasser oder Tee
- 3 Portionen Gemüse
- 2 Portionen Obst
- 3 Portionen Getreide wie Brot und Flocken
- 1 Portion gekochtes Getreide (z. B. Nudeln, Reis, Kartoffeln)
- 3 Portionen Milchprodukte
- 1 Portion Fisch, Fleisch oder Ei
- 2 Portionen Fette oder Öle (1 Portion entspricht 2 EL)
- 1 Portion Extras (z. B. Süßes oder Alkohol)

Noch mal: Je weniger Plastikverpackungen du beim Essen aufreißen musst, desto größer ist die Wahrscheinlichkeit, dass du dich gesund ernährst. Natürliche, unverarbeitete Lebensmittel und viel Wasser sind alles, was dein Körper wirklich braucht.

Beziehungen und Gefühle I

Beziehungsarbeit und Konfliktmanagement

Deine Familie kannst du dir nicht aussuchen, deine Partner:innen und Freund:innen schon. Auch deine Entscheidung für oder gegen einen Job ist immer auch eine Entscheidung, ob du mit diesen Arbeitskolleg:innen und Vorgesetzten zusammen sein willst. Höchste Zeit also, dass wir über Beziehungen und Liebe reden. Das Fundament deiner Beziehung wird – wie so vieles andere – von deinen Werten und deiner Persönlichkeit gebildet. Erst wenn du weißt, was du willst, hast du eine Chance, es zu bekommen.

Warum wir uns zu bestimmten Menschen hingezogen fühlen, ist ein Mysterium. Zwar ist der Hormonrausch, der uns die Sinne vernebelt, wenn wir uns verlieben, sehr gut erforscht. Doch eine Antwort auf die Frage, warum wir mit dem oder der einen besser können als mit dem oder der anderen, ist das nicht. Beziehungen und Freundschaften können unglaublich vielschichtig sein. Mal ziehen sich gegensätzliche Persönlichkeiten an, mal fühlen Menschen sich durch ähnliche Werte verbunden und mal ist es einfach eine unerklärliche körperliche Anziehungskraft wie beispielsweise »die Liebe auf den ersten Blick«, die uns antreibt.

Doch was auch immer der Grund dafür ist, dass wir mit dem einen Menschen besser können als mit dem anderen, jede Beziehung will gepflegt und gelebt werden. Wir verraten dir, welche Möglichkeiten es dabei gibt und wie du Konflikte besser verstehen und durchstehen kannst.

Warum Beziehungen nicht von allein funktionieren

Beziehungen funktionieren nicht von allein. Liebesbeziehungen nicht, Freundschaften nicht, berufliche Beziehungen nicht. Jede Beziehung ist wie eine Pflanze, die zum Leben auf Sonne, Wasser und Nährstoffe angewiesen ist. Bekommt die Pflanze oder die Beziehung nicht, was für sie wichtig ist, geht sie ein. Allerdings brauchen nicht alle Pflanzen die gleiche Menge an Sonne, Wasser und Nährstoffen, so wie auch nicht jede Beziehung das gleiche Maß an Aufmerksamkeit, Energie oder Kommunikation benötigt. Warum das so ist, lässt sich am einfachsten mit den unterschiedlichen Bindungstypen erklären. Davon haben die Wissenschaftlerin Kim Bartholomew und der Wissenschaftler Leonard Horowitz im Jahr 1991 vier identifiziert.[25]

Die vier Bindungstypen nach Bartholomew und Horowitz

Kim Bartholomew und Leonard Horowitz haben vier unterschiedliche Bindungstypen ausgemacht, die sich durch bestimmte Eigenschaften unterscheiden. Dazu zählen:

- der sichere Bindungstyp,
- der ängstlich-ambivalente Bindungstyp,
- der ängstlich-vermeidende Bindungstyp,
- der gleichgültig-vermeidende Bindungstyp.

Eigenschaften des sicheren Bindungstyps

Der sichere Bindungstyp hat ein gut ausgeprägtes Selbstvertrauen und keine Probleme damit, anderen Menschen zu vertrauen. Er ist selbstsicher und kann in einer Beziehung Nähe und Distanz sehr gut regulieren. Er klammert nicht, sondern schafft sich in der Beziehung seine Freiräume. Ein sicherer Bindungstyp kann auch mal allein oder mit Freunden in den Urlaub fahren. Sichere Bindungstypen führen in der Regel glückliche und stabile Beziehungen. Sie haben keine Angst vor Trennungen. Im Gegenteil: In einer beendeten Beziehung steckt die Chance, daraus zu lernen und zu reifen. Sichere Bindungstypen wissen, dass sie attraktiv auf andere wirken, und machen sich daher keine Sorgen darüber, ob sie einen neuen Partner oder eine neue Partnerin finden.

Eigenschaften des ängstlich-ambivalenten Bindungstyps

Prägende Merkmale des ängstlich-ambivalenten Bindungstyps sind ein schwaches Selbstwertgefühl und eine übermäßige Beschäftigung mit der Beziehung. Die Beziehung ist ihm enorm wichtig. Er klammert, ist besitzergreifend und macht sich häufig Sorgen, ob er genügend zurückgeliebt wird. In Beziehungen mit einem ängstlich-ambivalenten Typen fühlen sich der Partner oder die Partnerin oft bedrängt und weichen zurück. Das wiederum verstärkt die Trennungsangst beim ängstlich-ambivalenten Typen.

Eigenschaften des ängstlich-vermeidenden Bindungstyps
Der ängstlich-vermeidende Typ ist von starken Ängsten geprägt. Er denkt, dass er nicht gut genug für den oder die andere ist. Obwohl er sich eine Beziehung herbeisehnt, vermeidet er enge Bindungen. Wird es ernst, sorgt er für Abstand, um nicht enttäuscht zu werden. Er lässt den oder die Partner:in nicht wirklich an sich heran. Ängstlich-vermeidende Bindungstypen sind zudem die perfekten Kandidat:innen für On-off-Beziehungen. Auch hier ist Trennungsangst ein wiederkehrendes Beziehungsmerkmal.

Eigenschaften des gleichgültig-vermeidenden Bindungstyps
Der gleichgültig-vermeidende Bindungstyp legt keinen besonderen Wert auf Beziehungen. Sie sind ihm ganz einfach egal. Gleichgültig-vermeidende Menschen genügen sich selbst. Rutscht dieser Typ dennoch in eine Beziehung, hält er den Partner oder die Partnerin auf Abstand. Er benötigt sehr viel Freiraum und verschafft ihn sich auch. Es fällt ihm schwer, Gefühle zu zeigen. Wie auch, wenn sie gar nicht vorhanden sind. Generell fehlt es Beziehungen mit diesem Bindungstypen an Tiefe, falls sie überhaupt zustande kommen.

Zu welchem Beziehungstyp du gehörst, kannst du – falls du anhand der Beschreibung noch keine Ahnung entwickelt hast – wie so oft mit einem Onlinetest herausfinden. Welcher Bindungstyp du bist, wird in deiner Kindheit durch deine ersten Bindungserfahrungen geprägt. Allerdings ist deine Bindungsfähigkeit kein Schicksal. Sie kann sich entwickeln.

Das Wissen um deinen eigenen Bindungstyp hilft dir zudem, deine Bedürfnisse besser einzuschätzen. Bist du ein ängstlich-ambivalenter Beziehungstyp könntest du an deinen Ängsten arbeiten und versuchen, selbstständiger zu werden. Ein verständnisvoller Partner schafft es womöglich, auf deine Ängste einzugehen und dir ein Stück weit entgegenzukommen. Ängstlich gebundenen Menschen fällt es zudem schwer, sich um andere zu kümmern, da sie sehr mit sich selbst und ihren Ängsten beschäftigt sind. Sie selbst wiederum benötigen sehr viel Aufmerksamkeit und Zuwendung. Auch hier hilft das Wissen, dass etwa die fehlende Fürsorge gegenüber de:r Partner:in nicht absichtlich ausbleibt, sondern Folge einer nicht sicher entwickelten Bindungsfähigkeit ist, dabei, an dem Problem zu arbeiten.

WIE VERBREITET SIND DIE DIVERSEN BINDUNGSSTILE?

Bindungsstile sind unterschiedlich häufig verbreitet. Mit ca. 60 Prozent dominiert der sichere Bindungstyp. Der ängstlich-vermeidende Bindungstyp folgt mit etwa 20 Prozent. Auf den ängstlich-ambivalenten sowie den gleichgültigen Bindungstypen entfallen je 10 Prozent. Eine unterschiedliche Verteilung der Bindungstypen zwischen den Geschlechtern wurde übrigens nicht festgestellt.

Die Häufigkeit von Bindungsstilen

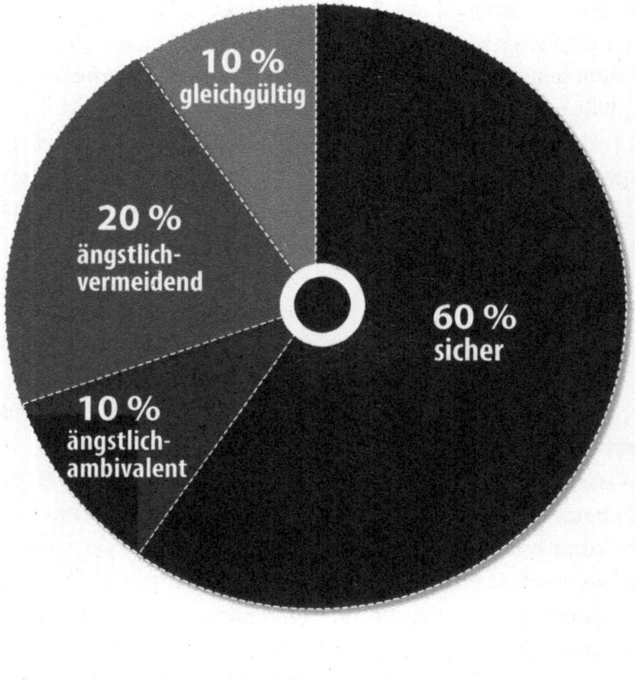

Die fünf Sprachen der Liebe von Gary Chapman

Ein weiteres spannendes Modell, um unterschiedliche Ansprüche in einer Beziehung zu verstehen, ist das Konzept der fünf Liebessprachen des Therapeuten Gary Chapman.[26] Ihm war aufgefallen, dass immer wieder Paare zu ihm kamen, die nicht begreifen konnten, warum der oder die jeweils andere in der Beziehung sich nicht geliebt fühlte. Chapman fand in Gesprächen schließlich heraus, dass diese Menschen ihre Liebe unterschiedlich ausdrückten, der:die Partner:in diese Liebesbezeugungen aber nicht als solche erkannte. Während der:die eine pausenlos «Ich liebe dich« sagte, drückte der:die andere ihre Zuneigung zum Beispiel lieber durch Berührung aus. Chapman entwickelte auf Basis seiner Erkenntnisse fünf unterschiedliche Liebessprachen, mit denen er zwischen den Paaren vermitteln konnte. Diese sind:

- Lob und Anerkennung
- Zweisamkeit
- Geschenke
- Hilfsbereitschaft
- Intimität und Zärtlichkeit

Werfen wir im Folgenden einen Blick auf das Wesen der einzelnen Liebessprachen.

Lob und Anerkennung

Menschen, die diese Liebessprache sprechen, drücken ihre Liebe vor allem verbal aus. Sie loben ihren Partner oder ihre Partnerin. Sie machen Komplimente. Sowohl für das Aussehen als auch für die Dinge, die erreicht wurden, oder Handlungen, die sie als Partner:in wertschätzen. Diese Menschen drücken mit Lob und Anerkennung aus, dass sie ihre:n Partner:in sehen und anerkennen. Typische Sätze können sein:

> »Deine Augen strahlen heute so schön.«
> »Der Rock/das Hemd steht dir ausgezeichnet.«
> »Danke, dass du dich um das Abendessen gekümmert hast.«
> »Das hast du toll gemacht.«

Menschen, die diese Sprache sprechen, sind oft enttäuscht, wenn sie von ihrem/ihrer Partner:in nicht so oft gelobt werden.

Zweisamkeit
Für Menschen, die die Liebessprache Zweisamkeit sprechen, ist die ungeteilte und ungestörte Zeit mit dem/der Partner:in das Wichtigste. Diese Menschen brauchen Momente, in denen sie ihrem/ihrer Partner:in ihre ganze Aufmerksamkeit widmen können, ohne abgelenkt zu werden. Ein Spaziergang ist da schöner als ein Theaterbesuch. Gemeinsam auf dem Sofa kuscheln bedeutsamer, als zusammen fernzusehen.

Geschenke
Klar, jeder von uns bekommt gern gute Geschenke. Personen, die diese Liebessprache sprechen, sind sehr gut darin, aus den Gesprächen mit anderen Ideen für kleine Überraschungen abzuleiten. Jemand erzählt, dass er gerne kocht. Beim nächsten Date wird er oder sie mit einem kleinen Kochbuch oder einem Lieblingsrezept überrascht. Die Liebe fließt hier in Gedanken, wie und womit man de:r Partner:in eine Freude machen kann. Dabei geht es nicht darum, dass die Geschenke besonders wertvoll sein müssen, sondern dass sie einen wirklichen Bezug zur beschenkten Person haben und originell sind.

Hilfsbereitschaft
Die Hilfsbereitschaft ist eine sehr praktische Liebessprache. Diese Menschen packen an. Sie kümmern sich um den Haushalt. Sie hören zu. Sie bemerken, dass bei deinem Fahrrad kaum noch Luft in den Reifen ist, und pumpen sie auf, ohne etwas zu sagen. Diese Menschen sind einfach da, wenn du sie brauchst. Das ist allerdings wenig romantisch, weshalb vor allem dieser Typ oft in Beziehungskonflikte gerät.

Intimität und Zärtlichkeit
Küssen, streicheln, einander in den Arm nehmen, Händchen halten, Sex ... Statt viel zu reden, drücken diese Menschen ihre Liebe vor allem körperlich aus. Allerdings gibt es Menschen, denen ebendiese Körperlichkeit – zum Beispiel das Händchenhalten in der Öffentlichkeit – nicht so wichtig ist. Gerät eine Person, die großen Wert auf Zärtlichkeit legt, mit einer solchen zusammen, sind Paarkonflikte vorprogrammiert.

Die fünf Sprachen der Liebe sind eine gute Methode, um sich der eigenen Bedürfnisse und der Bedürfnisse der Partnerin oder des Partners bewusst zu werden. Und das Beste: Es ist selbstverständlich möglich, eine andere Liebessprache zu lernen, also dem/der Partner:in das zu geben, was er oder sie braucht, um sich geliebt zu fühlen. Das ist so, als würdest du eine Fremdsprache lernen. Beziehungen sind ja nicht nur ein Miteinander-Gehen, sondern immer auch ein Aufeinander-Zugehen.

So wie jede:r von uns in seiner Persönlichkeit gesehen und wahrgenommen werden möchte, sollten wir eben auch die Fähigkeit aufbringen, unsere:n Partner:in als diejenige Person zu sehen, die sie wirklich ist – und nicht so, wie wir sie uns wünschen. Beziehungen geraten oft dann aus der Balance, wenn sie mit Erwartungen überfrachtet sind. Genau das liegt bei der klassischen monogamen Paarbeziehung häufig in der Natur der Sache. In ihr steckt die Annahme, dass ein:e Partner:in uns gehört. Sprachlich manifestiert sich dieser Besitzanspruch zum Beispiel darin, dass wir von »meinem Mann« oder »meiner Frau« reden. Dass ein Mensch allein all unsere Bedürfnisse erfüllen kann, ist unmöglich. Aus diesem Grund benötigen wir eben nicht nur eine:n Partner:in an unserer Seite, sondern auch Freund:innen, Familie, Arbeitskolleg:innen und sogar Stars, die wir als gesellschaftliche Vorbilder anhimmeln können. (Auch das ist eine Form von Beziehung!)

Beziehungen können immer dann funktionieren, wenn wir bereit sind, einen anderen Menschen anzunehmen. Wenn wir ihn akzeptieren, wie er ist. Mit seinen Stärken und Schwächen. Das bedeutet nicht, dass dieser Mensch für immer so bleiben wird und soll. Um Himmels willen! Er soll lernen und wachsen und sich entwickeln können. Manchmal gelingt das gemeinsam. Manchmal aber auch nicht. Beziehungen können sich abnutzen. Um einen anderen Menschen annehmen zu können, ist es notwendig, einen Perspektivenwechsel vornehmen zu können, empathisch zu sein und sich in die Gefühls- und Wertewelt des anderen hineinzudenken.

Ein Beispiel:
Was würdest du empfinden, wenn dir dein Partner oder deine Partnerin sagt: »Ich fühle mich aktuell von dir nicht geliebt.«

Wahrscheinlich würdest du erschrocken, sauer und vielleicht sogar ein wenig wütend sein. Du fühlst dich womöglich angeklagt. Klar, du hast in der letzten Zeit sehr viel arbeiten müssen und wenig Zeit für gemeinsame Gespräche oder Aktivitäten gehabt. Du warst außerdem sehr müde, hast weniger im Haushalt gemacht, aber das alles, die ganze Schinderei war ja auch nötig, um mehr Geld für den nächsten gemeinsamen Urlaub zu haben. Und dafür wirst du jetzt kritisiert? Also rutscht dir der folgende Satz heraus:

»Du spinnst ja, natürlich liebe ich dich.«

Die Wahrscheinlichkeit, dass danach gestritten wird, ist ziemlich hoch. Und es ist auch richtig, dass gestritten wird. Warum? Weil du deine:r Partner:in ihre Gefühle abgesprochen hast. Du hast seine oder ihre Perspektive nicht angenommen, sondern deine eigene Perspektive beibehalten. Auch wenn deine Perspektive inhaltlich richtig ist und deine Erklärung für die fehlende Aufmerksamkeit absolut nachvollziehbar ist, hast du deine:n Partner:in allein gelassen und mit deiner Aussage verletzt. Denn natürlich ist die andere Perspektive ebenfalls nachvollziehbar. Wie würdest du dich fühlen, wenn dein:e Partner:in wochenlang keine Zeit und Aufmerksamkeit mehr für dich hätte? Nicht gut wahrscheinlich.

Eine bessere Reaktion inklusive Perspektivenwechsel wäre in dieser Situation:

»Es tut mir leid, dass ich dir dieses Gefühl vermittle. Woran machst du es fest?«

Womit wir auch schon mitten beim nächsten wichtigen Thema wären: richtig streiten.

Was ist wahr?

Folgendes Bild illustriert sehr gut, warum du stets in Perspektiven denken solltest, in deinen eigenen und in denen der anderen. Jeder Mensch ist die Summe seiner Erfahrungen und seines Wissens und blickt durch sie auf die Welt. Erfahrung und Wissen sind jedoch stets begrenzt. Wir blicken auf die »Wahrheit« also immer mit einem Handicap. Wir sehen nicht, was wir nicht wissen und kennen. Indem wir den Blick anderer Menschen mit anderen Erfahrungen und anderem Wissen auf die Welt zulassen, kommen wir in Kontakt mit einer anderen »Wahrheit« und können unsere eigene Perspektive verändern. Diese Perspektivenwechsel helfen dir, dich dem Kern eines Problems zu nähern und ein Verständnis für die Gesamtsituation zu entwickeln, dich also der Wahrheit, dem, was richtig ist, immer weiter zu nähern.

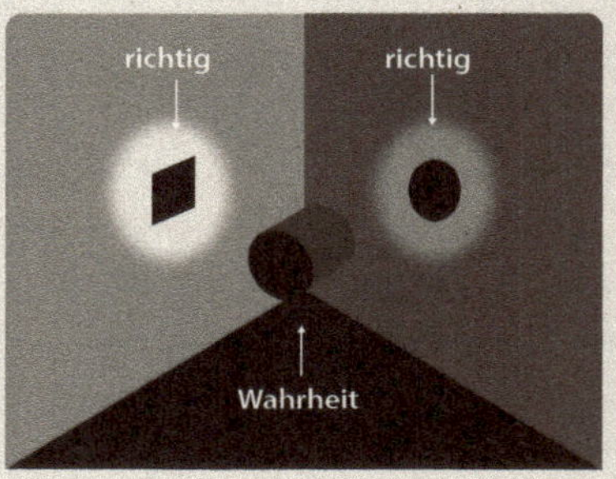

Konflikte wagen

Streit ist ein hartnäckiger Begleiter in unserem Leben. Laut einer Umfrage des Onlineportals Parship[27] aus dem Jahr 2019 streiten 63 Prozent der Paare in Deutschland mindestens einmal im Monat. Auch am Arbeitsplatz kommen Konflikte häufiger vor, als du vielleicht denkst. Statistisch gesehen, verbringt jeder Arbeitnehmende zwei Stunden in der Woche mit der Klärung von Meinungsverschiedenheiten im Job. In den USA sind es sogar fast drei Stunden pro Woche, wie das Personalberatungsunternehmen The Myer-Briggs Company 2008 ermittelte.[28]

Beliebte Streitthemen in privaten Beziehungen sind:

- Haushalt
- Sauberkeit und Ordnung
- Freizeit und Aufgabenverteilung
- Aufmerksamkeit
- Geld
- Eifersucht

Im Job geht es dagegen häufig um:

- Egos und Persönlichkeiten
- Stress
- Schlechte Führung
- Unehrlichkeit
- Probleme mit dem/der Chef:in

Konflikte sorgen nicht nur für schlechte Stimmung, sondern machen mitunter sogar körperlich krank. Vor allem Frauen scheinen sich Konflikte sehr zu Herzen zu nehmen. In der Arbeitswelt leiden Frauen nach Konflikten zum Beispiel doppelt so häufig unter Nervosität und Schlaflosigkeit wie Männer. Zudem gehen rund zwei Drittel der Frauen mit negativen Gefühlen aus einem Konflikt heraus. Aus diesem Grund meiden viele Menschen Konflikte lieber. Ein Fehler. Die Angst vor Konflikten macht uns unfrei. Wir fühlen uns gelähmt und eingeengt durch die Sorge, etwas Falsches zu machen oder zu sagen und uns mitten in einem Streit wiederzufinden. Vielleicht kennst du ja das Unbehagen, wenn du zum Beispiel bei einer Familienfeier bestimmte Themen gar nicht erst ansprechen möchtest, weil die Meinungen darüber so weit auseinandergehen. Oder aber in der Beziehung, weil du weißt: Wenn dieses Thema auf den Tisch kommt, gibt es garantiert Ärger.

Das Problem beim Streiten ist jedoch nicht so sehr, worüber wir streiten, sondern wie, mit welcher Einstellung wir streiten.

Wie du Konflikte lösen kannst

Der Konflikt- und Verhandlungsforscher Daniel Shapiro[29] hat drei Felder herausgearbeitet, an denen ein Konflikt entlanggeführt werden sollte, um tatsächlich zu einer gemeinsamen Lösung zu gelangen:

- Identität
- Anerkennung
- Verbundenheit

Wofür aber stehen diese Felder?

Identität

Konflikte werden immer dann emotional, wenn wir uns als Person angegriffen fühlen. Wenn wir glauben, dass der oder die andere unsere Werte infrage stellt. Je höher unser Selbstbewusstsein ist, je mehr wir die Motivation hinter unseren Werten kennen und je stärker wir sie leben, desto eher fühlen wir uns nicht durch andere angegriffen. Emotionale Konflikte spiegeln in der Regel immer eine innere Angst oder Unsicherheit. Etwa nicht gut genug zu sein oder etwas falsch zu machen. Kein Wunder, dass wir die Auseinandersetzung mit dir selbst und deinen Werten ganz an den Anfang dieses Buches gerückt haben. Solltest du zum Beispiel festgestellt und akzeptiert haben, dass du keinen großen Wert auf Ordnung legst, wird dich der Vorwurf, du seist ein unordentlicher Mensch, kaum treffen können. Trifft dich ein Konflikt jedoch emotional besonders stark, solltest du dich auf die Suche nach dem Problem machen, das dich im Inneren beschäftigt.

Anerkennung

Wie zuvor schon gesagt: Jeder von uns fühlt sich am wohlsten, wenn er das Gefühl hat, als derjenige Mensch gesehen zu werden, der er wirklich ist. Wer einen Konflikt lösen will, muss sich in sein Gegenüber hineinversetzen und versuchen zu verstehen, woher dieser Mensch kommt. Warum er so fühlt, wie er fühlt. Warum er so denkt, wie er denkt. Dieser Prozess kann sehr wehtun, vor allem wenn es um persönliche oder politische Themen geht. (Und er führt mitunter in eine Sackgasse, wenn unverhandelbare menschliche Werte infrage gestellt werden.) Aber auch hier ist das Zuhören notwendig, um mit den Ängsten und Unsicherheiten – also der Identität – unseres Gegenübers vertraut zu werden. Nicht umsonst heißt es in der Psychologie etwa: Schmerz macht böse. Menschen, die selbst Schmerzen erfahren haben, neigen dazu, anderen diese Schmerzen ebenfalls zuzufügen. Es ist für sie die ultimative Möglichkeit, in ihrem Schmerz verstanden zu werden.

Verbundenheit

Verbundenheit ist das Mittel, mit dem ein Konflikt aus dem Gegeneinander, aus der Konfrontation herausgenommen wird. Sicher kennst du die sogenannten Du-Botschaften, die jeden Konflikt vergiften:

»Du räumst nie deine Wäsche auf.«

»Du machst am Abend die Kaffeemaschine nicht aus.«

»Du gibst viel zu viel Geld für Schmuck/Kosmetik/Computerspiele aus.«

Verbundenheit hilft dir, das Ich-gegen-dich aufzulösen. Statt über »meine Ordnung« und »deine Ordnung« geht es in einem Konflikt, in dem beide Partner:innen verbunden sind, um »unsere Ordnung«. Wie können wir das Problem lösen? Wie viel Ordnung brauchen wir? Mach das Thema des Konflikts zu einem gemeinsamen Problem. Es ist besser, wenn du und dein:e Partner:in Konfliktpartner:innen statt Gegner:innen seid.

Ein Konflikt, bei dem es vordergründig darum geht, recht zu haben, ist so gut wie immer zum Scheitern verurteilt. Geh in jeden Konflikt, den du wirklich lösen möchtest, mit dem Bewusstsein, dass du im Unrecht sein könntest. Sieh den Konflikt als eine Chance, etwas Neues zu lernen. Entweder über dich selbst oder über deine:n Konfliktpartner:in. Die größten Chancen auf eine Lösung gibt es, wenn dein Gegenüber mit genau derselben Einstellung in den Konflikt geht.

Was du für deine Beziehungen tun kannst und wann es besser ist, einen Schlussstrich zu ziehen

Liebe ist ein im positiven wie im negativen Sinn machtvolles Gefühl. Sie kann dich beflügeln, sie kann aber eben auch verdammt wehtun, wenn du enttäuscht wirst. Psychologen haben herausgefunden, dass verlassene Menschen ein ähnliches Trauma erleben können wie durch Unfälle oder Gewalt.[30] Trotzdem können wir dich nur ermuntern, dich auf dieses Abenteuer und auf den Prozess einzulassen. Denn Menschen sind soziale Wesen. Wir brauchen einander. Der eine mehr, der andere weniger. Aber niemand kommt wirklich gut ganz allein klar. So wie das Wissen oder das Glück wird die Liebe nicht weniger, wenn wir sie teilen. Leider können auch wir dir nicht sagen, wie Liebe genau funktioniert. Und es gibt keine Regel, die besagt: Mach dies, dann passiert garantiert das. Dennoch kannst du verschiedene Dinge für deine Beziehungen tun und sehen, wohin sie dich führen.

Zehn Dinge, die (normalerweise) für eine bessere Beziehung sorgen

1. **Gefühle zeigen:** Halt mit deinen Gefühlen nicht hinter dem Berg. Ähnlich wie bei Angst vor Konflikten führt eine übermäßige Kontrolle deiner Gefühle dazu, dass du dich gefangen und mit der Zeit immer unwohler fühlst. Versteckst du deine wahren Gefühle, hat dein:e Partner:in zudem keine Chance, dich so anzunehmen, wie du wirklich bist. Zum Gefühlezeigen gehört die Fähigkeit, sich Schwächen einzugestehen und sie zu offenbaren. Du musst nicht alles können, nicht alles sein, um es wert zu sein, geliebt zu werden. Deine Sorgen, Ängste und Nöte sollten Teil deiner Beziehung sein. Beziehungen sind nicht 24/7 ein rosaroter Wolkenwattetraum.
2. **Ehrlichkeit:** Beziehungen bauen auf Vertrauen auf. Vertrauen kann nur entstehen, wenn wir wissen, woran wir bei einer anderen Person wirklich sind.
3. **Konflikte richtig lösen:** Lies auf Seite 205 noch mal nach ;)
4. **Neue gemeinsame Erlebnisse:** Etwas gemeinsam zu tun, schafft automatisch Verbundenheit. Neue gemeinsame Erlebnisse führen dazu, dass sich zwei Partner:innen zusammen entwickeln können oder den oder die jeweils andere:n von einer neuen Seite kennenlernen.
5. **Distanz und Freiräume:** Egal, wie nah du eine:r Partner:in bereits gekommen bist, manchmal brauchst du etwas Abstand beziehungsweise Zeit für dich allein – und dies solltest du auch deine:r Partner:in ermöglichen.

6. **Aufmerksamkeit:** Nimm deine:n Partner:in wahr und schaffe Freiräume für gemeinsame Zeit.
7. **Kommunikation:** Miteinander reden ist der einfachste Weg, Aufmerksamkeit und Verbundenheit zu erzeugen. Dabei reichen zwei Fragen, die ihr euch in eurer Beziehung immer wieder stellen solltet: Wie geht es dir? Was kann ich für dich tun?
8. **Probleme gemeinsam lösen:** Das sorgt für mehr Vertrauen und Verbundenheit.
9. **Konsens:** Ein so wichtiges Beziehungsthema! Konsens beinhaltet dabei nicht nur die gegenseitige Zustimmung zu den gemeinsam gesteckten Beziehungsregeln, sondern eben auch die Möglichkeit, Beziehungen wirklich so zu denken und zu leben, wie du und dein:e Partner:in es möchten. Liebe hat unheimlich viele Facetten und es gehört zu den großen Mysterien, dass ein so machtvolles und gutes Gefühl wie die Liebe gesellschaftlich sogar geächtet wird, sobald sie aus der monogamen Paarbeziehung ausbricht. Monogamie? Polyamorie? Bisexualität? Asexualität? BDSM? Wer entscheidet, was hier richtig oder falsch ist? Idealerweise sind das du und dein:e Partner:in und wer sonst von eurer Beziehung betroffen ist, und sonst niemand.
10. **Eine Zukunft haben:** Gemeinsame Träume und Ziele zu verfolgen, verbindet.

Toxische Beziehungen

Beziehungen sind grundsätzlich kein Selbstläufer. Es ist normal, dass es darin zu Streit und zu Konflikten kommt, allerdings sollten die guten Zeiten und das generelle Wohlbefinden überwiegen. Doch Beziehungen können sich auch toxisch entwickeln. Ist dies der Fall, solltest du so schnell wie möglich einen Schlussstrich ziehen. Aber woran erkennst du, dass deine Beziehung toxisch ist?

Das Problem an toxischen Beziehungen ist, dass sie genauso anfangen können wie eine normale Beziehung: mit einem intensiven Liebesrausch. Der:die toxische Partner:in überhäuft den:die andere:n geradezu mit euphorischen Liebesbeweisen. Das können gemeinsame Urlaube sein, großzügige Geschenke, der Vorschlag, sofort zusammenzuziehen und eine Familie zu gründen. Love Bombing nennt sich dieses Phänomen. Doch diese Phase ist nach einigen Monaten oder etwa einem Jahr vorbei. Also ganz ähnlich wie in normalen Beziehungen, wenn das Verliebtsein aufhört.

Plötzlich häufen sich Reibereien, die jedoch keine Konfliktlösung zum Ziel haben, sondern sich permanent um Macht, Dominanz und Kontrolle drehen. Für den:die Partner:in beginnt nun ein Wechselbad der Gefühle, denn immer wieder bekommt diese Person vom toxischen Beziehungspart zu hören, wie sehr dieser sie doch liebe. Nur um im nächsten Moment an diese Liebe eine neue Erwartung oder Forderung zu knüpfen: »Du musst dies oder jenes für mich machen ...« Gibt der oder die Partner:in nach, folgen als Belohnung das nächste Beziehungshoch und die nächste Forderung. Auf diese Weise verstärkt der:die toxische Partner:in das Gefühl, dass eine glückliche Beziehung möglich ist. Über kurz oder lang versucht der:die toxische Partner:in, die Kontrolle zu verschärfen. Die Kleidung wird kritisiert. Die Kochkunst wird kritisiert. Der Sex wird kritisiert. Das Smartphone wird kontrolliert. Zudem legt es der:die toxische Partner:in darauf an, die andere Person in die Isolation zu treiben und Treffen mit Freund:innen zu verhindern. »Wieso willst du Zeit mit anderen verbringen? Liebst du mich nicht mehr?«

Die Manipulation kann so große Ausmaße erreichen, dass der/die Partner:in schließlich in der totalen Überzeugung lebt, nicht gut genug zu sein, und immer abhängiger wird.

Fünf Merkmale, die zeigen, dass es sich um eine toxische Beziehung handelt:

- Ständige Schuldzuweisungen
- Schnell wechselnde Höhen und Tiefen in der Beziehung
- Permanente Herabwürdigung durch Beleidigungen und Kommentare
- Kontrolle (z. B. Kleidung)
- Isolation (Freundeskreis)

Toxische Beziehungen lassen sich nur sehr selten therapieren oder heilen. In diesem Fall hilft dir also nur, einen Schlussstrich zu ziehen. Such dir dafür am besten Verbündete außerhalb deiner Beziehung.

Was hilft bei Liebeskummer?

Die wenigsten Beziehungen halten ewig. Während uns das Ende von Freundschaften, die oft einfach auslaufen, nicht so sehr mitnimmt, ist das Ende von Liebesbeziehungen meist die erste fundamentale Begegnung mit Trauer. Auch wenn der Liebeskummer einen niedlichen Namen trägt, können die Gefühle zu starken seelischen und sogar körperlichen Schmerzen wie Übelkeit und Erbrechen führen. Das gehört leider dazu. Liebeskummer kann dich sogar dann treffen, wenn eine Beziehung erst gar nicht zustande kommt, deine Liebe also nicht erwidert wurde. Die gute Nachricht: Wissenschaftler:innen haben herausgefunden, dass junge Menschen Liebeskummer schneller verarbeiten als ältere.[31] Die schlechte Nachricht: Liebeskummer wird dich ein Leben lang begleiten. Es wird also nicht wirklich besser. Du kommst im Falle eines Beziehungsendes um die einzelnen Abschnitte der Trennungsphase nicht herum. Zu ihr gehören:

- Der Schock – du fühlst dich wie gelähmt.
- Das Leugnen – du willst die Trennung nicht wahrhaben.
- Die Wut – du fühlst dich verletzt und bist in dieser Phase selbst aggressiv und bereit, deine:r Partner:in ebenfalls Schmerz zuzufügen.
- Die Gefühlsachterbahn – einerseits lockt dich die neue Freiheit mit ihren Möglichkeiten, andererseits schwelgst du noch in Erinnerungen, die schmerzen.
- Die Akzeptanz – du hast die Trennung verarbeitet, bist aber noch orientierungslos.
- Das Loslassen – du wünschst dir den anderen oder die andere nicht mehr zurück.
- Die Selbstfindung – du bist wieder bei dir selbst, hast deine Lehren aus der vorherigen Beziehung gezogen und bist bereit für eine neue Beziehung.

Wie lange die Trennungsphase und die einzelnen Teilphasen andauern, ist von Mensch zu Mensch ganz unterschiedlich. Während Frauen insgesamt stärker körperlich und emotional leiden, leiden Männer länger. Vor allem die Phase der Orientierungslosigkeit hält bei ihnen an.

Auch wenn du Liebeskummer nicht vermeiden kannst, gibt es doch einiges, was dir helfen kann:

- Heul alles raus, wenn dir danach ist. Versuch nicht, die Tränen zurückzuhalten und gegen sie anzukämpfen.
- Alkohol und der 1-Liter-Becher Schokoladeneis sind einmalig vielleicht okay, aber keine dauerhaft anwendbaren Trostpflaster.
- Kapsel dich nicht vollkommen von Freund:innen ab. Zeit allein zu verbringen, ist in Ordnung. Das sollte nur nicht in Einsamkeit umschlagen.

- Stürz dich nicht sofort in eine neue Beziehung.
- Vermeide Selbstsabotage. Etwa indem du dich nicht von Erinnerungsstücken trennen kannst oder aber die oder den Ex online stalkst.

Problematisch kann Liebeskummer immer dann werden, wenn es dir nicht gelingt, aus dem Was-hätte-ich-besser-machen-können-Gedankenkarussel auszubrechen. Jeder von uns sucht in Beziehungen – und vor allem in Liebesbeziehungen – Sicherheit. Wir wollen uns an dem oder der anderen festhalten können. Mit dem Ende der Beziehung geht auch das Sicherheitsgefühl in die Brüche. Unsicherheit macht sich breit: Was habe ich falsch gemacht? Wäre er oder sie geblieben, wenn ich mehr gegeben oder mich in diesem oder jenem Punkt geändert hätte? Ich bin wohl einfach nicht gut genug …

An dieser Stelle hoffen wir für dich, dass du schon längst angefangen hast, an deiner Selbstwirksamkeit zu arbeiten (siehe Kapitel »Psychologie I«). Je stärker deine Selbstwirksamkeit ausgeprägt ist, desto besser wirst du über diese Phase hinwegkommen, da du ein Gefühl von Sicherheit entwickelst, das nicht mehr vor allem auf der Bestätigung von außen aufgebaut ist, sondern aus dir selbst heraus kommt.

Gesellschaft I

Wie wir lernen, das Richtige zu tun

Wahrscheinlich möchte jeder von uns im Leben gern das Richtige tun. Wir wollen gegenüber anderen Menschen nicht ungerecht oder gar böse sein. Dabei leiten uns unsere persönlichen Werte. Doch ethisch und moralisch richtig zu handeln, ist nicht einmal im Privatleben immer einfach, wie wir in unseren Beziehungen mitunter schmerzhaft erfahren. Werte haben allerdings noch eine ganz andere Dimension als nur die persönliche. Jeder von uns wird nämlich in ein bestimmtes Wertesystem, in eine Kultur hineingeboren. Sie beeinflusst, wie wir denken, wie wir leben und sogar wie wir reden. Um zu lernen, das Richtige zu tun und Verantwortung in unserer Gesellschaft zu übernehmen, ist es unerlässlich, die gesellschaftliche Dimension von Werten und Kultur zu verstehen.

Die Richtlinien unseres Handelns

Wir hatten bereits erwähnt, dass ein Leben, das sich vollständig an den Erwartungen der anderen ausrichtet, schwierig ist. Solltest auch du den Impuls haben, es allen immer recht machen zu wollen, bedenke: Wenn du es wirklich allen recht machen willst, gehörst du selbst ebenfalls dazu. Denn du bist ein Teil von »alle« und solltest deine Handlungen danach richten, was sich für dich gut und richtig anfühlt, was also deinen Werten und Vorstellungen entspricht.

Geht es darum, wie wir unser Miteinander, wie wir Gemeinschaft organisieren, fallen oft die Begriffe Moral, Ethik, Normen oder Prinzipien. Obwohl diese Begriffe jeweils etwas Unterschiedliches bedeuten, sind sie alle wichtig, um zwischen richtig und falsch unterscheiden zu können. Schauen wir uns die Begriffe doch einmal näher an.

Moral

> *»Es sind immer die Moralisten,*
> *die das meiste Unheil anrichten.«*
>
> *Max Frisch*

> *»Und die Moral von der Geschicht?*
> *Bad zwei in einer Wanne nicht!«*
>
> *Frei nach Wilhelm Busch*

Die zentrale Frage der Moral liegt nicht im Warum, sondern in der Frage nach dem Was. Was soll ich tun? Oder was soll ich unterlassen? Unsere Vorstellung von Moral wird bestimmt von Handlungsmustern, Prinzipien und Regeln, die gesellschaftlich anerkannt sind. Moralisch zu handeln, heißt, den Erwartungen der anderen, der Gesellschaft zu entsprechen. So ist es hierzulande eben nicht unmoralisch, mit 200 Stundenkilometern auf der Autobahn zu fahren. Weil es erlaubt und die Nichtexistenz eines Tempolimits Norm ist. Moral grenzt ab und ein. Sie ist ihrem Wesen nach daher konservativ. Moral will bewahren. Grenzüberschreitungen sind ein Tabu. Während es nur eine Ethik gibt, können unterschiedliche Moralvorstellungen nebeneinander existieren. So predigt jede Religion oder Glaubensgemeinschaft ihre eigene Moral. Es gibt daher nicht die eine Moral. In der Moral steckt stets Status quo, nicht jedoch die Wahrheit.

Ethik

> *»Ethik besteht darin, mich verpflichtet zu fühlen, allem Lebenden die gleiche Ehrfurcht entgegenzubringen wie dem eigenen Leben.«*
>
> *Albert Schweitzer*

Was ist gut? Und was böse? Die Ethik ist die vielleicht komplizierteste Wissenschaft überhaupt. Sie soll untersuchen und erklären, sie soll Fakten schaffen, nicht jedoch Urteile. Doch die Ethik, mit der wir dem Warum, dem Guten und dem Bösen nachforschen, macht letzten Endes genau das. Sie bewertet unsere Moralvorstellungen. Sie steht daher immer über der Moral. Vielleicht hilft es, sich die Ethik als eine argumentierende Wissenschaft vorzustellen, als die menschlichste aller Wissenschaften, die eben nicht mit festen Werten wie Meter, Kilogramm oder Temperatur arbeiten kann, um sich auf die Suche nach der Wahrheit zu begeben.

Nun ist Ethik oft ein sehr theoretisches Thema. Um es dir zu veranschaulichen, anbei ein Beispiel für ein ethisches Dilemma, über das wir vor einigen Jahren gestolpert sind. Stell dir bitte einen Zebrastreifen vor, der von einem/einer Rentner:in und von einer jungen Mutter mit Kinderwagen überquert wird. Das Dilemma: Auf diesen Zebrastreifen fährt ein Auto zu. Es ist viel zu schnell und wird nicht mehr komplett abbremsen oder ausweichen können.

Wie würdest du dich als Fahrer:in verhalten? Ist das Leben des alten Menschen weniger wert als das von Mutter und Kind? Es ist eine Situation, in der es kein Richtig und kein Falsch gibt. Und du wirst insgeheim hoffen, dass du eine solche Entscheidung niemals in deinem Leben fällen musst. Doch es könnte sein, dass wir um genau so eine Entscheidung eines Tages gar nicht herumkommen.

Stell dir vor, bei dem Auto, das auf den Zebrastreifen zurast, handelt es sich um ein autonomes Fahrzeug. Wie soll die Software des Fahrzeugs programmiert sein? Auf welcher Grundlage soll die Maschine die Entscheidung fällen? Und wer trägt hinterher die Verantwortung dafür? Wie gesagt, die Ethik ist die vielleicht komplizierteste aller Wissenschaften.

Normen

> *»Lieben Sie, wen Sie wollen, seien Sie dick oder dünn, rothaarig oder kahl, schwarz, weiß, alt und jung, laut oder leise, verklemmt oder klein. Wir sind viele, in tausend Varianten, und keiner und keine sollte als normal beschimpft werden.«*
>
> *Sibylle Berg*

Normen sind konkrete Regeln, die sich aus unseren Werten ableiten. Aus dem Wert der Wahrhaftigkeit entsteht beispielsweise die Norm »Du sollst nicht lügen«. Wobei die Frage, ob es nicht doch Situationen im Leben gibt, in denen das Lügen vertretbar oder gar geboten ist, zu einer oft und intensiv geführten ethischen Diskussion führt. Aus der Gesamtheit aller Normen bildet sich die Normalität. Wohin ein Zuviel an Normalität, an Gleichmacherei führen kann, sieht man besonders deutlich in autoritären Gesellschaftssystemen wie dem Faschismus.

Prinzipien

»Prinzipien haben heißt, mit einer Stange im Mund einen Waldlauf machen.«

Otto von Bismarck

Prinzipien sind Grundsätze und Leitlinien. Ein Prinzip wäre zum Beispiel, nicht schlecht über Dritte zu reden oder einen Fehler zuzugeben beziehungsweise die Verantwortung für einen Fehler zu übernehmen. Im Prinzip steckt im Gegensatz zur Norm keine konkrete Regel. Prinzipien sind dabei jedoch nicht per se positiv aufgeladen. Das Prinzip der Gegenseitigkeit zielt beispielsweise darauf ab, sein Gegenüber mit kleinen Gefälligkeiten zu manipulieren. So erhalten Kellner beispielsweise höhere Trinkgelder, wenn sie zur Rechnung noch eine Süßigkeit oder aber einen Digestiv dazugeben.

Bedeutung und Wandel von Werten

Um nun das Zusammenwirken von Moral, Ethik, Normen und Prinzipien besser zu verstehen, müssen wir uns noch einmal mit Werten beschäftigen. Die Grundlagen dafür haben wir in Kapitel »Psychologie I« gelegt. Wir hatten festgehalten, dass wir einen bestimmten Wert nicht immer gleich empfinden, sondern ihm die Bedeutung beimessen, die er in der jeweiligen Situation für uns hat – in Abhängigkeit von unseren Bedürfnissen. Auf einer Nachtwanderung durch den Dschungel des Regenwaldes bekommt beispielsweise der Wunsch nach Sicherheit einen sehr viel höheren Stellenwert als an einem Fernsehabend daheim auf dem Sofa, an dem wir über das Thema Sicherheit nicht einmal nachdenken. Auch Gewöhnung kann zu einem Wertewandel beziehungsweise einem Wertverlust führen. Wer fünf

Tage lang in einem Sternelokal zu Abend isst, sehnt sich am sechsten nach einer Currywurst.

Was im Privaten für dich persönlich gilt, funktioniert so auch auf gesellschaftlicher Ebene. Gesellschaftliche Werte sind keine statische Größe. Sie können sich in der Situation, aber auch fundamental ändern. Wie war es beispielsweise möglich, dass Religionen, die jeweils das Gutsein für sich in Anspruch nehmen, sich über Jahrhunderte mit Inbrunst blutige Auseinandersetzungen lieferten und zum Teil immer noch liefern? Mit der gleichen Begründung und mit der festen Überzeugung, auf beiden Seiten für das Gute und gegen das Böse zu kämpfen?

Aus den Werten, die in einer Gesellschaft gelebt werden, und den Wertediskussionen, die innerhalb einer Gesellschaft geführt werden, lassen sich oft spannende Rückschlüsse auf den Entwicklungsstand ziehen, an dem sich eine Gesellschaft befindet (z. B. sollen gleichgeschlechtliche Paare heiraten dürfen?). Mit dem sogenannten Wertewandel (Homosexualität ist normal) geht übrigens eine Anpassung des Verhaltens (Eheöffnungsgesetz) einher. Das Ergebnis dieser Verhaltensanpassung ist dann eine neue Moral.

Obwohl wir jeden Tag auf Grundlage von Werten Entscheidungen treffen und von Werten umgeben sind, sind unsere Werte eigentlich nicht greif- und messbar. *Weißt du eigentlich, wie lieb ich dich hab?* heißt das Buch mit der rührenden Geschichte vom kleinen Hasen, der seinen Vater auffordert, ihm genau diese Frage zu beantworten. Vielleicht wurde sie dir als Kind auch vorgelesen. Zwischen Vater und Sohn entsteht in der Folge ein kleiner Wettbewerb, um das Ausmaß an Liebe, das die beiden füreinander verspüren, greifbar zu machen. Irgendwann geht die Liebe bis zum Mond und zurück, und der kleine Hase schläft zufrieden ein. Diese Geschichte, die in mehr als 50 Ländern publiziert wurde, verdeutlicht die Unmöglichkeit, unsere inneren Werte genauso messbar zu machen wie etwa die Temperatur oder die Geschwindigkeit.

Denkt man all diese Gedanken zu Ende, wird klar: Werte sind eine Kulturleistung, eine Erfindung des Menschen. Die Natur funktioniert zwar ebenfalls auf Grundlage von Werten, physikalischen und chemischen etwa, aber die Natur bewertet, sie urteilt dabei nicht. Während der physikalische Wert einer Erderwärmung von 1,5 Grad Celsius für die Menschheit eine enorm hohe Bedeutung haben sollte, interessiert sich die Natur herzlich wenig dafür, ob der Meeresspiegel steigen wird, sich Wüsten ausbreiten und große Teile der Erde für den Menschen unbewohnbar werden. Die Natur fühlt nicht. Wir Menschen schon. Wir haben Bedürfnisse, die jedoch von Mensch zu Mensch ganz unterschiedlich ausgeprägt sein können. Werte entstehen also immer in zwei Situationen: in der Kommunikation mit uns selbst und in der Kommunikation mit anderen Menschen. Werte sind weiter als Geschichten, an die wir glauben.

Aus diesem Grund haben Werte auch die Kraft, Gemeinschaften zu stiften und Gesellschaften zu formen. Hinter der persönlichen Bewertung »Ich bin Christ«, »Ich bin Moslem«, »Ich bin Buddhist«, »Ich bin Atheist« formiert sich automatisch immer eine Gemeinschaft. Werte verleihen unserem Leben Sinn und Identität. Kein Mensch ist beispielsweise bei seiner Geburt deutsch, französisch oder italienisch. Jeder von uns wird lediglich in einen Wertekosmos, in eine Geschichte hineingeboren. In der einen Geschichte kommen viele Äs und Üs und Ös vor. In der anderen dagegen der Accent circonflexe oder der Accent grave. Und in der dritten Geschichte, in der reiht sich – mamma mia! – ein emotionaler Spannungsbogen an den nächsten.

Diese Geschichten, die Kulturen, in denen wir bei unserer Geburt zufällig landen, prägen fortan unsere Persönlichkeit, unser Weltbild und unsere Wertvorstellungen. Sie entscheiden darüber, ob wir lieber mit Messer und Gabel oder mit Stäbchen essen. Ob wir uns bei der Begrüßung voreinander verbeugen, einander die Hand schütteln oder Wangenküsse antäuschen. Werte, also die gemeinsamen Geschichten, an die wir glauben, sind das Fundament, auf dem unsere Kultur, unsere Gesellschaft, aufgebaut ist.

Warum du dich mit dem Kulturbegriff auseinandersetzen solltest

Noch immer wird der Begriff Kultur schnell mit dem Begriff Kunst in Verbindung gebracht. Dabei ist Kultur viel mehr als das. Einer der bekanntesten Kulturforscher, Fons Trompenaars, hat einmal über die Kultur gesagt: »Ein Fisch spürt erst dann, dass er Wasser zum Leben braucht, wenn er nicht mehr darin schwimmt. Unsere Kultur ist für uns wie das Wasser für den Fisch. Wir leben und atmen durch sie.« Kultur hängt untrennbar mit unserer Umgebung und mit unserem Umfeld zusammen. Jeder von uns ist ein kulturelles Wesen. Dabei setzt sich Kultur aus verschiedenen sichtbaren und unsichtbaren Elementen zusammen. Zu den sichtbaren Elementen können zum Beispiel Kleidung wie regionale Trachten, Schmuck oder Körpergestaltung (Make-up, Tattoos) gezählt werden. Zu den unsichtbaren Elementen gehören Kommunikation, Werte, Traditionen oder Glaubensgrundsätze. Technisch gesprochen, können wir sagen, dass Kultur unsere mentale Software darstellt. Doch warum ist Kultur so wichtig? Nun, weil uns Kultur zeigt, dass verschiedene Wege zum Ziel führen können. Wir sind – zum Glück – nicht alle gleich angezogen. Wir sind nicht alle gleich ordentlich. Wir gehen unterschiedlich mit Zeit um. Wir gehen unterschiedlich mit Geld um. Wir haben unterschiedliche Esskulturen. Wir erleben diese kulturellen Unterschiede bereits von Region zu Region in Deutschland. Noch stärker treten sie zutage, wenn wir in andere Länder verreisen. Nicht selten kommt es dort zum Kulturschock, weil wir uns an die uns bisher fremde Kultur erst gewöhnen müssen. Die Fremdheit irritiert uns und stößt uns erst einmal ab. In ihr steckt aber auch die Möglichkeit, etwas Neues zu lernen und für uns zu entdecken. Kultur wirkt auf so viele Ebenen deines Lebens ein – auf deinen Job durch die Unternehmenskultur, auf deine Beziehung durch deine Kommunikationskultur usw. –, dass wir dir nur empfehlen können, dich stärker mit dem Kulturbegriff auseinanderzusetzen. Neben der Arbeit von Fons Trompenaars sind die Studien von Geert Hofstede sehr aufschlussreich, wenn es um Kulturdimensionen und ihr Wirken auf unsere Gesellschaft und unser Leben geht.

Kommunikation I

Grundlagen der (digitalen) Kommunikation

Du rufst deine:n beste:n Freund:in an und erzählst von deinem nächsten Urlaub. Du hältst eine Präsentation über ein Projekt, das dir am Herzen liegt. Du streitest mit einem Familienmitglied. Du bist auf einer Party, und weil du keine Lust hast, neue Leute kennenzulernen, sitzt du im Moment allein in einer Ecke. Das alles ist Kommunikation.

Es ist der Austausch von Informationen, Ideen oder Gefühlen zwischen mindestens zwei Personen, dem:der Sendenden und dem:der Empfangenden. Selbst deine Werte sind, wie wir bereits festgestellt haben, ein Kommunikationsprodukt. Der Historiker Yuval Noah Harari legt in seinem sehr empfehlenswerten Buch *Eine kurze Geschichte der Menschheit* überzeugend dar, warum die Fähigkeit, komplex und detailliert zu kommunizieren, für den Aufstieg des Homo sapiens wichtiger war als das Feuer.[32]

Der österreichische Psychotherapeut und Philosoph Paul Watzlawick hat das wohl bekannteste Zitat zum Thema Kommunikation geäußert: »Man kann nicht nicht kommunizieren.«

Was meint er damit? Im Grunde genommen ist alles Kommunikation. Selbst wenn du nichts sagst, drückst du mit deinem Schweigen etwas aus. Dass du nachdenkst, dass du auf das, was dir gesagt wurde, nichts antworten kannst oder willst. Vielleicht hat es dir aber auch einfach nur die Sprache verschlagen, weil das Gesagte so ungeheuerlich war. Tatsächlich können wir Menschen nicht nicht kommunizieren. Aber wie funktioniert Kommunikation genau?

Formen der Kommunikation

Wenn du mit Menschen direkt sprichst, handelt es sich um eine offensichtliche oder auch verbale Kommunikation. Als paraverbale Kommunikation wird dagegen die Art des Sprechens einer Person zusammengefasst. Dazu gehören die Stimme und die Intonation. Es gibt jedoch noch eine weitere Form der wortlosen Kommunikation, etwa wenn dein Körper oder dein Gesicht sprechen. Dann kommunizieren deine Gestik und Mimik. Die sogenannte Körpersprache wird auch als nonverbale Kommunikation bezeichnet. Und die läuft ab, ob du willst oder nicht. Denn vieles deiner Körpersprache wird von deinem Unterbewusstsein beeinflusst und du merkst es oft nicht einmal. Selbst wenn du es vermeiden willst, bestimmte Emotionen auf deinem Gesicht zu zeigen, funktioniert das nicht. Das hat Paul Ekman, Psychologe, herausgefunden. Er hat für die Grundemotionen Freude, Trauer/Traurigkeit, Überraschung, Wut/Ärger, Angst/Furcht, Ekel und Verachtung Merkmale identifiziert und dann gemeinsam mit seinem Kollegen Wallace Fries das Facial-Action-Coding-System (FACS)[33] erarbeitet. In diesem System sind alle Merkmale der Emotionen festgehalten. Das Spannende an diesen Grundemotionen und deren Identifikation ist, dass sie in allen Kulturen und Ländern ähnlich funktionieren. Obwohl wir also in vielen Dingen so verschieden sind, sind unsere Emotionen vergleichbar.

Zurück zur Kommunikation: Es gibt keine offizielle Definition von Kommunikation, da es ein komplexes Phänomen ist, das von verschiedenen Disziplinen untersucht wird. Kommunikation ist nicht immer erfolgreich und kann durch Missverständnisse, Barrieren oder mangelnde Kenntnis der Kommunikationsformen beeinträchtigt werden. Unsere Behauptung: 80 Prozent unserer Probleme könnten durch gute, verständliche Kommunikation gelöst werden – oder sie würden gar nicht erst entstehen.

Die Übertragung von Botschaften

Das Sender-Empfänger-Modell

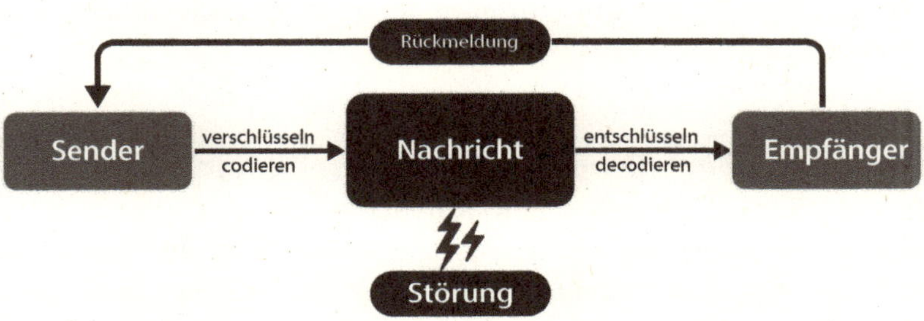

Bei dem Sender-Empfänger-Modell von Claude E. Shannon und Warren Weaver[34] wird visualisiert, wie Botschaften von einer Person zu einer anderen übertragen werden. Dabei passieren so einige Dinge: Der:die Sendende packt seine Botschaft in Worte – er:sie verschlüsselt bzw. codiert sie also. Diese muss der:die Empfangende wieder entschlüsseln. Dabei kann es leider zu Problemen kommen. Diese sind im Schaubild als Störung dargestellt. Doch welche Störungen kann es bei der Kommunikation geben?

- Die Gesprächspartner:innen sprechen unterschiedliche Sprachen. Durch die Übersetzung kann sich der ursprüngliche Inhalt verändern oder bestimmte Worte bekommen eine andere Bedeutung.
- Doppeldeutigkeiten
- Fehlende Aufmerksamkeit
- Außengeräusche
- Unklare Ausdrucksweisen
- Sarkasmus, der nicht verstanden wird

Grundsätzlich gilt, dass beide Parteien dafür verantwortlich sind, dass die Kommunikation funktioniert. Deshalb schadet es nicht, in einem Gespräch nachzufragen, ob alles richtig verstanden wurde, und das Gegenüber aufzufordern, den Sachverhalt in eigenen Worten wiederzugeben. So, genug zum Modell, zurück zur Kommunikation.

Wir brauchen Kommunikation, um unsere Bedürfnisse und Wünsche zu äußern, unsere Beziehungen aufrechtzuerhalten und uns in unserer Umwelt zurechtzufinden. Die stärkste und wirkungsvollste Kommunikation ist diejenige, die verstanden wird. Reichweite oder Aufmerksamkeit nützen dir nichts, wenn die Botschaft, die du verbreiten möchtest, falsch oder gar nicht ankommt. Damit dir das in deiner Beziehung, in deinem Berufsleben, aber auch in der Öffentlichkeit so selten wie möglich passiert, möchten wir dich im Folgenden mit den Prinzipien der gewaltfreien Kommunikation vertraut machen.

Wie funktioniert gewaltfreie Kommunikation?

Die gewaltfreie Kommunikation wurde vom Psychologen Marshall B. Rosenberg[35] entwickelt. Sie basiert auf dem Prinzip, dass jede Person das Recht hat, ihre Gefühle und Bedürfnisse auszudrücken, aber ohne andere zu verletzen oder zu unterdrücken. Gewaltfreie Kommunikation beinhaltet vier Schritte: die Beobachtung des Verhaltens, den Ausdruck der eigenen

Gefühle, die Benennung des Bedürfnisses und die Bitte um Unterstützung. Doch wie funktioniert das in der Praxis? Ein paar Beispiele:

Beispiel Unordnung	
Gewaltvolle Kommunikation	Gewaltfreie Kommunikation
»Du bist so unordentlich. Ich kann es nicht ertragen, wenn du deine Sachen überall herumliegen lässt.«	»Ich fühle mich gestresst und überfordert, wenn ich nach Hause komme und mein Wohnzimmer unordentlich ist. Ich brauche Ordnung und Struktur in meinem Umfeld, um mich entspannen zu können. Könntest du bitte darauf achten, deine Sachen aufzuräumen, wenn du sie nicht mehr brauchst?«
Diese Formulierung ist gewaltvoll, weil sie eine Verurteilung des Verhaltens des anderen enthält und keinen Ausdruck der eigenen Gefühle oder Bedürfnisse.	Diese Formulierung drückt die eigenen Gefühle und Bedürfnisse aus und enthält eine konkrete Bitte um Unterstützung.

Beispiel Arbeitsumfeld	
Gewaltvolle Kommunikation	Gewaltfreie Kommunikation
»Sie haben den Bericht nicht rechtzeitig abgegeben. Sie sind unzuverlässig und unprofessionell.«	»Ich habe bemerkt, dass der Bericht noch nicht abgegeben wurde. Ich bin besorgt, dass wir das Projekt nicht rechtzeitig abschließen werden. Kann ich Ihnen irgendwie helfen, damit der Bericht pünktlich fertig wird?«
Diese Formulierung beschuldigt den Mitarbeitenden und verletzt ihn, anstatt das Problem auf eine konstruktive Weise anzugehen.	Diese Formulierung drückt Sorge und den Einsatz für das Projekt aus, bietet Unterstützung an und beschuldigt den Mitarbeitenden nicht.

Beispiel Politik	
Gewaltvolle Kommunikation	Gewaltfreie Kommunikation
»Die politische Agenda unserer Gegner ist unmoralisch und gefährlich für unser Land.«	»Ich bin besorgt über die Auswirkungen dieser politischen Entscheidung auf die soziale Gerechtigkeit und die Umwelt. Ich glaube, dass es wichtig ist, uns mit unseren politischen Wettbewerbern zusammenzusetzen und alternative Lösungen zu erörtern, um das Wohl aller Bürger:innen zu gewährleisten.«
Diese Formulierung verurteilt die Ideologie und die Personen, die sie vertreten, und zeigt kein Interesse an einer konstruktiven Debatte oder Lösungsfindung.	Diese Formulierung drückt die eigenen Gefühle und Bedürfnisse aus und zeigt ein Interesse an einer konstruktiven Debatte und Lösungsfindung.

Gewaltfreie Kommunikation wird auch als »Giraffensprache« bezeichnet. Das Gegenteil ist die sogenannte Wolfssprache, die von Vergleichen, Forderungen und moralischen Bewertungen geprägt ist. Mit der Giraffensprache versetzt du dich in die Gedanken und Gefühle des anderen, bevor du sprichst oder handelst. Statt zu urteilen oder zu beschuldigen, versuchst du zu verstehen, was das Bedürfnis des anderen ist und wie du dieses unterstützen kannst. Nehmen wir das Beispiel Unordnung in einer familiären Eltern-Kind-Konfliktsituation. Ein Elternteil beschwert sich darüber, dass das Kind immer unordentlich ist und seine Sachen nicht an ihren Platz legt: »Du bist so unordentlich. Wieso kannst du nicht aufräumen? Immer musst du überall deine Sachen herumliegen lassen. Dein Zimmer ist ein Saustall.«

Die Wahrscheinlichkeit, dass sich das Kind bei dieser Ansprache nicht wohl, sondern abgelehnt fühlt, ist ziemlich hoch. Vor allem wird keine konstruktive Handlung in Gang gesetzt. Mit der Giraffensprache ist das anders: »Ich beobachte, dass immer wieder Sachen herumliegen, wenn ich ins Zimmer komme. Ich fühle mich gestresst und überfordert, wenn ich in einem unordentlichen Raum bin. Vielleicht hast du ja Schwierigkeiten, dich um deine Sachen zu kümmern oder daran zu denken, sie wegzuräumen. Wie kann ich dir helfen, diese Herausforderung zu meistern?«

Gewaltfreie Kommunikation kann uns nicht nur dabei helfen, in unseren Beziehungen und im Job menschlicher zu kommunizieren, auch unsere Debattenkultur im Internet – insbesondere in den sozialen Medien – würde vom Prinzip der gewaltfreien Kommunikation profitieren. Und da wir die besondere Bedeutung des Internets für unsere Kommunikationsmöglichkeiten benannt haben, werfen wir nun doch einen Blick auf das Netzwerk selbst. Was macht das Internet eigentlich so besonders?

Das Internet? Was ist das eigentlich genau?

Die Begriffe Internet und World Wide Web (WWW oder Web) werden oft synonym verwendet, jedoch handelt es sich um zwei separate, aber miteinander verbundene Technologien. Das Internet ist, vereinfacht gesagt, ein weltweites Netzwerk von Computern, das es ermöglicht, Daten und Informationen auf elektronischem Weg auszutauschen. Das World Wide Web, auf das du über das Internet zugreifen kannst, ist ein Teil des Internets, der es möglich macht, Informationen in einer visuell ansprechenden und einfach zugänglichen Form darzustellen. Ein einfaches Beispiel, um den Unterschied zwischen den beiden zu veranschaulichen: Wenn du eine E-Mail verschickst, nutzt du das Internet, besuchst du jedoch eine Website, verwendest du sowohl das Internet als auch das World Wide Web. Ein weiteres Beispiel: Das Internet ermöglicht es, Daten und Informationen über verschiedene Protokolle zu übertragen, wie FTP, Telnet, E-Mail und so weiter. WWW hingegen erlaubt es uns, die Informationen visuell ansprechend aufzubereiten und zu navigieren.

Die Geschichte des Internets beginnt bereits in den 1960er-Jahren mit dem Advanced Research Projects Agency Network (ARPANET), einem Computernetzwerk, das von der US-Regierung finanziert wurde und als Vorläufer des heutigen Internets gilt. Das Ziel von ARPANET war es, eine Möglichkeit zu schaffen, um die Kommunikation und den Austausch von Informationen zwischen Wissenschaftlern und Regierungsbeamten zu verbessern.

Im Laufe der 1970er-Jahre wurde ARPANET immer größer und erweiterte sich auf andere Universitäten und Regierungsinstitute. Dies führte zur Entstehung von mehreren regionalen Netzwerken, die miteinander verbunden waren. Diese Netzwerke waren jedoch nicht kompatibel und es gab keine Möglichkeit, Daten zwischen ihnen auszutauschen.

Um dieses Problem zu lösen, entwickelten Wissenschaftler das Internet Protocol (IP) und das Transmission Control Protocol (TCP), wodurch der Datenaustausch zwischen verschiedenen Netzwerken möglich wurde. Diese Entwicklungen mündeten in der Entstehung des Internet Protocol Suite, auch bekannt als TCP/IP, das bis heute das Rückgrat des Internets bildet.

In den 1980er-Jahren entstanden immer mehr private und kommerzielle Netzwerke, die an das Internet angeschlossen waren, und dadurch wuchs das Internet exponentiell. In dieser Zeit kamen auch die ersten E-Mail-Systeme auf, mit denen Nachrichten elektronisch versandt werden konnten.

In den 1990er-Jahren erlebte das Internet mit dem Aufkommen von Webbrowsern wie Mosaic und Netscape, die das Internet einfacher nutzbar und zugänglicher für die breite Öffentlichkeit machten, einen rasanten Anstieg der Popularität. Auch die ersten Onlineshops und sozialen Netzwerke entstanden in dieser Zeit.

Warum das alles wichtig ist? Weil es dir zu verstehen hilft, dass das Internet eben nicht nur Google, Facebook, Instagram oder Twitter ist, sondern sehr viel mehr. Dank dem Internet hat jeder von uns ohne große Zugangsbeschränkungen oder Hürden die Möglichkeit, sich Gehör zu verschaffen und auf sich und seine Geschichte aufmerksam zu machen. Jeder und jede von uns kann Wissen austauschen oder um Antworten auf seine Fragen bitten. Warum ist das revolutionär? Weil diejenigen, die über unsere Kommunikationsmittel herrschen, damit auch unmittelbar Einfluss auf die öffentliche Meinung und somit die Entwicklung unserer Gesellschaft nehmen können. Erinnerst du dich daran, was wir über Werte gesagt haben? Werte entstehen durch Kommunikation. Kommunikationsmittel wie Zeitungen, das Radio oder später das Fernsehen haben daher immer wieder zu radikalen gesellschaftlichen Veränderungen geführt. Weil über diese Medien neue Ideen und neues Wissen in die Welt gesetzt wurden. Über die zu verbreitenden Ideen und das verbreitende Wissen entschieden in der Vergangenheit vorwiegend Journalisten oder diejenigen, denen die Zeitung, der Radiosender oder die TV-Station gehören und gehörten, die sogenannten Gatekeeper. Im Internet ist die Macht dieser Gatekeeper dagegen begrenzt. Durch die Möglichkeit, Inhalte einfach zu teilen, können Ideen und Wissen viral gehen und binnen weniger Tage Millionen Menschen erreichen. Meist handelt es sich dabei zwar immer noch um tanzende Bauarbeiter oder Polizisten oder um Katzen, die drollige Dinge tun, doch auch ernsthafte und für dein persönliches Leben wertvolle Inhalte sind dank dem Internet viel leichter zu erreichen. Wir können Börsenkurse und Wirtschaftsnachrichten in Echtzeit verfolgen. Bricht irgendwo ein Krieg aus oder geschieht eine Naturkatastrophe, können wir binnen Minuten ungefilterte Augenzeugenberichte dazu im Internet abrufen. Egal, welche privaten oder beruflichen Kinks oder welche Probleme du hast, mit ein wenig Recherche stößt du im Netz schnell auf Gleichgesinnte, mit denen du dich austauschen kannst. Es gibt fast keine Frage, auf die das Internet keine Antwort kennt. Ob du nun dein Wissen zu den Themen Job, Bürokratie, Gesundheit, Liebe, Recht oder zur politischen Weltlage erweitern möchtest, du wirst im Internet garantiert fündig. Das ist zutiefst demokratisch.

Doch die Informations- und Wissensfreiheit hat einen Preis. In seiner wilden, anarchischen Form ist das Internet eben nicht nur ein Segen. Ob wir wollen oder nicht, sobald wir das Internet benutzen, sind wir neben all der Inspiration auch mit fremden Meinungen, mit lärmenden Diskussionen oder mit Shitstorms konfrontiert. Das Internet ist ein einziger permanenter Kulturschock. Und sobald du dein Heimweh und deine Unsicherheit einigermaßen in den Griff bekommen hast und glaubst, dich zurechtgefunden zu haben, kommen künstliche Intelligenzen wie ChatGPT, Midjourney, Jasper, Dall-E oder YOU daher und stellen unsere Vorstellung von der Welt binnen Tagen erneut komplett auf den Kopf.

Als die damalige Bundeskanzlerin Angela Merkel 2013 in einer Pressekonferenz sagte: »Das Internet ist für uns alle Neuland«,[36] erntete sie Hohn und Spott. Vor allem von Digital Natives, von Menschen, die mit dem Internet groß geworden waren. Mit ein wenig Abstand und aus einer Perspektive, die nicht auf den Augenblick gerichtet ist, lässt sich jedoch festhalten: Viel treffender lässt sich das Wesen des Internets nicht zusammenfassen: Das Internet ist für uns alle Neuland. Jeden Tag wieder. Niemand kennt und versteht das Internet in seiner Gänze. Das ist unmöglich. Sich in dieser sich permanent verändernden Welt zurechtzufinden, kostet Mühe und ist anstrengend, beziehungsweise es verlangt von uns neue Fähigkeiten. Denn der leichte, nicht mehr vollumfänglich durch professionelle Gatekeeper kontrollierte Zugang zu Kommunikationsmitteln schafft eben auch Räume für Fake News oder Verschwörungstheorien. Wir erleben im Netz die Kommunikation mit diversen Manipulationstechniken wie dem False Balancing. Soziale Medien sind darauf ausgerichtet, die von kleinen Dopaminkicks beförderte Sucht unseres Gehirns nach neuen Informationen auszunutzen. Mit all diesen negativen Aspekten des Internets gilt es umzugehen, was wir im Kapitel Kommunikation II auch tun werden.

»Kann es noch besser werden? Ich glaube, ja!«

Dirk von Gehlen ist Leiter des SZ Instituts, des digitalen Thinktanks der *Süddeutschen Zeitung*. In mehreren Büchern setzt er sich für ein grundlegendes Verständnis der Digitalisierung, der damit einhergehenden gesellschaftlichen Transformation sowie der neuen Netzkultur ein. In seinem Newsletter, den Digitalen Notizen, informiert er regelmäßig über Neuigkeiten, Besonderheiten und Beobachtungen aus dem Internet.

Dirk, bräuchten wir ein Schulfach Internet, Kommunikation und Digitalisierung? Und was könnten Schüler:innen darin fürs Leben lernen?
Es braucht definitiv den Inhalt. Ob es ein Schulfach braucht, darüber darf gern diskutiert werden. Man spricht dabei von der sogenannten digitalen Alphabetisierung, also den Grundfähigkeiten im Digitalen – diese sollte Schule meiner Meinung nach vermitteln. Das ist wie beim Lernen einer Fremdsprache. Ich muss die Grammatik grundlegend verstehen, um zu begreifen, wie die Sprache funktioniert. Aber ich muss nicht alle Vokabeln dieser Sprache können.

Welche Grundbedingungen des Digitalen gibt es?
Die erste Grundbedingung ist das Prinzip der Kollaboration und Vernetzung. Das Internet ist keine Rampe mehr, über der Inhalte einfach abgeworfen werden – so wie klassischerweise Schulunterricht noch immer organisiert ist oder viele Medien. Das Internet ist vielmehr ein Raum, in dem verschiedene Akteure aufeinandertreffen und miteinander agieren können. Schüler:innen müssten also als Erstes kollaborative Techniken und Vernetzungstechniken lernen. Die zweite Grundbedingung ist das Prinzip der Kopie. In der digitalen Welt können Inhalte beliebig kopiert werden. Die dritte Grundbedingung lautet: Das Internet ist ein kontinuierlicher Veränderungsprozess. Menschen müssen lernen, mit kontinuierlichen Veränderungen umzugehen. Sie sollten in der Lage sein, das Neue, das Andere, das Fremde im besten Fall zu umarmen oder sich wenigstens interessiert zuzuwenden.

In welchen Punkten hat das Digitale unsere Gesellschaft verändert und verbessert?
Wenn wir uns rauszoomen und einmal von oben auf das Internet schauen, dann ist das Internet die praktische Umsetzung der theoretischen Grundlage der freien Gesellschaft. Im Internet werden das Teilen von Wissen und die Meinungsfreiheit praktisch – und sehr umfassend – umgesetzt. Das führt zum einen zu jeder Menge Reibung, da jeder im Internet mit vielen anderen Meinungen in Berührung kommt, denen er früher besser ausweichen konnte. Zum anderen werden durch das Internet bestehende Geschäftsmodelle und bestehendes Denken herausgefordert. Bereits im 20. Jahrhundert wurde zwar immer gesagt, dass es wichtig sei, Wissen zu teilen. Nur war das aufgrund der technischen Beschränkungen gar nicht so leicht möglich. Ein analoges Exemplar eines Buches, wie ihr es hier geschrieben habt, kann nicht gleichzeitig bei euch und bei mir sein. Die digitale Kopie dagegen schon. Und nun kommt es zu einem interessanten moralischen Dilemma. Wenn Kinder eine Tafel Schokolade bekommen, bringen wir ihnen bei, diese zu teilen. Digitale Kopien dagegen sollen sie nicht teilen. Und das, obwohl sie durch das Teilen der Schokolade objektiv selbst weniger haben, beim Teilen der digitalen Kopie jedoch selbst nichts verlieren. Ein moralisches Dilemma. Zumal wir wissen: Geteiltes Wissen führt zu mehr Wissen. Ich halte es für eine extrem wichtige digitale Fähigkeit, Wissen zu teilen und Menschen zu animieren, ihr Wissen zu teilen.

Du hast gesagt, dass das Internet Grundlage der freien Gesellschaft sei. Macht das Internet unsere Gesellschaft demokratischer?
Auf jeden Fall. Es erleichtert sehr vielen Menschen den Zugang zu Wissen und schafft so viele Möglichkeiten des Austauschs, egal, in welchem Fachgebiet.

Andererseits »gehört« das Internet wenigen marktbeherrschenden Konzernen. Das ist wenig demokratisch.
Das Internet gehört nicht den GAFAM-Konzernen, diese nutzen es nur besonders gut. Über diese Marktmacht müssen wir diskutieren, aber wir dürfen auch nicht vergessen, dass die grundlegende Infrastruktur, auf der das Web aufsetzt, ein offenes System ist, das allen zugänglich ist und nicht Google oder Faybook gehört. Viele haben noch nicht verstanden, was das Internet eigentlich ist. Das Internet ist nicht Google oder Facebook. Das Internet ist in seiner Grundstruktur gelebtes Multikulti. Wer sich für etwas

Besseres hält, der darf das Internet gar nicht benutzen, weil das Internet jeden vernetzt und erst einmal jeden gleichstellt. Stichwort Netzneutralität. Vor diesem Hintergrund will ich die Probleme, die es im Internet gibt, gar nicht kleinreden. Etwa die Kommerzialisierung. Die betrifft allerdings eher das Web, also den Layer, der über der Basisinfrastruktur, dem Internet, liegt. Noch mal: Das Internet ist die Realisation des Traums, dass wir Menschen uns über alle Grenzen hinweg miteinander verbinden können und unser Wissen teilen und schlauer werden. Das wiederum bedingt wissenschaftlichen Fortschritt.

Noch immer unterscheiden wir oft zwischen analoger Welt und digitaler Welt. Müssten wir diese beiden Welten nicht längst als eine denken?
Ich halte die Unterscheidung vor allem für einen Reflex von Menschen, die ihre Weltsicht verteidigen wollen. Napoleon soll einmal gesagt haben: »Wenn du einen Menschen verstehen willst, musst du die Welt anschauen, wie sie war, als dieser 18 war.« Viele Menschen leben nach diesem Muster. Sie halten ihren Sozialisationsprozess für den Default-Modus der Gesellschaft. Das ist natürlich nicht richtig. Die Welt hat sich immer verändert.

Auf welche Trends der Digitalisierung freust du dich in den nächsten Jahren?
Ich freue mich auf alle! Die zentrale Frage, die sich jeder und jede stellen kann, lautet doch: Kann es noch besser werden? Und da würde ich immer sagen: Ich glaube, ja.

Job und Karriere IV

Selbstständigkeit und Marktwert

Nach den ersten vier, fünf Jahren im Beruf fühlst du dich hoffentlich immer wohler und sicherer in deinem Job. Mit jedem Erfolg steigern sich auch dein Selbstbewusstsein und deine Selbstwirksamkeit. Du bist bereit für die nächsten Karriereschritte. Wie genau diese aussehen, hängt sehr stark von deiner persönlichen Situation ab. Mehr Wissen bedeutet in der Regel mehr Verantwortung. Das sollte sich auch in einem ordentlichen Plus auf deinem Gehaltszettel ausdrücken. Wir möchten dir daher zeigen, wie du deinen Marktwert bestimmen kannst und Gehaltsverhandlungen erfolgreich bestreitest.

Eine Möglichkeit, mit der wir dich auch unbedingt vertraut machen wollen, ist die Selbstständigkeit.

Selbstständigkeit vs. angestellt sein – die Vorteile und Nachteile

Neben der Tatsache, was du arbeitest, also in welchem Beruf, ist auch die Frage, wie du arbeitest, eine ziemlich spannende. In der Regel gehen die meisten den klassischen Weg ins Angestelltenverhältnis, ohne überhaupt die Möglichkeit in Betracht zu ziehen, selbstständig oder freiberuflich tätig zu sein. Von den rund 46 Millionen Erwerbstätigen in Deutschland sind nicht einmal zehn Prozent selbstständig.[37] Interessanterweise nimmt die Zahl der Selbstständigen zu, je älter und erfahrener Menschen im Berufsleben sind.[38]

Die Vorteile, angestellt zu sein, liegen auf der Hand:

- Du hast ein regelmäßiges und festes Einkommen, mit dem du kalkulieren kannst.
- Du trägst – vor allem am Anfang deines Berufslebens – wenig unternehmerische Verantwortung.

- Du findest im Unternehmen deiner Wahl in der Regel fertige Strukturen und vorgegebene Aufgabenbereiche vor, in die du dich einarbeiten kannst.

In diesen Vorteilen verstecken sich jedoch auch Nachteile:
- Dein Einkommen ist zum Beispiel durch tarifliche Vereinbarungen beschränkt. Mehr geht einfach nicht, obwohl du mehr leistest als andere.
- Deine Möglichkeiten, Einfluss zu nehmen, Dinge selbst zu gestalten, sind mitunter wenig ausgeprägt. In vielen Unternehmen herrscht noch immer eine Das-haben-wir-schon-immer-so-gemacht-Mentalität. Entweder fügst du dich oder du eckst an.
- Deine Lernkurve ist begrenzt. Je größer Unternehmen sind, desto weniger sind deine individuellen Fähigkeiten gefragt. Du hast eine Rolle auszufüllen für die Position, für die du geholt wurdest.

Bei einer selbstständigen Tätigkeit verhält es sich in den angesprochenen Punkten genau andersherum. Die Nachteile:
- Du trägst das vollständige unternehmerische Risiko. Je nach Auftragslage kann dein Einkommen variieren. Mit dieser Unsicherheit musst du umgehen können. Beschäftigst du Mitarbeitende, vergrößert sich dieses Risiko.
- Du musst deine Versicherungen und Altersvorsorge selbst organisieren.
- Du musst, je nach Auftragslage, flexibel sein und eventuell auch an Wochenenden oder mal mehr als die üblichen acht Stunden am Tag arbeiten.

Allerdings hat das selbstständige Arbeiten auch Vorteile:
- Wenn du wirklich gut bist in dem, was du machst, kannst du in einigen Branchen ein deutlich höheres Einkommen erzielen als Angestellte.
- Du lernst in deinem beruflichen Thema mehr und schneller, wenn du unterschiedliche Auftraggeber mit diversen Anforderungen hast.
- Du gewinnst ein besseres Gespür für das Gesamtthema Unternehmen, da du dich eben auch um dein Eigenmarketing, Steuern und Buchhaltung kümmern musst. Dieses Gespür hilft dir dabei, die Nöte deiner Auftraggeber zu verstehen und bessere Arbeit abzuliefern.

- Du bist flexibel, kannst deinen eigenen Rhythmus leben, der keinem starren 9-to-5-Muster folgen muss. Yoga am Nachmittag? Kein Problem, wenn keine Termine anstehen. Mal ausschlafen und dafür lieber am Abend arbeiten? Du entscheidest.

Es gibt wirklich keinen Grund, Angst vor der Selbstständigkeit zu haben. Ob sie das Richtige für dich ist? Das musst du selbst herausfinden. Einmal selbstständig zu sein, heißt auch nicht, dass du es für immer bleiben musst. Du kannst selbstredend immer wieder in ein Angestelltenverhältnis wechseln. Oder du beginnst deine berufliche Karriere in einer Anstellung, baust dir ein erstes berufliches Netzwerk auf und wagst dann den Schritt in die Selbstständigkeit.

Wie du als Selbstständige:r deinen Stundensatz beziehungsweise dein Honorar bestimmst

Ob du als Selbstständige:r erfolgreich bist, hängt nicht zuletzt von einer realistischen Kalkulation deines Honorars ab. Pokerst du zu hoch, kannst du vielleicht mit einigen wenigen Jobs schnell viel Geld machen, hast jedoch sehr viele Leerlaufzeiten, da sich nicht viele Auftraggeber dein hohes Honorar leisten können. Wie viel du verlangen kannst, hängt von deinen Fähigkeiten und natürlich der Branche ab, in der du arbeitest. In der IT, als Data Analyst oder selbst als Webdesigner kannst du meist mehr Honorar fordern als in kreativen oder künstlerischen Berufen.

Stundensätze für Berufsanfänger: 30 bis 50 Euro
Stundensätze für Berufserfahrene: 50 bis 80 Euro
Stundensatz für Selbstständige mit Spezialkenntnissen: 80 bis 100 Euro
Stundensatz für Profis: 100 bis 150 Euro

Um einen angemessenen Stundensatz zu ermitteln, solltest du dir erst mal bewusst werden, wie viele Tage im Jahr du eigentlich arbeiten kannst. Das Jahr hat 365 Tage. Davon musst du die Wochenenden (104 Tage), Urlaub (25 bis 30 Tage), Feiertage (10 bis 14 Tage) sowie Krankheitstage (10 Tage) abziehen. Am Ende bleiben dir circa 210 Tage, an denen du arbeiten kannst. Bauen wir noch einen kleinen Puffer von 10 Tagen ein, kommst du auf 200 Arbeitstage im Jahr. Setzt du für jeden Arbeitstag 8 Stunden an, kannst du im Jahr 1600 Stunden verkaufen. Theoretisch. Denn gerade beim Start in die Selbstständigkeit wirst du nicht ausgebucht sein. Um deinen Stundensatz zu kalkulieren, müssen daher auch verschiedene Auslastungen berücksichtigt werden.

Der nächste wichtige Punkt sind deine monatlichen Ausgaben, die du gern mit der nachfolgenden Tabelle kalkulieren kannst:

Miete	€
Lebensmittel	€
Haushalt (Kosmetik, Reinigung)	€
Kommunikation (DSL, Telefon)	€
Mobilität (Auto, ÖPNV)	€
Krankenversicherung	€
Sozialversicherungen	€
Sonstige Versicherungen (z. B. Haftpflicht, Hausrat)	€
Freizeit und Urlaub	€
Altersvorsorge	€
Rücklagen/Sparen	€
Betriebskosten (Laptop, Bürobedarf etc.)	€
Steuern	€
Summe	

Sagen wir, du hast im Monat 3500 Euro an laufenden Kosten. Du benötigst also einen Jahresumsatz von 42.000 Euro. Was bedeutet das nun für deinen Stundensatz?

42.000 Euro : 1600 Arbeitsstunden = 26,25 Euro

Mit einem Stundenlohn von 26,25 Euro könntest du deine monatlichen Kosten decken. Vorausgesetzt, du kannst 100 Prozent deiner Stunden abrechnen. In der Regel wird das jedoch kaum der Fall sein. Rechnen wir daher lieber mit einer Auslastung von 50 Prozent.

42.000 Euro : 800 Arbeitsstunden = 52,50 Euro

50 Euro Stundensatz klingen vielleicht erst mal viel, sind aber – bei entsprechenden Fähigkeiten – marktüblich. Und das Beste: Sobald du deine Auslastung erhöhen kannst, erarbeitest du dir einen Gewinn. Schauen wir doch mal, was eine Steigerung deiner Auslastung um 10 Prozent auf insgesamt 60 Prozent bedeutet. Dann kannst du nämlich bereits 960 Stunden im Jahr abrechnen:

960 Arbeitsstunden x 50 Euro = 48.000 Euro

Du siehst, dein Stundensatz sowie deine Auslastung sind als Selbstständige:r dein wichtigster Honorarhebel. Wichtig ist, dass du Stundensatz und Auslastung immer auch in Abhängigkeit deiner laufenden Kosten betrachtest.

Neben Stundensätzen solltest du dir Gedanken über Pauschalhonorare machen. Pauschalhonorare haben den Vorteil, dass Kunden mit festen Kosten kalkulieren können und es kein böses Erwachen hinsichtlich des Honorars gibt. Ein Beispiel: Du bekommst einen Auftrag, der nach Stunden abgerechnet wird, und ein Kunde meint, dieser sei in fünf Stunden, also für rund 250 Euro, zu erledigen. Du benötigst aber zehn Stunden und möchtest entsprechend 500 Euro berechnen. Glaub uns, diese Diskussionen willst du dir ersparen.

Gerade bei kleineren Projekten lohnt es sich, ein Pauschalhonorar zu kalkulieren. Pauschalen haben zudem den Vorteil, dass du deinen Stundensatz leicht steigern kannst, wenn du weniger Zeit für den Job benötigst. Ein 500-Euro-Job, der dich nur fünf Stunden kostet, bedeutet einen Stundenlohn von 100 Euro. Umgekehrt gilt: Ein 500-Euro-Job, für den du 15 Stunden brauchst, senkt deinen Stundenlohn auf 33 Euro. Einmal kann dir das passieren. Auf Dauer kannst du dir eine solche Fehlkalkulation nicht leisten. Gerade am Anfang neigen viele dazu, die Stunden, die sie in einen Job stecken müssen, zu unterschätzen. Der Text für einen kleinen Flyer? Muss doch in einer Stunde zu schaffen sein, oder? Die Entwicklung eines Logos?

Darf doch nicht mehr als zwei Tage dauern. Vor allem im kreativen Bereich sind Zeitaufwände mitunter schwer einzuschätzen. Wir empfehlen dir daher, für jeden Job deine Stunden exakt zu protokollieren. Dabei zählt bereits das Sichhineindenken in einen Job als Arbeit und nicht erst, wenn es an die Umsetzung geht.

Wir können dir nur raten, keine Angst davor zu haben, deine Honorarvorstellungen klar zu kommunizieren. Du musst sie auch nicht mit deinen Ausgaben begründen. Du arbeitest für das Geld, du erbringst eine Leistung. Es ist die Entscheidung deines Kunden oder deiner Kundin, ob er oder sie sich dich leisten kann oder will.

Aber wie gehst du damit um, wenn dein Auftraggebender verhandeln will? Verhandeln ist grundsätzlich immer möglich, idealerweise sollten beide Seiten danach das Gefühl haben, vom Ergebnis zu profitieren. Du kannst einem/einer Auftraggeber:in zum Beispiel entgegenkommen, wenn er oder sie dir nicht nur einen Auftrag anbietet, sondern dir eine regelmäßige Auslastung verspricht, beispielsweise zehn Stunden pro Monat. Für die musst du fortan keine Akquise mehr betreiben, und je länger du im Thema des Kunden arbeitest, desto leichter sollte dir auch die Umsetzung fallen.

Ganz wichtig: Dein Stundensatz ist kein Ziel, sondern ein Minimum. Je mehr Expertise du dir aneignest, desto besser kannst und solltest du dich bezahlen lassen. Überprüfe daher am Ende jedes Jahres deine Ausgaben. Die Lebenshaltungskosten steigen mal schneller, mal langsamer. Deine persönlichen Lebensumstände können sich ändern, etwa wenn du eine Familie gründest oder andere Familienmitglieder finanziell unterstützen möchtest. Mindestens alle zwei Jahre empfiehlt es sich, deine Honorare und Stundensätze anzupassen. Am besten teilst du deinen Auftraggebenden vier bis fünf Monate vor Ende des Jahres mit, dass sich deine Honorare zum Jahreswechsel ändern werden, sodass sie etwas Vorlaufzeit haben, sich darauf einzustellen oder aber Rücksprache mit dir zu halten.

In sieben Schritten zum eigenen Unternehmen

Während du als Freiberufler nicht zwingend ein Unternehmen gründen musst, ist das bei einer Gewerbeanmeldung – etwa als Handwerker oder Gastronom – durchaus der Fall. Die Unternehmensgründung muss bei verschiedenen Behörden registriert werden. Dazu gehören in der Regel das Gewerbeamt, das Handelsregister, IHK oder HWK, Finanzamt und Standeskammer. Und so gehst du vor:

1. Deine Firma braucht einen Namen: Bei der Namensgebung für deine GmbH musst du gründlich recherchieren (z. B. in Branchenbüchern und im Internet), um einen Firmennamen zu finden, der noch nicht im zentralen Unternehmensregister aufgeführt ist. Das ist wichtig, damit du mit der Verwendung keine Markenrechte verletzt. Auch die Onlinepräsenz ist wichtig: Prüfe, ob die Domain und ggfs. die Social Media Accounts mit diesem Namen noch verfügbar sind. Falls ja, sichere sie dir, so schnell es geht. Im letzten Schritt lässt du deinen Wunschnamen für die GmbH von der IHK oder der Handwerkskammer überprüfen.
2. Anteile aufteilen: Gründest du allein oder seid ihr mehrere Personen? Falls Letzteres der Fall ist, müsst ihr festlegen, wer welchen Anteil an der Gesellschaft bekommt. Dabei spielen verschiedene Faktoren eine Rolle: Wer wird Geschäftsführer:in? Wer steckt wie viel seiner Zeit und seines Wissens in das Unternehmen? Das könnt ihr durch die Verteilung der Anteile anerkennen. Sind all diese Punkte geklärt, dann bist du mit deinen Mitgründer:innen noch keine GmbH, sondern zunächst einmal eine GbR, eine Gesellschaft bürgerlichen Rechts. Hinweis: Als GbR haftet ihr alle noch mit eurem Privatvermögen. Geht am besten in dieser Phase keine großen finanziellen und unternehmerischen Risiken ein.
3. Genehmigungspflicht prüfen: Brauchst du überhaupt eine Genehmigung für deine GmbH? Das solltest du im nächsten Schritt klären. Dabei können dir die Gewerbeordnung, das Bauamt, die Handwerkskammer oder das Gesundheitsamt weiterhelfen. Wichtig: Im Prinzip ist die Eintragung einer GmbH nicht von einer Genehmigung durch eine Behörde abhängig, wenn du alle Unterlagen beisammenhast. Die spezifischen Unternehmungen, die eine Genehmigung bei der Gründung erfordern, sind überschaubar. Beispiele für genehmigungspflichtige Unternehmungen sind Apotheken und Altenheime ebenso wie Gaststätten und Spielhallen, eine Fahrschule oder eine Steuer- und Rechtsberatung. In jedem Fall solltest du dich vorher absichern und kundig machen.
4. Stammkapital festlegen: Mindestens 25.000 Euro Startkapital benötigst du für die Gründung deiner GmbH. Aber es kann natürlich auch mehr sein. Bei der Aufteilung der Anteile hast du/habt ihr bestimmt überlegt, wer mit wie viel Kapital einsteigt. Die Hälfte des Stammkapitals landet später auf dem Gesellschaftskonto. Aber auch Sacheinlagen sind möglich – also zum Beispiel Wertgegenstände, Patente usw. Wichtig ist, dass du den Wert dieser Sachgegenstände so genau wie möglich be-

stimmst. Du kannst ein Unternehmen sogar mit einem Stammkapital von nur einem Euro gründen. Allerdings handelt es sich dann um eine UG, eine Unternehmensgesellschaft, die immer mit dem Zusatz »haftungsbeschränkt« geführt wird. Die UG wird oft auch als Mini-GmbH bezeichnet.

5. Gesellschaftsvertrag aufsetzen: Das kannst du entweder selbst mit einem sogenannten Mustervertrag oder mithilfe eines Notars tun. Setzt du den Vertrag selbst auf, kannst du mit dem ausgefüllten Mustervertrag allein ins Notariat gehen. Bei einem individuellen Gesellschaftsvertrag müssen sämtliche Gesellschafter:innen sowie die Geschäftsführung im Notarbüro erscheinen. Dort wird geprüft, ob alle erforderlichen Angaben korrekt sind. Dazu zählen:
   - Vor- und Zuname der Gesellschafter:innen
   - Persönliche Daten der Geschäftsführung
   - Sitz der Gesellschaft
   - Geschäftsgegenstand
   - Höhe des Stammkapitals

6. Hat das Notarbüro keine Einwände, beurkundet es noch nicht die endgültige GmbH, sondern eine GmbH in Gründung oder Vor-GmbH. Wie bei der GbR haftest du bis auf Weiteres noch persönlich mit deinem Privatvermögen.
7. Geschäftskonto eröffnen und GmbH im Handelsregister eintragen lassen: Im nächsten Schritt geht's ums Geld. Mit der notariellen Beurkundung kannst du nun zur Bank gehen und ein Geschäftskonto eröffnen. Darauf wird das vereinbarte Stammkapital eingezahlt. Nach der Einzahlung meldet das Notarbüro die GmbH in Gründung zum Eintrag in das Handelsregister beim zuständigen Amtsgericht an. Die Anmeldung wird heute elektronisch durchgeführt.
8. Bekanntgabe beim Finanzamt und Gewerbeamt: Jetzt musst du deine GmbH in Gründung nur noch beim zuständigen Gewerbeamt sowie beim Finanzamt anmelden. Wenn alle Gebühren pünktlich bezahlt sind und sonst keine Einwände vorliegen, kannst du innerhalb einer Arbeitswoche die bis dahin lautende GmbH in Gründung als vollwertige GmbH eintragen lassen. Ab diesem Zeitpunkt haftest du als Gesellschafter:in nicht mehr mit deinem Privatvermögen, sondern offiziell nur noch mit dem Gesellschaftsvermögen. Dann kann das Unternehmertum beginnen.

Wie viel du als Angestellte:r verdienen kannst

Wie du gerade erfahren hast, musst du als Selbstständiger deinen Stundensatz oder dein Honorar selbst berechnen, damit du mit deiner Arbeit deinen Lebensunterhalt bestreiten kannst und deine erbrachte Leistung auch gewürdigt siehst. Ebenso wirst du dir auch als Angestellter im Laufe deiner beruflichen Entwicklung immer mal wieder Gedanken um die Höhe deines Gehaltes machen müssen. In Vorstellungsgesprächen wirst du etwa damit konfrontiert, dass du eine Gehaltsvorstellung formulieren musst, dir also überlegen musst, wie viel du für das Einbringen deiner Fähigkeiten und deine Leistung erzielen möchtest. Und sicherlich wirst du auch nach mehreren Jahren Berufserfahrung oder der Übernahme zusätzlicher Aufgaben nicht mehr mit dem Einstiegsgehalt eines Berufsanfängers zufrieden sein. Um als Angestellter realistische Forderungen stellen zu können, solltest du wissen, wie die branchenüblichen Konditionen aussehen und welche Faktoren sich wie auf dein Einkommen auswirken können.

Gehalt oder Lohn – eine Begriffsklärung

Unter Gehalt verstehen wir im Allgemeinen das Arbeitsentgelt, das wir am Ende des Monats von unserem Arbeitgeber auf unser Konto überwiesen bekommen. Neben dem erfolgreichen Erfüllen der uns aufgetragenen Aufgaben sind das die Früchte unserer Arbeit. Allerdings gibt es unterschiedliche Begriffe in diesem Bereich:

Einkommen	Sachliche oder monetäre Leistung, die an natürliche oder juristische Personen ausgezahlt wird.
Verdienst	Ebenfalls sachliche oder monetäre Leistung, wird jedoch ausschließlich an natürliche Personen ausgezahlt.
Lohn	Tatsächlich geleistete Arbeit anhand von Stunden, wird täglich, wöchentlich oder monatlich ausgezahlt.
Gehalt	Monatlich fixiertes Arbeitsentgelt an Beamte und Angestellte.
Überschuss	Beschreibt den Gewinn einer juristischen Person.
Honorar	Arbeitsentgelt für Freiberufler wie Ärzte, Rechtsanwälte oder Grafiker. Ebenfalls Bezeichnung für Arbeitsentgelt für eine nebenberufliche Tätigkeit.

Wer verdient was?

Die Frage, wie viel Gehalt für dich speziell angebracht ist, ist nicht ganz einfach zu beantworten. Es kommt immer auf mehrere Faktoren an. Wo lebst du? Auf dem Land oder in der Stadt? In welchem Bundesland? Dann kommt es natürlich auch auf die Berufserfahrung an. Berufseinsteiger:innen verdienen erheblich weniger als Menschen, die schon über einige Jahre Berufserfahrung verfügen. Um dir einen kleinen Überblick zu geben, haben wir die durchschnittlichen Einstiegsgehälter für verschiedenste Berufe recherchiert und im Folgenden dargestellt.

Anwält:in: 61.000 Euro
Apotheker:in: 48.000 Euro
Architekt:in: 45.000 Euro
Ärzt:in: 64.000 Euro
Assistent:in der Geschäftsführung: 48.000 Euro
Automobilverkäufer:in: 38.000 Euro
Bankkaufmann:frau: 34.000 Euro
Bauzeichner:in: 34.000 Euro
Bundestagsabgeordnete:r: 120.000 Euro
Controller:in: 62.000 Euro
Data Analyst:in: 54.000 Euro
Disponent:in: 34.000 Euro
Einkäufer:in 51.000 Euro
Elektroniker:in: 34.000 Euro
Erzieher:in: 34.000 Euro
Eventmanager:in: 48.000 Euro
Flugbegleiter:in: 32.000 Euro
Fluglots:in: 62.000 Euro
Fondsmanager:in: 62.000 Euro
Forscher:in: 55.000 Euro
Friseur:in: 23.000 Euro
Grafik- und Kommunikationsdesigner:in: 37.000 Euro
Groß- und Außenhandelskaufmann:frau: 31.000 Euro
Hörgeräteakustiker:in: 29.000 Euro
Hotelkaufmann:frau: 24.000 Euro
Immobilienkaufmann:frau: 34.000 Euro
Immobilienmakler:in: 48.000 Euro
Industriemechaniker:in: 34.000 Euro
Informatiker:in: 48.000 Euro
Journalist:in: 38.000 Euro
Junior-Projektmanager:in: 55.000 Euro
Kellner:in: 23.000 Euro

Köch:in: 22.000 Euro
Lagerist:in: 31.000 Euro
Lehrer:in: 50.000 Euro
Mathematiker:in: 58.000 Euro
Med. Fachangestellte: 29.000 Euro
Modedesigner:in: 32.000 Euro
Office-Manager:in: 39.000 Euro
Online-Marketing-Manager:in: 51.000 Euro
Personalreferent:in: 51.000 Euro
Pharmaforscher:in: 58.000 Euro
Physiotherapeut:in: 35.000 Euro
Pilot:in: 62.000 Euro
PR-Manager:in: 48.000 Euro
Psycholog:in: 43.000 Euro
Social-Media-Manager:in: 42.000 Euro
Softwareentwickler:in: 51.000 Euro
Steuerfachangestellte:r: 45.000 Euro
Toningenieur:in: 31.000 Euro
Umwelttechniker:in: 36.000 Euro
Verkäufer:in im Einzelhandel: 28.000 Euro
Versicherungsberater:in: 48.000 Euro

Die oben genannten Zahlen sind nur allgemeine Durchschnittswerte, und wie bereits gesagt, hängt die tatsächliche Höhe deines Gehalts von diversen Faktoren ab. Dazu gehören neben fachlicher Ausbildung, Wohnort, Abschluss bzw. Studium oder Berufserfahrung auch die Größe des Unternehmens und die Tatsache, ob es eine Tarifbindung gibt oder nicht. Die folgende Grafik zeigt dir, welche Faktoren sich in welchem Ausmaß auf dein Gehalt auswirken können.

Um deinen persönlichen Marktwert zu bestimmen, kannst du nun ganz einfach den Gehaltsdurchschnitt der Branche, deine Qualifikation, die Betriebsgröße, die Tarifbindung und deinen Wohnort heranziehen. Relevant ist natürlich auch deine Berufserfahrung. Übernimmst du Personalverantwortung, ist ebenfalls mehr Gehalt als üblich drin. Unter lohnspiegel.de findest du einen Gehaltscheck auf Basis der in der Infografik vorgestellten Umfrage. Gib dort einfach deine Angaben ein, um einen Gehaltsdurchschnitt zur Orientierung zu bekommen. Dir werden dabei immer auch die geschlechtsspezifischen Gehaltsunterschiede angezeigt. Als Frau solltest du dich auf keinen Fall mit weniger zufriedengeben als ein Mann.

Ein Beispiel: Du arbeitest als Architektin in Bayern, hast einen Bachelor an der Uni gemacht. Du hast bereits fünf Jahre Berufserfahrung gesammelt und arbeitest in einem Betrieb mit weniger als 100 Mitarbeitenden. Du hast keine Leitungsfunktion inne. Unter diesen Umständen spuckt der Gehaltscheck ein Monatsgehalt von ca. 3700 Euro aus. Verlangen solltest du aber mindestens 4000 Euro, denn das ist die Summe, die Männer in

Bestimmungsfaktoren des Gehalts

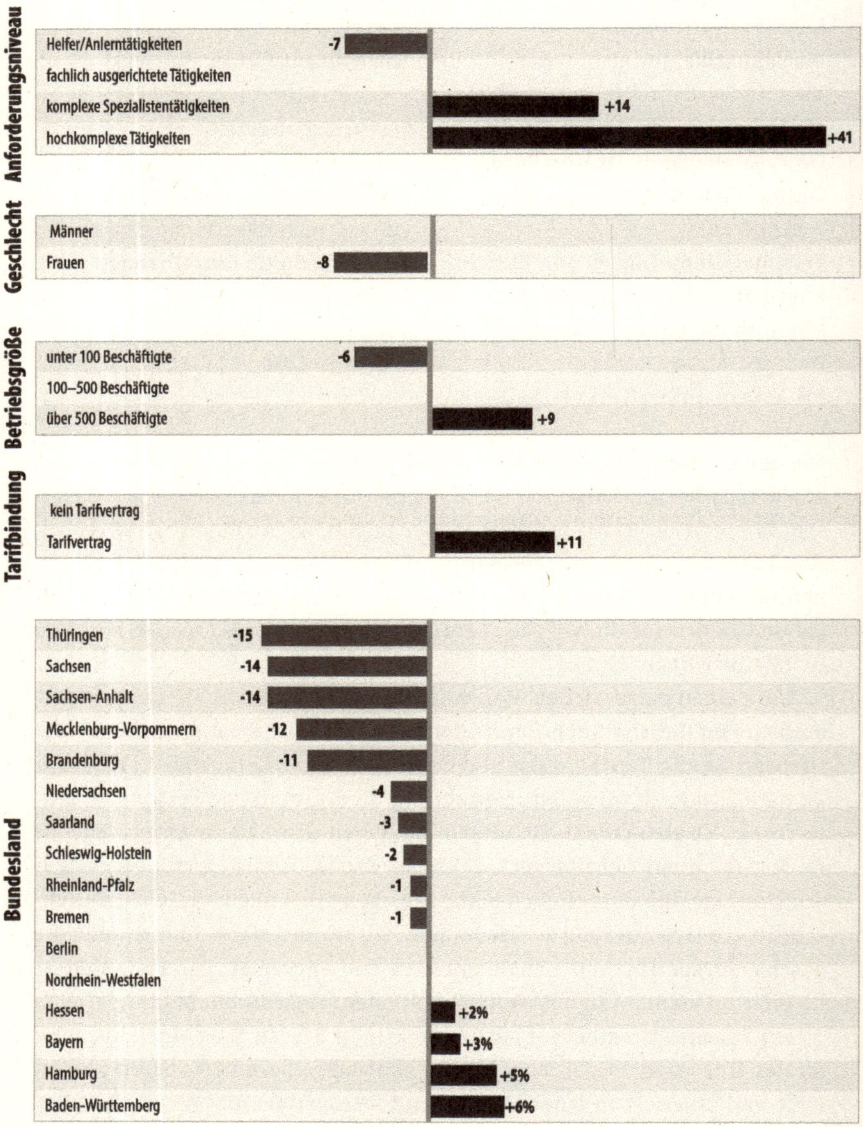

vergleichbarer Situation verdienen. Das Praktische beim Gehaltscheck: Du kannst die Abfragevariablen hinterher einzeln ändern. Wie wirkt sich eine Leitungsfunktion auf dein Gehalt aus? Wie viel mehr könntest du mit fünf oder zehn Jahren Berufserfahrung verdienen? Mit Leitungsfunktion wären im Architektinnenbeispiel sogar 4470 Euro drin. Mit zehn Jahren Berufserfahrung sollte dein Gehalt sogar bei 5000 Euro im Monat liegen.

Mittlerweile findest du im Netz zahlreiche Onlineanbieter wie Glassdoor oder Kununu, bei denen die Gehälter veröffentlich sind, die in bestimmten Unternehmen gezahlt werden. Und ansonsten gilt: Rede so oft wie möglich mit Freund:innen und Bekannten, aber auch mit Kolleg:innen über Geld. Je eher du diese Scheu abgelegt hast, desto klarer kann sich deine Vorstellung von deinem persönlichen Marktwert entwickeln.

Wie du bei Gehaltsverhandlungen garantiert mehr Geld bekommst

Laut einer Studie des Jobportals StepStone fühlen sich noch immer 50 Prozent der Beschäftigten unwohl dabei, um eine Gehaltserhöhung zu bitten.[39] Die Gründe dafür sind vielfältig. Da wäre zum Beispiel die Scham, als zu gierig zu gelten. Auch die Angst, dass der Vorgesetzte einfach Nein sagt und einen künftig anders bewertet, lässt Beschäftigte das Thema Gehaltsverhandlungen mitunter zögerlich oder gar nicht angehen. Wäre ja auch zu dumm, wenn du mit der Forderung nach mehr Gehalt die gute Beziehung zum Chef oder zur Chefin aufs Spiel setzt. Vielen ist das Thema Geld generell unangenehm. Darüber spricht man einfach nicht. Schon gar nicht mit den Kolleg:innen. Das darfst du laut Arbeitsvertrag doch auch gar nicht, oder? Keine Angst, selbst wenn in deinem Arbeitsvertrag eine Klausel steht, dass du über dein Gehalt Stillschweigen zu bewahren hast, kannst du dich mit deinen Kolleg:innen über dein Gehalt austauschen. Diese Klausel – so haben es mehrere Gerichte bestätigt – ist nämlich unwirksam. Solltest du in einem Unternehmen mit mehr als 2000 Beschäftigten arbeiten, ermöglicht dir das Entgelttransparenzgesetz (gilt seit 2017 in Deutschland) sogar offiziell, Auskunft über die Gehälter deiner Kolleg:innen bei deinen Vorgesetzten einzuholen. Vorausgesetzt, es gibt sechs männliche oder weibliche Kolleg:innen, die dem gleichen oder einem gleichwertigen Job wie du nachgehen.

Die Scheu, über das Gehalt zu reden, ist getragen von den beiden Möglichkeiten, wie ein solches Gespräch unter Umständen ausgehen kann. Verdienst du mehr als die Kolleg:innen, werden die sich in Zukunft über dich ärgern, neidisch sein und womöglich Mehrarbeit nicht wie gewohnt auf allen Schultern des Teams verteilen, sondern dir überlassen. Wer mehr verdient, muss schließlich auch mehr leisten. Keine schöne Situation.

Aber es geht auch andersherum. Sollte sich herausstellen, dass du jahrelang viel weniger als deine Kolleg:innen verdient hast, ärgerst du dich womöglich und fühlst dich schlecht. Wie konntest du nur so blöd sein? Wieso ist deine Arbeit weniger wert? Und was haben die Kolleg:innen besser gemacht, dass sie mehr Gehalt bekommen haben? Nun, wahrscheinlich haben sie einfach danach gefragt.

Noch immer ist das aktive Einfordern einer Gehaltserhöhung eine der besten Möglichkeiten, diese auch zu erhalten. Allerdings gibt es in dem Gespräch einige Dinge, die du beachten solltest, um deine Erfolgschancen zu erhöhen. Du solltest um die No-Gos ebenso wissen wie um die Punkte, die im Gespräch für dich arbeiten. Und du solltest die eine Frage kennen, mit der du garantiert eine Gehaltserhöhung bekommst, selbst wenn dein:e Chef:in erst einmal Nein gesagt hat.

Erfolg oder Misserfolg – wie solltest du vorgehen?

Du hast dich entschieden, deine:n Chef:in um eine Gehaltserhöhung zu bitten? Dann solltest du das auf jeden Fall nicht unvorbereitet tun, wenn du dir nicht von vornherein schon die Chancen verderben möchtest. Im Folgenden einige Dinge, die du unbedingt vermeiden solltest:

- Ohne konkrete Summe in das Gespräch gehen
- Zum falschen Zeitpunkt fragen
- Danach fragen, welche Gehaltserhöhung dem/der Chef:in vorschwebt, ohne selbst zuvor eine Zahl genannt zu haben
- Die Begründung »Ich brauche das Geld, weil meine Ausgaben gestiegen sind«
- Behaupten, dass du woanders mehr verdienen kannst (selbst wenn es stimmt)
- Den Begriff Schmerzgrenze beim Nennen einer Summe verwenden. Passt deinem/deiner Chef:in die Zahl, ist die Verhandlung in diesem Moment vorbei.
- Darauf verweisen, dass die letzte Gehaltserhöhung bereits Jahre zurückliegt und es mal wieder an der Zeit ist
- Herumdrucksen oder peinlich berührt sein.

Im Umkehrschluss lassen sich aus den Dingen, die du vermeiden solltest, Empfehlungen ableiten, wie du ein Gehaltsgespräch angehen solltest. Zunächst ist wichtig, dass du vor dem Gehaltsgespräch mit deinem/deiner Chef:in deinen Marktwert ermittelt hast und eine Summe oder einen Gehaltsrahmen im Kopf hast, mit dem du zufrieden wärst. Dazu musst du zuerst einmal wissen, wie im Branchenvergleich die Gehaltskonditionen sind. Du kannst dich – wie zuvor schon erwähnt – in Gesprächen mit Kolleg:innen über das in deinem Unternehmen vorherrschende Gehaltsgefüge informieren, aber auch auf Onlineportalen nachforschen. Dort findest du mögliche Gehälter für fast alle Branchen und Berufe, abgestimmt auf die Unternehmensgröße, die Position und/oder die Berufserfahrung.

Hast du eine Zahl im Kopf, solltest du über das Timing des Gesprächs nachdenken. Es ist vollkommen in Ordnung, etwa alle zwei Jahre nach einer Gehaltserhöhung zu fragen. Besonders erfolgreich sind Gehaltsgespräche immer dann, wenn sie wenige Wochen vor dem erfolgreichen Abschluss eines Projekts, an dem du maßgeblich beteiligt bist, stattfinden. Auch das jährliche Mitarbeitergespräch oder eine Beförderung, die mit mehr Aufgaben und Verantwortung verbunden ist, sind gute Zeitpunkte. Wichtig: Das Gespräch sollte am besten vormittags anberaumt sein. Im Laufe des Tages nimmt die Entscheidungsmüdigkeit, die sogenannte Decision Fatigue, bei jedem von uns zu, auch bei deinem/deiner Chef:in. Er oder sie hat dann schlichtweg keine Lust mehr, sich über deine Gehaltserhöhung Gedanken zu machen. Die Wahrscheinlichkeit, abgewimmelt zu werden, steigt.

Stimmt der Zeitpunkt für das Gespräch, brauchst du noch konkrete Argumente, warum du eine Gehaltserhöhung verdient hast. Geh dafür die folgenden Fragen durch:

- Welche Projekte hast du in den letzten Jahren erfolgreich abgeschlossen?
- Wie hat das Unternehmen von deiner Arbeit profitiert?
- Konntet ihr neue Kund:innen gewinnen, den Umsatz oder Gewinn steigern?
- Seid ihr durch neue Software oder neue Prozesse effizienter geworden?
- Hast du dich weitergebildet und wie hat die zusätzliche Qualifikation deine Arbeit beeinflusst?
- Kannst du belegen, dass sich dank deiner Erfahrung deine Produktivität erhöht hat?
- Gibt es ein Know-how oder eine Expertise, welche du exklusiv hast, etwas, das keine:r deiner Kolleg:innen kann?

Deine Aufgabe in einem Gehaltsgespräch ist immer, deine:r Chef:in den großen Nutzen ins Bewusstsein zu rufen, den du für das Unternehmen hast und – auch das sollte im Gespräch ein Thema werden – in Zukunft haben wirst.

Sollte es dir schwerfallen, diesen Nutzen zu benennen oder zu erfassen, hol dir Hilfe bei deinen Kolleg:innen und geh mit den folgenden Fragen auf sie zu:

- In welchen Projekten war ich euch eine besondere Hilfe und warum?
- Wo habe ich mich in den letzten Jahren verbessert?
- Wo könnte ich mich noch weiter verbessern?

Recherchiere außerdem die Wirtschaftslage des Unternehmens, für das du tätig bist. Sollte es sich um einen großen Konzern handeln, der Jahr für Jahr die Dividendenzahlungen erhöht hat, kannst du mit diesem Wissen kontern, falls dein Gegenüber deine Gehaltsforderungen mit dem Verweis auf eine wirtschaftlich schwierige Lage abschmettern will. Selbst wenn du in einer kleineren Firma arbeitest, findest du häufig in Branchenblättern Informationen über die wirtschaftlichen Kennzahlen deines Unternehmens. Handelt es sich um eine Kapitalgesellschaft, also eine GmbH, UG oder AG, sind die Geschäftsberichte auch auf der Website bundesanzeiger.de veröffentlicht. Dort kannst du sehen, wie sich wichtige Unternehmenskennzahlen wie der Umsatz oder aber der Gewinn entwickelt haben.

Je besser deine Argumente sind, desto größer ist die Chance auf eine Gehaltserhöhung.

Steig in die Verhandlung immer etwas höher ein, als es deiner tatsächlichen Wunschvorstellung entspricht. Dein Gegenüber wird garantiert verhandeln wollen. Passiert das nicht und stimmt dein:e Chef:in deinem Vorschlag sofort zu, darfst du davon ausgehen, dass noch ein bisschen mehr drin gewesen wäre. In diesem Fall kannst du noch einmal nachlegen. Am besten mit einer Formulierung wie dieser: »Schön, dass wir uns in diesem Punkt so schnell einigen konnten. Nun würde ich mit Ihnen gern noch über das Thema Boni sprechen.«

Du kannst zum Beispiel projektbezogene Boni bei erfolgreichem Abschluss verlangen. Oder aber über einen Dienstwagen, Zuschüsse zur Kinderbetreuung oder zu deiner betrieblichen Altersvorsorge verhandeln (siehe Infokasten). Deine Erfolgschancen sind hier sogar besonders gut, da dein Arbeitgeber auf bestimmte Boni oder Zuschüsse keine Sozialabgaben zahlt. Wichtig: Du kannst nur dann über Boni reden, wenn du weißt, welche du überhaupt verlangen kannst. Vorbereitung ist, wie gesagt, auch bei Gehaltsgesprächen das A und O.

Bonuszahlungen

Möchtest du neben deinem Gehalt weitere Vorteile für dich erzielen, kannst du folgende Vergünstigungen ansprechen:

- 💰 Eine ziel- oder projektbezogene Prämie
- Provisionen (insbesondere, falls du im Vertrieb arbeitest)
- 🚗 Dienstwagen
- 🚲 Ein Jobbike oder Jobticket
- Zuschüsse zur Kinderbetreuung
- Zuschüsse zur Gesundheitsvorsorge
- 🍔 Zuschüsse für dein Mittagessen
- 🏝 Mehr Urlaubstage
- 💻 Zusätzliche Homeoffice-Tage

Doch was kannst du tun, wenn sich dein:e Chef:in im Gespräch überhaupt nicht kooperativ zeigt und klar wird, dass ihr jetzt nicht zu einer Einigung kommt? Ganz einfach, dann bekommst du deine Gehaltserhöhung nicht im Moment, sondern ein paar Monate später, nämlich mit der Frage: Was muss ich tun, um eine Gehaltserhöhung auf XY Euro im Jahr zu erhalten?

Nagele deine:n Chef:in fest und erarbeitet gemeinsam Punkte, die für deine Gehaltserhöhung erfüllt sein müssen. Auch hier gilt: Bereite smarte Ziele vor, auf die du hinarbeiten kannst und möchtest. Die vereinbarten Vorgaben sollten inhaltlich und zeitlich realistisch sein. Wie du siehst: Die Formulierung eines Ziels hilft dir nicht nur privat enorm weiter, sondern auch in deinen beruflichen Beziehungen.

Aber was passiert, wenn dein:e Chef:in sich nach Erreichen der Ziele nicht an die Abmachung halten will? (Idealerweise habt ihr sie zuvor schriftlich festgehalten.) Bei einem solchen Vertrauensbruch solltest du konsequent sein und dich nach einem neuen Arbeitgeber umsehen. Zu deiner Ermutigung: Die größten Gehaltssprünge machen Arbeitnehmende in Deutschland bei einem Jobwechsel. Während bei einer normalen Gehaltserhöhung zwischen 3 und 10 Prozent drin sind, kannst du in einer neuen Position bis zu 20 Prozent mehr erzielen.

Finanzen und Steuern II

Von Steuererklärungen und Gehaltszetteln

Herzlich willkommen beim Schreckensthema Nummer 1: der Steuererklärung. Ein Buch mit sieben Siegeln, das viele vor sich herschieben. Doch wie bereits unsere Expertin Franziska erwähnt hat (siehe Seite 99), ist die Steuerklärung eigentlich gar nicht so schwierig. Damit du deinen Gehaltszettel und die vielen verschiedenen Zahlen und Beträge darauf identifizieren kannst, schauen wir uns auch die Gehaltsabrechnung etwas genauer an.

Was ist eigentlich eine Steuererklärung?

Wahrscheinlich ist dir der Begriff »Steuererklärung« schon in unterschiedlichen Zusammenhängen untergekommen. Und du weißt wohl auch, worum es sich handelt, doch um ganz sicherzugehen, eine kurze Erklärung dazu. In der Steuererklärung geben Unternehmen, Selbstständige, aber auch Arbeitnehmer:innen Auskunft über ihre finanziellen Verhältnisse. Die Einnahmen, aber auch bestimmte Ausgaben werden angeführt. Der Fiskus – so wird der staatliche Finanzapparat genannt – kann an den Berechnungen erkennen, ob ausreichend, zu viel oder zu wenig Steuern bezahlt wurden. Und je nachdem kannst du mit einer Rückzahlung rechnen oder musst eventuell Steuern nachzahlen.

Wer muss/sollte eine Steuererklärung abgeben?

In Deutschland leben etwa 82 Millionen Menschen, 46 Millionen davon sind Steuerzahler. Doch nur die Hälfte muss verpflichtend eine Steuererklärung abgeben. Dazu zählen Selbstständige, Gewerbetreibende oder Landwirte. Sie müssen ihre unternehmerischen Steuererklärungen zudem elektronisch authentifiziert übermitteln. Wenn der Fiskus davon ausgeht, dass ihm noch Steuern zustehen könnten, dann gilt die Pflichtveranlagung.

Es gibt auch Menschen, die keine Steuererklärung abgeben müssen. Wenn du zum Beispiel nur einen Minijob hast, fällst du unter die Freibetragsgrenze, was dich von der Erklärungspflicht freistellt. Dieser Freibetrag lag im Jahr 2022 bei 10.347 Euro für Singles und 20.694 Euro für verheiratete Paare beziehungsweise eingetragene Lebenspartner:innen. Auch die meisten Arbeitnehmenden müssen theoretisch keine Steuererklärung abgeben, da bereits mit der Einkommensteuer des Gehalts ihr Steuersoll erfüllt ist. Wer sich also nicht zwingend damit auseinandersetzen möchte, muss es nicht.

Es gibt allerdings auch Fälle, in denen auch Arbeitnehmende verpflichtet sind, eine Steuererklärung abzugeben. Wir haben dir im Folgenden noch einmal aufgelistet, welche Kriterien ausschlaggebend für deine Steuererklärung sind:

- Du hast neben deinem Einkommen mehr als 410 Euro an anderen Einkünften erhalten (zum Beispiel ehrenamtliche Tätigkeit nach Abzug der Pauschale, Vermietung oder Renten).
- Du hast neben deinem Einkommen mehr als 410 Euro Lohnersatzleistungen erhalten (zum Beispiel Arbeitslosengeld, Krankengeld oder Kurzarbeitergeld).
- Du bekommst im Kalenderjahr gleichzeitig von mehreren Arbeitgebern Arbeitslohn – also ein Lohn wird nach Lohnsteuerklasse VI abgerechnet.
- Du bist verheiratet und ihr habt beide Arbeitslohn erhalten, wobei eine Person mit Steuerklasse V oder VI besteuert wurde, oder ihr habt die Steuerklasse IV mit Faktor. (Mit dem sogenannten Faktorverfahren können gemeinsam veranlagte Paare oder eingetragene Lebensgemeinschaften den Lohnsteueranteil automatisch so verteilen, dass jeder den Lohnsteueranteil zahlt, den er am gemeinsamen Einkommen hat, und nicht etwa eine individuelle Lohnsteuer.)
- Du hast einen Freibetrag zum Beispiel für Fahrtkosten eintragen lassen und verdienst als Arbeitnehmer:in mehr als 12.550 Euro (2022) bzw. mehr als 23.900 Euro bei zusammen veranlagten Ehepaaren.
- Du hast eine Entschädigungszahlung (zum Beispiel Abfindung) oder eine Einmalzahlung als Vergütung für eine mehrjährige Tätigkeit bekommen, die ermäßigt besteuert wurde.
- Bei dir lag ein Arbeitgeberwechsel vor und die Lohnsteuer für einen sonstigen Bezug wurde ohne das vorherige Gehalt berechnet (»S« in der Lohnsteuerbescheinigung in der Zeile »Großbuchstaben«).
- Du hast einen Verlustvortrag aus den Vorjahren.

- Du hattest Kapitalerträge, auf die keine Abgeltungsteuer abgeführt wurde.
- Du wurdest vom Finanzamt zur Abgabe einer Steuererklärung aufgefordert.[40]

Durchschnittlich bekommen neun von zehn Personen durch die Steuererklärung Geld vom Staat zurück. Gerade wenn du ein niedriges Einkommen oder hohe Ausgaben hast, ist es sinnvoll, eine Steuererklärung zu erstellen. In den meisten Fällen gibt es dann nämlich eine Steuererstattung. Das heißt, wenn du deine Erklärung nicht an das Finanzamt übermittelst, schenkst du dem Staat unter Umständen dein Geld.

Gut zu wissen: Nur weil du einmal als Angestellter freiwillig eine Steuererklärung abgegeben hast, musst du das in den Folgejahren nicht auch tun. Du allein entscheidest, ob du eine Steuererklärung erstellen möchtest.

Bis wann muss eine Steuererklärung abgegeben werden?

Jeder, der verpflichtet ist, eine Steuererklärung abzugeben, muss dies innerhalb der gesetzlichen Fristen tun. Das geht ganz leicht über das Elster-Portal. Hier kannst du mittlerweile deine Steuererklärung online ausfüllen und einreichen. Die Frist ist regulär der 31. Mai des Folgejahres. Wenn du Unterstützung eines Steuerberaters in Anspruch nimmst, gibt es eine verlängerte Frist. Lässt du zum Beispiel deine Steuererklärung von 2022 vom Steuerberater machen, hat dieser bis zum 31.Juli 2024 dafür Zeit.

Solltest du deine Steuererklärung nicht rechtzeitig fertigbekommen, hast du die Möglichkeit, beim Finanzamt schriftlich eine Fristverlängerung zu beantragen. Dabei musst du deinen Antrag begründen und einen neuen Termin nennen. Triftige Gründe für eine Fristverlängerung können etwa fehlende Belege, ein Umzug oder eine längere Krankheit sein. Vergiss nicht, das Finanzamt um eine Bestätigung der Fristverlängerung zu bitten. Du musst dir dabei allerdings bewusst sein, dass die Fristverlängerung eine Kulanzentscheidung ist, du hast also keinen Anspruch darauf. Erfahrungsgemäß wird sie jedoch gewährt.

Wenn trotz allem deine Steuererklärung verspätet beim Finanzamt eintrifft, musst du mit einem Verspätungszuschlag rechnen. Dieser beträgt normalerweise 0,25 Prozent der zu zahlenden Steuer, aber mindestens 25 Euro für jeden angefangenen Monat der Versäumnis.

Wer eine freiwillige Steuererklärung abgibt, kann dies bis zu vier Jahre nachträglich tun. Du kannst dir also im Jahr 2023 immer noch die Ausgaben für 2019 zurückholen.

Wie kannst du deine Steuererklärung abgeben?

Mittlerweile gibt es viele Möglichkeiten, eine Steuererklärung zu erstellen. Vom Steuerberater über hilfreiche Apps, die dich spielerisch durch den Prozess führen, hin zur Onlinevariante von Elster, dem Programm zur Steuererklärung der deutschen Steuerverwaltung. Hier musst du dich registrieren und erhältst im Anschluss postalisch eine Zertifikatsdatei. Du benötigst entweder diese Datei oder musst die Verifizierungsfunktion über deinen Personalausweis nutzen. Während bei den Services von Steuerberater und den Apps unterschiedliche Kosten anfallen können, kannst du bei Elster deine Erklärung komplett kostenlos online ausfüllen und auch abschicken.

Welche Steuerklassen gibt es?

Wie viel Steuern du zahlen musst, hängt natürlich von deinem Einkommen, aber auch von deiner Steuerklasse ab. In Deutschland gibt es sechs unterschiedliche Steuerklassen für verschiedene Lebenssituationen. Diese gelten auch für Schüler und Studierende mit den jeweiligen Merkmalen:

- Steuerklasse 1: Singles
- Steuerklasse 2: Alleinerziehende
- Steuerklasse 3: verheiratet und ein:e Schwerverdiener:in
- Steuerklasse 4: verheiratet und der Standardfall
- Steuerklasse 4 mit Faktor: verheiratet mit fairem Ausgleich (Hier werden die unterschiedlich hohen Einkommen der Verheirateten berücksichtigt. Aber eben fairer als bei der Steuerklasse 3 mit einem Verhältnis 3/5. Beim fairen Ausgleich ermittelt das Finanzamt für beide Eheleute anhand ihres erwarteten Einkommens einen Faktor. Danach werden die Gehälter entsprechend versteuert.)
- Steuerklasse 5: verheiratet und Geringverdiener
- Steuerklasse 6: Zweitjob (zwei Minijobs)

Solltest du dir nicht sicher sein, in welcher Steuerklasse du dich befindest, kannst du das aus einem Lohnnachweis herauslesen.

Grundsätzlich gilt: Ab einem Verdienst von mehr als 9984 Euro im Jahr bist du steuerpflichtig. Solltest du also nur einen Minijob (520 Euro im Monat) ausüben, bist du nicht steuerpflichtig. Wenn du zwei Minijobs hast und dein Einkommen den Betrag übersteigt, bist du steuerpflichtig.

So machst du deine Steuererklärung

Für deine Steuererklärung benötigst du folgende Dokumente und Informationen:

Persönliche Informationen:

- Deine persönliche Steueridentifikationsnummer. Diese findest du auf Abrechnungen von Nebenjobs o. Ä. Solltest du sie nicht haben, kannst du eine Info zu deiner Steuernummer unter bzst.de beantragen.
- Deine Bankverbindung
- Deine elektronische Lohnbescheinigung

Unterlagen rund um die Arbeit:

- Übersicht Fahrtkosten Wohnort zum Arbeitsplatz: Entfernung, Fortbewegungsmittel (Auto, ÖPNV, Fahrrad), Anzahl der Arbeitstage
- Beiträge für Gewerkschaften oder Berufsverbände
- Rechnungen für Arbeitsmittel und/oder Berufsbekleidung
- Rechnungen/Nachweise für berufliche Nutzung des privaten Telefons
- Rechnung/Nachweise für berufliche Nutzung des privaten Internets (Homeoffice)
- Fortbildungskosten: Kosten für Seminare, Fahrtkosten, Lernmaterialien etc.
- Bewerbungskosten: Fahrtkosten, Bewerbungsfotos
- Bei doppelter Haushaltsführung: Nachweise über Fahrtkosten etc.

Versicherungen:

- Beiträge zur privaten Rentenversicherung/Altersvorsorgebeiträge (Riester-Rente)
- Beiträge zur Lebensversicherung/Risikolebensversicherung
- Bescheinigung über Beiträge der Krankenversicherung (wenn die Angaben nicht über die Lohnsteuerbescheinigung aufgelistet sind)
- Bescheinigung über Beiträge zur Pflegeversicherung (wenn die Angaben nicht über die Lohnsteuerbescheinigung aufgelistet sind)

- Bescheinigung über Beiträge zu Unfallversicherungen
- Bescheinigung über Beiträge zu Haftpflichtversicherunge

Weitere möglicherweise wichtige Dokumente:

- Belege zu Steuerberatungskosten (z.B. WISO Steuer, Taxfix etc.)
- Bescheinigung über vermögenswirksame Leistungen. (Unter vermögenswirksamen Leistungen – VL oder VwL – ist zusätzliches Geld vom Arbeitgeber gemeint, das du zum Vermögensaufbau nutzen kannst und solltest. Der maximale Betrag ist 40 Euro im Monat. Diesen kannst du unterschiedlich anlegen. Sprich das am besten direkt mit deine:r Arbeitgeber:in ab.)
- Nachweise über Fehlzeiten aufgrund von Arbeitslosigkeit, Schwangerschaft, Mutterschutz oder Krankheit
- Leistungsbescheide und Mitteilungen über geleistete Zahlungen der Bundesagentur für Arbeit oder der Krankenkasse
- Nachweise über Gesundheitskosten (Zahnarzt, Physiotherapie etc.)
- Quittungen für Zuzahlungen bei Brillen
- Übersicht zu Zuzahlungen bei ärztlich verordneten Medikamenten
- Rechnungen und Überweisungsnachweise bei haushaltsnahen Dienstleistungen. Diese gibt es bei Mietwohnungen oftmals im Rahmen der Nebenkostenabrechnung. Dazu gehören zum Beispiel der Hausmeister oder der Winterdienst.

Nutze am besten einen Ordner oder eine Box, in der du über das Jahr hinweg alle Quittungen und Belege für deine Steuererklärung sammelst. Dann musst du, wenn es losgeht, nicht lange suchen.

Programme, die dir bei deiner Steuererklärung helfen können

Steuersparerklärung Plus
WISO-Steuersparbuch
Smartsteuer
Taxfix
Steuerbot
Quicksteuer

Was du aus deinem Gehaltszettel ablesen kannst

Du hast einen Monat lang fleißig gearbeitet und bekommst nun deine erste Gehaltsabrechnung. Diese kann physisch an deine Adresse geschickt werden, auf deinem Schreibtisch landen oder dir digital über verschiedene Personalsoftwareanbieter zugestellt werden. Wunderbar – doch was bedeuten die ganzen Zahlen, Vermerke und Abkürzungen, die du darauf findest? Und ist es überhaupt ein Gehaltszettel und nicht etwa ein Lohnzettel?

Erst einmal zur Unterscheidung von Gehalt und Lohn. Eine Gehaltsabrechnung ist jeden Monat gleich. Du hast wahrscheinlich vor Vertragsunterzeichnung ein festes Jahres- oder Monatsgehalt verhandelt. Hier variieren die Beträge nur, wenn es Sonderzahlungen (Beispiel Energiekostenpauschale), Bonuszahlungen oder Rückzahlungen für Auslagen (Reisekosten etc.) gibt. Der Lohn im Gegensatz dazu errechnet sich anhand der tatsächlich gearbeiteten Stunden, die du dann auch auf dem Lohnzettel nachvollziehen kannst. Das kommt oft im Schichtbetrieb vor – denn hier ändern sich die Stundensätze je nach Arbeitszeit (Nachtzuschlag) oder auch nach den Tagen selbst (Sonn- und Feiertage). Deshalb gibt es keinen festgelegten Betrag, sondern er wird anhand der geleisteten Stunden und zugehörigen Zuschläge berechnet.

Der Gehaltszettel
Folgende Angaben kannst du aus der Übersicht auf der nächsten Seite ablesen:

1 – Arbeitnehmer:innendaten: Hier findest du alle persönlichen Daten wie Personalnummer des Arbeitgebers, Geburtsdatum, Steuerklasse, Krankenkasse und nicht zuletzt deine Sozialversicherungsnummer.

2 – Übersicht Arbeits- und Urlaubszeit: Hier sind Informationen zu Anwesenheits- und Fehlzeiten gesammelt. Außerdem sind auch deine Urlaubstage festgehalten. An diesen Tagen werden dir dein Lohn oder Gehalt weitergezahlt, da dir diese freien Tage gesetzlich zustehen.

3 – Adressfeld: Als Absender steht oben dein Arbeitgeber inklusive Adresse. In größerer Schrift bist du als Adressat:in mit deinem Namen und deiner privaten Adresse angegeben.

1

QGA/ QG 129132/1003/5
21.07.2021 Blatt 1

Abrechnung der Brutto/Netto-Bezüge für **Juli 2021**

Personal Nr.	Geburtsdatum	StKl	Faktor	Kl.Frbtr.	Konfession	Freibetrag jährl. [1]	Freibetrag mtl. [1]	DBA	Midijob	St-Tg. - 30	St-Tg.	VJ Url. üb	Url. Anspr.	Url. Tg. gen.	Resturlaub
-00014	05.01.96	1									30	24	24		48

SV-Nummer	Krankenkasse	KK % - [10,1]	PGRS	BGRS	SV-Tg.	Anw. Tage	Urlaub Tage	Krankh. Tg.	Fehlz. Tage
2305 0169K011	Musterkrankenkasse		10	1111	UM – 1 – 27				

Eintritt	Austritt	Anw. Std.	Url. Std.	Krankh. Std.	Fehlz. Std.
010621					

Steuer-ID	MFB 7	Zeitlohn Std.	Überstd.	Bez. Std.
32201459786				

2

Musterfirma
Musterstraße 7
3 12345 Musterstadt

Personalnummer
B/N U02 11237

Maximiliane Musterfrau
Musterstaße 1
12345 Musterort

Hinweise zur Abrechnung
Wöch.Arb.Zt. 37.50 **Kostenst.** 1000
Std. lohn 1 13.50 — 4

Unterbrechung: 11. – 20. 07.2021
Kranken(tage)geld bei Krankheit/Kur

Brutto-Bezüge

	Lohnart	Bezeichnung	Einheit [2]	Menge [3]	Faktor [3]	Prozensatz	St. [4]	SV [4]	GB [4]	Betrag
	200	Lohn/Gehalt					L	L	J	2.653,84
	203	Sonstiger Bezug JT					S	E	J	1.000,00
5	911	Betr.AV.AN.lfd.ST-frei					F	F	N	50,00
	914	Betr.AV.AN. lfd. Geh. Ver					L	L	N	50,00-

Gesamt-Brutto 3.653,84 — 13

Steuer/Sozialversicherung

	ST [4]	Steuer-Brutto	Lohnsteuer	Kirchensteuer	Solidaritätszuschlag	Steuerrechtliche Abzüge
6	L	2.603,84	359,91		19,79	379,70
	L	1.000,00	221,00		12,15	233,15

Steuer/Sozialversicherung

SV [4]	KV-Brutto	RV-Brutto	AV-Brutto	PV-Brutto	KV-Beitrag	RV-Beitrag	AV-Beitrag	PV-Beitrag [8]	SV-rechtliche Abzüge
L	2.603,84	2.603,84	2.603,84	2.603,84	213,51	246,06	39,06 Z	33,20	531,83
L	1.000,00	1.000,00	1.000,00	1.000,00	82,00	94,50	15,00 Z	12,75	204,25

Netto-Verdienst 2304,91

Verdienstbescheinigung

	Gesamt-Brutto	8.961,52	SV-Brutto	8.811,52
	Steuer-Brutto	8.811,52	KV-Beitrag	722,53
	Lohnsteuer	1.300,73	RV-Beitrag	832,53
11	Kirchensteuer	-	AV-Beitrag	132,18
	Solidaritätszuschlag	71,52	PV-Beitrag	112,35
	Steuerfreie Bezüge	15,00	VWL gesamt	-
	P.Vers.Zuk.sich	-	Kug.-Auszahlung	-
	Pfändung Rest	-		-
	Darlehen Rest	-		-

Netto-Bezüge/Netto-Abzüge

Lohnart	Bezeichnung	Betrag
01	Pensionskasse	50,00 -

		SV-AG-Anteil	Zus.Ag-Kosten	Zus.Ag-Kosten	Gesamtkosten	Auszahlungsbetrag
9	Bank: 11111111 Musterbank					
	Konto: 2134567890	694,64	5,41	5,41	4.353,89	2.254,91

12
1 H = Hinzurechnungsbetrag
2 Std = Stunden, T = Tage, KM = Kilometer, St = Stück, EUR = Euro, Tsd. = Tausend Euro, Mio = Million Euro
3 Gegebenenfalls Netto-Lohn / Netto-Stundenlohn
4 L = Laufender Bezug, S = Sonstiger Bezug, F = Frei, E = Einmalbezug, P = Pauschalierung, A = Abfindung, M = Mehrjährige Versteuerung, N = Nachberechnung, V = Vorjahr, W = Entgeltguthaben
5 J = Bestandteil des Gesamtbruttos
6 Z = Einschl. Beitragszuschlag zur PV für Kinderlose
7 MFB = Mehrfachbeschäftigung
8 Maßgeblicher Beitragssatz zur KV inkl. Zusatzbeitrag

AFP Form.-Nr. LNGN14

- Dies ist eine Entgeltbescheinigung nach §108 Abs. 3 Satz 1 der Gewerbeordnung -

DATEV

7 10 8

4 – Hinweise zur Abrechnung: weitere Informationen zur wöchentlichen Arbeitszeit, zum Stundenlohn oder auch zur Kostenstelle. Hier können außerdem Unterbrechungen bei Krankheit oder Elternzeit notiert werden.

5 – Bruttobezüge: alle Angaben, wie sich dein monatlicher Lohn bzw. dein Gehalt zusammensetzt. Mögliche Faktoren, die hier gelistet werden, sind Urlaubsgeld, Feiertagslohn oder der ganz reguläre Stundenlohn. Zu den Bezügen gibt es Infos zur Steuer- und Sozialversicherungspflicht. Einzelbeträge, die in der Spalte »GB« mit einem »J« gekennzeichnet sind, fließen ins Gesamtbrutto mit ein, mit »N« versehene Einzelbeträge nicht.

6 – Steuer & Sozialversicherung: Von deinem Bruttogehalt/-lohn werden noch verschiedene Steuern und Versicherungen abgezogen. Diese findest du hier aufgelistet. Dazu gehören die gesetzlichen Abzüge wie Lohnsteuer, Kirchensteuer und Solidaritätszuschlag. Hinzu kommen die verschiedenen Sozialversicherungen: Kranken-, Pflege-, Renten- und Arbeitslosenversicherungen gehören hier dazu. Diese werden teilweise von deinem Arbeitgeber bezahlt.

7 – Nettobezüge/Nettoabzüge: Die hier aufgeführten Beträge wirken sich auf deinen Nettoverdienst aus. Sie können diesen je nach Art verkleinern oder vergrößern. Das Nettogehalt ist das Arbeitsentgelt, das nach allen Abzügen übrig bleibt und dir auf dein Konto überwiesen wird.

8 – Auszahlungsbetrag: Hier findest du den Betrag, den du als Arbeitsentgelt für den jeweiligen Monat erhältst.

9 – Bankverbindung: Auf dieses Konto wird der Auszahlungsbetrag überwiesen.

10 – Gesamtkosten des Arbeitgebers: An dieser Stelle können die Gesamtkosten für den Arbeitgeber dargestellt werden. Ob das geschieht, entscheiden die Unternehmen unterschiedlich. Der hier aufgeführte Betrag enthält die Bruttobezüge des Arbeitnehmers sowie die Lohnnebenkosten, zum Beispiel den Arbeitgeberanteil zur Sozialversicherung. Auch weitere Kosten für Krankenkassen- oder Umlagebeiträge für den Arbeitnehmer sind inkludiert.

11 – Verdienstbescheinigung: In diesem Feld findest du deinen kompletten Bruttoverdienst und die gesetzlichen Abzüge aus dem aktuellen Kalenderjahr. Diese Bescheinigung brauchst du, um zum Beispiel einen Kredit bei der Bank zu beantragen.

12 – Erläuterungen: An dieser Stelle stehen Erläuterungen zu den Abkürzungen im Formular sowie die gesetzlich vorgeschriebenen Pflichtangaben.

13 – Betriebliche Altersvorsorge (bAV): Die betriebliche Altersvorsorge umfasst im Allgemeinen alle finanziellen Leistungen, die ein:e Arbeitgeber:in seinem/seiner Arbeitnehmer:in zur Altersvorsorge bezahlt. Dieser Betrag wird seit Juni 2013 auf dem Gehaltszettel dargestellt. Diesen findest du unter Bruttobezüge. Die Abkürzung »Betr. AV.AN lfd.ST-frei« zeigt die Summe, die der Arbeitnehmende selbst steuerfrei in die bAV einzahlt. Hier sind dies 50 Euro. Es kann auch sein, dass dieser Betrag noch vom Arbeitgeber aufgestockt wird. Der Betrag wird im Regelfall unter »Betr. AV.AG lfd.ST-frei« eingefügt. Im Gesamtbrutto wird angezeigt, wie hoch dein Einkommen ohne die bAV ist, im Steuerbrutto ist er abgezogen. Du bezahlst deine Sozialversicherungsabgaben sowie weitere Steuern nur auf das Steuerbrutto. Deshalb wirkt sich der Betrag, den du in deine bAV einzahlst, oft nur geringfügig auf deinen Nettoverdienst aus.

Arbeitsdokumente

Es gibt keine gesetzliche Regelung, wie lange du Gehalts-/Lohnnachweise aufbewahren musst. Allerdings empfehlen wir dir, diese Dokumente dein Leben lang aufzuheben. Zum einen bleibt für dich so alles nachvollziehbar, zum anderen dienen sie als Grundlage und Nachweis für deine Rentenberechnung.

Leg dir am besten einen Ordner für alle deine wichtigen Arbeitsdokumente an. Mit einem Verzeichnis bringst du ganz einfach Ordnung hinein – und dein Zukunfts-Ich dankt es dir. Eine sinnvolle Gliederung haben wir dir hier als Vorschlag aufbereitet:

- Arbeitsvertrag/Arbeitsverträge sowie Vertragsänderungen (Gehaltsanpassung, Arbeitszeit o. Ä.)
- Nachweise zur Sozialversicherung (sehr wichtig!)
- Gehaltsnachweise

Beziehungen und Gefühle II

Lebensphasen

Wir leben in einer sogenannten Aufmerksamkeitsökonomie. Unsere Aufmerksamkeit ist vor dem Hintergrund eines nicht mehr überschaubaren und vor allem frei zugänglichen Informations-, Produkt- und Unterhaltungsangebotes zu einem wichtigen Gut geworden. Der Kampf von Unternehmen und Medien um unsere Aufmerksamkeit wird daher entsprechend hart geführt, ohne Rücksicht auf Verluste. Und die gibt es, zum Beispiel in unseren Beziehungen, für die wir immer weniger Zeit zu haben scheinen.

Welche Beziehungen bestimmen dein Leben?

2020 hat die Statistik- und Forschungsplattform Our World in Data untersucht, wie viel Zeit Menschen mit anderen Personengruppen verbringen: mit der Familie, mit Freund:innen, mit Partner:innen, mit Arbeitskolleg:innen und mit Kindern. Außerdem ermittelten sie, wie viel Zeit Menschen in ihrem Leben allein sind.[41] Dazu findest du im Folgenden grafische Darstellungen, die die gewonnenen Erkenntnisse erläutern.

Die Forscher fanden heraus, wann welche Beziehungen im Leben normalerweise von besonderer Bedeutung sind. Ab einem Alter von 30 Jahren zum Beispiel verbringst du signifikant weniger Zeit mit deiner Familie – logisch, wenn du von zu Hause ausgezogen bist – und mit Freunden. An deren Stelle treten dann Partner:innen oder Arbeitskolleg:innen. Mit diesen beiden Personengruppen wirst du circa 25 bis 30 Jahre lang etwa gleich viel Zeit verbringen.

Solltest du Kinder bekommen, sind sie es, die fortan für ungefähr 20 Jahre sehr viel deiner Zeit beanspruchen. Zeit, die dir für deine:n Partner:in, Freundschaften oder deine Restfamilie fehlen wird, wenn es dir nicht gelingt, aus dem derzeit gelebten gesellschaftlichen Lifestyle auszubrechen. Ein Graph, der beim ersten Anblick besonders schmerzt, ist derjenige mit der Zeit, die du allein bist. Spätestens ab einem Alter von 40 Jahren steigt die Kurve kontinuierlich an. Wie verbringst du deine Zeit?

Zeit, die wir mit der Familie verbringen

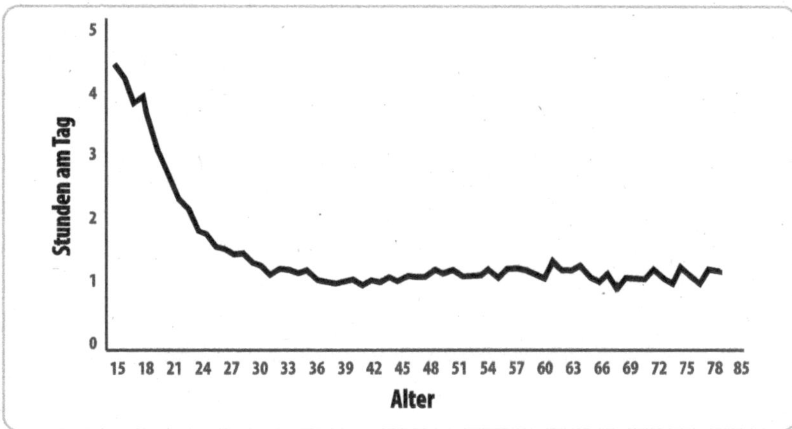

Zeit, die wir mit Freunden verbringen

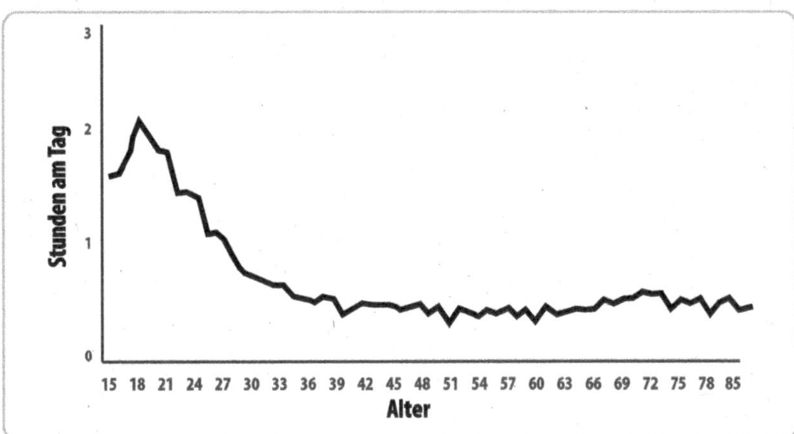

Zeit, die wir mit Kolleg:innen verbringen

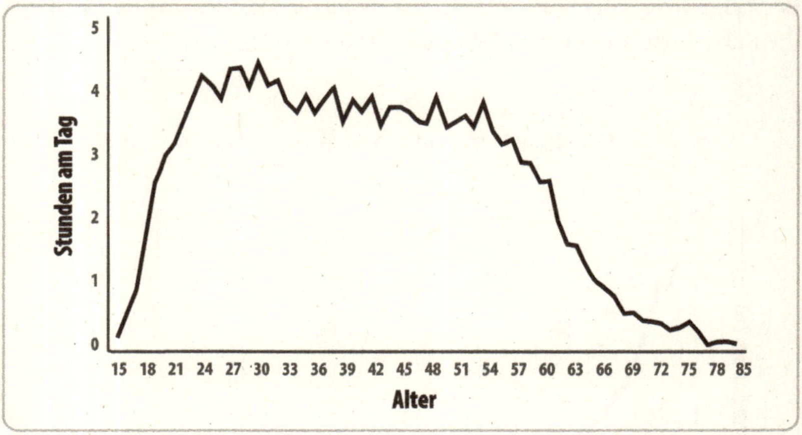

Zeit, die wir mit Partner:innen verbringen

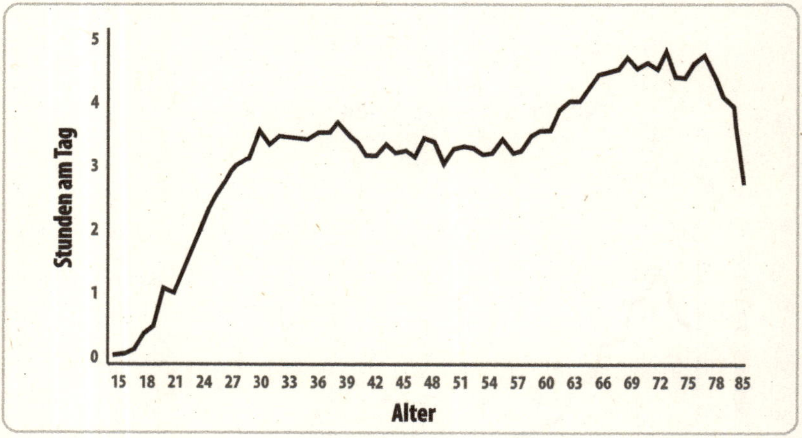

Zeit, die wir mit unseren Kindern verbringen

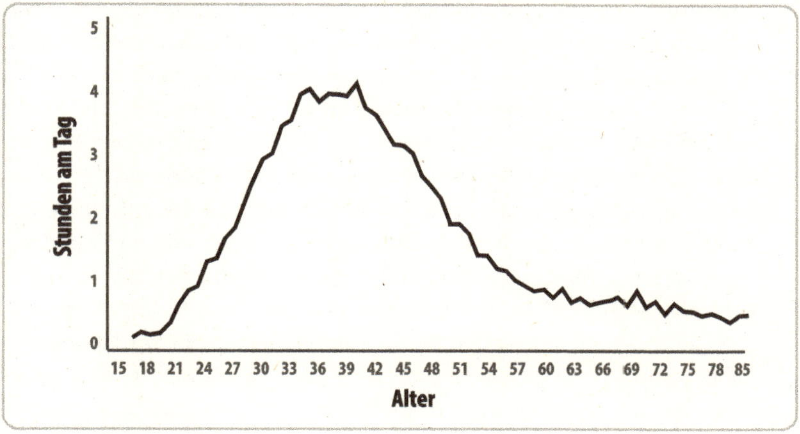

Zeit, die wir alleine verbringen

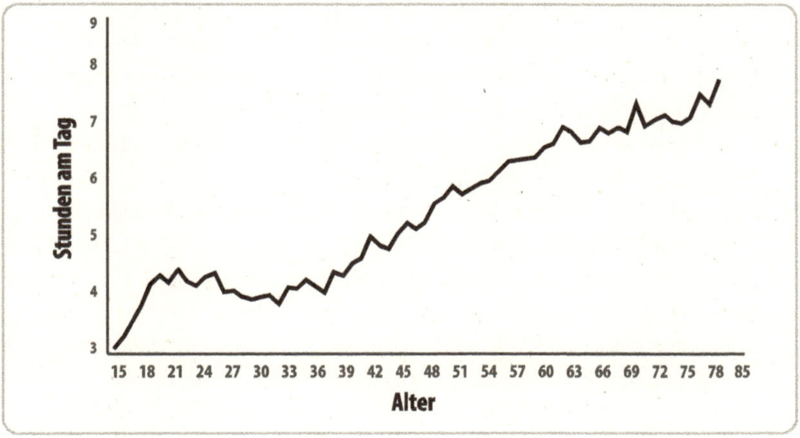

Was folgt aus diesen Graphen?

1. Diese Graphen sind eine Aufgabe. Sie sind nicht in Stein gemeißelt, sondern spiegeln unseren aktuellen Lifestyle und unser gesellschaftliches Miteinander wider. Wir performen eben immer noch wie wild im Job und schieben Überstunden trotz Familie. Wir geben für den Job unsere Hobbys auf oder die ehrenamtliche Arbeit in Vereinen. Wir können diese Graphen aber ändern, wenn wir es wollen und die richtigen Ideen haben und umsetzen. Etwa wenn es um die Zeit mit Freund:innen und Familie geht oder aber um die Zeit allein im Alter. Wie wichtig diese Aufgabe ist, erfährst du im Kapitel Psychologie III, in dem es darum geht, was Menschen am Ende ihres Lebens bereuen. In demselben Kapitel wird es auch um das Thema Konsequenz gehen. Sie wird in deinem Leben zu jeder Zeit eine sehr wichtige Rolle spielen. Klar ist es leichter, wenn der Gesetzgeber den Unternehmen Vorgaben macht, wie Eltern Familie und Beruf leichter unter einen Hut bringen können. Der Druck auf die Politik muss jedoch von dir kommen. Du solltest dir, wenn du merkst, dass dir für die wichtigen Dinge im Leben nicht genügend Zeit bleibt, überlegen, wie du das ändern kannst.
2. Versuche, dir vor allem Zeit für deine Familie und deine Freunde zu nehmen. In der Regel sparen wir bei ihnen am leichtesten Zeit ein, weil wir denken, dass sie es verstehen und uns nicht böse sind. Der Gedanke ist grundsätzlich richtig. Die Zeit, die du hier opferst, ist dennoch verloren und lässt sich im Alter nur schwer kompensieren.
3. Unterschätze niemals den Zeitaufwand, eine Familie zu gründen. (Siehe dazu das nächste Kapitel.)
4. Don't work for assholes. Don't work with assholes. Wir haben es bereits im Kapitel »Beziehungen und Gefühle I« geschrieben: Überlege dir gut, wo und mit wem du arbeitest. Dein Job beansprucht sehr viel Zeit, die du zu großen Teilen mit deinen Arbeitskolleg:innen verbringen wirst. Wenn das Zusammensein nicht passt und du alle Möglichkeiten ausgeschöpft hast, die Situation zu verbessern – zieh die Reißleine.

Wann ist der beste Zeitpunkt, um eine Familie zu gründen?

Die gute Nachricht zuerst: Es gibt nicht den einen richtigen Zeitpunkt, um eine Familie zu gründen. Du kannst also nicht so viel falsch machen. Du wirst während des Studiums Mutter oder Vater? Kein Problem. Das macht das Studium nicht einfacher, im Gegenteil. Aber was, wenn du bis nach dem Studium wartest? Ist das wirklich besser? Solltest du eine Familie lieber erst mit 30 gründen? In einer Zeit, in der du deine ersten Erfahrungen im Job gesammelt hast und dich für höhere Positionen auf der Karriereleiter empfiehlst? Dann doch lieber noch ein bisschen warten, oder? Kinder mit 35 – das muss doch der richtige Zeitpunkt sein?! Im Job hast du ein festes Fundament gelegt, dein Einkommen sollte einigermaßen stimmen. Das Problem: Kannst du dir jetzt wirklich Zeit für die Familie nehmen? Bist du in der Lage, dich für ein, zwei oder vielleicht sogar drei Jahre komplett aus dem Job zu verabschieden und danach in Teilzeit zu arbeiten? Und wenn du noch ein bisschen wartest? Schließlich ist es heutzutage kein Problem mehr, später mit einer Familie zu starten, oder?

Betrachten wir das Thema Familiengründung noch aus einer anderen Perspektive. Perspektivenwechsel helfen uns schließlich dabei, Situationen besser zu verstehen. Was zeigt sich, wenn wir das Thema Familiengründung nicht vom Anfang, sondern vom Ende her betrachten? Also von dem Moment an, an dem Paare mit Kindern sich trennen. Und das sind nicht wenige. Mehr als die Hälfte der Paare, die sich scheiden lassen, haben minderjährige Kinder. 2021 gab es in Deutschland 142.751 Scheidungen, davon 73.467 Scheidungen von Paaren mit Kindern unter acht Jahren.[42] Insgesamt waren 121.777 Kinder Scheidungskinder. In der Regel gilt das erste Kind als Belastungsprobe für Paare, die viele bereits nicht mehr meistern. Das zweite Kind ist dann oft der Knackpunkt, der zur Trennung führt. Doch bevor das Ganze hier in eine negative Richtung abdriftet: Diese Statistik hat nichts mit Kindern oder Familie an sich zu tun. Kinder sind großartig und niemals ein Problem. Der hohe Scheidungsdruck, den die Statistik für Paare mit Kindern ausweist, hat gesellschaftliche und kulturelle Ursachen. Also – wo liegen die Probleme?

Das wohl wichtigste Problem: Die meisten Eltern haben nicht genügend Zeit. Noch immer arbeiten bei rund 20 Prozent der Paare mit Kind beide Elternteile in Vollzeit. Damit das klappen kann, müssen Kinder zehn bis elf Stunden am Tag betreut werden (neun Stunden Arbeit plus ein bis zwei

Stunden Hin- und Rückweg zur Betreuung). Umgehen lässt sich ein solches sehr langes Betreuungsszenario nur, wenn die Eltern andere familiäre Unterstützung haben (Großeltern/Au-Pairs) oder ihre Arbeitszeiten anpassen können. Die eine beginnt früher, der andere später. Kindertagesstätten im Betrieb selbst können die Situation auch verbessern, da die Wegezeiten kürzer sind. Dennoch ist das Vollzeitmodell eine Belastung, die eigentlich nur mit größeren, selbstständigen Kindern zu stemmen ist.

Kein Wunder, dass sich 70 bis 75 Prozent der Paare für ein anderes Modell entscheiden. Es entspricht leider noch immer dem klassischen Rollenmodell: Die Mütter gehen in Teilzeit, während die Väter in Vollzeit arbeiten. Lediglich bei 5 bis 7 Prozent der Paare sind beide Elternteile in Teilzeit oder aber die Mütter in Vollzeit und die Väter in Teilzeit.

Das Vater-in-Vollzeit-Mutter-in-Teilzeit-Modell sorgt zwar für eine spürbare Entlastung der Betreuungssituation, es verlagert jedoch die Care-Arbeit hin zu einem Elternteil, in der Regel den Müttern. Diese Tatsache wirkt sich nicht nur auf die späteren Karrieremöglichkeiten aus, sondern sehr viel später auch auf das Thema Rente. Frauen sind daher stärker von Altersarmut betroffen als Männer. Frauen stecken jedoch nicht nur finanziell zurück, sie bezahlen die nicht bezahlte Mehrarbeit für die Familie sogar gesundheitlich. So sind laut diversen Studien Mütter deutlich gestresster als Väter.

Doch wo liegen die Gründe dafür? Vor allem Müttern gelingt es oft nicht, sich von zu hohen Erwartungen zu befreien, den eigenen und den gesellschaftlichen. Sie versuchen, alles perfekt zu machen. Nur fehlt dafür eben die Zeit. Für dieses Phänomen gibt es mittlerweile sogar einen eigenen Begriff: Mental Load. Damit wird die psychische Belastung bezeichnet, die durch das permanente Organisieren von alltäglichen Dingen oder das Denken an alltägliche Dinge hervorgerufen werden kann. Wenn wir schreiben: »Vor allem Müttern gelingt es oft nicht, sich von zu hohen Erwartungen zu befreien, den eigenen und den gesellschaftlichen«, dann heißt das nicht, dass Mütter hier eine Schuld trifft. Es reicht nicht, sich hinzustellen und zu sagen: Dann sollen sie ihre Erwartungen halt herunterschrauben. Mütter brauchen Unterstützung. Die ihres Partners, die ihrer Familie, die ihrer Freund:innen und Arbeitskolleg :innen. Mütter müssen die Bestätigung bekommen, dass sie nicht perfekt sein müssen und dass nicht alle Verantwortung auf ihren Schultern lastet. Nur wie soll das funktionieren, wenn sich die Mehrheit der Paare vor der Geburt des ersten Kindes zwar wünscht und verabredet, die Erwerbstätigkeit und die Care-Arbeit gleichberechtigt aufzuteilen, die große Mehrheit dann aber eben doch wieder beim klassischen Vater-in-Vollzeit-Mutter-in-Teilzeit-Modell landet? Und nein, wir lassen an dieser Stelle nicht das Argument gelten, dass Frauen eben aufgrund ihres Geschlechts nicht anders können, als sich um die Kinder zu kümmern. Frauen stecken zurück, weil sie – immer noch – zu nachsichtig und zu nett sind. Es ist daher wichtig, dass die Zeit, die Menschen mit ihrer Arbeit, mit ihrer Familie und sogar mit Freunden oder allein verbringen, als politisch verstanden wird. Zeit, die mit Care-Arbeit verbracht wird, fehlt woanders. Nicht nur für Freunde und Familie, sondern auch für gesellschaftliches Engagement. Wie frei wir über unsere Zeit verfügen können, hat auch etwas mit Macht zu tun. Aktuell werden Mütter und auch Väter in unserer Gesellschaft in eine Art Zeitgefängnis gesteckt, aus dem sie sich allein nur sehr schwer befreien können. Wenn wir zum Beispiel über die Vereinbarkeit von Familie und Beruf reden, dann reicht es nicht, dass ein Paar individuelle Lösungen entwickelt und sich seine Zeit untereinander aufteilt. Wir benötigen auch gesellschaftliche Anreize, wie etwa eine gemeinsame Elternteilzeit, um diese Vereinbarkeit möglich zu machen. Solange jedoch zum Beispiel alte Rollenmuster wie der Großverdiener und die Geringverdienerin immer noch steuerlich durch das Ehegattensplitting massiv gefördert werden, werden Paare, auch wenn sie das nicht wollen, immer wieder in die Zeitfalle tappen. Die Karriere und das Geldverdienen wird den Männern zur Aufgabe gemacht. Die unbezahlte Care-Arbeit nebst Teilzeitjob bleibt dagegen an den Frauen hängen. Hier hilft es dir nur, konsequent dagegen anzukämpfen und dich nicht beirren zu lassen. Mehr Zeit für dich selbst und deine Beziehungen zu Freunden und Familie zu haben und weniger Zeit im Job zu verbringen, ist nichts Falsches. Eine solche Einstellung stempelt dich nicht als Faulpelz oder als Leistungsverweigernde:n ab.

Wir haben uns auch deshalb mit Themen wie Werten, Gesellschaft und Kultur beschäftigt, weil die Wissenschaft dahinter ganz klar aufzeigt, dass wir Gesellschaft und Kultur verändern können und dürfen. Nicht müssen! Neues ist nicht automatisch besser. Aber die Stressstatistiken und Scheidungsraten in Familien mit Kindern sind alarmierend genug, um nicht mehr so weiterzumachen wie bisher. Wir sollten, um dieses Problem zu lösen, andere Arbeitszeit- und Care-Arbeitsmodelle finden. Was aber kannst du tun, wenn du eine Familie gründen willst, um nicht in die Zeitfalle zu tappen?

1. Erstell zusammen mit deine:r Partner:in einen Plan, wie ihr Arbeitszeiten und Care-Arbeit aufteilen wollt, und setzt ihn um, bevor euer Kind oder eure Kinder auf die Welt kommen. Macht euch zudem bei euren Arbeitgebern für alternative Arbeitszeitmodelle stark.
2. Werdet euch bewusst, welche finanziellen Einschränkungen für euch möglich sind. Ein Kind oder Kinder kosten Geld. Die noch immer besseren Verdienstmöglichkeiten für Männer (Thema Gender-Pay-Gap!) tragen natürlich dazu bei, Väter wieder in die Vollzeit zu locken. Allerdings ist Zeit eben auch eine wichtige Ressource, die sehr viel für euch als Familie und als Paar bewirken kann.
3. Versucht gar nicht erst, alles »perfekt« zu machen.

Job und Karriere V

Kündigung & Co.

In deinem Berufsleben wird nicht immer alles glatt laufen. Firmen können pleitegehen oder in wirtschaftliche Schwierigkeiten geraten und Mitarbeitende entlassen. Aber welche Rechte hast du im Fall einer solchen Kündigung und welche Fristen solltest du beachten?

Manchmal passt es auch einfach nicht zwischen Mitarbeitendem und Unternehmen. Ein toxischer Chef oder eine toxische Chefin, aber auch unbefriedigende Aufgaben können dir das Leben schwer machen. Wie befreist du dich aus einer solchen Situation?

Stress und zu viele Überstunden sind ebenfalls Themen, die deinen Arbeitsalltag begleiten. Umso wichtiger ist es für dich, dich genauso mit Stressmanagement auszukennen. Here we go.

Welche Kündigungsarten gibt es und wie gehst du damit um?

Eine Kündigung – aus welchem Grund auch immer – ist ein Schock, der Lähmung erzeugt. Leider kannst du dir im Fall einer Kündigung Passivität erst einmal gar nicht leisten. Doch bevor wir zu den Schritten kommen, die du unternehmen solltest, hier erst mal eine Übersicht der häufigsten Kündigungsarten. Generell werden Kündigungen in ordentliche und außerordentliche Kündigungen unterteilt.

Zu den ordentlichen Kündigungen zählen:

- Betriebsbedingte Kündigungen
- Personenbedingte Kündigungen
- Krankheitsbedingte Kündigungen
- Verhaltensbedingte Kündigungen

Als außerordentliche Kündigung wird die fristlose Kündigung aus wichtigem Grund bezeichnet. Ordentliche Kündigungen orientieren sich immer an der in deinem Arbeitsvertrag festgehaltenen Kündigungsfrist. Deine Kündigungsfrist wächst mit der Dauer deiner Beschäftigung. Nach zwei Jahren Betriebszugehörigkeit liegt sie bei einem Monat, nach zehn Jahren bei bereits vier Monaten, nach 20 Jahren bei sieben Monaten. Gekündigt wird in der Regel zum Ende des Monats.

Ordentliche Kündigungen müssen nicht begründet werden, außerordentliche Kündigungen dagegen schon.

In deiner Probezeit – sie beträgt sechs Monate – gibt es noch keinen Kündigungsschutz. Dir kann mit einer Frist von zwei Wochen gekündigt werden. Die Kündigung darf täglich ausgesprochen werden.

Schwangere, Eltern in Elternzeit, Betriebsratsmitglieder oder Menschen mit Schwerbehinderung genießen einen besonderen Kündigungsschutz.

In Betrieben mit mehr als zehn Mitarbeitenden greift das sogenannte Kündigungsschutzgesetz, in dem zum Beispiel Kündigungsfristen und -gründe geregelt sind. Dir darf dann also nicht einfach so gekündigt werden. Zudem hast du die Möglichkeit, der Kündigung zu widersprechen. In kleinen Unternehmen ist der Kündigungsschutz dagegen weniger umfassend. Einfach so oder willkürlich darf dir jedoch auch dort nicht gekündigt werden.

Abmahnungen sind ein Warnschuss deines Arbeitgebers. Eine Kündigung bedarf jedoch nicht zwingend einer Abmahnung. Lediglich bei verhaltensbedingten oder bei fristlosen Kündigungen muss dein Arbeitgeber dir die Möglichkeit geben, dein Verhalten zu korrigieren. Es sei denn, die Verstöße sind so schwerwiegend, dass eine weitere Zusammenarbeit unmöglich ist.

Eine Abfindung steht dir nur bei einer betriebsbedingten Kündigung zu. Rechnen kannst du mit einem halben Monatsgehalt für jedes Jahr im Unternehmen. Erfolgt die Kündigung nach sechs Monaten im Jahr, wird das angebrochene Jahr zur Betriebszugehörigkeit hinzugezählt.

Die Abfindungsformel:

0,5 Monatsgehälter x Y Jahre Betriebszugehörigkeit
= Höhe deiner Abfindung

Diese Formel ist nicht festgeschrieben. Du darfst gern versuchen, mehr herauszuhandeln. Vor allem wenn du das Gefühl hast, dass sich die betriebsbedingte Kündigung eigentlich vermeiden ließe. Dies könnte zum Beispiel der Fall sein, wenn du dir eine Tätigkeit in einer anderen Abteilung vorstellen kannst, in der aktuell neue Mitarbeitende gesucht werden, dir diese Stelle jedoch nicht angeboten wurde. Zudem muss bei der betriebsbedingten Kündigung die sogenannte Sozialauswahl durchgeführt werden, bei der die Kündigung unter Berücksichtigung sozialer Kriterien erfolgt. Wurde dies vergessen oder gibt es Kolleg:innen, welche die gleiche Punktzahl bei der Sozialauswahl erreicht haben, denen aber nicht gekündigt wurde, verbessert sich deine Verhandlungsposition. Oft reicht auch der Hinweis darauf, dass du deiner Kündigung widersprechen wirst, um bei den Abfindungsverhandlungen mehr zu erzielen.

Bei ordentlichen Kündigungen kannst und solltest du unverzüglich Arbeitslosengeld beantragen. Bei verhaltensbedingten und fristlosen Kündigungen hast du das Ende des Arbeitsverhältnisses selbst herbeigeführt und erhältst erst nach einer Sperre von drei Monaten Arbeitslosengeld.

Eine Kündigung ist nur wirksam, wenn sie dir in schriftlicher Briefform zugesandt wurde. Mündliche Kündigungen oder Kündigungen per Mail sind unwirksam. Sobald dir die Kündigung zugestellt wurde, läuft die Zeit für deinen Widerspruch. Sie beträgt drei Wochen. Diese Zeit gilt selbst dann, wenn die Kündigung während deines Urlaubs in deinem Briefkasten landet. Ist die Zeit verstrichen, ist die Kündigung wirksam, egal, ob sie berechtigt ist oder nicht.

Kommt es zu einer Kündigung, ist es wichtig, dass du sofort handelst und die folgenden Schritte umsetzt:

1. Informiere bei einer ordentlichen Kündigung das Arbeitsamt unverzüglich, dass du arbeitslos wirst.
2. Erkundige dich nach dem Kündigungsgrund. Auf Verlangen muss dieser dir mitgeteilt werden.
3. Setz dich – falls vorhanden – mit dem Betriebsrat in Verbindung. Er muss über jede Kündigung informiert sein und kann dir mit Rat und Tat weiterhelfen. Etwa wenn es darum geht, vielleicht doch innerhalb des Betriebes zu wechseln.
4. Leg Widerspruch gegen deine Kündigung ein, wenn du einen Fehler

Kündigungsarten		
	betriebsbedingt	personenbedingt
Gründe	Sie ist die häufigste Kündigungsart und wird immer dann ausgesprochen, wenn »dringende betriebliche Erfordernisse« deine Weiterbeschäftigung verhindern. Das können Umstrukturierungen oder aber auch finanzielle Probleme im Unternehmen sein. Du selbst hast dir nichts zuschulden kommen lassen. Eine Weiterbeschäftigung in einer anderen Abteilung des Unternehmens ist ebenfalls nicht möglich.	Bei dieser Kündigung kannst du – aus persönlichen Gründen – deiner Arbeit nicht mehr nachgehen. Etwa weil du einen Unfall hattest oder chronisch krank geworden bist.
Abmahnung?	keine Voraussetzung	keine Voraussetzung
Kündigungsschutzgesetz	Ja	Ja
Sozialauswahl	Ja	Nein
Arbeitslosengeld	Ja, ohne Sperre	Ja, ohne Sperre
Abfindung	Ja, gesetzlicher Anspruch	Nein, Verhandlungssache

entdeckst oder findest, dass die Kündigung nicht gerechtfertigt ist. Dafür brauchst du noch keinen Anwalt. In der Regel folgt auf deinen Widerspruch ein Gespräch.

5. Solltest du keine außergerichtliche Einigung hinsichtlich deiner Kündigung erzielen können, bleibt dir der Weg der Kündigungsschutzklage vor dem Arbeitsgericht. Auch diese muss innerhalb der Drei-Wochen-Frist ab Kündigung erfolgen. Solltest du Mitglied einer Gewerkschaft sein, können deren Anwälte dir hier weiterhelfen. Oft sind die Kosten dafür in deinem Mitgliedsbeitrag enthalten.

Kündigungsarten		
krankheitsbedingt	verhaltensbedingt	fristlos
Diese Form der Kündigung ist eine Unterform der personenbedingten Kündigungen. Die Hürden dafür sind jedoch sehr hoch. Sie kann bei sehr häufigen, immer wiederkehrenden längeren Krankheiten ausgesprochen werden.	Wenn du deiner Arbeit nicht so nachkommst wie vereinbart, kann eine verhaltensbedingte Kündigung ausgesprochen werden. Auch Vertrauensbrüche (zehn Packen Kopierpapier mit nach Hause nehmen) oder Störungen des Betriebsfriedens (Kolleg:innen ohrfeigen, sexuelle Belästigung, Beleidigungen) können eine derartige Kündigung nach sich ziehen.	Ist das Arbeitsverhältnis so belastet, dass eine Weiterbeschäftigung unzumutbar ist, kann fristlos gekündigt werden. Diebstahl, Betrug bei den Arbeitszeiten, Mobbing, Geheimnisverrat an die Konkurrenz oder eine besonders schwere Form der sexuellen Belästigung können solche Gründe sein.
keine Voraussetzung	Ja, muss zuvor erfolgt sein	Muss zuvor in Betracht gezogen werden
Ja	Ja	Nein
Nein	Nein	Nein
Ja, ohne Sperre	3 Monate Sperre	3 Monate Sperre
Nein, Verhandlungssache	Nein + schlechte Verhandlungsposition	Nein + schlechte Verhandlungsposition

Auch wenn du gegen die Kündigung geklagt hast, bekommst du erst einmal Arbeitslosengeld. Du kannst dir sogar einen neuen Job suchen. Je nachdem, wie der Prozess schließlich ausgeht, muss dich dein Arbeitgeber wieder einstellen, einen Vergleich schließen oder eine Abfindung bezahlen. Solltest du einen neuen Job haben, kannst du diesen, ohne Konsequenzen befürchten zu müssen, kündigen. In der Praxis wirst du nur selten in dein altes Unternehmen zurückkehren. Sehr viel wahrscheinlicher ist, dass du bei einer nicht gerechtfertigten Kündigung eine entsprechende Abfindung erhältst.

Wichtig: Eine Kündigung ist kein Beinbruch. Sie bedeutet nicht, dass du schlecht in deinem Job bist. Auch aus Kündigungen kannst du lernen. Stell dazu im Kündigungsgespräch die folgenden Fragen:

- Welche Erwartungen hatten Sie an mich?
- In welchen Bereichen sollte ich mich verbessern?
- Welche Weiterbildungen oder Positionen könnten Sie mir empfehlen, um in Zukunft die gleiche Stelle besser ausfüllen zu können?

Manchmal passt es einfach nicht. So wie du dich nicht in jeden Menschen verliebst oder jede Person zum/zur Freund:in haben willst, kann es auch zwischen dir und einem Unternehmen mal nicht funken. Bei der richtigen und ehrlichen Aufarbeitung einer Kündigung wirst du merken, dass mit großer Wahrscheinlichkeit deine Persönlichkeit, deine Wertvorstellungen und Fähigkeiten nicht mit den Anforderungen des Unternehmens harmoniert haben. Das bedeutet jedoch nicht, dass du »falsch« oder »nicht gut genug« bist.

Ein toxisches Arbeitsklima

Was kannst du tun, wenn du das Gefühl fast, in einem toxischen Arbeitsklima gefangen zu sein?

Kündigen!

Ja, du darfst selbst einen Job kündigen, wenn er deinen Erwartungen nicht entspricht oder dein Arbeitgeber dir gegenüber wichtige Zusagen nicht einhält. Stell dir vor, du kommst in ein Unternehmen und dein Arbeitgeber hat dir versprochen, dass deine Abteilung in den nächsten Jahren um zwei weitere Stellen wachsen wird, weil es so viel zu tun gibt. Bis es so weit ist, müsstest du jedoch versuchen, die wichtigsten Aufgaben dieser beiden Stellen mit auszufüllen. Grundsätzlich ist das zwar eine große Herausforderung, aber kein Problem. Zu diesem kann eine solche Situation jedoch werden, wenn du nach einem Jahr noch immer im Notnagelmodus operieren und drei Stellen auf einmal bewältigen musst. Nachfragen bei deinem Arbeitgeber, wann die Stellen, wie versprochen, besetzt werden, laufen ständig ins Leere. Es gibt keine Leute. Gerade passt es finanziell nicht. Was auch immer ... Sei in so einem Fall konsequent und kündige, wenn die Arbeitsbelastung so groß wird, dass du permanent mit Bauchschmerzen zur Arbeit gehst.

Das Gleiche gilt bei andauernden Streitigkeiten mit Kolleg:innen, die sich einfach nicht moderieren lassen, oder bei sexuellen Anzüglichkeiten, die toleriert werden. Auch anhaltende Kontrolle, das permanente Abschmettern von Gehaltserhöhungen, obwohl deine Verantwortung immer größer wird und sich deine Produktivität nachweislich verbessert, sollten irgendwann eine Konsequenz haben. Wenn sich die vermeintlichen Werte oder gegebenen Versprechen nicht in den Taten deiner Kolleg:innen oder Vorgesetzten spiegeln, sind sie nichts wert.

Gibt es ein Problem in deiner Arbeit, das für Bauchschmerzen sorgt, sprich dieses Problem an. Setze dem Unternehmen einen Termin, bis wann das Problem gelöst sein muss. Bei gravierenden Verstößen seitens des Arbeitgebers darfst du diesen sogar abmahnen, um später fristlos kündigen zu können. Ist das Problem zum festgesetzten Termin nicht behoben, kündige.

Eine eigenständige Kündigung ist kein Makel, sondern Ausdruck deines Selbstbewusstseins. Solltest du später in einem Bewerbungsgespräch danach gefragt werden, darfst du ruhig sagen, dass gemeinsam getroffene Ziele vonseiten des Unternehmens nicht erreicht wurden und du nicht gesehen hast, dass vom Unternehmen dazu ausreichende Anstrengungen unternommen wurden.

Bedenke: Die Zeit, die du mit falschen Versprechungen und in einem toxischen Arbeitsumfeld verbringst, ist vergangen und kommt nicht zurück.

Stress dich nicht!

Früher oder später (unserer Erfahrung nach eher früher als später) wirst du in deinem Job gestresst sein. Laut einer Umfrage der Techniker Krankenkasse aus dem Jahr 2021 leiden 80 Prozent aller Deutschen unter Stress.[43] Das ist eigentlich nicht weiter problematisch, denn Stress ist normal und hilft dir, besondere Herausforderungen zu meistern.

Stress ist eine Reaktion unseres Körpers auf Situationen, die wir als »Gefahr« empfinden. Früher waren das Mammuts und Säbelzahntiger, heute die Deadlines für die Manuskriptabgabe, eine nicht endende Auftragsliste, eine wichtige Prüfung oder eine Vorstandspräsentation. In der Regel laufen Stresssituationen in drei Phasen ab: der Alarmphase, der Handlungs- und Widerstandsphase sowie der Erschöpfungs- und Erholungsphase.

PHASE 1 Alarmphase	**PHASE 2** Handlungs- und Widerstandsphase	**PHASE 3** Erschöpfungs- und Erholungsphase
Nach einer Schrecksekunde, in der wir kurzzeitig gelähmt sind, reagiert der Körper auf die »Gefahren«-Situation. Er beginnt, mithilfe der verschiedenen Stresshormone Kräfte zu mobilisieren. Dein Blutdruck und dein Herzschlag steigen. Deine Verdauung wird zurückgefahren. Muskeln werden aktiviert.	In dieser Phase bist du anfangs sehr leistungsfähig. Allerdings ist dein Energieverbrauch derart hoch, dass dein Körper beginnt, dagegen zu arbeiten. Er möchte wieder auf ein normales Energielevel zurückkommen. Dauert die 2. Phase daher zu lange an, kann Stress dich krank machen.	Geschafft. Solltest du nach einem Kraftakt die »Gefahren«-Situation gemeistert haben, fährt dein Körper herunter. Sowohl deine Muskeln als auch dein Immunsystem. Bevor er sich in die nächste Alarmphase stürzen kann, wäre es nun ratsam, sich erst mal auszuruhen und alle »Vorräte« im Körper wieder aufzufüllen.

Stress wird allerdings dann zum Problem, wenn wir Phase 3 des Stressprozesse nicht erreichen, also nicht mehr in die Erholungsphase kommen. Die Stresssymptome wirken dabei auf unseren Körper, unseren Geist, unser Verhalten sowie auf unsere Gefühlswelt.

Während also normaler Stress uns kurzzeitig mit Extraenergie versorgt, kann Dauerstress uns krank machen. Und zwar vollumfänglich. Möglich sind Schlafstörungen, Kopfschmerzen, Burn-out, Herzinfarkt, Darmgeschwüre, Gürtelrose ... Es bleibt kein Bereich verschont. Umso wichtiger ist es, dass du dich aus Dauerstresssituationen befreist, und zwar wirklich befreist. Spazieren gehen (wirkt tatsächlich positiv auf den Abbau des Stresshormons Cortisol) allein reicht da nicht.

Symptome bei Stress

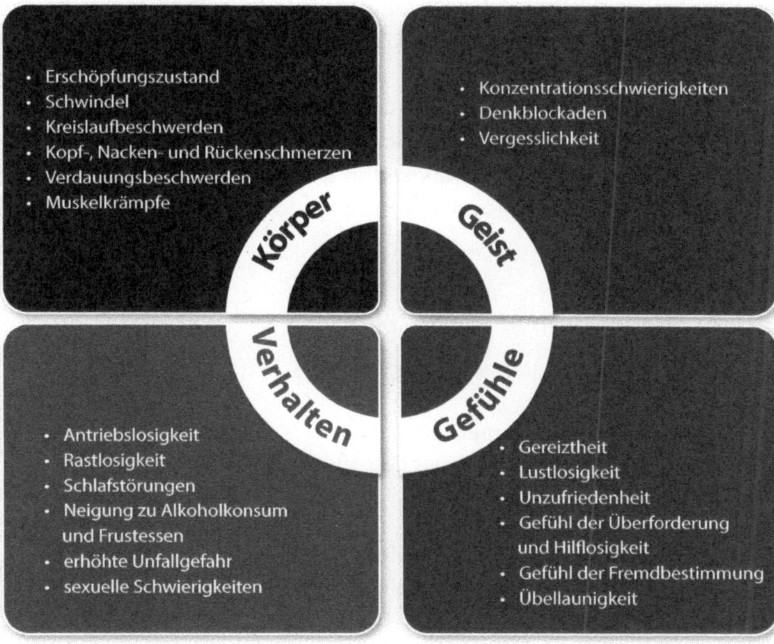

Im Job führen vor allem Zeitdruck und die Arbeitsmenge zu Stress. Das beste Mittel dagegen: Lerne, Grenzen zu setzen und Nein zu sagen. Doch genau das fällt vielen – gerade Berufseinsteiger:innen – schwer. Die Gründe hierfür sind vielfältig.

1. Die Sorge, dass das Nein als Ablehnung oder Unlust aufgefasst wird. Du willst dich schließlich im Job beweisen und Verantwortung übernehmen.
2. Die Sorge, die fragende Person mit einem Nein zu brüskieren und zu verstimmen.
3. Die Sorge, dass dir in Zukunft auch nicht geholfen wird, wenn du um Hilfe bittest. Mit einem Ja versuchst du dir Gefallen aufzubauen.

So nachvollziehbar diese Gründe sind: Auch dein Tag hat nur 24 Stunden und dein Körper eine bestimmte Menge an Energie. Du kannst nicht immer Ja sagen und deine eigenen Bedürfnisse zurückstellen. Im Job hat das permanente Jasagen den unangenehmen Effekt, dass es sich verstärkt. Wenn Kolleg:innen wissen, dass sie immer zu dir kommen können, tun sie das auch. Dass deine eigenen Projekte mit der Zeit darunter womöglich leiden, ist ihnen erst mal egal. Und deine eigenen Projekte werden darunter leiden. Über kurz oder lang landest du in der Überforderung und bei jeder Menge Überstunden. In den meisten Unternehmen werden unserer Erfahrung nach Überstunden billigend in Kauf genommen. Kümmerst du dich nicht um deine Überstunden, kümmert sich auch sonst niemand darum.

Überstunden

Musst du Überstunden machen?
Ja, wenn es in deinem Arbeitsvertrag ausdrücklich eine Überstundenregelung gibt.

Wie viele Überstunden sind erlaubt?
Das ist im Arbeitszeitgesetz geregelt. Bei einer 40-Stunden-Woche sind es maximal 8 Stunden pro Woche. Für bestimmte Berufsgruppen gibt es allerdings Ausnahmen. Deren wöchentliche Arbeitszeit darf bis zu 60 Stunden betragen.

Werden Überstunden besser bezahlt?
Nein, Überstunden werden – wenn sie bezahlt werden – so wie deine anderen Arbeitsstunden auch vergütet. Nur bei Nachtarbeit hast du Anspruch auf einen Zuschlag. Es kann aber auch sein, dass du deine Überstunden gar nicht bezahlt bekommst, sondern abbummeln musst.

Können Überstunden verfallen?
Ja. Du kannst deine Überstunden binnen drei Monaten abbummeln. Diese Frist muss dir dein Arbeitgeber gewähren.

Wie erfasst du deine Überstunden?
Wenn es keine Zeiterfassung im Unternehmen gibt, solltest du deine Überstunden notieren und sie dir von deinen Vorgesetzten schriftlich bestätigen lassen.

Das Problem bei zu großer Belastung ist, wie bereits gesagt, oft, nicht Nein sagen zu können. Dabei ist das eigentlich ganz einfach. Nämlich indem du Nein sagst, ohne wirklich Nein zu sagen. Und das funktioniert am besten so:

1. Anfrage terminieren
   »Ich kann dir gern helfen, sobald ich Projekt XY abgeschlossen habe.«
2. Timebox erstellen
   »Ich hätte heute/morgen/übermorgen eine Stunde Zeit, um dir zu helfen. Reicht dir das?«
3. Sich nicht auskennen
   »Ich kann das nicht. Ich würde daher zu viel Zeit benötigen, um mich in das Thema einzuarbeiten.«

Wichtig: Es geht nicht darum, dass du in Zukunft immer Nein sagst, du solltest aber lernen, deine Zeit und deine Kraft richtig einzuteilen. Sollte es vonseiten des Unternehmens Kritik an deinem Arbeitspensum geben, kannst du gern versuchen, dich zu verbessern. Frag das Unternehmen nach Weiterbildungen oder konkreten Ideen, wie du die Arbeit effizienter erledigen kannst. Engagiert sich das Unternehmen hier nicht, unterstützt es dich nicht und hilft es dir nicht zu lernen, solltest du so konsequent sein und das Arbeitsverhältnis beenden.

Gesundheit II

Schlaf, Sucht und Depressionen

Guter Schlaf ist eine der wichtigsten Voraussetzungen für deine Gesundheit. Wie du schläfst, entscheidet über dein Hungergefühl am Tag, darüber, wie dein Training wirkt oder wie groß die Gefahr ist, später einmal an Demenz zu erkranken. Daher solltest du dem Thema Schlaf etwas Aufmerksamkeit widmen – und das tun wir in diesem Kapitel.

Außerdem beschäftigen wir uns mit den wichtigsten Suchterkrankungen und Depressionen, die sich in den letzten Jahren zu einer neuen Volkskrankheit entwickelt haben.

Wie funktioniert Schlaf und was bewirkt er?

Du hast einen anstrengenden Tag hinter dich gebracht und das Einzige, was du noch tun möchtest, ist, in dein weiches Bett zu fallen und zu schlafen? Prima, doch hast du dir schon einmal Gedanken gemacht, was eigentlich passiert, während du schläfst? Welche Prozesse laufen in deinem Körper ab? Kannst du deinen Schlaf beeinflussen? Und was geschieht, wenn du zu wenig oder gar nicht schläfst?

Der Schlaf selbst ist immer noch eines der größten Mysterien in der Gesundheitsforschung. Denn es ist noch nicht genau geklärt, wieso wir schlafen. Deshalb schauen sich Forscher an, wie Schlaf funktioniert und was passiert, wenn er fehlt.

Der Schlaf selbst ist eine komplexe Thematik – von der wir bewusst nicht wirklich viel mitbekommen. Doch es sind mehrere Bereiche des Gehirns involviert, die bestimmte Hormone und Botenstoffe produzieren, welche dein Schlafen und Wachsein regulieren. Schlaf lässt sich in folgende vier Schlafphasen unterteilen:

Einschlafen: Die erste Schlafphase (N1) beschreibt den Übergang vom Wachsein zum Schlafen und ist eine Art Dösen. Du bekommst noch etwas von deiner Umwelt mit, bist aber auf dem besten Weg einzuschlafen. Es handelt sich hierbei um eine Art oberflächlichen Schlaf. Diese Phase dauert etwa 1 bis 5 Minuten.

Leichter Schlaf: Die zweite Schlafphase (N2) wird als stabiler Schlaf bezeichnet. Sie dauert zwischen 10 und 60 Minuten. Zusammengefasst werden N1 und N2 unter dem Begriff »leichter Schlaf«. Ein Aufwachen aufgrund von Umgebungsgeräuschen ist noch möglich.

Tiefschlaf: Mit der dritten Schlafphase (N3) gelangen wir in den Tiefschlaf. Die Muskulatur entspannt sich und der Herzschlag verlangsamt sich. Forschungen haben gezeigt, dass auch Gehirnströme langsamer arbeiten. Das ist einer der Hauptunterschiede zum Wachsein. Diese Phase ist die erholsamste Phase des Schlafs. Sie hält 20 bis 40 Minuten an.

REM-Schlaf (Traumschlaf): Die vierte Phase ist der sogenannte REM-Schlaf (N4). REM steht für Rapid Eye Movement und ist nach den Augenbewegungen der Schlafenden in dieser 10- bis 60-minütigen Phase benannt. Träume können während aller Schlafphasen auftreten, die Träume im REM-Schlaf sind allerdings besonders lebhaft und fantasievoll.

Den gesamten Ablauf dieser vier Schlafphasen nennt man Schlafzyklus.

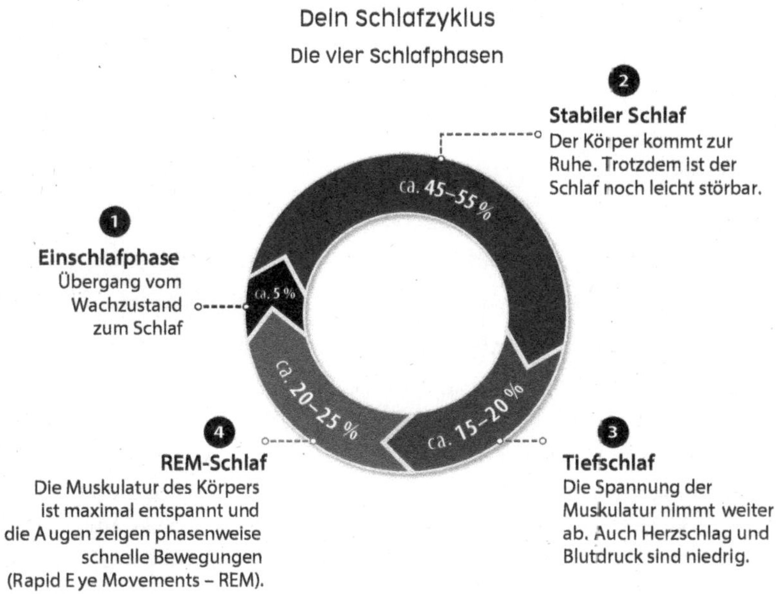

Ein Schlafzyklus dauert 90 Minuten. Die Prozentangaben beziehen sich auf die Gesamtschlafzeit während einer Nacht. 4–7 Schlafzyklen pro Nacht sind normal.

Diese Phasen wiederholen sich zwischen vier und sieben Mal pro Nacht. Wie viele Schlafphasen du pro Nacht durchläufst, hängt davon ab, wie viel Schlaf du benötigst. Das ist tatsächlich individuell unterschiedlich. Zwischen den einzelnen Zyklen gibt es kurze Wachphasen. Die bekommst du allerdings oft gar nicht wirklich mit.

Wie viel Schlaf brauchen wir?

Es gibt viele Theorien rund um die Dauer des Schlafs. Die Sleep Foundation hat sich im Detail damit auseinandergesetzt. Grundsätzlich empfehlen sie Erwachsenen sieben bis neun Stunden Schlaf pro Nacht. Babys, Kinder und Teenager brauchen mehr Schlaf, denn dadurch werden das Wachstum und die Entwicklung unterstützt. Menschen, die älter als 65 sind, sollten mindestens sieben bis acht Stunden pro Nacht schlafen. Insgesamt hat die Stiftung den allgemeinen Schlafbedarf in neun Altersgruppen eingeteilt.[44]

	Alter	Schlaf
Neugeborenes	0 bis 3 Monate	14 bis 17 Stunden
Baby	4 bis 11 Monate	12 bis 15 Stunden
Kleinkind	1 bis 2 Jahre	11 bis 14 Stunden
Vorschulkind	3 bis 5 Jahre	10 bis 13 Stunden
Schulkind	6 bis 13 Jahre	9 bis 11 Stunden
Teen	14 bis 17 Jahre	8 bis 10 Stunden
Junge Erwachsene	18 bis 26 Jahre	7 bis 9 Stunden
Erwachsene	26 bis 64 Jahre	7 bis 9 Stunden
Erwachsene +	65 Jahre oder älter	7 bis 8 Stunden

Jetzt stellt sich natürlich die Frage: Wie viel Schlaf benötigst du persönlich? Das kommt auf deine Erfahrungswerte an. Es gibt aber auch einen Test, mit dem du deinen Schlafbedarf herausfinden kannst. Dazu brauchst du ein paar freie Tage, denn der Wecker muss ausbleiben. Geh wie gewohnt ins Bett und schlaf dich aus. Das kann in der ersten Nacht deutlich länger dauern, um den vorherigen Schlafentzug »auszugleichen«. Über den Zeitraum hinweg notierst du deine Schlafenszeiten, dann kannst du einen Durchschnittswert ermitteln. Tada – das ist deine persönliche Erholungsschlafzeit. Mit diesem Wissen kannst du nun deinen Alltag planen.

Da der Mensch ein Gewohnheitstier ist, empfehlen wir dir eine feste Zubettgehzeit. Das macht dir die Routine und das Einschlafen leichter. Am besten rechnest du deine Erholungsschlafzeit und Zeit zum Einschlafen zusammen und bestimmst, je nachdem, wann du aufstehen musst, deine Zubettgehzeit. Klingelt nun in der Früh dein Wecker, solltest du im besten Fall putzmunter aufstehen.

Um deinen Schlaf noch besser zu machen, gibt es die sogenannte Schlafhygiene. Dazu gehören folgende Punkte, die dir das Einschlafen und Durchschlafen erleichtern:

- Eine feste Schlafenszeit während der Woche und bestenfalls auch am Wochenende
- Eine Abendroutine, die dich dabei untertützt, zur Ruhe zu kommen und leichter einzuschlafen
- Ja, wir wissen, dass es schwierig ist, aber es hilft: Nutze eine halbe Stunde vor dem Einschlafen keine elektronischen Geräte mehr. Also kein Smartphone, kein TV. Alternativ kannst du ein Buch lesen, ein Sudoku lösen oder entspannende Übungen machen.
- Matratze, Kopfkissen und Bettdecke: Auch wenn wir nicht so viel davon mitbekommen, verbringen wir einen erheblichen Teil unseres Lebens im Bett. Schlafstörungen können auch durch ein für dich falsches Schlafequipment ausgelöst werden, das Verspannungen verursacht. Kopfschmerzen, Rückenschmerzen und Migräne können die Folgen sein.
- Ernährung: Du bist, was du isst. Deshalb solltest du, auch wenn der Geldbeutel nicht ganz so dick ist, nicht an den Lebensmitteln sparen. Ernähre dich ausgewogen, mit vielen frischen und nährstoffhaltigen Lebensmitteln – das unterstützt auch einen guten Schlaf.
- Kaffee oder Alkohol? Beides kann deinen Schlaf negativ beeinflussen. Dein Körper braucht zum Beispiel sieben Stunden, um Koffein komplett wieder abzubauen. Sei dir deines allgemeinen Konsums bewusst und versuch vor allem vor dem Schlafengehen, nichts davon zu trinken.

Was passiert bei zu wenig Schlaf?

So – theoretisch weißt du jetzt, wie viel Schlaf du brauchst und was dir dabei hilft, diesen zu finden. Das klappt auch bei vielen. Doch es gibt immer mehr Menschen, die unter Schlafstörungen leiden. In einer Umfrage aus dem Jahr 2021 sagten 25 Prozent der Deutschen, dass sie sehr schlecht oder schlecht schlafen.[45] Das beinhaltet Probleme beim Ein-, aber auch beim Durchschlafen. Das augenfälligste Ergebnis davon ist ein müder Mensch. Doch bestehen diese Probleme länger, können auch andere körperliche Konsequenzen auftreten.

Als Beispiel möchten wir einen Vergleich mit elektronischen Geräten wie zum Beispiel deinem Smartphone wagen. Tolles Produkt, schickes Design und es kann so unfassbar viel. Fotos machen, Spiele spielen, im World Wide Web surfen und, und, und. Wird jedoch über einen längeren Zeitraum der Akku nicht geladen, bleibt das Smartphone irgendwann aus. Punkt. Dann kannst du nicht mehr viel damit anfangen. So ist es auch bei einem Menschen ohne Schlaf. Dieser füllt den Akku und sorgt für Energie und Leistungsfähigkeit für eine bestimmte Dauer. Schlafmangel hat dagegen erhebliche Auswirkungen auf dich und deinen Körper.

Konzentration und Leistungsfähigkeit: Das müssen wir dir nicht erklären. Wer wenig schläft, ist müde, unkonzentriert und sehnt sich das Bett am Abend nur so herbei. Hier gibt es allerdings auch beeindruckende wissenschaftliche Ergebnisse:[46] Wer drei bis vier Tage weniger als fünf Stunden pro Nacht schläft, weist Anzeichen auf, die ebenfalls bei Betrunkenen vorkommen. Das liegt an einem Botenstoff namens Adenosin. Es hemmt bei Schlafmangel die Reaktions- und Konzentrationsfähigkeit.

Hormonausschüttung und Verarbeitung: Adrenalin, Adenosin, Dopamin. Das sind Hormone, die unseren Körper, aber auch unsere Emotionen beeinflussen. Sie werden durch einen Impuls im Gehirn freigesetzt, um bestimmte Aufgaben zu erledigen. Wenn du wenig geschlafen hast oder unter Schlafmangel leidest, wird dieser Prozess gestört. Du reagierst anders auf Situationen und nimmst diese auch nicht wie üblich wahr.

Blutzucker und Insulinausschüttung: Bei ausreichendem Schlaf wird Glukose, die du über Nahrung zu dir nimmst, schnell wieder über die Leber abgebaut. Dadurch bleibt dein Blutzuckerspiegel konstant und wird durch Insulin von der Bauchspeicheldrüse reguliert. Die Reaktion auf Zucker in Lebensmitteln ist bei Schlafmangel extremer und die Empfindlichkeit gegenüber Insulin steigt. Menschen, die jahrelang an Schlafmangel leiden, erkranken öfter an Diabetes.

Das Immunsystem: Wer krank ist, muss sich schonen und soll viel schlafen. Denn dadurch kann der Körper arbeiten. Das wissen viele. Doch andersherum ist es genauso. Wer gesund ist, aber zu wenig schläft, wird anfälliger für eine Erkältung oder einen grippalen Infekt. Das kann nach zwei bis drei Wochen mit fünf bis sechs Stunden Schlaf pro Nacht eintreten. Das ist leider bei vielen Menschen aufgrund ihres Berufs oder ihrer Familiensituation normal.

Es gibt noch viele weitere negative Auswirkungen, die zu wenig Schlaf auf dich und deine Gesundheit haben kann. Den Schlaf zu priorisieren, ist deshalb sehr wichtig.

Welche Schlafmythen gibt es?

Wer einen guten Schlaf hat, wacht nachts nicht auf.
Nachts aufzuwachen, ist nichts Ungewöhnliches und gehört häufig sogar bei guten Schläfern dazu. Wenn wir nachts für ein bis zwei Minuten wach sind, beeinträchtigt das unsere Schlafqualität nicht. Meist erinnern wir uns am nächsten Morgen nicht einmal mehr daran.

Bei Vollmond schläfst du schlechter.
Viele Menschen haben das Gefühl, bei Vollmond deutlich schlechter zu schlafen. Sozusagen mondfühlig zu sein. Doch hat der Mond wirklich Einfluss auf die Schlafqualität? Forschende des Max-Planck-Instituts für Psychiatrie haben gemeinsam mit Wissenschaftlern verschiedener Universitäten in Deutschland, in der Schweiz und den Niederlanden keinen Zusammenhang zwischen Vollmond und Schlafqualität festgestellt. Dabei haben sie über 20.000 Schlafnächte ausgewertet.[47] Eine unruhige Nacht bei Vollmond ist also eine subjektive Wahrnehmung.

Schlaf kann nachgeholt werden.
Nach einer anstrengenden Woche freust du dich darauf, am Wochenende endlich auszuschlafen und die kurzen Nächte zu kompensieren. Doch geht das wirklich? Leider nicht. Oft hat ein verschlummerter Sonntagvormittag sogar die gegenteilige Wirkung. Noch bist du jung und kannst ein Schlafdefizit leichter wegstecken. Je älter du wirst, umso wichtiger wird es sein, eine regelmäßige Schlafroutine aufzubauen. Das bedeutet, jeden Tag in etwa zur selben Zeit ins Bett zu gehen. Ja, auch am Wochenende. Dass es hier zu Aus-

nahmen kommt, ist ganz normal. Jedoch solltest du es zumindest mehrheitlich versuchen.

Frühaufsteher sind produktiver als Langschläfer.
Das lässt sich so einfach nicht sagen. Hier sind wahrscheinlich die üblichen gesellschaftlichen Arbeitszeiten der Grund. Jeder, der in der vorgegebenen Zeit arbeitet, gilt als fleißig. Doch wir haben ja bereits im Kapitel »Job & Karriere III« beim Zeitmanagement von Eulen und Lerchen gehört. Das Leistungshoch der Lerchen liegt in dem Zeitraum, in dem der normale Arbeitnehmende seine Arbeit ausführt.

Langschläfer (Eulen) haben ihr Leistungshoch oftmals erst am späten Nachmittag oder frühen Abend. Dann, wenn es für die Lerche heißt: Feierabend! Viele Eulen müssen deshalb gegen ihren eigentlichen Schlafrhythmus aufstehen und leiden so häufig unter Schlafmangel.

Ein Gläschen Wein am Abend hilft beim Einschlafen.
Ein entspanntes Glas Rotwein am Abend und schon werden die Augen schwer. Das kann doch nur hilfreich sein, um schnell ins Land der Träume zu wandern, oder? Leider nein. Es stimmt vielleicht, dass du schneller einschläfst, weil Alkohol eine entspannende Wirkung hat. Allerdings muss dein Körper das Zellgift auch wieder abbauen. Studien haben gezeigt, dass Alkohol zu Durchschlafproblemen und einer verschlechterten Schlafqualität führt.[48]

Fünf Tipps zum Einschlafen

- Entwickle eine Routine: Versuche, jeden Abend zur selben Zeit ins Bett zu gehen und am Morgen zu einer festen Zeit aufzustehen. So kann dein Körper sich darauf einstellen, dass es Zeit zum Schlafen ist.
- Vermeide Koffein, Nikotin und Alkohol vor dem Schlafengehen. Sie können deinen Herzschlag erhöhen und deine Gedanken beschleunigen. Das beschäftigt deinen Körper und deinen Geist.
- Entspann dich vor dem Schlafengehen. Du kannst zum Beispiel ein warmes Bad nehmen, ein Buch lesen oder Yoga machen.
- Vermeide Bildschirmzeit vor dem Schlafen: Das Licht von Bildschirmen kann dein Gehirn dazu verleiten, wach zu bleiben. Mindestens eine Stunde vor dem Schlafengehen solltest du keine Bildschirme mehr be-

nutzen. Nein, auch nicht das Smartphone, um den Wecker zu stellen. Es gibt sogar Stimmen, die sich dafür aussprechen, alles Blaulicht aus dem Schlafzimmer zu verbannen.

- Lüfte dein Zimmer: Auch wenn es im Winter ganz schön kalt werden kann, wenn du die Fenster öffnest, wirst du in einem kühlen und gut gelüfteten Schlafzimmer auf jeden Fall besser schlafen.

Süchte – welche gibt es und was kannst du tun?

Das Thema Sucht wird allzu oft als eine gesellschaftliche Randerscheinung behandelt. Süchtige Menschen? Das sind halt Junkies, die aufgrund persönlicher Probleme auf die schiefe Bahn geraten sind. Dabei ist das Thema eines, das mitten in unserer Gesellschaft sitzt, nicht zuletzt weil die verheerendste legale Droge noch immer verharmlost wird: Alkohol.

Wie hoch schätzt du die Zahl alkoholabhängiger Menschen in Deutschland? Es sind 1,6 Millionen Menschen.[49] Circa 8 Millionen Menschen konsumieren Alkohol in gesundheitlich bedenklicher Form.[50] Kein Wunder, denn noch immer ist Alkohol selbstverständlicher Begleiter in vielen sozialen Situationen. Es gibt jede Menge Trinkspiele. Und Menschen, die besonders viel vertragen, brüsten sich damit und werden dafür mitunter sogar bewundert.

Von einer Sucht sprechen wir immer dann, wenn eine physische und psychische Abhängigkeit Hand in Hand gehen. Während sich die physische Abhängigkeit bei einem Nichtkonsum der Droge in körperlichen Symptomen wie Konzentrationsschwierigkeiten, Herzrasen oder Schlafstörungen zeigt, äußert sich die psychische Abhängigkeit in einem Gedankenkarussell, das sich um die Droge dreht. Solltest du zum Beispiel jeden Tag an Alkohol denken, hast du bereits ein Problem. Besonders stark ist die physische Abhängigkeit ausgeprägt, wenn du dir bewusst bist, dass dir eine Substanz nicht guttut und du sie dennoch zu dir nimmst.

Wir können dir nur raten, regelmäßig Konsumpausen einzulegen. Und zwar nicht nur beim Alkohol, sondern zum Beispiel auch beim Kaffee. Die Entzugserscheinungen, die du bei deinem ersten Koffeinentzug erleben wirst, dürften dir ein gutes Gefühl dafür geben, dass dein Körper tatsächlich unter einem zu hohen und regelmäßigen Konsum von abhängig machenden Substanzen leidet.

Weitere hierzulande stark verbreitete Suchtmittel sind:

- Tabak: Fast 14 Millionen Menschen in Deutschland rauchen täglich.[51]
- Medikamente: Die Zahl der Menschen, die von Medikamenten abhängig sind, wird auf etwa 2 Millionen geschätzt.[52] Mehr als 100.000 Menschen sind zum Beispiel abhängig von Nasenspray. [53]
- Illegale Drogen: Dazu gehören zum Beispiel Kokain, Heroin oder Cannabis. Hier weist die Statistik circa 600.000 Suchtkranke aus. [54]
- Glücksspiel: Von Glücksspielsucht sind rund 500.000 Menschen betroffen.[55]
- Internet: 560.000 Menschen in Deutschland gelten als onlinesüchtig.[56]

Solltest du feststellen, dass du ohne bestimmte Substanzen oder aber ohne ein bestimmtes Verhalten nicht mehr leben kannst, hol dir unbedingt Hilfe. Es gibt in so gut wie jeder Stadt regionale Angebote. Die bundesweite Sucht- und Drogenberatung erreichst du unter der Nummer 01806 313031. Dort erfährst du, wo und wie du Hilfe bekommen kannst.

Bist du nicht selbst abhängig, aber eine Person aus deinem engen Umfeld? Auch für Angehörige von Suchtkranken gibt es Hilfe, denn sie sind oft co-abhängig. Was bedeutet das? Sie leiden ebenfalls unter der Sucht der Person. Doch anders. Sie sorgen sich um die Gesundheit bzw. das Leben des Suchtkranken, haben finanzielle Schwierigkeiten, leiden unter Gewalt. Durch die Sucht wird also nicht nur die Person krank, sondern in vielen Fällen das nahe Umfeld ebenso.

Ganz wichtig: Schau bei Freunden oder in der Familie nicht weg, wenn dir ein Suchtverhalten auffällt. Sprich das Thema an und mach das Angebot, gemeinsam zu einer Beratungsstelle zu gehen. Solltest du einen Suchtkranken in der Familie oder im engen Umfeld haben und merken, dass du co-abhängig bist, such auch du dir Hilfe.

Die Anzeichen von Depression und wie du damit umgehen kannst

Depressionen sind leider längst zu einer Volkskrankheit geworden, an der in Deutschland jährlich mehr als fünf Millionen Menschen erkranken. Etwa 20 von 100 Menschen leiden im Laufe ihres Lebens unter einer Depression oder einer depressiven Verstimmung, der sogenannten Dysthymie. Zum Glück sind Jugendliche und junge Erwachsene bis 29 Jahre noch nicht so häufig von Depressionen betroffen wie ältere Personengruppen.[57]

Allerdings kannst du eben auch im familiären Umfeld oder im Arbeitsumfeld mit dem Thema in Berührung kommen.

Anzeichen für Depressionen sind:

- Dauerhaft gedrückte Stimmung
- Dauerhafte Erschöpfung
- Pessimistischer Blick auf die Zukunft
- Fehlen von Freunden/keine Lust auf Freunde und Geselligkeit
- Hartnäckige Schlafstörungen
- Schwere Konzentrationsstörungen
- Leichte Reizbarkeit
- Appetitlosigkeit

Wichtig ist dabei zu verstehen, dass eine Depression nicht bedeutet, dass die Person einfach nur traurig oder antriebslos ist. Es hilft im Krankheitsfall auch nicht, sich zusammenzureißen oder einfach mal wieder mit Freund:innen rauszugehen und Spaß zu haben. Du kannst Depressionen nicht einfach wegjoggen oder wegatmen. Sie bedürfen einer zielgerichteten Therapie. Folgende Sätze solltest du daher im Umgang mit Menschen, die an einer Depression erkrankt sind, vermeiden:

»Wieso bist du traurig? Du hast doch alles, um glücklich zu sein.«

»Du musst mal wieder unter Leute.«

»Jeder ist mal traurig.«

»Ich weiß, wie du dich fühlst.«

»Siehst du, es geht doch, wenn du dir Mühe gibst.« (Als Reaktion auf einen guten Tag, den Menschen mit Depression auch haben können.)

»Du musst einfach an deiner Einstellung arbeiten.«

Bei Depressionen helfen ärztliche Therapien. Solltest du mit einem Menschen mit einer depressiven Erkrankung in Berührung kommen, versuche, dich schlauzumachen, wie du ihn unterstützen kannst. Im beruflichen Umfeld wäre eine Weiterbildung für alle Kolleg:innen durch einen Arzt oder eine Ärztin bzw. ein:e andere:n Expert:in toll. Im privaten Umfeld kannst du als Angehörige:r vielleicht einmal mit zu einer Therapiesitzung gehen, um über deine Rolle und deine Möglichkeiten der Hilfestellung zu sprechen.

Finanzen und Steuern III

Altersvorsorge und Vermögensaufbau

Altersvorsorge – eines der Themen, die für dich wahrscheinlich wenig Sex-Appeal haben. Altersvorsorge ist wie ein Zahn, der immer mal wieder wehtut, aber eigentlich geht's noch. Also ignorierst du den Schmerz, statt zum Zahnarzt zu gehen. Das ist ein Fehler. Glaub uns, egal, wie es um deine aktuellen Vermögensverhältnisse bestellt ist: Du wirst nie wieder so leicht zu Geld für deine Altersvorsorge kommen wie in jungen Jahren. Also auf zum Zahnarzt. Es macht keinen Spaß, aber hinterher bist du garantiert glücklich.

Wir erklären dir in diesem Kapitel, wie die Altersvorsorge in Deutschlang gegliedert ist und was du im Bereich Vermögensaufbau tun kannst. Außerdem zeigen wir dir, was eine Privatinsolvenz bedeutet und was im Zusammenhang mit Erbschaften für dich von Bedeutung ist.

Was ist sinnvoll für die Altersvorsorge?

Immer wenn es um Altersvorsorge geht, schweifen deine Gedanken ab, denn das Thema Alter liegt in weiter Ferne, oder? Tut es nicht. Die Vorsorge empfiehlt sich vor allem dann, wenn du noch jung bist und früh beginnst. Auch wenn du denkst, dass du noch sehr viel Zeit hast, bis du von deiner Rente bzw. Altersvorsorge profitieren kannst, lohnt sich jeder Euro, den du bereits als junger Mensch eingezahlt oder investiert hast.

Was schätzt du, wie viel Rente du eines Tages bekommen wirst? Spoiler – nicht viel. 2021 erhielten männliche Rentner in den alten Bundesländern durchschnittlich eine Rente von 1179 Euro. In den neuen Bundesländern waren es 1249 Euro. Frauen, die oft lange in Teilzeit oder in schlecht bezahlten Care-Berufen gearbeitet haben, können in den alten Bundesländern mit einer Durchschnittsrente von 741 Euro rechnen, in den neuen Bundesländern mit 1065 Euro. Daran wird sich auch in Zukunft nicht besonders viel ändern.[58]

Natürlich gibt es Menschen, die über dem Durchschnitt liegen. Wie viele Rentner:innen beziehen deiner Meinung nach in Deutschland eine Rente von mehr als 3000 Euro? Das wäre doch immerhin eine Summe, mit der wahrscheinlich auch du ganz gut über die Runden kommen würdest. Von den rund 21 Millionen Rentner:innen erhalten 40 eine Rente von mehr als 3000 Euro im Monat. Um annähernd an eine solche Rente heranzukommen, müsstest du mindestens 45 Jahre lang in jedem Jahr 84.000 Euro (alte Bundesländer) oder aber 81.000 Euro (neue Bundesländer) verdienen.[59]

Höhe der gesetzlichen Altersrente, 2020

Anteil an allen Bezieher:innen einer Altersrente gleichen Geschlechts

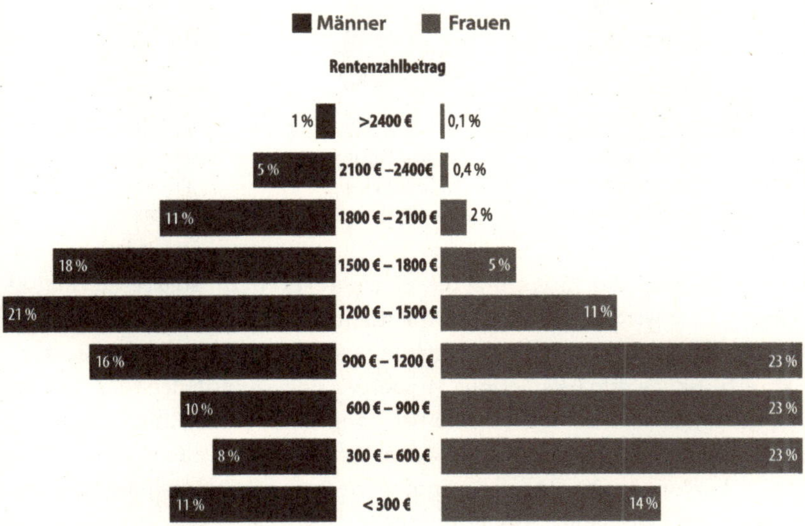

Die drei Säulen der Altersvorsorge in Deutschland

In Deutschland gibt es ein Drei-Säulen-Modell für die Altersvorsorge, dessen Ziel die Einkommenssicherung im Alter ist. Wie sieht dieses Modell aus und wie funktioniert es?

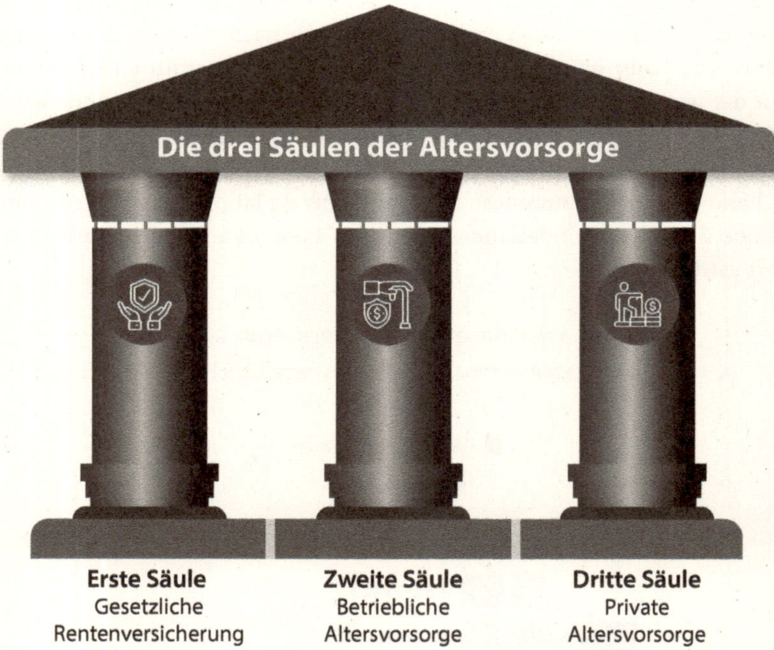

Die erste Säule der Altersvorsorge ist die **gesetzliche Rentenversicherung**. Diese wird von fast allen Arbeitnehmenden in Deutschland abgedeckt und sichert dir im Alter eine Rente, wenn du bestimmte Voraussetzungen erfüllst wie zum Beispiel eine Mindestversicherungsdauer. Die Höhe der Rente, die du im Alter beziehen kannst, hängt von deinem Einkommen und der Dauer deiner Versicherung, also dem Einzahlungszeitraum, ab.

Du hast vielleicht schon die immer wieder aufflammenden Diskussionen um das Renteneinstiegsalter mitbekommen. Dabei geht es eben genau darum. Je älter die Gesellschaft wird, desto länger benötigen die Menschen eine Rente. Nun haben wir allerdings das Problem des demografischen Wandels. Während in den nächsten Jahren die geburtenstarken Jahrgänge der sogenannten Boomer-Generation in Rente gehen, gibt es – da in den letzten Jahrzehnten eher weniger Kinder geboren wurden – immer weniger Arbeitende, die die Finanzierung der Rente stemmen müssen. Während 1950 sechs Arbeitende eine:n Rentner:in unterstützen, verringert sich das auf aktuell zwei Arbeitende. Kein Wunder, dass du von der gesetzlichen Rente allein keine Wunder erwarten kannst.[60]

Die zweite Säule der Altersvorsorge in Deutschland ist die **betriebliche Altersvorsorge** (bAV). Diese wird von vielen Arbeitgebenden angeboten und beschert dir im Alter zusätzliche Einkommensquellen. Wie das Ganze funktioniert? Du zahlst während deiner Berufstätigkeit Geld in einen Fonds ein, der im Alter ausgezahlt wird. Die Höhe der Auszahlung hängt von verschiedenen Faktoren wie zum Beispiel dem von deinem Arbeitgeber gewählten Fonds und dem von dir eingezahlten Betrag ab. Neben deinem Beitrag zahlen auch die Arbeitgeber einen Betrag ein. Bei einer gut organisierten bAV ist dein Netto dank der Förderung durch den Staat fast genauso hoch wie ohne bAV. Du verdienst netto tatsächlich ähnlich viel wie zuvor – ohne auf etwas verzichten zu müssen –, sorgst aber gleichzeitig für dein Alter vor. Sollte dein Arbeitgeber dir diesen Benefit nicht automatisch bieten, frag einmal bei der Personalabteilung nach, welche Möglichkeiten es diesbezüglich gibt.
Die dritte Säule der Altersvorsorge in Deutschland ist die **private Altersvorsorge**. Diese ist freiwillig und umfasst verschiedene Möglichkeiten wie zum Beispiel Lebensversicherungen, private Rentenversicherungen oder Investments in Aktien oder Fonds. Die private Altersvorsorge ist eine gute Möglichkeit, um deine finanzielle Situation im Alter zu verbessern. Also genau das, worüber wir in diesem Kapitel sprechen wollen. Es ist dabei wichtig, dich gut zu informieren und sorgfältig abzuwägen, bevor du entscheidest, wie du dich fürs Alter absichern möchtest.

Möglichkeiten der privaten Altersvorsorge

So, nun weißt du, wie das Rentensystem in Deutschland aufgebaut ist und in welchem Bereich du selbst vorsorgen kannst. Welche private Vorsorge die richtige für dich ist, hängt von verschiedenen Faktoren ab. Dazu gehört, ob du angestellt oder selbstständig arbeitest, ob du eine staatliche Förderung nutzt, aber auch die Zeit, die du noch bis zur Rente hast. Bevor wir nun tiefer ins Thema einsteigen, möchten wir einige Begriffe genauer erläutern und definieren, damit alles klar ist.

Riester-Rente: Die Riester-Rente ist eine staatlich geförderte Form der privaten Altersvorsorge. Wer regelmäßig einen bestimmten Teil seines Einkommens einzahlt, erhält vom Staat Zulagen zu seinen Beiträgen und auch Steuervorteile. Im Alter können sich Riester-Sparer eine lebenslange Rente auszahlen lassen. Um eine Riester-Rente zu bekommen, muss man einen Vertrag mit einer Versicherungsgesellschaft oder einer Bank abschließen und regelmäßig Beiträge in die Rentenversicherung einzahlen. Die Höhe der späteren Rente hängt von verschiedenen Faktoren ab wie dem Alter, dem Einkommen und der Höhe der Beiträge. Ausbezahlt wird die Riester-Rente gemeinsam mit der gesetzlichen Rente.

Problem: Die Riester-Renten-Verträge sind meist so kalkuliert, dass die Einzahlenden mindestens 90 Jahre alt werden müssen, um wenigstens ihre Beiträge inklusive Zinsen herauszubekommen. Wer früher stirbt, hat also draufgezahlt.

Rürup-Rente: Die Rürup-Rente ist eine private Rentenversicherung, welche die staatliche Rente ergänzt. Sie ist vor allem für Selbstständige und Freiberufler geeignet, die keine betriebliche Altersvorsorge haben. Aber auch Angestellte können eine Rürup-Rente in Anspruch nehmen, allerdings sind die Beiträge dann nicht von der Steuer absetzbar. Um eine Rürup-Rente zu bekommen, musst du zunächst einen Vertrag mit einer Versicherungsgesellschaft abschließen. Dafür musst du in der Regel eine Gesundheitsprüfung durchführen. Anschließend zahlst du regelmäßig Beiträge in die Rentenversicherung ein. Die Höhe der Beiträge wie auch die Höhe der späteren Rente hängen wiederum von verschiedenen Faktoren ab, zum Beispiel dem Alter oder dem Einkommen. In Anspruch nehmen kannst du diese Rente ab einem Alter von 60 Jahren.

Sparplan: Ein Sparplan ist ein Finanzprodukt, bei dem du regelmäßig Geld auf ein Spar- oder Investmentkonto einzahlst. Mit einem Sparplan kannst du dein Geld anlegen und von den Vorteilen des Zinseszinseffekts profitieren, da dein Geld über die Zeit an Wert gewinnt. Es gibt viele Arten von Sparplänen, beispielsweise Aktiensparpläne, ETF-Sparpläne oder auch Fondssparpläne.

Exchange Traded Fund: ETFs sind eine der beliebtesten Anlagen der letzten Jahre. Es handelt sich hierbei um börsengehandelte Fonds, die einen Korb von Wertpapieren wie Aktien, Anleihen oder Rohstoffen umfassen. ETFs bieten dir die Möglichkeit, eine breite Anlagestrategie zu verfolgen oder in bestimmte Branchen zu investieren, ohne dass du dich mit einzelnen Wertpapieren beschäftigen musst.

Lebensversicherung: Bei einer Lebensversicherung wird im Todesfall eine festgelegte Summe an die begünstigten Personen ausgezahlt. Sie kann aber auch als Kapitalanlage genutzt werden, indem sie über einen längeren Zeitraum abgeschlossen wird und dann eine Rente oder Einmalzahlung erfolgt.

Wie kannst du Vermögen aufbauen?

Ob und wie viel Vermögen du in deinem Leben ansammeln kannst, hängt von deiner persönlichen Situation ab. Wie viel Geld kannst du in deinem Beruf verdienen? Wie wichtig sind dir Geld und Vermögen überhaupt und wie lebst du? Wirst du mal etwas erben? Und falls ja, wie viel?

Unabhängig von deiner persönlichen Situation gibt es ein paar Spielregeln, um zu Geld zu kommen. In seinem Buch *Rich Dad, Poor Dad* hat der Unternehmer Robert T. Kiyosaki beschrieben, wie Vermögensaufbau funktioniert und was ihm oft im Wege steht. Seine wichtigsten Ratschläge lauten:[61]

1. Du brauchst Finanzwissen. Beschäftige dich mit Geld und Anlagemöglichkeiten. Je mehr du über Geld weißt, desto leichter fällt es dir, den zweiten Ratschlag umzusetzen.
2. Lass dein Geld für dich arbeiten. Die meisten von uns arbeiten für Geld. Vermögende Menschen lassen früher oder später ihr Geld für sich arbeiten. Sie investieren nicht nur darin, ihre Arbeitskraft immer besser zu verkaufen, sondern sie investieren in Unternehmen.
3. Mach dir den Unterschied zwischen Vermögenswerten und Verbindlichkeiten bewusst. Verbindlichkeiten sind zum Beispiel Konsumkredite. Vermögenswerte sind dagegen Aktien, Fonds, vermietete Immobilien, aber auch Lizenzeinnahmen von Büchern oder Musik. Verbindlichkeiten kosten dich Geld. Vermögenswerte bringen dir Geld.
4. Sei nicht gierig. Die Aussicht, an der Börse schnell viel Geld zu verdienen, ist verlockend. Aber du brauchst viel Glück, damit dir das gelingt. Es gibt Finanzprodukte, die explizit die Gier ansprechen. Mit Hebelprodukten kannst du zum Beispiel auf steigende oder fallende Kurse wetten und überdurchschnittlich von den Kursentwicklungen profitieren. Allerdings kannst du damit eben auch schnell dein investiertes Geld verlieren.
5. Investiere nicht ohne Risiko. Ebenso wie die Gier ist auch die Angst kein guter Investitionsratgeber. Du solltest laut Kiyosaki bereit sein, gewisse Risiken einzugehen, um ein Vermögen aufzubauen.

Vor allem die Unterscheidung zwischen Vermögenswerten und Verbindlichkeiten ist der größte Hebel für dich, ein Vermögen aufzubauen. Und je früher du damit beginnst, desto besser, da dann der sogenannte Zinseszinseffekt seine volle Wirkung entfalten kann.

Stell dir vor, du hast jetzt die Möglichkeit, 10.000 Euro für 20 Jahre mit einem Zinssatz von 5 Prozent anzulegen. Im ersten Jahr bekommst du 500 Euro Zinsen. Doch statt dieses passive Einkommen auszugeben, lässt du in Zukunft auch die Zinsen für dich arbeiten. Im zweiten Jahr beträgt dein Anlagevermögen dann bereits 10.500 Euro. Du verdienst daher 525 Euro an Zinsen. Das geht fortan immer so weiter, bis du nach 20 Jahren auf ein passives Zinseinkommen von 1263 Euro kommst. Insgesamt sind die 10.000 Euro auf 26.532,98 Euro angewachsen. In 40 Jahren werden aus 10.000 Euro auf diese Weise mehr als 70.000 Euro. Sollte es dir zusätzlich noch gelingen, 100 Euro pro Monat zu sparen, würde dein Vermögen in 40 Jahren auf über 219.000 Euro anwachsen, obwohl du »nur« 58.000 Euro ausgegeben, also investiert hast.

Wie könnte ein Börsenportfolio mit guter Risikostreuung aussehen?

Solltest du mit dem Gedanken spielen, an der Börse zu investieren, und heute bereits eine Summe X anlegen können, sorge für eine ausgewogene Mischung aus Sicherheit und Risiko in deinem Portfolio. Eine gute Möglichkeit ist, 70 Prozent der Anlagesumme in ETFs oder Indexfonds zu investieren, 20 Prozent in Dividendenaktien (also Unternehmen, die jährlich Gewinne an ihre Aktionäre ausschütten), 5 Prozent in FAANG-Unternehmen, also Börsenstars wie Google, Facebook, Apple oder Amazon, und 5 Prozent in Unternehmen, die das nächste große Zukunftsding versprechen.

Risikostreuung im Börsenportfolio

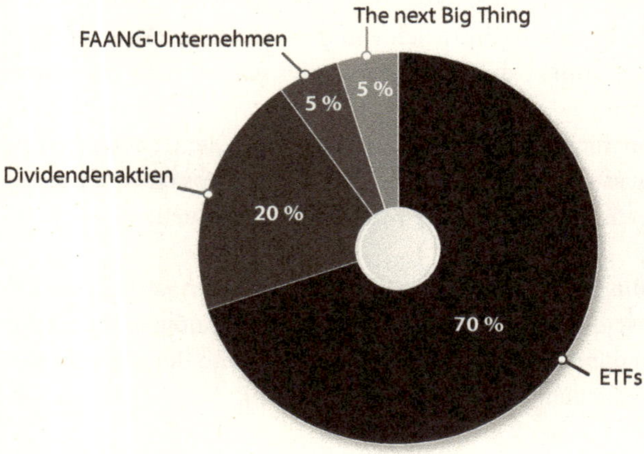

Privatinsolvenz: Rettung aus höchster Finanznot

Du hast gerade von Vermögensaufbau und Altersvorsorge gehört, aber was passiert eigentlich, wenn es bei dir in finanziellen Dingen einmal nicht so gut läuft? Wenn du finanzielle Probleme hast, die dich überfordern? Das ist keine schöne Situation, doch im schlimmsten Fall gibt es auch da eine Möglichkeit, deine Sorgen zu lindern: die Privatinsolvenz.

Eine Privatinsolvenz ist ein rechtlicher Prozess, bei dem eine Person, die ihre Schulden nicht mehr zurückzahlen kann, von ihren Gläubigern entlastet wird. Dieser Prozess wird von einem Insolvenzverwalter geleitet, der deine Vermögenswerte fortan verwaltet und verkauft, um die Schulden zu begleichen. Als Schuldner musst du beim Insolvenzgericht einen Antrag auf Insolvenz stellen und eine genaue Aufstellung deiner Vermögenswerte und Schulden vorlegen. Wenn der Antrag genehmigt wird, wird ein Insolvenzplan erstellt, der vorsieht, wie die Schulden oder zumindest ein Teil in einem bestimmten Zeitraum – in der Regel innerhalb von drei Jahren – beglichen werden sollen. Während des gesamten Insolvenzverfahrens musst du als Schuldner dein Einkommen und deine Ausgaben offenlegen und dich regelmäßig beim Insolvenzverwalter melden. Nach Abschluss des Insolvenzverfahrens werden die verbleibenden Schulden, die sogenannte Restschuld, in der Regel erlassen. Allerdings kommen Kosten für den Insolvenzverwalter sowie Gerichtskosten auf dich zu. Dennoch »lohnt« sich eine Privatinsolvenz, wenn du zu viele Schulden gemacht hast. Innerhalb von drei Jahren, die nicht leicht sind, kannst du schuldenfrei werden.

Wichtiges zum Thema Erben

Erben ist etwas, mit dem wahrscheinlich jeder irgendwann einmal konfrontiert wird. Es geht darum, wie das Vermögen und der Besitz einer verstorbenen Person unter ihren Hinterbliebenen aufgeteilt werden. Aber wie funktioniert das genau und was solltest du als junger Mensch darüber wissen?

In Deutschland wird das Erben durch das Erbrecht geregelt, das im Fünften Buch des Bürgerlichen Gesetzbuchs (BGB) festgelegt ist. Dieses Recht bestimmt, wer als Erb:in normalerweise infrage kommt und wie das Vermögen einer verstorbenen Person aufgeteilt wird. Dabei gibt es zwei Möglichkeiten: Es liegt ein Testament vor oder nicht.

Wenn es ein Testament gibt, ist die Verteilung des Erbes dort normalerweise festgehalten und erfolgt genau so, wie es von der verstorbenen Person gewollt ist. Die einzige Ausnahme ist, dass gegebenenfalls Pflichtanteile an Erben gezahlt werden müssen, die nicht im Testament erwähnt sind, aber einen gesetzlichen Anspruch darauf haben.

Gibt es kein Testament, tritt die gesetzliche Erbfolge in Kraft. Dabei erben als Erstes die nächsten Verwandten. Es wird unterschieden in drei sogenannte Ordnungen:

1. Ordnung: Kinder und Enkelkinder des Erblassers
2. Ordnung: Eltern, Geschwister sowie Nichten und Neffen des Erblassers. Geschiedene Elternteile sind auch Erben der zweiten Ordnung.
3. Ordnung: Großeltern, Onkel, Tante, Cousinen und Cousins des Erblassers

Sonderregelung: Ehepartner:innen und eingetragene Lebenspartner:innen erben immer, werden aber im Erbrecht gesondert betrachtet. Sie erben mindestens ein Viertel. Existiert kein Ehevertrag, kommt noch mal ein Viertel als pauschalierter Gewinnausgleich hinzu.

Erbreihenfolge bei der gesetzlichen Erbfolge

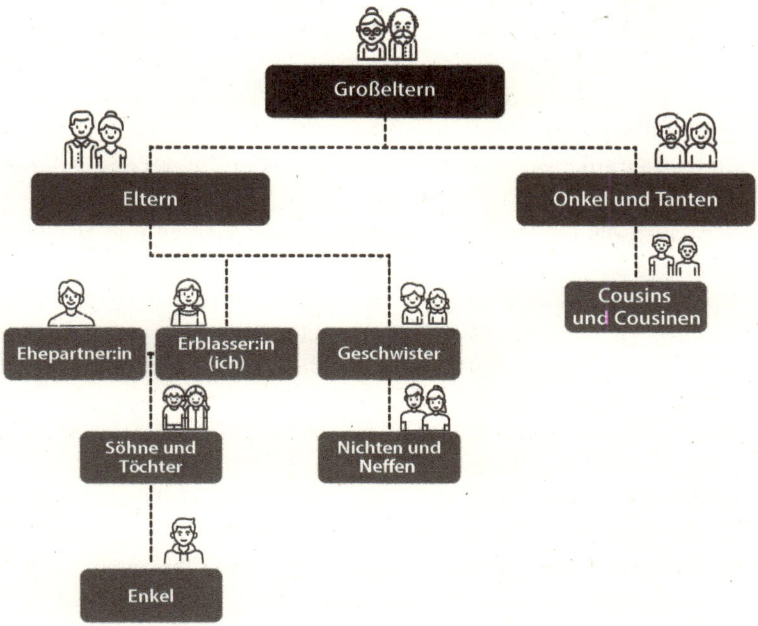

Die gesetzliche Erbfolge regelt, wer im Falle des Todes einer Person ihr Vermögen erbt, wenn diese Person kein Testament hinterlassen hat. In der Regel erben die Kinder und der Ehepartner zu gleichen Teilen. Wenn es keine Kinder oder Ehepartner gibt, erben die Eltern, Geschwister, Großeltern und weitere Verwandte nach bestimmten Regeln.

Die Vergabe folgt dem Repräsentationsprinzip. Darunter versteht das deutsche Recht, dass der dem Erblasser am nächsten stehende Verwandte seine eigenen Abkömmlinge von der Erbschaft ausschließt, er repräsentiert seinen Stamm. Deshalb können auch immer nur Personen einer Ordnung mit dem Erbe begünstigt werden. Erben kann immer nur der, der in der Linie dem Erblasser am nächsten steht. Stehen zwei oder mehrere Erben auf der gleichen Stufe, erben sie zu gleichen Teilen:

1. Zunächst erben Ehepartner:in und Kinder. Enkel erben nur, wenn die Kinder des Erblassers – also ihre eigenen Eltern – bereits verstorben sind. (1. Ordnung + Sonderregelung)

2. Ist der Erblasser nicht verheiratet, dann erben nur die Kinder. (1. Ordnung)
3. Ist ein Kind verstorben, dann erben dessen Kinder (Enkelkinder des Erblassers). (1. Ordnung)
4. Hat der Erblasser weder Kinder noch einen Ehepartner, erben seine Eltern. (2. Ordnung)
5. Sind die Eltern bereits verstorben, erben die Geschwister des Erblassers. (2. Ordnung)
6. Sind auch die Geschwister verstorben, erben Nichten und Neffen. (2. Ordnung)
7. Hat der Erblasser keine Geschwister und demnach auch keine Nichten oder Neffen, dann erben die Großeltern. (3. Ordnung)
8. Sind die Großeltern verstorben, erben die Tanten oder Onkel. (3. Ordnung)
9. Sind auch alle Tanten und Onkel bereits verstorben, erhalten Cousins und Cousinen das Erbe. (3. Ordnung)
10. Sind auch Cousinen und Cousins tot, erben Großonkel und -tanten. (3. Ordnung)
11. Sind weder Erben nach gesetzlicher Erbfolge ohne Testament noch ein Testament mit einem anderen Begünstigen vorhanden, erbt der Staat.[62]

Bürokratie beim Erben

Auch im Falle einer Erbschaft gibt es einige bürokratische Dinge und Vorschriften zu beachten.

DER ERBSCHEIN

Beim Erbschein handelt es sich um ein amtliches Zeugnis, das Auskunft über die rechtmäßigen Erben eines Nachlasses gibt. Der Schein wird in Form einer öffentlichen Urkunde ausgestellt. Dieser ist notwendig, um sich als Erb:in ausweisen zu können. Den Erbschein bekommst du beim zuständigen Nachlassgericht. Folgende Dokumente benötigst du, um deinen Erbschein zu beantragen:

- deinen Personalausweis oder Reisepass,
- Sterbeurkunde der verstorbenen Person,
- falls vorhanden, Testament oder Erbvertrag im Original,
- Geburts- und Sterbeurkunden aller Erben oder vorverstorbenen Erben,
- Anschriften aller Erben.

Beantragen kannst du den Erbschein, wenn du als Erbe:in infrage kommst, auch wenn es insgesamt mehrere Erbende gibt.

VERZICHTSERKLÄRUNG

Du hast zwar Anrecht auf ein Erbe, möchtest es aber aus verschiedenen Gründen nicht annehmen? Dann brauchst du eine gültige Verzichtserklärung. Diese solltest du am besten mithilfe einer Rechtsanwältin oder eines Notars erstellen, damit rechtlich alle Vorgaben erfüllt sind.

Wenn du dich jetzt fragst, wieso jemand ein Erbe ausschlagen sollte, hier ein paar Gründe:

- Du siehst schon Erbstreitigkeiten innerhalb der Familie auf dich zukommen und möchtest damit gar nicht erst in Berührung kommen.
- Es wird nicht nur positives Vermögen vererbt. Wenn der:die Erblasser:in hohe Schulden hatte, würden diese mit der Erbschaft auf dich übertragen werden. Damit das nicht passiert, musst du das Erbe ausschlagen.
- Deine Beziehung zum/zur Erblasser:in war sehr schwierig und du möchtest nichts mit der Person zu tun haben – nicht einmal etwas erben. Auch dann kannst du auf die Erbschaft verzichten.

Hast du eine Verzichtserklärung abgegeben, ist das allerdings unwiderruflich. Deshalb solltest du es dir, abgesehen vom Schuldenfall, sehr gut überlegen.

ERBSCHAFTSSTEUER

In Deutschland fällt bei einer Erbschaft oder Schenkung Erbschaftssteuer an. Die Höhe der Steuer hängt von verschiedenen Faktoren ab wie dem Wert des Vermögens, der Verwandtschaft zwischen dem/der Erblasser:in und dem/der Erb:in sowie dem Steuersatz, der in dem Bundesland gilt, in dem der/die Erblasser:in zuletzt gelebt hat.

Der Steuersatz für Erbschaften und Schenkungen in Deutschland variiert je nach Verwandtschaftsgrad und liegt zwischen 7 und 50 Prozent. Für Ehepartner:innen/eingetragene Lebenspartner:innen gibt es in der Regel einen geringeren Steuersatz als für andere Verwandte. Es existieren auch Freibeträge, die je nach Verwandtschaftsgrad unterschiedlich ausfallen und dazu führen, dass nicht jede Erbschaft oder Schenkung besteuert werden muss.

Wenn du also eine Erbschaft oder Schenkung erwartest, solltest du dich über die geltenden Steuersätze und Freibeträge in deinem Bundesland informieren und gegebenenfalls einen Steuerberater konsultieren, um sicherzustellen, dass du alle Steuern korrekt bezahlst. Es ist auch wichtig, dass du alle Unterlagen, die für die Berechnung der Steuer relevant sind, sorgfältig aufbewahrst, wie zum Beispiel das Testament oder den Schenkungsvertrag.

Info: Bei einer Schenkung von Eltern an Kinder beträgt der Freibetrag für die Schenkungssteuer 400.000 Euro. Dieser Betrag gilt für jedes Elternteil an jedes Kind und steht alle zehn Jahre zur Verfügung.

Es ist auch möglich, die Erbmasse schon zu Lebzeiten an die Erben zu übertragen. Das nennt sich dann vorweggenommene Erbfolge. Diese erfolgt entweder durch Schenkung oder Übertragung. Wieso sollte jemand so etwas machen? Vielleicht hast du schon einmal im Bekanntenkreis mitbekommen, dass bei einem Erbe die harmonischsten Familien aufeinander losgehen. Um das zu vermeiden, kann schon zu Lebzeiten Vermögen vermacht und im Anschluss ein Erbverzicht unterzeichnet werden. Damit bestätigt der Erbe, dass er durch den Erhalt der Schenkung keine weiteren Ansprüche auf das Erbe nach dem Tod des Erblassers erheben wird. Damit kann der Erblasser zu Lebzeiten bereits alles regeln – und die Erbschaftssteuer wird auch nur bei der finalen Verteilung des Erbes fällig. Allerdings empfehlen wir dir auch hier, dich von einem Anwalt oder Steuerberater beraten zu lassen, um sicherzustellen, dass alle notwendigen Schritte rechtlich korrekt durchgeführt werden.

Kommunikation II

Trotz Informationsflut den Überblick behalten

Der Wichtigkeit und Problematik von Kommunikation bist du dir mittlerweile hoffentlich bewusst geworden. In diesem Kapitel wollen wir das Thema noch einmal vertiefen, denn die vielen Kommunikationskanäle – insbesondere die digitalen – sorgen für eine Informationsflut, deren Verarbeitung nicht immer leicht ist. Wir wollen dich daher mit kommunikativen Manipulationstechniken vertraut machen und dir zeigen, wie du Fake News von Tatsachen unterscheiden kannst.

Die Bedeutung von Nachrichten und die Kunst, sie zu verarbeiten

Im Radio, im Fernsehen oder als Push-Benachrichtigung aufs Smartphone: Nachrichten sind ein wichtiger Bestandteil unseres Alltags. Sie informieren uns darüber, was aktuell in der Welt vor sich geht. In den Medien werden Nachrichten in Form von Berichten, Meldungen und Schlagzeilen präsentiert, die sich mit aktuellen Ereignissen, politischen Entwicklungen, Wirtschaftsthemen, den Promis und vielem mehr befassen. Dabei gibt es verschiedene digitale und analoge Medienformate wie Zeitungen, Nachrichtensendungen im Fernsehen oder im Radio, Onlineportale und soziale Netzwerke, die diese Nachrichten verbreiten.

Die Art und Weise, wie wir Nachrichten verarbeiten, hängt davon ab, welches Medium wir nutzen und wie wir uns informieren. Einige Menschen lesen jeden Morgen die Zeitung, während andere ihre Nachrichten über soziale Medien oder Nachrichten-Apps auf ihrem Smartphone erhalten. Es ist jedoch wichtig, dass wir uns bewusst mit Nachrichten auseinandersetzen und uns nicht von einer Flut von Informationen überwältigen lassen.

Natürlich sind Nachrichten wichtig, weil sie uns helfen, die Welt um uns herum zu verstehen und uns auf aktuelle Entwicklungen vorzubereiten. Sie halten uns auf dem Laufenden, was in unserer Umgebung und in der Welt passiert, und ermöglichen es uns, uns an den aktuellen Diskussionen zu beteiligen und gegebenenfalls selbst aktiv zu werden. Nachrichten tragen dazu bei, dass wir uns als Teil einer Gesellschaft und einer Weltgemeinschaft verstehen.

Die Deutschen verbringen 7 Stunden am Tag mit Medien

Mediennutzungsdauer pro Nutzer:in pro Tag 2019 (in Minuten)

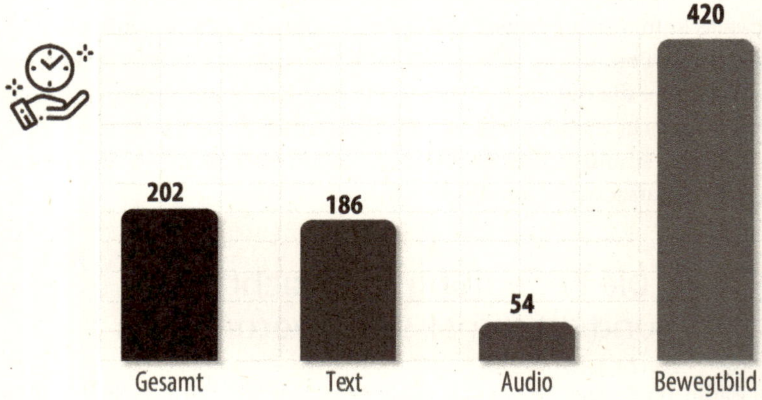

Ein Problem, dem wir uns beim Verarbeiten von Nachrichten heutzutage jedoch immer mehr gegenübersehen, sind Fake News und Manipulationstechniken. Es ist wichtig, kritisch und wachsam zu sein, wenn es um die Glaubwürdigkeit von Nachrichtenquellen und die Aussagen in Nachrichten geht, um sicherzustellen, dass wir uns auf zuverlässige und vertrauenswürdige Quellen stützen und uns nicht von Falschinformationen beeinflussen lassen. Deshalb schauen wir uns diese Phänomene auf den nächsten Seiten genauer an.

Meinung vs. Fakt

In Deutschland genießt die Meinungsfreiheit einen hohen Stellenwert und ist in der Verfassung verankert. Sie bildet einen wichtigen Bestandteil unserer demokratischen Gesellschaft und ermöglicht es den Menschen, ihre Gedanken und Ideen frei zu äußern. Das ist gut und wichtig – und nicht selbstverständlich.

Allerdings birgt die Meinungsfreiheit auch Herausforderungen, denn nicht jede Meinung ist gleichwertig und es gibt Grenzen, die nicht überschritten werden dürfen. So ist es zum Beispiel verboten, Gewalt zu verherrlichen oder Propaganda für extremistische Gruppierungen zu betreiben.

Deshalb stellt sich die Frage, wie wir mit unterschiedlichen Meinungen umgehen sollten, die gegen geltende Gesetze verstoßen oder andere Menschen diskriminieren. Auch die Unterscheidung zwischen Fakten und Meinungen ist in diesem Zusammenhang von großer Bedeutung, denn nur durch die Abgrenzung von beiden lassen sich objektive Diskussionen führen.

Es gibt einen wichtigen Unterschied zwischen Meinung und Fakten. Eine Meinung ist eine persönliche, subjektive Ansicht oder Einschätzung, die von einer Person oder Gruppe geäußert wird. Sie basiert oft auf Gefühlen, Erfahrungen oder Vorurteilen und ist daher nicht unbedingt sachlich begründet.

Ein Fakt oder eine Tatsache hingegen ist eine objektive Wahrheit, die sich auf belegbare und überprüfbare Informationen stützt. Sie kann nachgewiesen werden und ist unabhängig von persönlichen Meinungen oder Einschätzungen.

Fakten und Meinungen

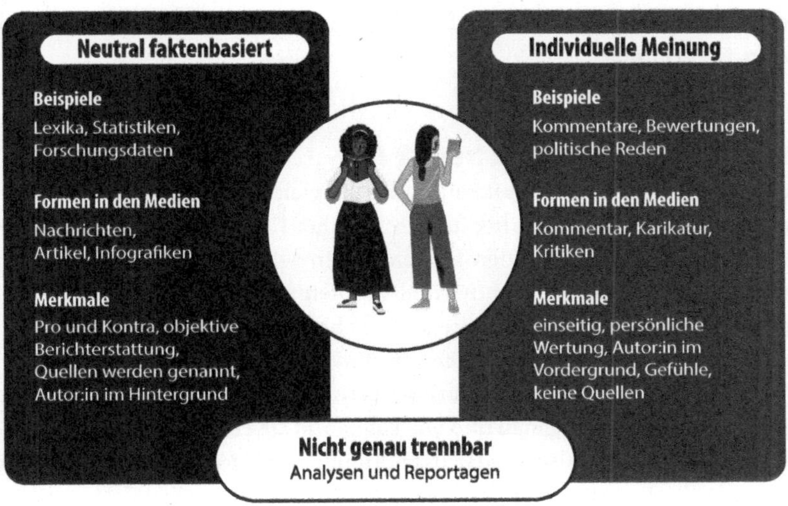

Sich den Unterschied zwischen Meinung und Fakt bewusst zu machen, ist wichtig, weil dies dazu beitragen kann, die Qualität von Diskussionen und Debatten zu verbessern. Wenn du dich auf Fakten stützt, kannst du eine sachliche Diskussion führen, die auf Tatsachen und Evidenz beruht. Verlässt du dich hingegen ausschließlich auf Meinungen, kann das unproduktive und emotional geführte Diskussionen zur Folge haben, die wenig oder keine Lösungen hervorbringen. Leider verschwimmen Meinungen und Fakten oft.

Es ist essenziell zu lernen, zwischen Meinungen und Fakten zu unterscheiden, und sich bewusst zu machen, dass Meinungen subjektiv sind und Fakten objektiv. Das hilft dir, deine eigenen Meinungen zu hinterfragen und dich offen für die Meinungen anderer zu zeigen, solange diese auf Fakten basieren. Es kann auch dazu beitragen, dass du dich nicht von emotionalen Argumenten beeinflussen lässt und stattdessen rational und sachlich handelst. Dabei ist es vollkommen in Ordnung, auch mal keine Meinung zu haben, eben weil du dich mit einem Thema noch nicht auseinandergesetzt hast.

Wichtig: Meinungen können sich ändern. Genauso die Faktenlage. Die Wissenschaft strebt nach immer neuen Erkenntnissen. Das bedeutet nicht, dass die »alten« Fakten falsch waren. Es war zu dem Zeitpunkt eben noch nichts anderes bekannt.

Tipp: Wenn du dir unsicher bist, ob du es mit einer Meinung oder einer Tatsache zu tun hast, hilft dir ein bisschen Recherche. Schau doch einfach, was du auf den großen Nachrichtenportalen oder in verlässlichen Quellen zum Thema findest.

Wie erkennst du Fake News?

Ob Donald Trump im Wahlkampf oder die vielen Mythen und Verschwörungstheorien um Corona inklusive hilfreicher Heilmittel gegen das Virus: Fake News haben uns in den letzten Jahren sehr auf Trab gehalten. Vor allem bei Prominenten und in Wahlkämpfen sind Fake News mittlerweile ein verbreitetes Mittel, um die öffentliche Meinung zu beeinflussen. Sie schwirren überall im Internet herum und machen sogar vor traditionellen Medien wie Zeitungen, Radio oder Fernsehen nicht halt. Aber was sind Fake News eigentlich genau und wie kannst du sie erkennen?

Fake News sind falsche oder irreführende Nachrichten, die absichtlich in die Welt gesetzt werden, um Unwahrheiten als Tatsachen darzustellen.

Sie können in Form von Texten, Bildern oder Videos auftreten und werden oft online mit reißerischen Überschriften verbreitet. Doch was ist das Ziel von Fake News? Nun, manche Menschen veröffentlichen sie, um Aufmerksamkeit zu bekommen oder um bestimmte Meinungen oder Agenden bekannt zu machen. Hier geht es vor allem um politische Themen bzw. Persönlichkeiten. Andere tun es, um Geld zu verdienen, weil sie Werbung auf ihren Websites schalten.

Aber keine Sorge, es gibt einige Möglichkeiten, wie du Fake News erkennen kannst:

Prüf die Quelle: Stelle sicher, dass die Nachricht aus einer seriösen Quelle stammt, die sorgfältig recherchiert und die Fakten gecheckt hat. Zu den verlässlichen Quellen zählen die öffentlich-rechtlichen Sender sowie qualitativ hochwertige journalistische Nachrichtenportale wie spiegel.de, zeit.de, sueddeutsche.de, faz.net oder tagesschau.de. Handelt es sich vielleicht um eine Satireseite? Ob *Titanic* oder *Postillon* – viele Menschen nehmen die Nachrichten dieser Satireseiten für bare Münze. Das ist lustig für diejenigen, die wissen, dass es sich um Satire handelt. Dennoch können sich so aber auch falsche Nachrichten ihren Weg in die Öffentlichkeit bahnen. Wichtig: Kein Medium ist frei von Fehlern. Die eine Nachrichtenseite, die alles richtig macht, gibt es nicht. Umso wichtiger ist der nächste Punkt auf deiner To-do-Liste.

Gib acht auf Clickbait-Titel: Wenn ein Titel zu vielversprechend oder spannend klingt, hast du es möglicherweise mit einem Clickbait zu tun und die Nachricht könnte falsch sein. Beispiele hierfür: »Wie es dieser Student geschafft hat, pro Tag 2000 Euro zu verdienen und dabei 20 Kilo abzunehmen, wird Sie überraschen!« oder »Du wirst nicht glauben, wie diese Person auf ihre Geburtstagsüberraschung reagiert hat«.

Überprüfe die Fakten: Nutze Onlinerecherchetools, um die in der Nachricht gemachten Aussagen zu überprüfen: Gibt es die Meldung auch noch auf anderen Nachrichtenseiten? Wenn die ARD darüber berichtet, findest du bestimmt auch einen Beitrag zum selben Thema im ZDF oder in lokalen Medien. Je mehr Quellen du checkst, desto differenzierter wird dein Bild vom Wert der Nachricht. Suche bei Nachrichten, die dir merkwürdig oder ungeheuerlich vorkommen, im Internet direkt nach den vermeintlichen Fakten: »Stimmt es, dass sich Arbeit mit der Einführung des Bürgergeldes nicht mehr lohnt?« Oder: »Stimmt es, dass Bayern spitze beim Ausbau erneuerbarer Energien ist?« Die Beiträge, die du dazu angezeigt bekommst, werden dir helfen, die Themen differenzierter zu sehen.

Sei skeptisch: Sei skeptisch gegenüber Nachrichten, die deine Vorurteile bestätigen oder deine Emotionen stark ansprechen. Diese Nachrichten sind oft manipulativ und können falsch sein. Schau auf das Datum: Handelt es sich um einen (tages)aktuellen Bericht? Oder liegt das Veröffentlichungsdatum schon Wochen oder sogar Monate zurück und die Nachricht hat keine Relevanz mehr?

Mach dir Gedanken zum Schreibstil: Gibt es viele Rechtschreibfehler und/oder eine komische Ausdrucksweise? Das spricht nicht für eine professionelle Quelle. In Tagesmedien und Nachrichtenredaktionen sitzen ausgebildete Journalist:innen. Sie schreiben jeden Tag. Fällt dir hier etwas Ungewöhnliches auf, kannst du zu Recht an der Glaubwürdigkeit des Artikels zweifeln.

Lies nicht nur die Überschriften: Im Journalismus ist es üblich, Geschichten mit reißerischen und zum Teil manipulativen Überschriften zu verkaufen. Dafür gibt es mitunter sogar Extraredakteure, die die Überschriften zuspitzen. Es kann sein, dass die Überschrift eines Artikels also sogar nicht vom Autor stammt. Manchmal geht das sogar so weit, dass die Überschrift den Sinn oder die Intention des Artikels nicht mehr widerspiegelt und vermeintlich etwas aussagt, das gar nicht zutrifft.

Zusammengefasst lässt sich sagen, dass es vor allem entscheidend ist, dass du bereit bist, Meldungen nicht einfach schnell zu übernehmen, sondern Dinge kritisch zu hinterfragen und auch zu prüfen. So kannst du sicherstellen, dass du nicht von Fake News hereingelegt wirst.

Wenn du eine Nachricht erhältst, die dir merkwürdig erscheint, ist es auch deshalb so wichtig, sie zu überprüfen, damit du nicht selbst falsche Nachrichten verbreitest, wenn du sie an andere weiterleitest. Damit kannst du dazu beitragen, die Ausbreitung von Fake News zu verlangsamen.

Verschiedene Arten von Manipulationstechniken

Der Begriff »Manipulation« stammt aus dem Lateinischen und setzt sich aus den Wörtern »manus« (»Hand«) und »pellere« (»treiben oder drängen«) zusammen. Im Kern geht es also darum, die Handlungen anderer Menschen auf bestimmte Weise zu beeinflussen, indem man sie »drängt« oder »treibt«.

Wenn wir das Wort Manipulation hören, schrillen daher normalerweise bereits die Alarmglocken. Um jemanden dazu zu bringen, etwas zu tun, was er sonst eigentlich nicht tun würde, können unterschiedliche Arten von Manipulationstechniken eingesetzt werden.

Diese Manipulationstechniken sollten nicht mit dem allgemeineren Konzept der Beeinflussung verwechselt werden. Wenn du jemanden beeinflussen möchtest, ist es dein Ziel, die Meinungen, Gedanken oder Handlungen anderer Menschen zu verändern oder zu prägen. Dies kann auf viele Arten geschehen, einschließlich Argumentation, Überzeugungsarbeit oder durch die Vermittlung von Informationen.

Manipulation hingegen bezieht sich auf eine spezielle Art der Beeinflussung, die oft versteckt oder unethisch ist. Dadurch werden die Gedanken und Meinungen von Menschen beeinflusst und gesteuert. Als Resultat dieser Manipulationen kommt es oft dazu, dass die Menschen aufgrund ihrer neuen Ansichten auch Dinge tun, die nicht ihrer Persönlichkeit entsprechen.

Damit du in Zukunft eine Manipulation leichter identifizieren kannst, schauen wir uns jetzt die unterschiedlichen manipulativen Techniken an und zeigen auf, wie du dich davor schützen kannst.

False Balancing

False Balancing ist eine Technik, bei der ein Argument durch die Gegenüberstellung mit einem irrelevanten oder schwachen Gegenargument untergraben wird. Dies kann dazu führen, dass das ursprüngliche Argument infrage gestellt oder minimiert wird, obwohl es stärker und relevanter ist als das Gegenargument. Um dies zu durchschauen, solltest du dir immer die Fakten und Beweise ansehen, die zur Unterstützung beider Argumente angeführt werden, und prüfen, ob das Gegenargument tatsächlich bedeutsam ist oder ob es lediglich verwendet wird, um das ursprüngliche Argument zu schwächen.

Das kommt vor allem dann vor, wenn wissenschaftliche Erkenntnisse auf Gegenwind stoßen. Ein sehr bekanntes Beispiel ist die allgemeine Berichterstattung über den Klimawandel. Grundsätzlich ist es gut und wichtig, dass in journalistischen Artikeln immer alle Seiten beleuchtet werden und Personen, die ebendiese Seiten vertreten, zu Wort kommen. Nun ist es allerdings so, dass beim Klimawandel 99 Prozent der Klimawissenschaftler:innen die Auffassung vertreten, dass der Klimawandel real und menschengemacht ist. In der Berichterstattung stehen ihnen aber Klimaskeptiker:innen gegenüber.

False Balancing

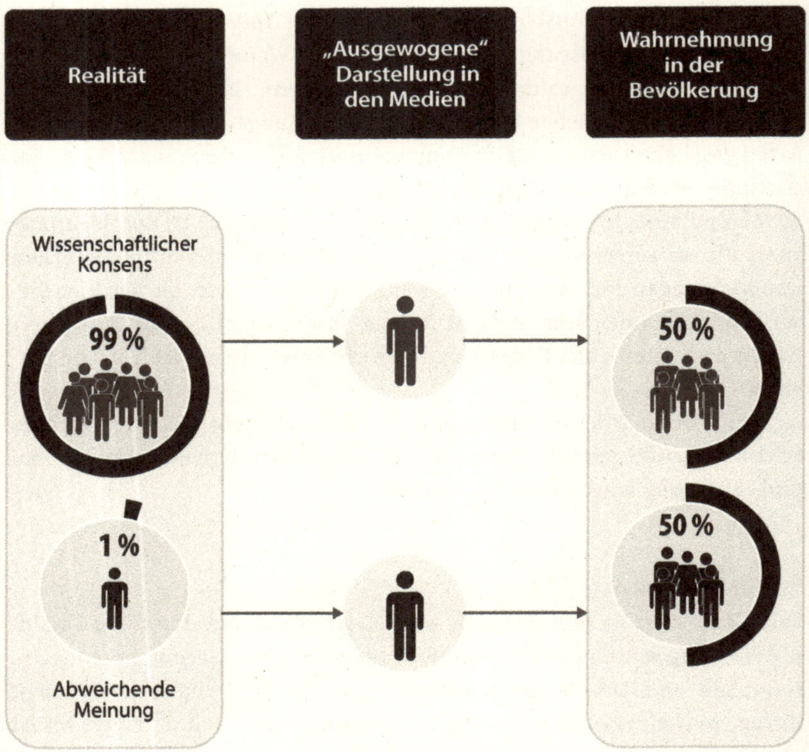

Liest jemand diesen Artikel ohne eine entsprechende Einordnung durch den/die Journalist:in, bekommt er oder sie womöglich das Gefühl, dass hier die beiden Positionen – Wissenschaft, die wir als Tatsache identifizieren, und die Ansicht der Klimaskeptiker:innen, die aufgrund der wissenschaftlichen Ergebnisse eher als Meinung gezählt werden kann – gleichberechtigt sind. Dadurch werden Sachverhalte nicht ausgeglichen dargestellt und die Empfangenden werden bestimmte Situationen, Themen oder Erkenntnisse nicht für so bedeutend, wahr, gefährlich, wichtig oder erschreckend halten, wie sie es sind. Damit dir das nicht passiert, ist es wichtig, dieses Phänomen zu kennen, um journalistische Artikel richtig bewerten zu können und zu hinterfragen, ob eine geäußerte Behauptung wirklich fundiert ist.

Whataboutism

Du erzählst eine:r Freund:in, dass du dir Gedanken über Nachhaltigkeit machst und dich deshalb entschieden hast, vegan zu leben. Trotzdem verreist du gerne, auch nach Übersee. Die Reaktion des Whataboutism ist nun: »Schön, dass du dich entschlossen hast, vegan zu leben. Aber was ist mit dem Reisen? Dann bringt das Ganze ja gar nichts.«

Damit fühlst du dich wahrscheinlich nicht mehr ganz so gut wie zu Beginn des Gesprächs. Also, was ist das mit dem Whataboutism? Hier handelt es sich um eine Technik, bei der ein Argument durch die Gegenüberstellung mit einem verwandten, aber unverhältnismäßigen oder irrelevanten Gegenargument gekontert wird. Es wird oft verwendet, um von einem Missstand oder einer Ungerechtigkeit abzulenken, indem man auf andere Missstände oder Ungerechtigkeiten hinweist, die ebenfalls existieren.

Dies kann dazu führen, dass das ursprüngliche Argument angezweifelt oder kleiner gemacht wird, ohne dass es tatsächlich angegangen wird. Um dies zu durchschauen, solltest du dich immer darauf konzentrieren, welches Argument tatsächlich diskutiert wird und ob das Gegenargument in dem Zusammenhang relevant ist oder lediglich vorgebracht wird, um von der ursprünglichen Diskussion abzulenken.

Ein gutes Beispiel gibt es aus der politischen Ecke aus dem Jahr 2020:

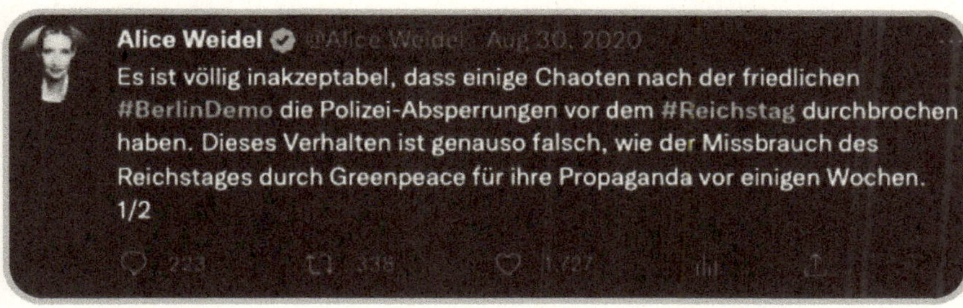

Hier vergleicht die AfD-Politikerin Alice Weidel eine Demonstration der AfD gegen die Coronamaßnahmen mit einer Aktion von Greenpeace. Zehn Aktivist:innen hatten Anfang Juli 2020 ein Banner am Reichstag angebracht, auf dem stand: »Eine Zukunft ohne Kohlekraft«.[63] Bei der »friedlichen BerlinDemo« stürmten mehrere Hundert Menschen im Rahmen einer Demonstration gegen Coronamaßnahmen den Reichstag. Dabei hatten sie unter anderem Fahnen des ehemaligen Deutschen Reichs dabei. Zuvor hatten Teilnehmende in rechten Netzwerken zu dieser Tat aufgerufen.[64] Mit ihrem Tweet verharmlost Alice Weidel die Aktion, lenkt durch Greenpeace von der Demo ab und setzt ein Anbringen eines Spruchbands mit einer demokratiefeindlichen Aktion gleich.[65]

Framing

Framing ist eine Technik, bei der Informationen auf eine besondere Weise präsentiert werden, um eine bestimmte Meinung oder Reaktion hervorzurufen. Dies beinhaltet die Auswahl spezieller Worte oder Bilder, die Verwendung von Metaphern oder Analogien oder die Darstellung von Informationen in einer bestimmten Reihenfolge.

Framing kann dazu genutzt werden, die Wahrnehmung von Ereignissen oder Problemstellungen zu beeinflussen, indem sie in einem speziellen Licht dargestellt werden. Das passiert oft im politischen Umfeld – aber auch in täglichen Marketingbotschaften, die überall auf dich warten.

So ist zum Beispiel der Begriff »Flüchtlingswelle« ein Framing. Den Zuzug von Geflüchteten als Welle zu bezeichnen, also als eine Naturgewalt, die nur schwer zu kontrollieren ist, soll Ängste schüren. Sind Wellen groß genug, können sie dich einfach mitreißen.

Framing funktioniert aber ebenso andersherum. Die Emotion, die das Framing hervorrufen soll, muss nicht negativ sein. Beispiel: das »Gute-KiTa-Gesetz«. Mit diesem Frame wurde 2019 ein Gesetz »eingerahmt«, das eigentlich »Gesetz zur Weiterentwicklung der Qualität und zur Verbesserung der Teilhabe in Tageseinrichtungen und in der Kindertagespflege« (KiTa-Qualitäts- und -Teilhabeverbesserungsgesetz – KiQuTG) heißt. Sicherlich ist da das »Gute-KiTa-Gesetz« sehr viel eingängiger, aber der Dreh, einfach das Adjektiv »gut« vor ein Gesetz zu schreiben, um Menschen diesbezüglich positiv zu stimmen, ist schon ziemlich plump.

Doch nicht nur die Politik, auch die Werbung benutzt Framing. So lässt sich eine Verpackung mit Haferflocken für mehr Geld verkaufen, wenn statt Haferflocken Porridge darauf steht. Dabei ist Porridge nichts anderes als das englische Wort für Haferbrei.

Übrigens ist auch unsere Kapitelüberschrift »Trotz Informationsflut den Überblick behalten« ein Framing. Die Flut macht aus den Informationen eine Naturgewalt.

Doomscrolling – wann du deinen Nachrichtenkonsum einschränken solltest

Es ist Mitte März 2020. Die Welt steht still. Corona breitet sich rasant aus und keiner weiß so wirklich, was es ist, wie wir damit umgehen sollen und wie es weitergeht. Und was machen wir? Da die Medien über quasi nichts anderes mehr berichten, lesen wir uns jeden einzelnen Artikel durch, checken regelmäßig die Statistikseiten, werfen zwischendurch unsere selbst genähten Masken zur Desinfektion in den Ofen, um die Statistik gleich wieder zu aktualisieren. Herzlich willkommen in deiner Vergangenheit – und dem Phänomen Doomscrolling.

Dieser Begriff beschreibt das Phänomen, wenn Menschen sich dazu verleiten lassen, unentwegt negative Nachrichten auf ihren Handys oder Computern anzusehen. Es bezieht sich auf das Lesen von Nachrichten über Katastrophen, Pandemien, politische Unruhen, Kriminalität und andere schlechte Neuigkeiten, die dazu führen können, dass Menschen sich besorgt, ängstlich oder deprimiert fühlen. Oder kannst du dich daran erinnern, dass nach fünf Artikeln über die neuesten COVID-Geschehnisse dein Endorphinspiegel angestiegen wäre? Vermutlich nicht.

Im Gegenteil: Das ständige Lesen von negativen Nachrichten kann dazu beitragen, dass du dir Sorgen machst, Angst spürst oder deprimiert bist. Legst du keine Pause ein, können Schlafstörungen, Angststörungen und Depressionen die Folge sein. Einige Menschen berichten auch, dass sie sich von ihrer Umgebung entfremdet und von ihren Freunden und Familienmitgliedern isoliert fühlen, wenn sie ständig negative Nachrichten lesen. Davon loszukommen, scheint aktuell sehr schwierig zu sein, denn gefühlt reiht sich eine Katastrophe an die nächste. Politische Unruhen auf der ganzen Welt, der Regenwald wird jeden Tag weiter gerodet, es sterben so viele Tiere aus, und auch wenn wir es von einer zivilisierten Welt im 21. Jahrhundert nicht gedacht hätten – es herrscht Krieg an so vielen Stellen.

Wie kommst du da wieder raus? Im ersten Schritt musst du erkennen, dass du gerade in einem Doomscrolling-Rausch bist. Handy weg, Laptop zu – durchatmen. Weitere Tipps:

- Setz dir Zeitlimits: morgens, mittags oder abends? Egal, Hauptsache, nicht den ganzen Tag. Definiere Zeitlimits für das Lesen von Nachrichten und halt dich daran.
- Sei selektiv: Wähle sorgfältig aus, welche Nachrichten von welchen Medien du liest und welche nicht. Du musst nicht jede Nachricht

lesen, die dir begegnet. Pass besonders bei Schreckensmeldungen auf, dass es sich nicht um Fake News handelt. Lieber einmal zu viel nachrecherchiert als unnötig Sorgen gemacht.

- Vermeide es, Nachrichten vor dem Schlafen zu lesen: Das kann dazu führen, dass du dich besorgt und ängstlich fühlst, und dies wiederum kann deine Schlafqualität negativ beeinträchtigen.
- Verbinde dich mit anderen: Teile deine Gedanken und Gefühle mit Freund:innen und Familienmitgliedern. Es ist hilfreich, sich Unterstützung zu suchen und zu erfahren, dass du nicht allein bist.
- Nimm dir Auszeiten: Wenn du das Gefühl hast, dass es dir zu viel wird, zieh dich raus. Die Welt geht nicht unter, wenn du zwei Tage lang keine Nachrichten liest.

Organisation und Alltag III

Deine Rechte im Alltag

Wir haben uns dem Thema Recht bereits in anderen Kapiteln über das Miet- und Arbeitsrecht genähert. Hier wollen wir es noch einmal vertiefen, da es für dich als Verbraucher:in, als Verkehrsteilnehmer:in, im Job oder in deinem Alltag wichtig sein kann, deine Rechte zu kennen.

Deine Rechte als Verbraucher:in

Darfst du ein gekauftes Produkt immer umtauschen?
Nein. Wenn du es in einem stationären Ladengeschäft gekauft hast, ist der Verkäufer nicht verpflichtet, die Ware zurückzunehmen und dir das Geld zu erstatten. Anders beim Versand- und Onlinehandel: Hier gibt es ein 14-tägiges Rückgaberecht für gekaufte Produkte. Innerhalb dieser Frist kann das Produkt ohne Angabe von Gründen zurückgesandt werden. Es gibt jedoch Ausnahmen von dieser Regelung, zum Beispiel Waren, die auf Kundenwunsch angefertigt wurden oder versiegelt waren und deren Versiegelung nach der Lieferung entfernt wurde. Es ist am besten, sich vor dem Kauf über die Rückgabebedingungen des Händlers zu informieren.

Musst du beschädigte Ware selbst zurückschicken?
Nein. Es besteht ein gesetzliches Gewährleistungsrecht von zwei Jahren für gekaufte Waren. Das bedeutet, dass der Verkäufer dafür verantwortlich ist, dass die Ware bei Übergabe frei von Material- und Herstellungsfehlern ist und die vereinbarten Eigenschaften hat. Wenn die Ware innerhalb dieser zwei Jahre beschädigt und dies auf einen Material- oder Herstellungsfehler zurückzuführen ist, hast du als Kunde Anspruch auf Nacherfüllung oder Minderung des Kaufpreises. In diesem Fall ist es üblich, dass du die Ware

nicht selbst zum Händler zurückschicken musst, sondern der Händler die Abholung organisiert. Handelt es sich um einen Onlineshop, wird es in der Regel eine Rücksendemöglichkeit mit Versandetikett geben. Es ist jedoch am besten, sich vorher mit dem Händler in Verbindung zu setzen und die Rücksendebedingungen zu klären.

Musst du beim Einkauf in einem chinesischen oder amerikanischen Onlineshop immer Zoll oder Einfuhrumsatzsteuer bezahlen?
Für Waren, die aus einem Nicht-EU-Land kommen und deren Wert unter 22 Euro liegt, fallen in der Regel keine Einfuhrumsatzsteuer und Zoll an. Sind die Waren jedoch teurer als 22 Euro, musst du eventuell Einfuhrumsatzsteuer und Zoll bezahlen. Der genaue Wert hängt allerdings von der Art der Ware, dem Herkunftsland und dem Verkäufer ab. Erkundige dich am besten vor dem Kauf in einem Shop aus einem Nicht-EU-Land über die genauen Zollbedingungen und mögliche zusätzliche Kosten.

Kannst du aus einem Jahresvertrag fürs Handy früher aussteigen?
In der Regel nicht, aber unter Umständen ja. Es gibt zum Beispiel ein Sonderkündigungsrecht, wenn sich bestimmte Bedingungen ändern und der Vertrag für dich nicht mehr tragbar ist. Einige Gründe für ein Sonderkündigungsrecht bei einem Handyvertrag sind:

- Der Vertragspartner (z. B. der Mobilfunkanbieter) nimmt eine Vertragsänderung ohne deine Zustimmung vor, die für dich nachteilig ist.
- Der Vertragspartner ist nicht mehr in der Lage, die vertraglich vereinbarten Leistungen zu erbringen (z. B. durch Insolvenz).
- Du wirst arbeitslos und kannst dadurch die vertraglich vereinbarten Zahlungen nicht mehr leisten.
- Du ziehst um und hast an deinem neuen Wohnort keinen Empfang mehr.

Ein Sonderkündigungsrecht gilt nicht automatisch. Der Anspruch wird in jedem Fall geprüft. Es ist am besten, sich an den Mobilfunkanbieter zu wenden, den Fall zu schildern und die genauen Umstände zu klären.

Kannst du jede Kartenzahlung zurückholen?
Nein. Bei Zahlung mit Kreditkarte oder Girocard mit PIN musst du die Rückgabe der Zahlung beantragen und einen Grund angeben. Vor allem bei Kreditkartenzahlungen stehen deine Chancen aber nicht schlecht, dass dir

der Betrag tatsächlich erstattet wird, etwa wenn du aus Versehen bei einem Fake Shop bezahlt hast oder aber ein Produkt sich als Markenfälschung herausgestellt hat, vom Zoll einkassiert und zerstört wurde.

Deine Rechte im Verkehr

Fährst du schwarz, wenn der Ticketautomat kaputt ist?

In der Regel ja. Ein kaputter Ticketautomat ist keine Erlaubnis dafür, ohne Ticket zu fahren. Du kannst die Fahrt dennoch antreten, wenn du wirklich alle anderen Möglichkeiten ausgeschöpft hast, ein Ticket zu kaufen (z. B. online). Notier dir in jedem Fall die Nummer des defekten Automaten sowie Datum und Uhrzeit der Störung. Es empfiehlt sich, nach dem Einsteigen unverzüglich ein:e Servicemitarbeiter:in aufzusuchen und das Ticket nachzulösen.

Darfst du während des Radfahrens oder im Auto Kopfhörer tragen und Musik hören?

Grundsätzlich ist es erlaubt, im Auto oder beim Fahrradfahren Kopfhörer zu tragen und Musik zu hören. Es gibt jedoch zwei grundlegende Regeln, die du beachten solltest: Andere Tonquellen dürfen nicht beeinträchtigt sein. Du musst also die Verkehrsgeräusche oder Fahrzeugsignale immer noch wahrnehmen können. Musik in einer Lautstärke abzuspielen, die andere Verkehrsteilnehmer stört oder beeinträchtigt, ist nicht erlaubt und kann zu einem Bußgeld führen. Es ist übrigens auch verboten, während der Fahrt ein Headset zu tragen und zu telefonieren, es sei denn, es handelt sich um eine Freisprechanlage.

Musst du die Reinigung zahlen, wenn du dich in einem Taxi oder in der Bahn übergibst?

In der Regel ja, wenn es die Vertragsbedingungen des Unternehmens vorsehen. Solltest du selbst an deiner Übelkeit nicht schuld sein, etwa wenn eine Erkrankung wie eine Lebensmittelvergiftung der Grund ist, kann es sein, dass deine private Haftpflicht die Kosten übernimmt. Sollte Fahrlässigkeit vorliegen, zum Beispiel zu viel Alkohol, der Grund sein, zahlt die Versicherung nicht.

Sind Blitzer-Apps legal?
Nein. Solltest du bei der Nutzung einer solchen erwischt werden, zahlst du ein Bußgeld und bekommst einen Punkt in Flensburg. Die Installation der App selbst ist nicht strafbar.

Wie lange darfst du in zweiter Reihe parken?
Gar nicht. Es ist grundsätzlich nicht erlaubt und zieht ein Bußgeld sowie einen Punkt in Flensburg nach sich.

Musst du einen Alkoholtest machen, wenn die Polizei dich darum bittet?
Nein, grundsätzlich nicht, du darfst den Test verweigern. Allerdings kann die Polizei danach einen Bluttest anordnen.

Darfst du auf die Frage der Polizei, ob du etwas getrunken hast, lügen?
Ja. Du musst dich nicht selbst belasten und bist gegenüber Polizisten nicht der Wahrheit verpflichtet. Deine Lüge wirkt sich nicht strafverschärfend aus.

Deine Rechte gegenüber der Polizei

Musst du deinen Ausweis immer vorzeigen können?
Nein. Es besteht keine Pflicht, sich immer ausweisen zu können. Das gilt auch, wenn die Polizei nach deinem Ausweis fragt. Sie kann dich allerdings, falls du keinen Ausweis hast und es einen Grund für deine Identitätsfeststellung gibt, so lange festhalten, bis deine Identität festgestellt ist, jedoch nicht länger als zwölf Stunden. Ausweisen kannst du dich mit jedem amtlichen Dokument, also auch mit einem Führerschein. Die Gründe für eine Identitätsfeststellung sind relativ breit gefächert. So kann das Feststellen einer Ordnungswidrigkeit als Grund angegeben werden, die Verfolgung einer Straftat oder aber eine präventive Maßnahme.

Darf dir die Polizei dein Handy wegnehmen?
Nur wenn sie über einen richterlichen Beschluss verfügt oder aber Gefahr im Verzug ist. Gefahr im Verzug gilt zum Beispiel dann, wenn dein Handy ein Beweismittel ist und du die Möglichkeit hättest, durch den fortgesetzten Zugriff auf dein Handy Beweise zu vernichten.

Musst du für die Polizei auf Verlangen dein Handy entsperren?
Nein, niemals. Selbst wenn Beamte behaupten, dass du dazu verpflichtet bist.

Darfst du vor der Polizei weglaufen?
Ja. Das wirkt sich auch nicht strafverschärfend aus. Es sei denn, du machst während deiner Flucht etwas kaputt oder verletzt andere Menschen.

Darfst du Polizeieinsätze filmen? Und dürfen dir Polizisten das Filmen verbieten, wenn du keinen Presseausweis hast?
Du darfst Polizeieinsätze filmen. Einen Presseausweis benötigst du nicht. Allerdings darfst du die Aufnahmen nicht einfach veröffentlichen. Polizisten dürfen das Filmen nur dann untersagen, wenn dadurch die polizeiliche Maßnahme behindert wird.

Darf die Polizei dich zwingen, Aufnahmen zu löschen?
Nein.

Deine Rechte im Alltag

Wie aussichtsreich sind Klagen für den Studienplatz?
Sagen wir es so: Wenn du eine Rechtsschutzversicherung hast, die das Hochschulzugangsrecht abdeckt, und du bereit bist, die festgeschriebene Selbstbeteiligung zu investieren, solltest du es versuchen. Wie groß deine Chancen sind, hängt von der Zahl der freien Plätze und der aktuellen Zahl der Studienplatzkläger ab.

Müssen deine Eltern dich im Studium finanziell unterstützen?
Eltern sind – als Verwandte in gerader Linie – nach dem Bürgerlichen Gesetzbuch (§ 1601 BGB) grundsätzlich verpflichtet, ihren volljährigen Kindern während einer Ausbildung, also auch während eines Studiums, Unterhalt zu zahlen. Die Höhe des Unterhalts richtet sich nach der wirtschaftlichen Leistungsfähigkeit der Eltern.

Musst du deine Eltern finanziell unterstützen, wenn sie in Not geraten?
Ja, das Sozialamt kann dich zum Elternunterhalt verpflichten, wenn deine Eltern zum Beispiel nicht mehr in der Lage sein sollten, Pflegekosten selbst

zu bezahlen. Allerdings sind Kinder erst ab einem Jahresbruttoeinkommen von mehr als 100.000 Euro zum Elternunterhalt verpflichtet.

Kannst du enterbt werden?
Ja, allerdings hast du, selbst wenn du enterbt wirst, Anspruch auf einen Teil deines Pflichtteils. Dieser kann durch das Enterben lediglich reduziert werden.

Musst du Schadenersatz bezahlen, wenn du eine Reservierung im Restaurant oder beim Friseur absagst?
Theoretisch ja. Allerdings müssen sowohl Wirte als auch Friseure einen Schaden nachweisen. Du zahlst also in der Regel nicht die gesamte Leistung, da sich der Wirt oder der Friseur ja auch Energie und Material gespart haben.

Bekommst du bei einem schlechten Haarschnitt dein Geld zurück?
In der Regel nicht. Du kannst bei Nichtgefallen der Frisur eine Nachbesserung verlangen. Liegen allerdings grobe handwerkliche Mängel vor, kannst du dein Geld zurückverlangen. Kommt es zu Schäden am Haar, etwa Verbrennungen bei einer Blondierung oder Haarausfall, kannst du sogar Schmerzensgeld bekommen.

Haftet der Wirt, wenn deine Jacke an der Garderobe im Restaurant gestohlen wird?
Nein, selbst dann nicht, wenn es kein Schild an der Garderobe gibt, das auf einen Haftungsausschluss hinweist.

Darfst du deine:n Partner:in ohrfeigen?
Nein, Ohrfeigen gelten als Körperverletzung.

Darfst du deinen Nachbarn ins Fenster schauen?
Erst einmal ja. Doch es gibt Grenzen. Sobald das Gucken dazu geeignet ist, die Lebensgestaltung der Betroffenen schwerwiegend zu beeinträchtigen, kann das als Nachstellung nach Paragraf 238 Strafgesetzbuch (StGB) ausgelegt werden.

Kannst du mit indirekter Rede – zum Beispiel: Am liebsten würde ich dich jetzt Arschloch nennen – eine Beleidigung umgehen?
Nein.

Deine Rechte im Job

Darfst du während der Arbeit Alkohol trinken? Zum Beispiel, um auf einen Geburtstag anzustoßen?
Das Trinken von Alkohol ist zumindest gesetzlich nicht verboten. Wenn dein Chef den Konsum unterbinden will, muss es eine Betriebsvereinbarung dazu geben. Konsequenzen hat der Alkoholkonsum auch ohne eine solche Vereinbarung für dich, wenn du danach nicht mehr deine volle Arbeitskraft zur Verfügung stellen kannst.

Darfst du mit Firmenstrom dein privates Handy aufladen?
Nein. Es ist sogar ein Kündigungsgrund. Wenn du dein privates Handy in der Arbeit aufladen möchtest, solltest du deinen Arbeitgeber explizit um Erlaubnis bitten. Nutzt du das private Handy auch für betriebliche Zwecke, ist das Laden dagegen gestattet.

Darfst du während der Arbeitszeit privat telefonieren?
Nein. Wenn es in deinem Arbeitsvertrag nicht anders geregelt ist, ist das Führen von privaten Telefonaten eine Vertragspflichtverletzung.

Darfst du trotz Krankschreibung arbeiten? Kann dein:e Chef:in es von dir verlangen?
Eine Krankschreibung ist grundsätzlich kein Arbeitsverbot. Fühlst du dich schneller wieder gesund, als die Arbeitsunfähigkeitsbescheinigung vorsieht, darfst du zur Arbeit gehen. Eine »Gesundschreibung« vom Arzt ist nicht notwendig. Dein: Chef:in darf dich aber nicht zwingen, krank zu arbeiten.

Musst du ans Telefon gehen, wenn dein:e Chef:in dich während einer Krankheit anruft, oder ihn/sie zurückrufen?
Nein.

Kann dir wegen privater Social-Media-Postings gekündigt werden?
Ja, wenn durch dein Posting zum Beispiel das Ansehen des Arbeitgebers in der Öffentlichkeit geschädigt wird. Dafür reicht mitunter schon die Zustimmung zu einer ehrverletzenden Äußerung eines Dritten.

Deine Rechte im Internet

Was kannst du gegen Mobbing im Netz tun?
Massive Beleidigungen, Bedrohungen und Belästigungen sind auch im Internet strafbar, ebenso wie die Verletzung der Persönlichkeitsrechte durch die unerlaubte Veröffentlichung von Fotos oder Filmen. Dokumentiere den Vorfall so umfassend wie möglich und erstatte Anzeige bei der Polizei.

Sind VPN-Netzwerke legal?
Grundsätzlich ist die Nutzung von VPN-Netzwerken legal. Solltest du damit allerdings Geo-Blockaden umgehen, um Inhalte im Internet freizuschalten, die du in Deutschland nicht sehen darfst, kann dich der Onlineanbieter zur Verantwortung ziehen.

Ist die Nutzung von Streamingdiensten für Filme wie zum Beispiel kinox.to strafbar?
Ja, wenn das Angebot offensichtlich als illegal zu erkennen ist. Solltest du erwischt werden, kann Schadenersatz von dir verlangt werden.

Was kann dir passieren, wenn du Fake News verbreitest?
Du kannst, je nach Sachverhalt, mit einer Geldstrafe oder sogar mit einer Freiheitsstrafe belegt werden. Dabei ist es nicht einmal relevant, ob du wusstest, dass es sich um Fake News handelt. Verbreitest du bewusst Fake News, die eine juristische Person herabwürdigen oder verächtlich machen, handelt es sich um Verleumdung. Bist du dir der Tatsache nicht bewusst, dass die Meldung falsch ist, begehst du immer noch üble Nachrede.

Wo fängt die Beleidigung an und wo hört die Meinung auf?
Auch Meinungsäußerungen im Internet können strafbar sein, etwa wenn die Äußerung diskriminierend ist, zu Gewalt oder Hass gegen andere aufruft.

Darfst du Inhalte von anderen im Internet kopieren oder verstößt du damit gegen das Urheberrecht?

Ja, in der Regel verstößt du gegen das Urheberrecht, wenn du Inhalte ohne Erlaubnis kopierst. Nun ist aber das Teilen von Inhalten auf Plattformen wie Twitter, Facebook oder Instagram Teil der vorgesehenen Verwertung und ist entsprechend erlaubt. Du darfst aber auch hier nicht einfach Inhalte kopieren und als deine eigenen ausgeben.

Beziehungen und Gefühle III

Gefühlswelten zwischen Angst und Trauer

Im Folgenden möchten wir dich für zwei besondere Gefühle sensibilisieren: die Angst und die Trauer. Mit der Angst solltest du dich beschäftigen, weil sie in der Lage ist, dich zu lähmen. Der falsche Umgang mit Angst kann dich passiv machen und verhindert, dass du dein Leben selbstwirksam gestaltest. Die Trauer ist ein Gefühl von enormer Kraft. Sie kann dich für Monate oder gar Jahre vollkommen aus der Bahn werfen. Soweit es möglich ist, wollen wir dir den Umgang mit deiner eigenen Trauer und mit der Trauer anderer Menschen ein wenig erleichtern.

Was du über Angst wissen solltest

Wie du vielleicht in der Schule gelernt hast, sind Gefühle und Emotionen nicht dasselbe. Emotionen sind eine Form der Kommunikation, die sich aus Gefühlen, unserem Denken sowie körperlichen Reaktionen wie Lachen, Weinen oder Schwitzen zusammensetzt. Wir brauchen Emotionen als inneren Kompass. Sie helfen uns dabei, uns schnell in unserer Umwelt zu orientieren. Wir wissen dank unserer Emotionen, ob es uns gut geht oder ob uns Gefahr droht und wir ins Handeln kommen müssen. Deine Emotionalität hängt dabei entscheidend von deinen Werten, deiner Kultur und deinen Erfahrungen ab. Doch kommen wir nun zu den Gefühlen. In der Regel werden bei der Beschreibung die folgenden Affekte als Grundgefühle benannt: Freude, Überraschung, Liebe, Wut, Traurigkeit, Angst und Ekel. Eines dieser Gefühle wollen wir uns näher anschauen, da es zum größten Verhinderer für ein glückliches Leben werden kann: die Angst.

Angst ist das Gefühl, mit dem wir auf Situationen reagieren, die wir als bedrohlich empfinden. Normalerweise soll die Angst uns ins Handeln bringen. Wir sollen angesichts einer Bedrohung fliehen (handeln) oder kämpfen. Dieses Prinzip nennt die Wissenschaft Fight-or-Flight. Doch genau diese Fähigkeit, ins Handeln zu kommen, sobald uns Angst erfasst, scheinen wir in vielen Fällen verlernt zu haben. Schuld daran ist eine ganz besondere Form der Angst: die Angst vor der Veränderung. Sie führt dazu, dass Menschen in Jobs verharren, die sie eigentlich nicht mehr machen wollen. In Beziehungen stecken, die ihnen nicht guttun. Oder Dinge tun, auf die sie eigentlich längst keine Lust mehr haben, wie etwa den zehnten Mallorca-Urlaub. Das Problem mit dieser besonderen Form der Angst ist, dass sie sich potenzieren und dich massiv in deinem Alltag einschränken kann.

So kann die – irrationale – Angst vor dem Fahren in öffentlichen Verkehrsmitteln dazu führen, dass du nicht mehr verreist. Du machst dir Sorgen, dass du den falschen Fahrschein hast oder dass du ihn verlierst. Dass du das Gleis deines Zuges nicht findest. Und dann erst der Stress beim Umsteigen. In solchen Fällen ist die Angst zu einer Angststörung angewachsen. Das kann dir auch in deiner Beziehung passieren. Die Angst davor, allein zu sein oder aber nach einer Trennung keinen Partner mehr zu finden, kann so groß werden, dass du selbst in Beziehungen bleibst, von denen du weißt, dass sie toxisch sind. Du redest dir ein, dass du es für die Kinder tust, damit sie nicht unter der Trennung leiden. (Als ob sie unter den Streitereien im Jetzt nicht leiden würden.) Oder du sagst dir, dass später vielleicht ein besserer Zeitpunkt für eine Trennung wäre, weil der andere Beziehungspart diese besser verarbeiten könnte.

Wir Menschen sind Weltmeister darin, wenn es darum geht, Ausreden zu erfinden, um etwas nicht zu tun. Das Problem dabei ist: So werden wir die Angst nicht los. Im frühen Stadium der Angst hilft die sogenannte Konfrontationstherapie. Einfach machen. Immer wieder. Je öfter wir uns einer uns unangenehmen, angstvollen Situation aussetzen, desto souveräner gehen wir in Zukunft damit um. Wir verlieren unsere Angst. Sie löst sich auf.

Ist die Angst fortgeschrittener, empfiehlt es sich, der Angst ein Best-Case-Szenario entgegenzusetzen. Angst setzt sich normalerweise aus Worst-Case-Szenarien zusammen. Wir gehen in der Angst vom Schlimmsten aus, das uns widerfahren kann. In einem Best-Case-Szenario stellst du dir nun jedoch vor, dass du nach der Trennung eben nicht allein sein wirst, sondern einen Partner oder eine Partnerin findest, der oder die dich tatsächlich liebt, respektiert und wertschätzt. Du kannst an romantische Urlaube denken. An wunderbaren Sex. Daran, dass es deinen Kindern – falls du welche hast – besser gehen wird.

Unsere Angst ist oft damit verbunden, dass wir uns als Opfer sehen. Dass wir uns nicht eingestehen, dass wir jeden Tag selbst entscheiden, nichts an der Situation und somit an der Angst zu ändern. »Ich kann meinen Job nicht kündigen, weil ich keinen neuen finde.« Doch, findest du. Es wird vielleicht nicht leicht, und du musst 20, 30 oder 100 Bewerbungen schreiben. Aber wenn du bereit bist, aus dem Feedback jeder einzelnen Bewerbung zu lernen, wirst du an dein Ziel kommen.

Apropos Ziel: Genau ein solches definierst du mit deinem Best-Case-Szenario. Und wie an anderer Stelle bereits gesagt: Erst wenn du weißt, was du willst, hast du eine Chance, es zu bekommen. In deinem Leben gibt es immer drei Möglichkeiten: Es wird schlechter, es bleibt gleich, es wird besser. Egal, was du tust, die Wahrscheinlichkeit, dass es schlechter wird, ist stets geringer als die Wahrscheinlichkeit, dass es gleich bleibt oder besser wird. Deine Chancen stehen immer 2 : 1. Das gilt so auch für die Prüfungsangst: Du kannst durch die Prüfung fliegen, eine normale Note kassieren oder – bei entsprechender Vorbereitung und etwas Glück mit den Fragen – brillieren. Solltest du durchfallen, hast du nach der Prüfung leider ein paar mehr Aufgaben im Gepäck als bei einem ordentlichen Ergebnis. Woran lag es? Was kannst du besser machen? Erledige diese Aufgaben, aber hab keine Angst.

Wichtig ist: Wenn du Angst spürst, solltest du erkennen, dass dein Konflikt niemals der Angst an sich gilt. Deine Angst ist nur eine natürliche Reaktion auf eine Situation. Du solltest deine Angst daher auch nicht überhöhen. Es ist wichtig, dass es dir gelingt, deinen Fokus auf die eigentliche Ursache deiner Angst zu legen. Wenn der Rauchmelder in deiner Wohnung Alarm schlägt, reicht es ja schließlich nicht, den Warnton (deine Angst) abzuschalten. Du solltest lieber schleunigst das Feuer löschen. Hast du das getan, bleibt in Zukunft auch der Rauchmelder ruhig.

Wie irrational unsere Ängste mitunter sind, zeigt das folgende Beispiel: Wovor fürchtest du dich mehr? Vor Autos oder vor Schlangen? Wahrscheinlich sind es Schlangen. Dabei müsstest du – beim Betrachten der nackten Fakten – eigentlich mehr Angst vor Autos haben, denn jedes Jahr sterben in Deutschland über 2000 Menschen im Straßenverkehr. Tödliche Schlangenbisse gab es dagegen seit 1960 nur einen einzigen.

Wie Trauer funktioniert und wie du Trauernden helfen kannst

Das Leben ist ein Geschenk. Wir werden geboren, wir wachsen, wir lernen. Wir probieren uns aus, haben Spaß und entwickeln uns weiter. Verlieben uns, trennen uns, verlieben uns neu. Genießen das Leben. Wir sammeln Erfahrungen und Erinnerungen, gehen durch Höhen und Tiefen. Wir nutzen die Jahre, die uns gegeben sind, und schreiben unsere eigene Geschichte. Und irgendwann kommt der Punkt, den wir oft vor uns herschieben. Ein Tabuthema in unserer Gesellschaft: der Tod.

Er gehört zum Leben dazu wie alles andere. Und er trägt auch dazu bei, dass das Leben, die Zeit, die wir geschenkt bekommen, einen großen Wert hat. Sie ist vergänglich – einmal verstrichen, unwiederbringlich vorbei. Doch genau das gibt den Dingen, die wir tun, der Zeit, die wir mit geliebten Menschen verbringen, mehr Bedeutung. Zeit ist das Wertvollste, das wir besitzen.

In unserer Gesellschaft wird allerdings das Thema Tod gern totgeschwiegen. Klar ist es kein schönes Thema, aber früher oder später wird jeder von uns damit konfrontiert sein. Und dann ist es doch besser, wenn du ein bisschen darauf vorbereitet bist, dich bei gewissen Anzeichen auf den Abschied einstellen kannst und auch mit der Person Gespräche geführt hast über Entscheidungen, die du vielleicht gar nicht für diese Person treffen möchtest. Und die dir deine Trauer noch etwas schwieriger machen.

In der Trauer wirst du sowieso schon mit vielem konfrontiert. Zu den Gefühlen, die dich überkommen, gehören Angst, Wut, Einsamkeit oder auch Überforderung. Die Reaktionen auf den Verlust sind individuell und hängen von verschiedenen Faktoren ab wie der Art des Verlustes, der persönlichen Beziehung zu der verlorenen Person oder Sache und der individuellen Persönlichkeit. Deshalb gibt es auch kein allgemeingültiges Vorgehen, das dir die Trauer erleichtert. Allerdings gibt es bestimmte Dinge, die dir dabei helfen können, damit umzugehen.

»Mit einem Trauer-Bullshit-Bingo ist keinem geholfen«

Trauer ist neben der Liebe wohl das Gefühl, welches dein Leben am stärksten verändern kann. Dr. Julian Heigl betreibt in Berlin Thanatos, ein modernes Bestattungsunternehmen, das sich für alternative Bestattungen, zum Beispiel auch von queeren Personen, einsetzt und der Vielschichtigkeit des schmerzhaften Themas Trauer Rechnung trägt. Wir sprachen mit Julian über die extremen Gefühle, die mit Trauer verbunden sind, darüber, was der Tod über das Leben lehrt und was Trauernde wirklich brauchen.

Was hättest du in der Schule allgemein gern über das Leben gelernt?
Ich hätte gerne mehr darüber gelernt, wie wir unsere eigenen Gefühle wahrnehmen und diese auch ausdrücken können. Und natürlich hätte ich gerne mehr über Sterben, Tod und Trauern gelernt.

Was können wir vom Tod über das Leben lernen?
Wenn man viel mit dem Thema Tod zu tun hat, merkt man, wie schnell das Leben vorbei sein kann und wie kostbar es eigentlich ist. Die Beschäftigung mit dem Tod lädt tatsächlich dazu ein, sich dem Leben mehr zuzuwenden.

Hattest du in der Schulzeit bereits Kontakt mit dem Beruf oder dem Thema Tod im Allgemeinen?
Nein, ich hatte persönlich damals noch keinen direkten Kontakt mit dem Tod, obwohl mich das Thema schon immer interessiert hat. In meinem katholischen Religionsunterricht wurde das Thema eher abstrakt behandelt.

Sollte das Thema Tod in der Schule angesprochen werden?
Ja, der Tod sollte meiner Meinung nach immer wieder thematisiert werden. Es gibt mittlerweile viele pädagogische Konzepte, wie Kinder und Jugendliche an das Thema herangeführt werden können. Dazu gehört zum Beispiel der Besuch eines Bestattungsunternehmens oder eines Friedhofs. Das Ganze wird dabei greifbar gemacht.

Welche Tipps hast du, um mit Trauer gut umzugehen?
Ich halte mich grundsätzlich mit Tipps zurück. Es gibt aber Sätze, die nicht gesagt werden sollten, sozusagen ein Trauer-Bullshit-Bingo. Das sind Sätze, die gut gemeint sind, aber genau das Gegenteil bewirken, zum Beispiel: »Du musst mal loslassen.« Wir müssen über den Verlust unserer Toten nicht hinwegkommen, indem wir sie loslassen und vergessen, sondern wir dürfen immer mit ihnen in Verbindung bleiben. Wir dürfen an sie denken, mit ihnen reden und ihretwegen bestimmte Dinge tun. Sie dürfen uns unser Leben lang begleiten.

Wie lässt sich der Trauerprozess erklären?
Ich nutze gerne die Trauerfacetten beziehungsweise das TrauerKaleidoskop von Chris Paul. Die einzelnen Facetten der Trauer mischen sich dabei, manchmal ist eine Facette überlagernd, manchmal ergänzen sie sich. Trauer tritt auch nicht nur auf, wenn jemand gestorben ist. Es gibt viele Parallelen zum Beispiel bei der Verarbeitung einer Trennung. Oft wird in unserer Gesellschaft jedoch nicht akzeptiert, dass um eine Beziehung lange getrauert wird oder um eine zerbrochene Freundschaft oder ein geliebtes Haustier. Ich würde sagen, es gibt eine gesellschaftlich akzeptierte Trauer und für andere Varianten ist meist wenig Verständnis da.

Was sollten wir über Trauer wissen?
Der Tod eines nahen Menschen kann uns in extreme Gefühle bringen. Er kann unseren Körper verändern, unsere Gewissheiten infrage stellen und dazu führen, dass wir unser Leben neu ordnen müssen. All das nennen wir Trauer – eine universelle Erfahrung, die zu jedem Leben dazugehört und die eigentlich gesund ist, um einen Verlust bearbeiten zu können.

Warum fällt uns der Umgang mit dem Thema Tod in Deutschland so schwer?
Unser Umgang mit Sterben und Tod ist kulturell geprägt. In unserer Kultur ist es ein gewisses Tabu, Trauer zu zeigen. Zum Beispiel ist lautes Weinen am Sarg bei uns eher unüblich. Auch Tod und Sterben sind in unserer Gesellschaft mehr oder weniger unsichtbar. Bis vor 100 Jahren haben bereits Kinder und Jugendliche mehrere Menschen zu Hause sterben sehen und dort Abschied genommen. Heute dauert es wesentlich länger, bis ein Mensch den ersten Toten zu Gesicht bekommt. Dass das Abschiednehmen vom toten Körper für den Trauerprozess hilfreich ist, rückt erst langsam wieder ins gesellschaftliche Bewusstsein. Tod und Sterben sind in unserer

Gesellschaft unsichtbar. Hier gibt es ebenfalls Parallelen zur Geburt, die früher von den Familienmitgliedern miterlebt wurde.

Warum findest du es wichtig, dass Menschen ihre eigene Beerdigung planen?
Mit der Vorausplanung ist sowohl den Sterbenden, die ihre Wünsche äußern können, als auch den Angehörigen, die die Bestattung durchführen müssen, geholfen. Häufig wird zu Lebzeiten nicht darüber gesprochen und die Angehörigen wissen dann gar nicht, was der Verstorbene gerne gehabt hätte. Es gibt die Möglichkeit, zu Lebzeiten seine eigene Beerdigung beim Bestattungsunternehmen zu planen und zu bezahlen. Allerdings ist es dann immer unternehmensgebunden. Es gibt auch Sterbeversicherungen, die abgeschlossen werden können. Damit sind die Kosten für die Beerdigung gedeckt und die Angehörigen werden nicht finanziell belastet.

Was möchtest du unseren Leser:innen noch mit auf ihren Lebensweg geben?
Wir werben dafür, sich den Verstorbenen zuzuwenden und sich die Zeit zu nehmen, die für die eigene Trauer benötigt wird. Viele Menschen wissen nicht, dass man die Toten allein oder mithilfe der Bestattenden waschen und ankleiden kann, dass man ihnen Briefe und kleine Gegenstände mit in den Sarg geben kann, dass man Sarg und Urne bemalen oder sogar selbst herstellen kann.

Was du bei Trauer tun kannst

Nimm dir Zeit: Gib dir die Zeit, die du brauchst, um deine Gefühle anzunehmen und zu verarbeiten. Es gibt keine feststehende Dauer, wie lange deine Trauer anhält – jeder Mensch ist anders. Und es gibt auch viele Fälle, in denen die Trauer zu einem bestimmten Maß ein Leben lang andauert. Du lernst nur, damit umzugehen.

Lass deine Trauer zu: Unterdrück sie nicht, das wird dir nicht weiterhelfen. Die Trauer ist da, weil etwas Trauriges passiert ist. Wenn du dich nicht damit auseinandersetzt, wirst du früher oder später Probleme damit haben. Verurteile dich nicht für deine Gefühle und versuch nicht, sie zu unterdrücken.

Sprich mit jemandem: Rede mit Freunden oder Familienmitgliedern über deine Gefühle und Gedanken. Sie wollen dir helfen. Doch das können sie nur, wenn du dich etwas öffnest. Sollten dir diese Gespräche nichts bringen, raten wir dir, professionelle Hilfe zu suchen. In unserer Infobox findest du einige Möglichkeiten.

Engagiere dich: Finde Dinge, um dich zu beschäftigen und abzulenken. Du gehst gerne laufen? Pack die Laufschuhe aus und raus in die Natur mit dir. Du spielst ein Instrument? Überleg, welche Musik dir in deiner Situation helfen könnte. Du bist komplett verspannt? Dann gönn dir eine Massage – das tut oft nicht nur dem Körper gut.

Nimm dir Auszeiten: Es ist wichtig, auch mal eine Pause zu machen und sich um sich selbst zu kümmern. Geh spazieren, mach Yoga oder meditiere – was immer für dich am besten funktioniert.

Sei nett zu dir selbst: Wir sind oft am härtesten mit uns selbst. Überleg dir, ob du die Dinge, mit denen du haderst oder die du dir selbst vorwirfst, auch anderen Menschen vorwerfen würdest. Dazu gehört zum Beispiel, dass du länger trauerst, als es gesellschaftlich akzeptiert ist. Oder dass die alltäglichen Dinge einfach mal liegen bleiben, weil du keine Kraft dazu hast. Oder du einfach im Bett liegen bleibst, weil du keine Kraft zum Aufstehen hast. Gib dir die Erlaubnis, deine Gefühle wirklich zu fühlen. Es gibt einen Grund, wieso sie da sind.

Es ist wichtig, dass Trauer den Platz und die Zeit bekommt, die sie braucht. Dass Menschen ihre Trauer auf ihre eigene Art und Weise ausdrücken und verarbeiten können, um mit dem Verlust umzugehen. Damit sie sich in Zukunft wieder stabilisieren können. Manche Menschen bewältigen ihre Trauer durch Gespräche mit Freund:innen oder Familienmitgliedern, andere durch das Schreiben von Gedichten oder Briefen, durch körperliche Aktivitäten oder durch die Teilnahme an Support-Gruppen. Oft nehmen sich Menschen jedoch nicht ausreichend Zeit, um die Trauer zu verarbeiten. Ist ja gesellschaftlich auch eher weniger akzeptiert. Das sollten sie aber. Ist es zu schwer, die Trauer allein zu bewältigen, dann kann professionelle Hilfe angeraten sein.

Hilfe bei Trauer

Telefonseelsorge:	0800 1110111
Kummertelefon für Kinder und Jugendliche:	0800 1110333
Notrufnummer bei psychischen Krisen:	0228 71002424

Infotelefon Depression:	0800 3344533
Trauerbegleitung:	bv-trauerbegleitung.de
Trauergruppen vor Ort:	www.trauergruppe.de
Online Trauercafé Memoir:	cafe-memoire.de

Wie kannst du Trauernde unterstützen?

Ein:e Freund:in von dir hat jemand Nahestehenden verloren? Dann fragst du dich bestimmt, wie du der Person am besten zur Seite stehen und Trost spenden kannst. Für viele sind vor allem die Wochen direkt nach dem Tod des Menschen am schlimmsten. Es ist eine absolute Ausnahmesituation. Sie müssen realisieren, dass die geliebte Person nicht mehr da ist. Auch Veränderungen oder eine komplette Umstrukturierung des Alltags können Folgen des Verlusts sein. Es ist gut möglich, dass die Trauernden sich zurückziehen – jedoch ist es genau dann besonders wichtig, Präsenz zu zeigen. Das kannst du tun, um zu helfen:

Da sein & zuhören: Der Tod einer Person bringt eine Ausnahmesituation für alle Angehörigen. Da ist es hilfreich, den Trauernden zu zeigen, dass sie nicht allein sind. Es ist wichtig, über die verstorbene Person zu sprechen, an sie zu erinnern und den Trauernden zuzuhören. Trauernde wollen meist gar nicht, dass ihnen der Schmerz genommen wird, aber sie möchten darüber sprechen.

Auf Trauernde zugehen: Viele Menschen vermeiden Treffen und Gespräche mit Trauernden ganz einfach aus dem Grund, dass sie nicht genau wissen, wie sie selbst damit umgehen sollen. Das ist kein Problem. Wichtig ist nur, dass sich die Trauernden durch den Rückzug ihres Umfelds nicht komplett verlassen fühlen. Deshalb sei für die Person da, selbst wenn dir die richtigen Worte fehlen.

Ehrlich sein: Du weißt nicht genau, was du deinem/deiner trauernde:n Freund:in sagen sollst? Das ist ganz normal. Doch das ist kein Grund, sich zurückzuziehen. Sag einfach, dass du nicht weißt, was die richtigen Worte sind oder was du tun sollst. Für niemanden ist die Situation leicht. Und es ist besser, offen und ehrlich zu sein, als die Trauernden allein zu lassen.

Im Alltag helfen: Vor allem der Alltag wird für Trauernde oft zur Herausforderung: Wäsche waschen, putzen, kochen. Viele Dinge erscheinen in der Situation banal und es fehlt ihnen an Kraft, diese auszuführen. Gerade wenn

es Aufgaben waren, die der:die verstorbene Partner:in zuvor immer übernommen hatte. Nimm dir etwas Zeit und schau, wo du unterstützen kannst.
Aktivitäten vorschlagen: Die Situation ist kräftezehrend und viele Trauernde tun sich schwer, in dieser Zeit aktiv auf ihr Umfeld zuzugehen. Einige sehnen sich jedoch nach etwas Abwechslung und danach rauszukommen, andere möchten das nicht. Die Bedürfnisse sind da sehr verschieden. Mach den ersten Schritt und schlage spezifische Aktivitäten inklusive Zeit und Ort vor. Die Trauernden müssen dann nur noch entscheiden, ob sie kommen möchten. Sollten sie das (noch) nicht wollen, nimm das nicht als persönliche Zurückweisung. Der Schmerz ist dann meist noch zu groß und das Alleinsein wird der Gesellschaft vorgezogen.
Kleine Gesten: Eine Umarmung, ein Blumenstrauß, ein Stück vom Lieblingskuchen – es gibt viele Möglichkeiten, Trauernden eine kleine Freude zu bereiten und auf diese Weise zu zeigen, dass du an die Person denkst und für sie da bist.
Geduld & Ausdauer: In den ersten Wochen ist die Aufmerksamkeit, die Trauernde von ihrem Umfeld bekommen, sehr groß. Doch nach etwa acht Wochen flacht diese ab. Die Trauer ist jedoch immer noch da, sie tut immer noch weh. Und wird das auch noch eine ganze Weile tun. Erkundige dich deshalb in regelmäßigen Abständen bei den Personen und lade sie ein, über die verstorbene Person z sprechen.
Kluge Sprüche beiseitelassen: Jeder kennt altkluge Sprüche, die zu bestimmten Anlässen hervorgeholt werden. Überlege, welche Dinge dir in dieser Situation helfen würden. Und lass die Sprüche, die wir gleich noch im Detail anschauen, lieber in der Schublade.

Vier Sätze, die du besser nicht sagen solltest:

1. »Er/sie hatte ja ein stolzes Alter« – auch wenn der Lieblingsmensch 110 Jahre alt geworden ist, gefühlt ist es immer zu früh.
2. »Ihr hattet so viel Zeit zusammen, dafür solltest du dankbar sein« – in dem Moment der Trauer war die gemeinsame Zeit zu kurz. Und der Fokus liegt darauf, dass die restliche Lebenszeit ohne die Person abläuft. Das macht es nicht leichter. Im Gegenteil. Je mehr Zeit zwei Menschen miteinander verbracht haben, umso schwieriger wird die Umstellung, nun wieder allein zu sein. So ein Satz spielt die Trauer herunter, und das sollte nicht passieren.
3. »Jetzt muss er/sie nicht mehr leiden« – das kann schon sein, aber wer weiß denn, was nach dem Tod kommt. Es ist wahrscheinlich nur gut

gemeint, doch leider falsch ausgedrückt. Auch Trauernde wollen nicht, dass Partner:innen oder Angehörige leiden müssen, dieser Satz lindert den Schmerz jedoch nicht.

4. »Sag Bescheid, wenn du etwas brauchst« – das ist auch nett gemeint, aber wie vorhin schon erwähnt, haben Trauernde oft nicht die Kraft und Motivation, aktiv nach etwas zu fragen. Also lieber regelmäßig nachfragen und selbst handeln.

Psychologie III

Zurück zum Glück

Welche Zutaten braucht der Mensch eigentlich, um ein glückliches Leben zu führen? Wir werfen in diesem Kapitel einen Blick auf die Glücksforschung und machen dich auf einen der großen Verhinderer von Glück aufmerksam – die Selbstlüge. Und wir schauen auf die Dinge, die Menschen am Ende ihres Lebens häufig bereuen. Damit es dir hoffentlich nicht so ergeht.

Glück, was ist das eigentlich?

Wir hatten am Anfang dieses Buches versprochen, dass es um deinen Weg in ein glückliches Leben gehen wird. Doch was gehört eigentlich dazu? Der französische Schriftsteller Edmond About hat einmal gesagt: »Glück besteht aus einem hübschen Bankkonto, einer guten Köchin und einer tadellosen Verdauung.«[66]

Kein schlechter Einstieg ins Thema Lebenszufriedenheit, wobei About heutzutage nicht mehr unbedingt mit einer ihm zur Verfügung stehenden Köchin rechnen dürfte, sondern sich für sein Lebensglück ruhig selbst an den Herd stellen sollte.

Geld ist, wie About korrekt anmerkte, tatsächlich ein wichtiger Faktor fürs Lebensglück, der jedoch in seiner Wirkung meist überschätzt wird. Ohne Essen, den zweiten Punkt, den About in seiner Glücksdefinition anspricht, ist ebenfalls schnell Schluss mit lustig. »Du bist nicht du, wenn du hungrig bist«, bringen die legendären Snickers-Commercials das Thema wunderbar auf den Punkt. Hunger setzt jedem von uns zu, da reichen mitunter schon ein paar Stunden. Und was die »tadellose Verdauung« angeht, die About anführt, sie ist ein ziemlich guter Hinweis auf den aktuellen Gesundheitsstatus und somit ebenfalls ein wichtiger Faktor fürs Lebensglück. So weit, so gut. Allerdings greift die Glücksdefinition von About viel zu kurz. Die aktuelle Glücksforschung benennt neben Gesundheit und Geld zur Erfüllung der Grundbedürfnisse (wie zum Beispiel Essen) noch zwei weitere wichtige Glücksfaktoren. Da wären zum Beispiel stabile soziale Beziehungen wie Partnerschaften oder Freundschaften und eine den eigenen Fähigkeiten entsprechende Aufgabe. Das kann zum Beispiel der Beruf bzw. die Arbeit sein (berufliche Karriere) oder aber ein anderes gesellschaftliches Engagement (private Karriere).

Glück setzt sich also in der Regel aus den folgenden Faktoren zusammen:

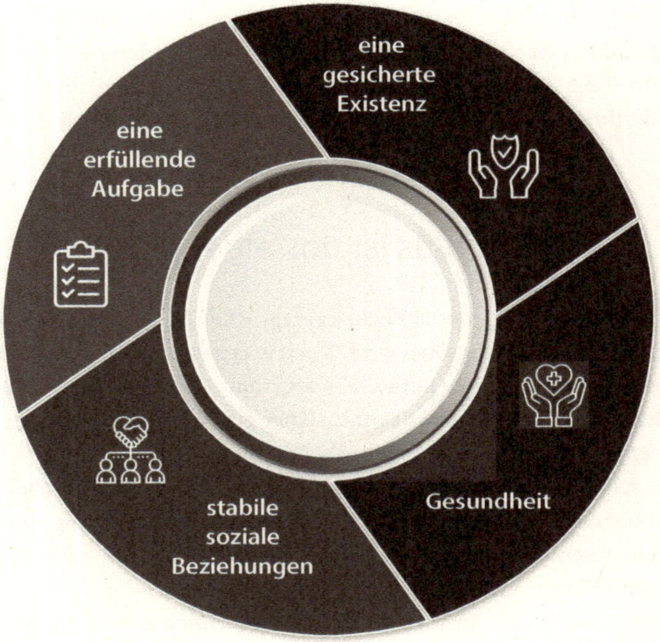

Für alle vier dieser Glücksbausteine haben wir dir hoffentlich genügend Input mit auf deinen Weg gegeben sowie Tools, mit denen du arbeiten kannst. Unterschätze und vernachlässige bitte keinen der Bausteine. Alle vier wirken immer wieder zusammen. Deine Beziehungen können zum Beispiel unmittelbar deine Gesundheit beeinflussen. Je wärmer und herzlicher deine Beziehungen sind, desto besser verarbeitest du zum Beispiel Stress. Eine Existenz, die nicht gesichert ist, verursacht dagegen Stress. Eine Aufgabe, die zwar deine Existenz sichert, dich jedoch nicht erfüllt, lässt deine Motivation sinken und führt zu Frust, der dich psychisch belastet.

Vergiss jedoch auch nie, dass Glück kein Dauerzustand ist. Es ist so gut wie unmöglich, alle vier Glücksbausteine immer in Balance zu halten. Es gibt Zeiten, in denen wir unserem Körper mehr abverlangen, als gut für ihn ist. Ebenso gibt es Zeiten, in denen wir unsere Beziehungen vernachlässigen. Wichtig ist, sich diese Dysbalance bewusst zu machen und eine Perspektive zu entwickeln, um sie wieder auszugleichen und zurück zum Glück zu finden.

Walk what you talk – was Ehrlichkeit und Konsequenz für dich und dein Wohlbefinden leisten

Hast du schon einmal von der kognitiven Dissonanz gehört? Dabei handelt es sich um ein psychologisches Phänomen, das immer dann auftritt, wenn wir eine falsche Entscheidung treffen. Zum Beispiel beim Kauf eines neuen Smartphones. Anfangs ist noch alles prima, aber nach kurzer Zeit stellst du fest, dass das Handy doch nicht so gut in der Hand liegt. Das Laden der Apps dauert manchmal ganz schön lange. Und die Akkulaufzeiten sind auch nicht so doll. Mit anderen Worten: Du bist unzufrieden. Ursache für diese Unzufriedenheit ist die sogenannte kognitive Dissonanz. Sie entsteht immer dann, wenn in unserem Leben Wunsch und Wirklichkeit nicht übereinstimme

Unser Gehirn befindet sich jedoch nicht gern in einer solchen kognitiven Dissonanz. Es versucht daher, die Unzufriedenheit loszuwerden. Das kann auf zwei Arten geschehen1

1. Wir passen die Wirklichkeit an unseren Wunsch a2.
2. Wir schrauben unsere Erwartungen herunter und geben uns mit weniger zufrieden.

Übersetzt auf den konkreten Fall, heißt das:

1. Du gibst das Handy zurück und versuchst dein Glück mit einem anderen.
2. Du redest dir deinen Kauf schön.

In der Regel ist der Aufwand, die Wirklichkeit dem Wunsch anzupassen, sehr hoch. Wir müssen dafür sehr viel tun. Das Handy muss wieder verpackt und zurückgeschickt werden. Das neue Handy muss installiert und eingerichtet werden. Womöglich gibt es Probleme mit dem Verkäufer, weil er den Mangel nicht akzeptiert. Sehr viel einfacher ist es dagegen, die Erwartungen herunterzusetzen. Wir schwindeln uns einfach selbst an. Geht es um Kleinigkeiten, ist dieses Verhalten auch nicht verkehrt. Doch die Unehrlichkeit uns selbst gegenüber kann uns eben auch zum Verhängnis werden, denn: Wir lösen das eigentliche Problem nicht. Wir ignorieren es.

Dieses Verhaltensmuster ist auch einer der Gründe, warum es manche Menschen viel zu lange in einer toxischen Beziehung aushalten oder aber im falschen Job. Sie packen das echte Problem nicht an, sondern bleiben passiv. Wir können dich nur bitten, dir das Phänomen der kognitiven Dissonanz bewusst zu machen. Belüg dich bei den Dingen, die wirklich wichtig sind, die deine Beziehung, deinen Job, deine Existenz und deine Gesundheit betreffen, nicht. Vertrau auf das Feedback von guten Freund:innen und Expert:innen. Hol dir, wenn nötig, Hilfe. Nur mit Ehrlichkeit gegenüber dir selbst bist du in der Lage, dein Potenzial vollständig auszuschöpfen, dich zu entwickeln und glücklich zu werden.

Was Menschen am Ende ihres Lebens bereuen

Was würdest du anders machen, wenn du dein Leben noch einmal leben könntest? Die Australierin Bronnie Ware kennt die gängigsten Antworten auf diese Frage. Sie hat jahrelang als Palliativkrankenschwester gearbeitet. In ihrer beruflichen Laufbahn hat sie viele Menschen auf ihrem letzten Weg begleitet. Dabei hat sie intensive Gespräche mit den Patient:innen geführt und entdeckt, dass immer wieder die gleichen Dinge zur Sprache kamen, die Menschen am Ende ihres Lebens bedauern. Sie hat darüber das Buch *5 Dinge, die Sterbende am meisten bereuen*[67] geschrieben. Und das sind die fünf Punkte:

1. **»Ich wünschte, ich hätte den Mut gehabt, mir selbst treu zu bleiben, statt so zu leben, wie andere es von mir erwartet haben.«**
   Viele Menschen tun in ihrem Leben das, was von ihnen erwartet wird. Sie suchen sich Berufe aus, weil sie nach Ansicht der Eltern gute und si-

chere Jobs sind. Wenn sie nach einiger Zeit merken, dass es doch nicht das Richtige ist, wird es oft abgetan mit Ausreden wie »Nun habe ich schon so viel Zeit und/oder Geld investiert, das mache ich jetzt weiter«. Das Gleiche gilt auch für Beziehungen. Wir sind zu Kopfmenschen geworden, die vor allem nach dem Verstand handeln. Doch das Bauchgefühl – der intuitive Kopf – wird oft beiseitegeschoben. Die Lösung? Das tun, was du wirklich liebst. Und wenn dir der Sinn nach etwas anderem steht – mach es einfach!

2. **»Ich wünschte, ich hätte nicht so viel gearbeitet.«**
Wir haben an verschiedenen Stellen in diesem Buch über das Thema Zeit gesprochen, unter anderem darüber, wie viel Zeit wir in unserem Leben tatsächlich mit bezahlter Arbeit verbringen. Aber ein Job allein kann dich nicht glücklich machen. Selbst wenn er dir viel Freude bereitet und du dein Können ausleben kannst. Es gibt noch so viel mehr, das wichtig und bedeutend für dein Leben ist. Die Aussage »Ich wünschte, ich hätte weniger gearbeitet« kam übrigens ausnahmslos von jedem männlichen Patienten, den Bronnie Ware pflegte. Da die Patienten noch aus einer Zeit stammten, in der vor allem der Mann dafür verantwortlich war, das Geld nach Hause zu bringen, ist das nicht verwunderlich. Allerdings gab es auch Frauen, die dieses Bedauern äußerten.
Wenn wir uns so nach links und rechts umschauen, fallen uns viele Menschen ein, die auch in diese Sparte fallen. Jeder ist im Stress, arbeitet 40, 50 oder noch mehr Stunden pro Woche, hetzt von A nach B. Höher, schneller, weiter. Und die Tage? Sie rasen einfach so dahin. Arbeiten ist gut und wichtig. Jedoch sollte dich dein Job nicht vollständig vereinnahmen. Es gibt Dinge im Leben, die besser und wichtiger sind und deine kostbare Zeit benötigen: Freunde, Hobbys, Familie – deine private Karriere.

3. **»Ich wünschte, ich hätte den Mut gehabt, meinen Gefühlen Ausdruck zu verleihen.«**
Gefühle und Beziehungen sind eines der schwierigsten Themen. Wer seine Gefühle offenbart, wer emotional »die Hosen runterlässt«, macht sich angreifbar und verletzlich. Was, wenn die Gefühle nicht erwidert werden? Was, wenn dein Ärger das Ende der Beziehung bedeutet? Denk nicht in Worst-Case-Szenarien, wende dich Best-Case-Szenarien zu. In den meisten Fällen wirst du gewinnen, wenn du deine Gefühle ehrlich

wiedergibst. Ob diese Gefühle nun positiv oder negativ sind – es ist wichtig, sie auszudrücken.

In ihren Gesprächen erfuhr Bronnie Ware, dass viele Menschen jahrzehntelang ihre Gefühle aus Angst oder um des lieben Friedens willen unterdrückt hatten. Sie trugen dadurch immer mehr Verbitterung und Groll mit sich herum, bis sie schwer krank wurden. Du hast bestimmt schon einmal die klugen Sprichwörter »Das muss ich erst einmal verdauen« oder »Das liegt mir wie ein Stein im Magen« gehört. In diesen Sprichwörtern manifestiert sich die Verbindung von Psyche und Körper. Deshalb kann ein jahrelanges Unterdrücken von Gefühlen nicht nur dazu führen, dass du zeit deines Lebens unglücklich bist, sondern auch Krankheiten nach sich ziehen.

Doch nun zum schöneren Part: Was passiert eigentlich, wenn du deine Gefühle doch offenbarst? Stell dir vor, du bist schwer verliebt, hast Schmetterlinge im Bauch, wenn du an diese eine Person denkst. Aber du traust dich nicht, es diesem Menschen auch zu sagen. Es könnte ja schiefgehen. Aber was, wenn nicht? Was, wenn die Person dieselben Gefühle hat und es nicht wagt, etwas zu sagen? Hier hilft dir wieder die 10-10-10-Methode (siehe Seite 124), die wir bereits vorgestellt haben. Was ist das Schlimmste, das geschehen kann, und welche Bedeutung hat es für dich in zehn Minuten, zehn Monaten oder zehn Jahren? Werden deine Gefühle nicht erwidert, fühlst du dich zehn Minuten wahrscheinlich ziemlich blöd und schlecht. In zehn Monaten bist du aber mit Sicherheit über die Geschichte hinweg. Und hast womöglich sogar ein neues Glück gefunden. Wir sagen daher: go for it! Denn selbst wenn es ein Korb wird – du lernst dazu. Aber auch in bereits bestehenden Beziehungen zu Gefühlen zu stehen und sie zu teilen, ist wichtig. Ob in einer Beziehung – in deiner Liebessprache – oder in Freundschaften. Nur so kannst du dein Gegenüber wirklich kennenlernen und auch die andere Person an deinem Seelenleben teilhaben lassen. Vieles wird so für Partner:innen oder Freund:innen verständlicher, nachvollziehbarer und bestimmte Probleme lassen sich dann ganz einfach lösen. Nur wenn du dich öffnest und über Gefühle sprichst, kannst du tiefgreifende Verbindungen zulassen und genau so sein, wie du bist.

»… und ich fragte mich, warum wir alle solche Angst haben, ehrlich und offen zu sein. Natürlich wollen wir in erster Linie Schmerzen vermeiden, die wir uns mit unserer Ehrlichkeit einbrocken können.

Aber diese Mauern, die wir da um uns bauen, bescheren uns doch auch Schmerzen, weil wir andere davon abhalten, uns so kennenzulernen, wie wir wirklich sind.«[68]

4. **»Ich wünschte, ich hätte den Kontakt zu meinen Freunden gehalten.«**
Im Arbeitsleben und in der 40-Stunden-Woche angekommen, leben viele nur noch von Wochenende zu Wochenende. Dann alle Termine und Freund:innen in die zwei Tage zu packen, ist anstrengend und kontraproduktiv. In unseren jungen Jahren haben wir noch viel Zeit, die wir mit Freunden verbringen, dementsprechend auch meist einen großen Freundeskreis. Doch wie wir im Kapitel »Beziehungen & Gefühle II« bereits anhand der Grafiken sehen konnten, wird die Zeit, die wir mit Freund:innen teilen, immer weniger. Freundschaften zu pflegen, ist Arbeit. Keine Frage. Diese Arbeit muss eben, wie auch in einer Liebesbeziehung, gemacht werden. Von beiden Seiten. Jedoch verbeißen wir uns oft in Kleinigkeiten. »Nein, ich hab das letzte Mal gefragt, ob wir etwas machen. Dieses Mal soll der andere sich melden.« Ein bestimmtes Gleichgewicht und ein Interesse von beiden Seiten sind natürlich wünschenswert. Wenn allerdings Freundschaften deshalb zu Ende gehen, ist das schade. Denn die vielen Jahre, die miteinander verbracht wurden, bedeuten etwas. Vor allem da das Gefühl der Einsamkeit in Deutschland in den letzten Jahren sprunghaft angestiegen ist. Das liegt natürlich auch an der Coronapandemie und der Verlagerung des Lebens in die eigenen vier Wände. Doch anders als vielleicht spontan angenommen, sind nicht nur die älteren Menschen (60+) von Einsamkeit betroffen. Vor allem Jugendliche und junge Erwachsene (15 bis 30) geben in Umfragen an, sich einsam zu fühlen.
Mit Freund:innen an der Seite erwachsen zu werden oder zu altern, mit Menschen, die dich kennen, die um deine ganze vollständige Geschichte wissen und die Dinge verstehen, ohne dass sie erklärt werden müssen, dafür lohnt es sich, immer wieder Zeit in Freundschaften zu investieren.

5. **»Ich wünschte, ich hätte mir mehr Freude gegönnt.«**
Erlaub dir das Glücklichsein. Manchmal ist Glück tatsächlich eine proaktive Entscheidung. Ganz am Anfang dieses Buches haben wir geschrieben, dass wir kein Buch über Selbstoptimierung schreiben wol-

len. Wie könnten wir auch: Du sollst bestimmen, wer du bist und was dich glücklich macht. Wir sind allerdings nur zu gut mit dem inneren Kritiker vertraut, der dich ständig zweifeln lässt und in die Unzufriedenheit treibt. Er flüstert zum Beispiel: Verdiene ich eigentlich genug? Könnte ich nicht mit einem anderen Partner oder einer anderen Partnerin ein schöneres Leben haben? Müsste ich nicht ein paar Kilo abnehmen, um schön(er) auszusehen?

Es gibt immer etwas, mit dem du hadern kannst. Die meisten unserer Probleme sind jedoch Luxusprobleme. Aber in diese steigern wir uns oft hinein, schimpfen viel und lassen uns dadurch die Laune verderben. Das war ja auch ein wichtiger Punkt beim Thema Zukunft. Die Welt ist oft gar nicht so schlecht, wie wir sie wahrnehmen. Wir konzentrieren uns aber grundsätzlich mehr auf die Dinge, die schlecht laufen, als auf die guten. Denk doch einmal an Bewertungen. Hast du ein Restaurant besucht, das toll ist, gehst du satt und zufrieden nach Hause. Du wirst wahrscheinlich keine Bewertung bei Google über dein positives Erlebnis schreiben. Ist aber ein Haar in deiner Suppe oder du hast über eine Stunde auf dein Essen gewartet, glühen die Tasten ziemlich sicher kurz danach und eine 1-Sterne-Bewertung wird verfasst.

Genau bei diesem Sachverhalt setzt der fünfte Punkt an, den Bronnie Ware in ihrem Buch vorstellt. Wir sollten uns im Leben viel öfter auf die Dinge konzentrieren, die gut sind. Die uns glücklich machen. Und diese genießen. Dankbarkeit ist hier das Stichwort. Also – führ dir bitte immer wieder vor Augen, welche Sachen, Menschen oder Situationen in deinem Leben toll sind, und gönn dir die Freude darüber.

Mehr Infos? Unsere Empfehlungen

Wir haben versucht, uns in diesem Buch in jeder Kategorie auf das Wesentliche zu beschränken. Wenn du Lust hast, das eine oder andere Thema zu vertiefen, findest du hier unsere Empfehlungen für Bücher, Filme, Websites, Youtube-Kanäle oder Podcasts für die jeweilige Kategorie.

Psychologie

BUCH *Finde dein Warum. Der praktische Wegweiser zu deiner wahren Bestimmung* – Simon Sinek

BUCH *Das Café am Rande der Welt* – John Strelecky

BUCH *Verhandeln* – Daniel Shapiro

FILM *Der kluge Bauch. Unser zweites Gehirn*

INSTAGRAM *@jamesclear* Autor von *Atomic Habits*

Job und Karriere

BUCH *Der Karriereguru. Mission Traumjob* – Tobias Jost

BUCH *Get a Life, Not a Job* – Paula Caligiuri

WEBSITE arbeitsagentur.de – Agentur für Arbeit – Berufsinformationszentrum BIZ

WEBSITE karrierebibel.de

Organisation und Alltag

WEBSITE sparkasse.de

WEBSITE mieterbund.de

BUCH *Aufräumen* – Marie Kondo

BUCH *Aufräumen für Faule. So bekommst du das Chaos in den Griff* – Rachel Hoffman

BUCH *Der Taschenanwalt. Die spannendsten Rechtsfragen einfach erklärt* – Christian Solmecke

YOUTUBE-KANAL *Anwalt Jun*

Gesundheit

BUCH *Fit ohne Geräte. Trainieren mit dem eigenen Körpergewicht* – Marc Lauren, Joshua Clark

BUCH *Der Ernährungskompass* – Bas Kast

YOUTUBE-KANAL *Hasfit*

YOUTUBE-KANAL *Fitnessblender*

YOUTUBE-KANAL *Mady Morrison*

YOUTUBE-KANAL *growingannanas*

Finanzen und Steuern

BUCH *Rich Dad. Poor Dad* – Robert Kiyosaki

WEBSITE finanztip.de – alles rund ums Thema Finanzen

WEBSITE finanztip.schule.de – Finanztip Schule – Bildungsinitiative der Finanztip Stiftung

WEBSITE lazyinvestors.de – alles rund um das Thema Altersvorsorge

PODCAST *Madame Moneypenny – Finanzthemen aus Frauensicht*

INSTAGRAM *@steuerfabi*

Gesellschaft

BUCH *Eine kurze Geschichte der Menschheit* – Yuval Noah Harari

BUCH *Riding the waves of culture* – Charles Hampden-Turner

BUCH *Interkulturelle Zusammenarbeit* – Geert Hofstede

BUCH *Unlearn Patriarchy* – Lisa Jaspers, Naomi Ryland et al.

BUCH *Alle Zeit* – Theresa Bücker

Beziehungen und Gefühle

BUCH *Jeder ist beziehungsfähig* – Stefanie Stahl

BUCH *Die fünf Sprachen der Liebe* – Gary Chapman

BUCH *Trauerfacetten* – Chris Paul

BUCH *Endlich über Trauer reden* – Susann Brückner, Caroline Kraft

BUCH *5 Dinge, die Sterbende am meisten bereuen* – Bronnie Ware

FILM *Alles steht Kopf* – Film von Pixar

YOUTUBE-KANAL *Sarggeschichten*

PODCAST *21 Gramm*

PODCAST *endlich*

Kommunikation

BUCH *Gewaltfreie Kommunikation. Eine Sprache des Lebens* – Marshall B. Rosenberg

BUCH *Kommunikationstraining. Zwischenmenschliche Beziehungen erfolgreich gestalten* – Vera F. Birkenbihl

BUCH *Menschen lesen* – Joe Navarro

BUCH *Gebrauchsanweisung für das Internet* – Dirk von Gehlen

SERIE *Lie to me* – Serie über die Verbrechensbekämpfung anhand des Facial-Action-Coding-Systems

FILM *Arrival*

Famous last words

Tja, jetzt bist du an der Reihe. Wir hoffen, dass du durch unser Buch ein besseres Gefühl dafür erhalten hast, was in den nächsten Jahren auf dich zukommt und in welche Themen du besonders viel Zeit und Energie stecken solltest. Wie du vielleicht gemerkt hast, war es uns wichtig, dir immer wieder die Zusammenhänge der unterschiedlichen Themen zu verdeutlichen. Bitte versuch in Zukunft, deine persönliche Karriere und deine berufliche Karriere immer in Abhängigkeit von deiner Persönlichkeit zu gestalten. Entwickle aus deiner Persönlichkeit heraus deine Ansprüche an deine Beziehungen ebenso wie deine Ansprüche an unsere Gesellschaft. Vor allem aber hoffen wir, dass wir dich davon überzeugen konnten, dass du stets etwas dafür tun kannst, um deine Lebenssituation zu verbessern. Und zwar nicht unbedingt, weil du das musst, sondern weil du das so möchtest. Viel Spaß dabei!

Trau dich, für die Dinge, die dir wirklich etwas bedeuten, Risiken einzugehen. Versuch nicht, alles richtig zu machen. Am Ende deines Lebens wirst du dich nicht an die Tage erinnern, an denen du früh ins Bett gegangen bist. Diese Tage gehören dazu. Aber es sind nicht die wichtigsten.

Vergiss nie: Starke Gefühle haben die Kraft, Lösungswissen zu blockieren. Wir können dir nur empfehlen, dieses Buch daher immer wieder zur Hand zu nehmen – in Ausnahmesituationen sowieso, aber nicht nur. Es hilft sehr, sich bestimmte Abläufe sowie Tools und Techniken öfter mal bewusst zu machen. Wir selbst haben beim Schreiben mehr als einmal bemerkt, in welchen Bereichen wir es in der letzten Zeit haben schleifen lassen und das Heft des Handelns aus der Hand gegeben haben. Aber wir werden diese Themen anpacken und freuen uns auf den Prozess. Mal schauen, wo er uns hinführen wird. Das Aufregendste am Leben bleiben schließlich die Überraschungen, die es für jeden von uns bereithält.

Endnoten

1 Bandura, Albert: *Self Efficacy: The Exercise of Control.* Worth, New York 1997.

2 Max Weber: »Die ›Objektivität‹ sozialwissenschaftlicher und sozialpolitischer Erkenntnis«, in: *Archiv für Sozialwissenschaft und Sozialpolitik* 19 (1904).

3 Goethe, Johann Wolfgang: *Wilhelm Meisters Wanderjahre* (1829). In: ders.: *Sämtliche Werke nach Epochen seines Schaffens.* Münchner Ausgabe, hrsg. von Karl Richter, Bd. 17. München und Wien 1991.

4 Dudenredaktion: *Duden online.* Abgerufen am 5. Februar 2023, https://www.duden.de/node/99255/revision/1314052.

5 Projektmanagement Zentrum. Abgerufen am 6. Februar 2023, https://projektmanagement-zentrum.ch/2022/05/02/smart-ziele-ganz-schoen-clever/.

6 *P.M. Fragen & Antworten,* Ausgabe 1/2014.

7 Bundesinstitut für Berufsbildung, abgerufen am 5.2.2023, https://www.bibb.de/de/pressemitteilung_152285.php, 12.1.2021.

8 Deutsches Studierendenwerk, 21. Sozialerhebung, 2016.

9 Statistisches Bundesamt, abgerufen am 5.3.2023, https://de.statista.com/statistik/daten/studie/868734, Dezember 2022.

10 Hartmann, N.: *Ethik,* 1926 u. Helwig, P.: »Das Wertequadrat«. In: *PSYCHE,* 2. Jahrgang 1948, 1. Heft, S. 121–127.

11 Liker, Jeffrey K.: *Der Toyota Weg (2021): Die 14 Managementprinzipien des weltweit erfolgreichsten Autokonzerns,* FinanzBuch Verlag, München 2022.

12 »Ein Drittel der deutschen Führungskräfte setzt infolge der Pandemie stärker auf Soft Skills«, abgerufen am: 5.2.2023, https://www.roberthalf.de/presse/ein-drittel-setzt-staerker-auf-soft-skills, 17. Dezember 2020.

13 Mayer, J. D.; DiPaolo, M., und Salovey, P.: «Perceiving Affective Content in Ambiguous Visual Stimuli: A Component of Emotional Intelligence« in: *Journal of Personality Assessment,* 54 (3–4), 1990, S. 772–781. Lawrence Erlbaum Associates, Inc.

14 Undercover Recruiter, abgerufen am 5.2.2023, https://theundercoverrecruiter.com/infographic-how-interviewers-know-when-hire-you-90-seconds.

15 Müller, Kai Uwe: DIW Wochenbericht 10/2020, S. 160.

16 Kondo, Marie: *Magic Cleaning. Wie richtiges Aufräumen Ihr Leben verändert,* 49. Edition, Rowohlt Taschenbuch, Reinbek bei Hamburg 2013.

17 Cilley, Marla: *Die magische Küchenspüle. Sich selbst und den eigenen Haushalt auf Hochglanz bringen,* 1. Edition, Edition Schwarzer, 2014.

18 Irle, Katja: »Kinder, wie die Zeit vergeht – Über Paradoxien der Zeitwahrnehmung«, in: *Forschung Frankfurt,* Ausgabe 1/2017.

19 Cirillo, Francesco: *The Pomodoro Technique: The Life-Changing Time-Management System,* 1. Edition, Virgin Books, 2018.

20 Heybrück, Julius: *Das Pareto Prinzip. Perfektionismus überwinden durch erfolgreiches Zeitmanagement mit der 80/20 Regel,* Royal Bookshelf, 2020.

21 BCG, Dynamischer Markt für Talente, abgerufen am 5.2.2023, https://www.bcg.com/press/18january2023-dynamischer-markt-fur-talente-jeder-zweite-beschaftigte-erhalt-mindestens-einmal-pro-monat-ein-jobangebot, 18. Januar 2023.

22 *Frankfurter Rundschau*, abgerufen am 7.2.2023, https://www.fr.de/wissen/weltraum-weltall-internationale-raumstation-iss-schwerelosigkeit-forschung-gesundheit-astronaut-91690871.html.

23 Good Gains, abgerufen am 7.2.2023 unter https://www.good-gains.de/post/wie-schnell-du-muskeln-verlierst.

24 *Ärzteblatt*, abgerufen am 5.2.2023, https://www.aerzteblatt.de/nachrichten/118657/WHO-gibt-neue-Aktivitaetsempfehlungen-heraus-fuer-die-Gesundheit-zaehlt-jede-Bewegung, 26. November 2020.

25 Bartholomew, K.; Horowitz, L. M.: »Attachment Styles among Young Adults: A Test of A Four-Category Model«, in: *Journal of Personality and Social Psychology*, 61, 1991, S. 226–244.

26 Chapman, Gary: *Die 5 Sprachen der Liebe. Wie Kommunikation in der Partnerschaft gelingt*, Francke-Buch, 2003.

27 Parship: »Zoffen, streiten, zanken – so fliegen bei Paaren in Deutschland die Fetzen«, abgerufen am 5.2.2023, https://www.parship.de/studien/zoffen-streiten-zanken-so-fliegen-bei-paaren-in-deutschland-die-fetzen, 15. April 2021.

28 Gitnux Redaktion: »Konflikte am Arbeitsplatz, Statistiken 2023: Das sagen aktuelle Studien«, abgerufen am 5.2.2023, https://blog.gitnux.com/de/konflikte-am-arbeitsplatz-statistiken, 27. Januar 2023.

29 Shapiro, Daniel: *Verhandeln*, Campus, 2018.

30 *GEO WISSEN* Nr. 58, »Liebe: Der Traum vom gemeinsamen Glück«, Gruner & Jahr, 2016.

31 Freier, Anne: *Science of Breakup: How Love and Heartbreak Affect the Body and Brain*, Beshu Books, 2021.

32 Yuval Noah Harari: *Eine kurze Geschichte der Menschheit*, 40. Edition, Pantheon Verlag, 2015.

33 Ekman, Paul, abgerufen am 7. Februar 2023, https://www.paulekman.com/facial-action-coding-system/.

34 Sender-Empfänger-Modell nach W. Weaver/C. E. Shannon: *The Mathematical Theory of Communication*, Illinois 1949.

35 Rosenberg, Marshall B.: *Gewaltfreie Kommunikation. Eine Sprache des Lebens*, 12. Edition, Junfermann Verlag, 2016.

36 Tagesspiegel, Torben Walaczek: »Die Kanzlerin und das Internet«, abgerufen am: 5.2.2023, https://www.tagesspiegel.de/politik/merkels-neuland-wird-zur-lachnummer-im-netz-4403470.html, 19.6.2023.

37 Bundesamt für Statistik: Pressemitteilung Nr. N 013 vom 23. März 2020, abgerufen am 5.2.2023, https://www.destatis.de/DE/Presse/Pressemitteilungen/2020/03/PD20_N013_132.html, 23.3.2023.

38 Bundesamt für Statistik: Solo-Selbstständige, abgerufen am: 5.2.2023, https://www.destatis.de/DE/Themen/Arbeit/Arbeitsmarkt/Qualitaet-Arbeit/Dimension-4/solo-selbstaendige.html.

39 Raschka, Benjamin: »Wer mehr Gehalt will, muss danach fragen«, abgerufen am 5.2.2023, https://www.stepstone.de/e-recruiting/blog/wer-mehr-gehalt-will-muss-danach-fragen, 11. Juni 2019.

40 Taxfix, abgerufen am 7. Februar 2023, über https://taxfix.de/ratgeber/pflichten/abgabepflicht/.

41 Our World in Data, Esteban Ortiz-Ospina, abgerufen am: 5.2.2023, https://ourworldindata.org/time-with-others-lifetime, 11. Dezember 2020.

42 *Tagesspiegel*: »Kind da, Eltern getrennt: So überstehen Sie als Paar die Babyzeit«, abgerufen am 7. Februar 2023, https://www.tagesspiegel.de/gesellschaft/kind-da-eltern-getrennt-warum-viele-paare-die-ersten-babyjahre-nicht-uberstehen-8560954.html.

43 TK Stressstudie 2021: »Entspann dich, Deutschland!«, abgerufen am 7. Februar 2023, https://www.tk.de/presse/themen/praevention/gesundheitsstudien/tk-stressstudie-2021-2116458.

44 The Sleep Foundation, abgerufen am 7.2.2023, https://www.sleepfoundation.org/how-sleep-works/how-much-sleep-do-we-really-need.

45 Statista: »Wie würden Sie Ihren Schlaf bewerten?«, abgerufen am 7. Februar 2023, https://de.statista.com/statistik/daten/studie/1277632/umfrage/schlafqualitaet-der-deutschen/.

46 Fachmagazin *PLoS Medicine*, Studie »Association of Sleep Duration at Age 50, 60, and 70 Years with Risk of Multimorbidity in the UK: 25-Year Follow-up of the Whitehall II Cohort Study«, abgerufen am 7. Februar 2023, https://journals.plos.org/plosmedicine/article?id=10.1371%2Fjournal.pmed.1004109.

47 Max-Planck-Gesellschaft zur Förderung der Wissenschaften; Cordi, M.; Ackermann, S.; Bes, F. W .; Hartmann, F.; Konrad, B. N.; Genzel, L.; Pawlowski, M.; Steiger, A.; Schulz, H.; Rasch, B.; Dresler, M.: »Lunar Cycle Effects on Sleep and the File Drawer Problem«, in: *Current Biology*. Vol 24, Nr. 12 (doi: 10.1016/j.cub.2014.05.017).

48 Neurologen und Psychiater im Netz, abgerufen am 7. Februar 2023, https://www.neurologen-und-psychiater-im-netz.org/neurologie/ratgeber-archiv/artikel/alkohol-foerdert-durchschlafstoerungen/.

49 Bundeszentrale für gesundheitliche Aufklärung: Kenn dein Limit, abgerufen am 7. Februar 2023, über https://www.kenn-dein-limit.de/alkoholkonsum/alkoholkonsum-in-deutschland/.

50 Bundesministerium für Gesundheit: Alkohol, abgerufen am 7. Februar 2023, über https://www.bundesgesundheitsministerium.de/service/begriffe-von-a-z/a/alkohol.html.

51 Bundesamt für Statistik, abgerufen am 8.2.2023, https://de.statista.com/themen/150/rauchen/.

52 Bundesministerium für Gesundheit: Medikamentenmissbrauch und -abhängigkeit, abgerufen am 7. Februar 2023, über https://www.bundesgesundheitsministerium.de/service/begriffe-von-a-z/m/medikamentenmissbrauch-und-abhaengigkeit.html.

53 Barmer, abgerufen am 7. Februar 2023, über https://www.barmer.de/gesundheit-verstehen/psyche/sucht/tipps-gegen-nasenspraysucht-1058560.

54 Bundesministerium für Gesundheit: Sucht und Drogen, abgerufen am 7. Februar 2023, über https://www.bundesgesundheitsministerium.de/themen/praevention/gesundheitsgefahren/sucht-und-drogen.html.

55 Bundesministerium für Gesundheit: Glücksspielsucht, abgerufen am 7. Februar 2023, über https://www.bundesgesundheitsministerium.de/service/begriffe-von-a-z/g/gluecksspielsucht.html.

56 Pro Psychotherapie e. V., abgerufen am 7. Februar 2023, über https://www.therapie.de/psyche/info/index/diagnose/internetsucht/formen-und-haeufigkeit/.

57 Bundesministerium für Gesundheit: Depression, abgerufen am 7. Februar 2023, über https://www.bundesgesundheitsministerium.de/themen/praevention/gesundheitsgefahren/depression.html.

58 Statistik der Deutschen Rentenversicherung, Rente 2021, Band 224.

59 *Focus*: »Magische Grenze erstmals geknackt: 40 Rentner bekommen über 3000 Euro im Monat«, abgerufen am: 8.2.2023, https://www.focus.de/finanzen/altersvorsorge/rente/ueber-45-jahre-voll-eingezahlt-magische-grenze-erstmals-geknackt-40-rentner-bekommen-monatlich-ueber-3000-euro_id_24944897.html, 28. Dezember 2021.

60 Demografieportal, abgerufen am 7. Februar 2023, über Quelle www.demografieportal.de.

61 Kiyosaki, Robert T. T.: *Rich Dad Poor Dad. Was die Reichen ihren Kindern über Geld beibringen*, FinanzBuch Verlag, 2014.

62 Erbrechtsinfo, abgerufen am 7. Februar 2023, erbrechtsinfo.com.

63 Rundfunk Berlin-Brandenburg über RBB24.de.

64 Tagesschau, unter tagesschau.de.

65 Auf dieses Beispiel sind wir über https://twitter.com/JustinKraft/status/1371032691190153222?lang=id aufmerksam geworden.

66 »Happiness«, in: *Popular Science Monthly*, 1882, S. 403.

67 Ware, Bronnie: *5 Dinge, die Sterbende am meisten bereuen. Einsichten, die Ihr Leben verändern werden*, Goldmann Verlag, 2015.

68 Aus *5 Dinge, die Sterbende am meisten bereuen*, S. 164.

Bildnachweis

Seite 71: nach Frederic Vester: *Denken, Lernen, Vergessen*, 31. Auflage, dtv, München 2007

Seite 82: in Anlehnung an Bundeszentrale für politische Bildung, 2009, www.bpb.de

Seite 103: nach Bundesministerium für Bildung und Forschung (BMBF): *Die wirtschaftliche und soziale Lage der Studierenden in Deutschland 2016*, Hannover 2017

Seite 154: in Anlehnung an Infografik Instagram-Account @mysainstainableme vom 5.11.2023, abgerufen am 5.3.2023 über https://www.instagram.com/p/CQFvv7JHK-H

Seite 159: in Anlehnung an Grafik »Keime im Haushalt« des Industrieverbands Körperpflege- und Waschmittel e.V., https://www.ikw.org/haushaltspflege/wissen/grafik-keime-im-haushalt

Seite 163: in Anlehnung an Bundesverband Energie- und Wasserwirtschaft 03/2021, https://www.bdew.de/presse/pressemappen/faq-energieeffizienz/

Seite 165 oben: in Anlehnung an Grafik »Welches Obst und Gemüse sollte man nicht im Kühlschrank lagern?« von marktjagd, aufgerufen 5.3.23 über Pinterest

Seite 165 unten: in Anlehnung an Grafik »Welches Obst und Gemüse sollte man nicht im Kühlschrank lagern?« von marktjagd, aufgerufen über Pinterest

Seite 166: in Anlehnung an Infografik vom Instagram-Account @zdfinfo vom 28. März 2022, abgerufen am 5.3.23 über https://www.instagram.com/p/CbpqTKmIUp2

Seite 174: in Anlehnung an Karrierebibel.de, abergerufen am 5.3.23 über https://karrierebibel.de/leistungskurve

Seite 175 oben: in Anlehnung an Karrierebibel.de über https://karrierebibel.de/chronobiologie-chronotyp

Seite 175 unten: in Anlehnung an Cathy Reisenwitz: »Clockwise: Timeblocking 101: Your Guide to Getting Started«, abergerufen am 5.3.23 über https://www.getclockwise.com/blog/time-blocking

Seite 195: in Anlehnung an aid Infodienst & S. Mannhardt

Seite 221: nach C.E. Shannon & W. Weaver: *The Mathematical Theory of Communication*, University of Illinois Press, 1949

Seite 230: in Anlehnung an Statista: »Das passiert im Internet in einer Minute«, abergerufen am 5.3.23 über https://de.statista.com/infografik/2425/das-passiert-in-einer-minute-im-internet/

Seite 242: in Anlehnung an »Diese fünf Faktoren bestimmen ihr Gehalt«, Lohnspiegel.de

Seite 255:	in Anlehnung an Versicherungskammer Bayern: »Gehalts- & Lohnabrechnung – Erklärung mit Beispielen«, abgerufen am 31.03. über https://www.vkb.de/content/versicherungen/geldanlage/ratgeber-geld-beruf/gehaltszettel-lesen
Seite 259–261:	nach Our World in Data, 2020, abgerufen am 5.3.23 über https://ourworldindata.org/time-with-others-lifetime
Seite 279:	nach Maurer et al.: *Praxis der Schlafmedizin*, Springer 2018
Seite 289:	in Anlehnung an das Demografieportal »Höhe der gesetzlichen Altersrente«, abgerufen am 5.3.23 über https://www.demografie-portal.de/DE/Fakten/rentenhoehe.html
Seite 290:	in Anlehnung an Weltsparen.de: »Pensionskasse: Eine Form der betrieblichen Altersvorsorge«, abgerufen am 5.3.23 über https://www.weltsparen.de/altersvorsorge/betriebliche-altersvorsorge/pensionskasse
Seite 297:	in Anlehnung an Zagni Rechtsanwalt – Erbschaft regeln, abgerufen am 5.3.23 über https://erbschaft-regeln.de/erbrecht/gesetzliche-erbfolge
Seite 302:	in Anlehnung an Statista: »Die Deutschen verbringen 7 Stunden am Tag mit Medien«, Daten aus der Studie »ARD/ZDF-Massenkommunikation Trends 2019«
Seite 308:	in Anlehnung an Nachhaltig in Graz, 2022, abgerufen am 5.3.23 über https://nachhaltig-in-graz.at/false-balancing-balance-ausgewogenheit
Seite 309:	Screenshot des Twitter-Accounts von Alice Weidel, Tweet vom 30. August 2020